U0805383

中国科学院地理科学与资源研究所战略研究系列报告

中国边境旅游发展报告

葛全胜 钟林生 等 著

科学出版社
北 京

内 容 简 介

本书在概述国内外边境旅游研究进展以及中国边境旅游发展现状特征基础上，调查分析中国边境县域旅游资源状况与中国边境地市旅游市场特点，评价中国边境县域旅游竞争力水平，解析中国边境旅游政策总体特征及与周边国家的不同特点，展望了我国边境旅游的未来发展趋势和前景，最后提出我国边境旅游发展战略、目标与对策建议。

本书对于我国边境旅游政策制定和开发管理、各边境县域旅游业发展思路的确定具有一定的指导意义，可作为政府部门、科研机构、大专院校、旅游企业进行边境旅游发展相关领域理论研究和具体实践的参考书。

图书在版编目(CIP)数据

中国边境旅游发展报告/葛全胜等著．—北京：科学出版社，2014.10

(中国科学院地理科学与资源研究所战略研究系列报告)

ISBN 978-7-03-042114-2

Ⅰ.①中… Ⅱ.①葛… Ⅲ.①旅游业发展-研究报告-中国 Ⅳ.①F592.3

中国版本图书馆 CIP 数据核字（2014）第 231106 号

责任编辑：彭胜潮 李 静/责任校对：张怡君

责任印制：徐晓晨/封面设计：王 浩

科学出版社 出版

北京东黄城根北街 16 号

邮政编码：100717

http://www.sciencep.com

北京虎彩文化传播有限公司 印刷

科学出版社发行 各地新华书店经销

*

2014 年 10 月第 一 版 开本：787×1092 1/16

2021 年 7 月第三次印刷 印张：16

字数：385 000

定价：78.00 元

（如有印装质量问题，我社负责调换）

《中国边境旅游发展报告》编写组成员名单

组　长：葛全胜　中国科学院地理科学与资源研究所所长、研究员
　　　　钟林生　中国科学院地理科学与资源研究所研究员

副组长：席建超　中国科学院地理科学与资源研究所副研究员
　　　　宁志中　中国科学院地理科学与资源研究所旅游研究与规划设计中心总规划师

成　员：陈　田　中国科学院地理科学与资源研究所研究员
　　　　牛亚菲　中国科学院地理科学与资源研究所研究员
　　　　尹泽生　中国科学院地理科学与资源研究所研究员
　　　　刘家明　中国科学院地理科学与资源研究所研究员
　　　　周　彬　中国科学院地理科学与资源研究所博士后
　　　　胡英敬　中国科学院地理科学与资源研究所旅游研究与规划设计中心规划师
　　　　张爱平　中国科学院地理科学与资源研究所博士
　　　　时雨晴　中国科学院地理科学与资源研究所博士
　　　　杨蕾蕾　中国科学院地理科学与资源研究所旅游研究与规划设计中心规划师
　　　　张生瑞　中国科学院地理科学与资源研究所硕士
　　　　王首琨　中国科学院地理科学与资源研究所硕士

序

中国科学院地理科学与资源研究所(以下简称“地理资源所”)是研究陆地表层资源环境与区域可持续发展的公益性研究所，是我国陆地表层过程与生态系统、区域可持续发展、资源环境安全及地理信息系统核心科学与技术研究的综合研究机构和资源环境科学数据中心，是国家区域发展、资源利用和生态建设研究领域重要的思想库和人才库，在我国地理科学、资源科学以及生态环境和区域可持续发展研究等方面发挥了科技国家队的示范引领作用。

为国家实现可持续发展提供决策支持，是地理资源所作为国立研究所和科学思想库所必须承担的责任和使命，也是我国地理与资源科学的优良传统和核心价值。中国科学院知识创新工程实施以来，地理资源所主持完成了全国主体功能区划、中国人口发展功能分区、京津冀都市圈区域规划、东北振兴规划，以及汶川、玉树和芦山地震灾后重建规划资源环境承载力评价等数十项国家级规划；有关专家曾两次在中共中央政治局集体学习会上，分别就我国科技发展战略问题和区域协调发展问题进行讲解，还曾受特邀向国务院总理汇报城镇化研究成果；过去5年上报的咨询报告与建议中，有145份被中共中央办公厅、国务院办公厅采纳，其中77份得到党和国家领导人的批示，服务国家宏观决策的成效较为显著。

为贯彻落实习近平总书记对中国科学院提出的“四个率先”要求，推进落实中国科学院“率先行动”计划，促进实施“创新2020”和“一三五”规划，进一步强化科学思想库的功能，率先建成国家高水平科技智库，以扎实有效的工作助力我院实现“四个率先”目标，我所决定瞄准国家(区域)发展重大战略需求，集成各研究领域的成果，不定期出版战略研究报告。此次出版的系列报告，正是这一举措出台后的第二批成果。本系列研究报告从中国区域发展、城市发展、乡村发展、资源发展、生态系统状况和自然灾害风险等多角度，分析了我国经济社会可持续发展面临的机遇和挑战，提出了相应的政策建议。

此次系列报告的出版，为我们展示服务国家决策的成果提供了窗口，也为交流学术思想提供了机会，希望有关政府部门、领导及学术界同行不吝批评指正。

葛全胜

2014年5月

前　言

随着全球旅游的快速发展和国际社会的和平稳定，边境地区已成为很多国家发展旅游业的重要区域。边境旅游作为两国跨境合作和友谊的催化剂，不仅对边境地区社会经济的发展有重要意义，而且对一个国家旅游业、对外开放、国际经济贸易合作也发挥着积极作用。

我国是一个陆地领土大国，幅员辽阔，陆地边境线长达2.2万多公里，东北起自辽宁省丹东市鸭绿江口，西南至广西壮族自治区防城港市的北部湾畔，并与越南、老挝、缅甸、印度、朝鲜、蒙古国、俄罗斯等14个国家相接壤。神秘的国境线，独特的自然风光，悠久的历史遗存，奇异的民族风情，以及和平友好的外交关系，使我国边境地区拥有发展旅游业的独特魅力和广阔前景。边境旅游在我国兴起于20世纪80年代中后期，经过20多年的发展，已取得一定成效。国家有关部门于1997年制定了《边境旅游暂行管理办法》指导管理边境旅游发展，各边境省份也采取相关措施促进边境旅游发展。但由于我国边境地区地处偏远，长期以来受经济、交通、人才、政治、宗教等因素制约，使边境旅游较内地旅游来说发展相对缓慢，而且相关理论研究也较薄弱，亟待加强。

当前我国边境旅游正面临着新的发展机遇。2011年6月5日，国务院办公厅在印发的《兴边富民行动规划(2011～2015年)》中明确提出："大力培育开发具有边境特色的重点旅游景区和线路，鼓励发展边境旅游、民族特色村寨旅游、休闲度假旅游、生态旅游、探险旅游、农业旅游等特色旅游"。2013年11月中共十八届三中全会通过的《中央关于全面深化改革若干重大问题的决定》，也要求"加快沿边开放步伐，允许沿边重点口岸、边境城市、经济合作区在人员往来、加工物流、旅游等方面实行特殊方式和政策。"这些国家战略层面的规划与要求不仅为我国边境旅游发展提供了强有力的政策指导，更预示着边境旅游在我国即将迎来跨越式的发展机遇。

为把握边境旅游最新理论研究进展与实践需求，科学指导我国边境旅游政策制定和开发管理，把旅游业培育成为我国大多数边境县域的战略性支柱产业，进而推动我国边境地区社会经济等各项事业可持续发展，在中国科学院创新2020和"一三五"科技规划精神指导下，中国科学院地理科学与资源研究所组织科研人员开展了本报告的相关研究与撰写工作。

本报告根据国务院办公厅印发的《兴边富民行动规划(2011～2015年)》，研究范围为陆地边境县域，包括内蒙古、辽宁、吉林、黑龙江、广西、云南、西藏、甘肃、新疆等9个省(区)的136个陆地边境县(旗、市、市辖区)，部分内容的分析涉及边境省份与地级市。内容共分八章，第一章概括分析了国内外边境旅游研究的进展；第二章探讨了中国边境旅游发展历程、现状特征和存在问题；第三章调查评估中国边境县域旅游资源状况与特征；第四章研究分析了中国边境旅游市场结构与消费特点；第五章评价了中国陆地边境县域旅游竞争力水平；第六章解析了我国边境旅游政策总体特征及与周边国家的不同特点；第七章展望了我国边境旅游的未来发展趋势和前景；第八章提出了我国边境旅游发展战略、目标与对策建议。本书可供社会各界关心中国边境旅游发展的专家学者、管理工作者、企业家和研究生参考。

《中国边境旅游发展报告》于 2012 年 9 月开始启动，由葛全胜和钟林生提出研究框架，经课题组全体成员讨论后形成编写提纲，经过资料收集、实地调研、数据整理、咨询研讨后，于 2014 年 3 月修改定稿。各章主要执笔人为：第一章，席建超、王首琨；第二章，席建超、王首琨；第三章，钟林生、张生瑞、时雨晴；第四章，宁志中、杨蕾蕾；第五章，时雨晴、钟林生；第六章，胡英敬、钟林生；第七章，周彬、钟林生；第八章，张爱平、牛亚菲、钟林生。尹泽生、陈田、刘家明参与了本书的研讨与校改工作。全书统稿定稿工作由葛全胜和钟林生完成。

本书的出版得到了中国科学院地理科学与资源研究所一三五战略科技计划项目(编号：2012BG005)的资助。同时感谢国家旅游局、陆地边境各省(区)、市(州、地区)、县(旗、市、市辖区)旅游局及其他有关管理部门在调研或资料收集期间给予的支持与帮助。

本书在借鉴国内外研究成果的基础上，综合吸收了其他相关学科的理论方法，力图提出中国边境旅游方面有价值的成果和观点。但受研究时间、研究能力和占有资料有限等主客观因素的制约，我们在一些方面的认识和研究仍然不够深入和全面，还有许多需要进一步研究的问题及不足之处，敬请读者批评指正。

目　　录

第一章　国内外边境旅游研究进展

边境是特殊的地理界面。边境地区旅游活动最早来源于边境地区的互市贸易(Timothy，1995)。边境与旅游关系的研究最早于1930年年初受到游憩地理学和经济学学者的关注。真正引起国际学术界的广泛关注起始于1978年9月国际地理联合会(IGU)游憩工作组"边境与旅游"相关会议的召开，会议论文集于1979年发表，包含24篇论文，主要涉及边境和旅游的关系、边境功能变化、边境空间重组、旅游规划开发、社会文化效应、旅游交通等领域(Gruber et al.，1979)。此后，从政治、社会、经济、文化、心理等多个视角对边境旅游活动影响的研究也相继展开；20世纪90年代后，随着全球经济一体化进程加快，边境旅游研究进一步深化，并在欧洲、北美地区得到了长足发展。进入21世纪后，针对亚洲尤其是东南亚地区边境旅游的研究逐渐增多，边境旅游研究也日渐成为全球经济一体化进展中区域社会经济合作的主要关注点和旅游地理学研究的新热点。在国内，边境旅游也是中国出入境旅游的最主要形式之一(杨效忠和彭敏，2012)。特别是近年来，随着边境地区社会经济发展逐步上升为国家战略，我国边境旅游发展进入一个新的阶段。边境旅游作为区域合作和一体化的先导产业，也迎来新的发展机遇。

本书通过检索Science Direct和Springer全文数据库以及SCI引文数据库来获取国外文献，同时通过中国知网CNKI获取国内文献，进而分析梳理边境旅游的国内外研究进展。具体地，截至2013年12月，在Science Direct数据库检索中，以"abstract，title，keywords"为检索项，以"border tourism"为检索词，"all years"为文献检索时间范围，获得文献80篇；在Springer数据库检索中，以"with all of the words"和"where the title contains"为检索项，分别以"border tourism"和"border"为检索词，检索获得文献121篇；在SCI引文数据库检索中，选择所有数据库，以"主题"和"标题"为检索项，以"border tourism"和"border"为检索词，以"主题 border tourism"和"标题 border"为检索式，检索获得文献118篇。在此基础上进行筛选和剔除重复文献，最终获得国外文献73篇作为研究基础。涵盖了*Annals of Tourism Research*、*Tourism Management*、*Journal of Travel Research*、*Tourism Geographies*等旅游领域具有权威性的国际期刊，基本上可以反映出边境旅游研究领域发展的学术态势。在国内文献方面，以中国知网CNKI为文献信息获取平台，采用高级检索类型，以"主题"为检索项，以"边境旅游"为检索词，以"主题边境旅游""核心期刊"范围和"精确"匹配为检索式，文献检索时间范围始于建库起始，截至时间为2013年年底，核心期刊文献58篇。在此基础上进行文献内容甄别，并剔除所有的短讯、会议介绍和书评等检索文献数，最终获得41篇国内文献作为研究基础。因此，本书研究数据基本上是以国内外相关领域核心刊物、权威专家的观点为基础，研究的结论对于推进边境旅游开发与合作进程，推动我国边境旅游可持续发展具有重要的理论意义和现实价值。

第一节 边境旅游概念与内涵

1. 边境旅游概念界定

边境旅游(border tourism)，有时也被称为边境地旅游(tourism in borderlands)和跨境旅游(cross-border tourism)等，特指发生在国与国边境之间的旅游活动，是一个具有地理空间含义的概念。在国内，张广瑞(1997a)认为边境旅游是人们通过边境口岸所进行的跨越国境的旅游活动。罗明义(2002)认为边境旅游是相邻国家之间相互开放水陆边境口岸，按照一定的协议和约定，允许相邻国家的居民相互出入边境所进行的旅游活动。祝招玲和谢维光(2010)认为，边境旅游是旅游者在双方国家边境地区进行的旅游活动，并认为目前边境旅游主要包括两种形式：一种是旅游者在本国边境地区进行的境内旅游活动；另一种是旅游者经过边境口岸的跨境旅游活动，即本国旅游者经过边境口岸的出境游和邻国旅游者经过边境口岸的入境游等跨境旅游活动。但是从法律层面界定，则是 1996 年国务院批准，1997 年国家旅游局颁布的《边境旅游暂行管理办法》，界定“边境旅游”是经批准的旅行社组织和接待我国及毗邻国家的公民、集体从指定的边境口岸出入境，在双方政府商定的区域和期限内进行的旅游活动。目前我国与周边国家尚未有开通免签证自由行，这仍是目前为旅游业界所认为的概念界定。

2. 边境旅游基本特征

边境旅游是国内旅游的延伸，也是国际旅游的重要组成部分，加之我国边境地区多为少数民族地区，因此，边境旅游在我国的发展中显现出有别于其他旅游的显著特点。显然，尽管不同的旅游组织机构和研究者对边境旅游的定义有不同的解读，但有几个基本特征。

第一，边境旅游是一个国家出境旅游的一种特殊形式和重要组成部分；第二，边境旅游活动主要集中在边境线地区，包含对边境线的跨越；第三，边境旅游在旅游时间上，可以不包含“过夜”要求；第四，这种出境的旅游活动，受到边境地区相邻两个国家相关政策和法律的约束和限制。

3. 边境旅游类型的划分

对于边境旅游的类型划分，由于划分标准依据差异，结果也不尽相同。

国际上，根据跨境难易和文化差异，Timothy(1995)将边境区划分为四种类型：①跨越难、文化差异大的边境区，如以色列和阿拉伯国家；②跨越难、文化差异小的边境区，如中国和蒙古；③跨越易、文化差异大的边境区，如希腊和土耳其；④跨越易、文化差异小的边境区，如美国和加拿大。依托边境线和旅游区的相对位置关系，Matznetter(1979)将边境旅游划分为三种类型：①两个旅游区位于国境线两边，距离较远，边境成为旅游发展的障碍物或旅游中转地，对旅游影响的大小取决于边境的渗透度；②单个旅游区位于国境线一边，紧靠国境线，游客除了被旅游区一侧吸引外，也会被另一侧吸引，即旅游业发展的外溢效应；③两个旅游区紧靠国境线或国境线穿越一个旅游区，两边旅游区联系紧密度取决于边境开放度。

而在国内，张广瑞(1997b)认为，我国边境旅游按旅游目的可分为贸易驱动型、观光驱动型、购物观光型；按地区可分为东北、北部和西北边境地区、西南边境地区、辽宁和吉林的中朝边境地区；按旅游费用支付的主体可分为自费边境旅游和非自费边境旅游，其中非自费边境旅游包括公费旅游、公务、商务旅游及奖励旅游。还有学者按旅游时间长短，把边境旅游划分为一日游和多日游等。

总体来看，国际上对于边境旅游类型的划分，更具国际视野，具有更强的针对性；而在国内，这种划分主要拘泥于国内边境旅游业的特点，侧重于对旅游活动内在规律的把握和解读。但是，无论何种分类依据和分类结果，都要结合研究对象要求，更为明晰地说明相关问题。

第二节　国外边境旅游主要关注点

总体来看，国外边境旅游研究选择区域，主要集中在区域社会经济合作比较密切的地区。早期主要集中于区域经济一体化程度较高的欧洲欧盟申根国家地区以及北美地区的美国和加拿大；进入21世纪后，随着全球一体化进程加快，在亚洲地区，特别是东南亚以及东亚地区的研究逐渐增多。在研究内容上，基本上形成较为系统的研究成果，并在基础理论、产品供给和需求、旅游效应、管理与调控等领域获得了长足的进展。在研究重点上，发达国家和发达国家边境地区的旅游活动以经济交往为主要驱动力，跨境购物占相当比例。此外，除贸易活动外，还呈现出医疗旅游、赌博旅游、性旅游等多种旅游形式。而发展中国家边境地区则以传统观光购物旅游活动为主。另外，国外边境旅游研究以定量研究方法为主，在定量研究方法中主要运用了回归分析、因子分析、方差分析、聚类分析等统计分析方法及构建数理模型的分析方法，在数据的获取上采用了访谈、问卷调查等社会学调查方法。不同研究领域在所运用的研究方法上也存在差异：概念内涵研究均采用定性研究方法；旅游需求和开发综合效应研究中定量方法占绝对主导地位；管理与调控研究以定量方法为主，定性方法为辅；旅游供给和影响因素领域中定量研究和定性研究比例相当。其重点内容主要包括以下部分。

一、旅游感知及其消费行为决定因素

1. 边境旅游者旅游感知

旅游感知是国外边境旅游需求研究的重要内容，重点主要集中在对旅游者游客体验、满意度及其影响因素的研究。Kenneth 等(2007)以美国纽约州西部和加拿大安大略省南部边境地区、中国的香港和深圳边界地区为例，评估了文化因素对跨境旅游度假活动的影响，发现经济、质量、服务和愉悦程度会影响到旅游者的感知、行为以及满意度。Saxena 等(2007)以英格兰威尔士边界地区的乡村地域为例，研究了旅游者对综合乡村旅游(integrated rural tourism，IRT)的感知；结果显示游客整体感觉良好，但 IRT 的几个关键方面有待提高。Gelbman 和 Maoz(2012)在对以色列和约旦边境的和平岛旅游度假区的导游信息传递作用的研究中发现，导游传递给游客的信息更多反映的是矛盾和冲突。

2. 边境旅游消费行为

旅游消费行为是边境旅游研究的重要切入点。Valdez 和 Sifaneck(1997)对美国与墨西哥边境的“药品旅游”(drug tourism)，以及由此引发的美国非医用处方药物使用流行的现象给予了关注；并探究了药物获取的过程、“药品旅游者”的空间位移模式以及在这个过程中各行动主体间的相互作用。Canally 和 Timothy(2007)归纳出了影响美国与墨西哥边境美国大学生跨境旅游决策行为，对对方边境的熟悉度的阻碍作用不显著。Timothy 等(1995)在跨境购物距离、购物频率和购物类型的基础上建立模型，研究加拿大边境居民的跨境购物活动在美国、加拿大边境旅游中扮演的角色。Webster 和 Timothy(2006)对边境限制解除后希腊和土耳其边境地区蓬勃发展的跨境旅游给予了关注，发现希腊、塞浦路斯地区居民跨境旅游活动主要有寻找祖先的土地、赌博、宗教朝拜和对“另一边”纯粹的好奇等原因，而约有一半希腊居民不愿跨越边境的原因包括伦理约束和缺乏兴趣。

3. 市场需求分析和开发研究

此外，国外边境旅游研究还关注了边境旅游的市场需求分析和开发研究，并且重点分析了政策变化与边境旅游市场的响应。Jakosuo(2011)关注了芬兰边境 Karelia 地区的俄罗斯游客对芬兰旅游政策的反应，并给出了开发俄罗斯市场和俄罗斯游客购买力的策略。Gibbons 和 Mary(1987)探讨了美国与墨西哥边境旅游消费对美国和墨西哥生活指数及比索和美元的兑换比率的变动的反应。

二、边境旅游吸引物界定与评价

国外边境旅游供给研究主要集中于旅游吸引物的研究，这涉及诸多领域。Timothy(1995)认为边境的旅游吸引力可以从边境线、界碑、篱笆、城墙和瞭望塔等旅游吸引物和购物、色情、赌博、美食、饮酒等旅游活动两个视角去理解。此外，边境地区历史文化和自然景观资源也是边境旅游吸引物的重要组成部分。Barrera 和 Trejo (2000)评估了墨西哥边境城镇 Columbus 的历史文化资源“Pancho Villaraid”开发做旅游用途的可行性。Kristina 等(2011)对克罗地亚、匈牙利、塞尔维亚边境地区的巴奇卡地区的热矿水资源用来开发温泉旅游的可行性进行了评价。Marcet 等(2007)对智利和阿根廷边境地区的 San Juan 高海拔山地的可达性进行了评估，为发展边境旅游提供了依据。Gelbman 和 Timothy 等(2010)对从敌对边境转为旅游度假区的三个案例(以色列和约旦边境的和平岛，东南亚金三角地区和柏林墙)进行了分析，指出特有的旅游吸引物：有特殊意义的界线、敌对时期的观察点、遗址纪念和恢复良好外交关系的象征等。此外，还有学者指出，其他边境地区的政治、经济、社会、文化等方面的差异性也是构成旅游吸引物的重要组成部分。通过将国家间的差异分为“理性差异”和“感性差异”来评估这种差异性对边境旅游尤其是跨境购物活动的促进作用。Bas 和 Martin(2013)认为，陌生的语言、商品和空间符号等差异性因素对边境旅游活动有促进作用，并在此基础上分析了跨境旅游者的感知、动机和实践行为；同时对构建、解构和重构这种差异性的因素进行了分析。

三、影响边境旅游发展的关键因素

1. 边境通关便捷性及其影响因素

边境通关便捷性对边境旅游有着重要影响。Timothy 和 Tosun(2003)通过对美国与加拿大边境地区的研究发现，对大部分旅游者而言，边境通关并没有扮演旅游障碍的角色，但对少部分人而言，跨境手续、边境工作人员以及信息的匮乏构成了跨境旅游的主观障碍。Canally 和 Timothy(2007)发现，边境的主观障碍主要源于个人安全、制度差异、出行兴趣等方面。Smith 和 Xie(2003)以等价距离(distance equivalence)为指标，采用回归方程测算美国和加拿大边境对美国游客出境旅行的影响，结果发现跨越边境难度相当于额外旅行 1 650km 的距离。

2. 社区参与对边境旅游发展的影响

Martin 和 Vigne(2012)探讨了孟加拉邦边境地区 Gorumara 国家公园和 Jaldapara 野生动物保护区对犀牛保护成功的原因，首先是工作人员薪金和设备上的更新；其次是通过让当地居民从野生动物保护中受益，来增加本地居民的积极性，改善同工作人员的关系。Spierenburg(2011)在对大林波波跨国界公园(Great Limpopo Trans-frontier Park)生态保护的案例研究中强调了当地人从生态保护中得到经济利益的重要性。

3. 边境旅游的旅游服务质量

Tigu 等(2010)指出针对旅游接待和旅游服务人员及机构的教育培训的重要性。Brian 等(2007)发现英格兰与威尔士边境地区的旅游经营者对“边境品牌”的利用不够充分。Aušrinė Armaitienėx 等(2007)以俄罗斯与立陶宛边境库罗尼安海岸(Curonian coast)地区为例，提出让游客充分了解库罗尼安海滩和沙丘的价值和功能，保证游客近距离体验沙丘和海岸景观。

4. 其他

Livio 和 Rosanna(1996)在对加拿大 7 个边境省份跨境购物活动的案例分析中发现人均收入、汇率、税收、汽油价格差异是影响加拿大边境居民跨境购物的主要因素，并且这些因素存在明显的地区差异。Silvia 等(2005)发现汽油价格差异对瑞士边境地区的“汽油旅游”(fuel tourism)有显著影响：瑞士汽油价格下降 10%会导致边境地区汽油销售量上涨 17.5%。Sarah 和 Stephanie(2011)对美国与墨西哥边境地区由于医疗差异性形成的“医疗旅游”进行了研究。

四、边境旅游发展的管理与调控

1. 全方位边境旅游合作的机制和体制的建立

Lovelock 和 Boyd(2006)建立了基于宏观、中观和微观三个层面(M-M-M)的跨界合作影响因素的分析框架，认为微观因子反映个体因素，包括当地社区、景区管理者、经营者的价值观、专业知识背景、个性特征，以及对景区发展和环境保护的感知、态度和行为；中观因子包括组织因素、制度因素、区位因素；宏观因子是指国家或区域性政策，包括区域经济一体化和全球化、资源保护和利用、可持续发展战略、合作模式等。Timothy(1999)建立了旅游资源的跨界合作管理模式，强调管理框架、基础设施开发、人力资源、资源保护、促销、跨界合作，以及部门之间的协调。Hartmann(2006)则将目的地管理作为边境地区旅游发展战略，建立了跨境旅游合作五大原则，认为目的地管理的实施促进跨境合作更有效、专业化、贴近市场、富有竞争力。Aušrinė Armaitienė等(2007)以俄罗斯与立陶宛边境库罗尼安海岸(Curonian coast)为例，基于海滨单元研究方法，提出综合性的海岸管理机制，以促进以旅游为代表的人类活动同海岸带自然演变的协调。

2. 旅游资源的跨境保护和开发利用

研究主要集中在旅游资源的跨境合作保护，Milenkoviü(2012)以塞尔维亚边境地区为例探讨了跨境合作对于生态环境保护的重要性。Andrew 等(2007)强调了跨境合作对刚果、乌干达和卢旺达边境 Greater Virunga Landscape 生态旅游地环境保护的重要性。Timothy(1999)以美国与加拿大边境的三个国际公园为例，通过建立跨境合作强度模型评估了跨境合作在旅游资源管理中的作用，合作领域涉及管理、基础设施建设、人力资源、环境保护和营销等；并强调了双边合作和非官方地区性合作的重要性。Greer(2002)认为跨区合作能有效开发旅游潜力，减少重复建设；综合的旅游发展策略、建立伙伴平衡关系、理解政治敏锐性和参与式的合作方法是维持跨境合作的有效途径。Schindler 等(2011)以希腊和保加利亚边境地区的六个自然保护区为例，研究了源于学术界的环境保护建议的实施和评价状况，认为建议没有被实施或评价的主要原因在于强有力的责任机构的缺失，而这种责任机构缺失恰恰说明边境旅游活动中体制机制建设的重要性。此外，Prokkola(2007)评估了跨境合作对芬兰和瑞典边境旅游业发展的促进作用。

3. 采取价格、税收等多种管控工具

管控工具主要是指价格、税收和其他政策工具。Silvia 和 Massimo(2005)在对瑞士边境地区的“汽油旅游”(fuel tourism)的研究中评价了“二氧化碳税”(CO_2-tax)对“汽油旅游”和汽油销量的影响，以及该税收的收入效应和环境效应的平衡问题，并建议瑞士政府相应调整汽油销售的空间分布。Arrington(2010)从历史的视角探究了在殖民时代和后殖民时代的政府政策对津巴布韦与赞比亚边境的维多利亚瀑布旅游地的影响。Bradbury(2012)评估了自“911”事件后美国与加拿大边境增强的安保措施对跨境旅游的影响，发现驾驶机动车的跨境旅游人数明显受到了负面影响。Romero 等(2013)以西班牙边境省份 Lugo 和 Leon 为例，研究了地区性的消费税和边境汽油旅游对柴油零售价格的影响；结果显示油价在两个地区变动的方向相同，强度不同，Lugo 变动强度较低；作者建议加油站应用价格策略来削减燃油税对汽油旅游的负面影响。

五、边境旅游发展及其综合效应研究

世界上很多国家，尤其是发展中国家的边境地区大多是少数民族聚居、经济发展落后的区域，而边境旅游活动对边境地区经济发展的促进作用在国外学者中已经成为了一种共识。

1. 经济效应

O'Connor 等(2008)评估了边境旅游对北爱尔兰边境乡村地域经济发展的作用。Silvia 和 Massimo(2005)发现"汽油旅游"贡献了瑞士边境地区汽油总销量的9%左右。Hampton(2010)研究了新加坡居民对马来西亚的 Kukup 和印度尼西亚的 Bintan 的边境地区经济发展的影响，发现边境旅游可以创造收入、增加就业机会、增强和其他地区的经济联系；跨境的民族联系在印度尼西亚—马来西亚—新加坡三角的经济发展中扮演了重要角色；边境旅游可以作为跨国旅游的有益补充，有效促进地区经济发展。Sullivan 等(2012)定量研究了美国和墨西哥边境跨境消费的类型、对地区经济发展的影响，以及旅游者自身的效用，发现跨境旅游者购物支出最多，饮食和观光支出次之；跨境消费支出对地区经济发展的乘数效应为1.27～1.45。另外，也有学者研究了边境旅游对收支平衡的影响，Timothy(1995)发现，加拿大边境居民跨境购物的兴起导致了旅游业赤字的显著增加，以及由此引发的政治、法律、经济和社会各方面的响应。

2. 社会文化效应

1）对当地就业和人口流动的影响

Anderson 和 Dimon(1995)对墨西哥边境城镇 Tijuana 和内陆城镇 Torreon 的女性就业和工资差异状况进行了比较分析，发现 Tijuana 的总的工资差异较低，但职业分布差异不明显；边境旅游为女性创造了相对更多的工作机会；对劳动力的高需求减弱了工作经验、教育资格等和薪资之间的相关性；男性、女性工资差距减小，但所有劳动力的整体工资分异增加。Anderson 和 Dimon(1999)对墨西哥边境城镇 Tijuana 和内陆城镇 Torreon 已婚和单身女性的有报酬劳动参与率(paid labor participation)的决定因素进行了比较分析，决定因素被分为家庭因素和个人因素，结果显示单身女性会增加有报酬劳动参与率，并根据家庭需求进出劳动市场；已婚女性没有明显增加劳动参与率；个人因素对有报酬劳动参与率的影响更为显著。Scott(1995)发现在土耳其边境旅游业中，移民女性多受雇于那些被认为"不适合"本地女性从事的职业，这种分异反映出女性作为社会行动者和身份象征的双重角色，并探讨了当地的性别思想是如何作用于又如何被移民女性参与边境旅游工作所反作用的。Arrington(2009)以维多利亚瀑布附近的津巴布韦城镇和赞比亚城镇为例，研究了两国的社会经济政策及外交关系对边境旅游地男性、女性就业及流动模式的影响。

2）对当地人身份认同和区域形象的影响

Prokkola(2007)强调了边境旅游业对促进区域认同和"无边界"(borderless)的区域

形象特征的作用。Helleiner(2009)分析了加拿大尼亚加拉地区边境旅游的本地参与度，发现加拿大的年轻人表现出对旅游相关产业的批评和一定程度的反美情绪；认为边境年轻居民的经历和身份认同对动态的北美政治经济环境背景下的区域一体化工程有广泛影响。Saxena 和 Ilbery(2010)以英格兰威尔士边境的传统乡村地域为例，探究了当地社区组织对综合乡村旅游(IRT)的态度和塑造这种态度的因素；重点关注了各个行动主体是如何在与其他主体的相互关系中获得身份认同，以及这种身份认同对各行动主体间关系的影响。Izotov 和 Laine(2013)以芬兰与俄罗斯边境 Sortavala 地区为例，探讨了边境旅游活动在地区身份认同建立过程中扮演的角色，以及对边境地区熟悉或不熟悉氛围建设的作用。

此外，Prokkola(2010)探讨了芬兰与瑞典边境地区旅游发展对边境景观的空间重组和心理边界的消融作用。

3. 生态环境效应

关于边境旅游生态环境效应的研究同时涉及了正面效应和负面效应，且以正面效应为主，主要集中于旅游活动的经济效益对环境保护和旅游可持续发展的促进作用。

Ferreira(2004)认为，边境旅游对边境地区生态环境保护可持续发展有积极作用。Andrew 等(2007)发现，边境旅游使得刚果、乌干达和卢旺达边境 Greater Virunga Landscape 地区山地大猩猩数量在过去 25 年间显著增长。Spierenburg(2011)认为，边境旅游的开展使得当地人获得了经济利益，从而有利于大林波波跨国界公园的生态保护。Martin 和 Vigne(2012)在对孟加拉邦边境地区 Gorumara 国家公园和 Jaldapara 野生动物保护区的案例研究中发现，生态旅游的开展改变了当地居民的生活方式，减少了对森林资源的需求，旅游收益等的增加激励了本地人对生态环境保护的支持。

负面效应方面，Michael(2005)通过对新西兰边境的“葡萄酒旅游”的实地调查发现，由于大部分旅游者无法识别报关单上葡萄园或酿酒厂的标志，以及旅游者的移动性，给当地酿酒厂带来了严重的生物安全威胁。

4. 国际政治关系效应

Gelbman 和 Timothy(2010)认为，边境旅游的发展对巩固和平合作有积极意义。Gelbman(2008)对以色列边境旅游目的地在和相邻阿拉伯国家的关系中扮演的角色进行了定性分析，认为边境地区既是矛盾和冲突的核心，也是两国文化交融和合作的地方，代表了对和平的追求。Deepak 和 Zubair(2011)以克什米尔地区为例，探讨了边境旅游在防止跨国冲突和缓和矛盾中的作用，强调应将边境旅游地作为政治紧张关系的缓冲区，促进边境旅游的乘数效应。

此外，还有学者研究边境旅游活动对传染性疾病的关系，如肺结核、性病、艾滋病等疾病传播的影响。

第三节　国内边境旅游研究的主要关注点

我国边境旅游起步较晚，与国外相比，国内边境旅游研究，无论是在研究领域上还是在研究深度上都有一定差距，主要表现在研究领域较窄、理论研究薄弱、个案研究较多、研究方法单一、研究区域不平衡等。研究领域主要集中在边境旅游市场开发和资源开发方面。且研究方法多以描述性方法为主，仅有25%的文献应用了定量研究方法，且主要集中于旅游感知和市场分析相关领域。其余75%的文献仅仅局限于对边境旅游各个方面的定性描述，“现状-问题-对策”类文章居多。相关研究主要集中在西南和东北边境地区，对西北地区关注不够，且主要集中于边境口岸城市，对跨界旅游区的关注不够。其主要关注点包括以下三点。

一、边境旅游市场开发与影响因素

边境旅游市场开发与影响因素是国内边境旅游研究的重要内容，主要集中在对旅游者满意度、旅游障碍以及市场开发策略的研究。杨丽(2001)分析了云南边境旅游市场的特点以及存在的问题。汪德根等(2004)对内蒙古入境客源市场的时间、空间和消费结构进行了分析，提出了内蒙古入境客源市场开发战略。刘小蓓(2004)对广西边境旅游的国内和国际客源市场组成进行了分析，并提出了开拓广西边境旅游客源市场的思路与方法。杨勇(2005)提出了东兴市旅游市场开发的多种方式和途径。谢婷和钟林生(2009)以广西崇左市为例，探讨了边境旅游游客的人口学特征、出游特征、对边境旅游产品的满意程度、对边境旅游目的地的态度和感知等方面的问题。银淑华(2010)对俄罗斯旅华客源市场的空间分布、交通方式、停留时间和旅游消费特征进行了分析，并在此基础上提出完善中俄边境旅游，延长停留时间，开发具有中国特色的中医保健休闲游，进军俄罗斯、欧洲部分的市场作为未来开发俄罗斯旅游化市场的策略选择。黄爱莲(2011)研究了游客对中越边境障碍作用的感知，发现两国通关口岸规则、信息不对称，边境地区的通关程序、文化差异、安全问题等因素构成了旅游障碍。卢卫(2012)分析了对边境旅游产品的认知和态度。赵多平等(2012)采用入境旅游市场占有率、旅游资源丰度、旅游开放度、边境贸易比例和距离指数5个指标，在对新疆、内蒙古、云南三省(区)边境旅游发展及客流演化态势比较分析的基础上，对边境旅游及其影响因素进行了分析，发现旅游资源丰度、区位条件、经贸发展水平、开放度、可进入性等因素是影响边境旅游规模和类型的主要因素。

二、边境旅游资源评价与开发策略

1. 边境旅游资源评价

国内对边境旅游资源评价的研究报道较少，而且主要局限于对我国局部边境地区的旅游资源评价，如卢卫(2012)对广西边境旅游资源的开发潜力进行了评价，张玉良(2012)在对当前旅游资源评价原则和方法进行归纳总结的基础上，对珲春的旅游资源进行了调查、分析和评价。

2. 边境旅游资源开发研究

孙晓谦(2005)认为，黑龙江省要发挥资源优势，开发高知名度的品牌景点和精品线路、组建“东方快车”式跨国旅游专线、修建家居式休闲度假旅游公寓、开发国际特色生态旅游区；孙晓谦(2011)还主张发挥中俄界江的地缘优势，积极开发水上客运旅游线路，与界江沿岸的自然生态和历史文化旅游产品形成配套。王雪芳(2005)通过对环北部湾旅游圈广西区内的区位优势和丰富的滨海旅游资源的分析，着重探讨了北海-钦州-防城港“小三角”地带的旅游资源，提出了构建环北部湾滨海跨国旅游圈的设想。廖国一(2005)认为广西东兴京族海洋文化资源的开发可促进中越边境旅游的可持续发展。谢婷等(2006)以广西友谊关口岸和东兴口岸为例，从空间竞争关系的角度，对中越边境旅游产品的开发进行了探讨。郑辽吉(2009)基于行动者-网络理论，提出通过简化出入境手续，构建区域合作机制，各行动主体通过相互作用可以达到旅游产品创新的目的。徐淑梅等(2012)认为东北部边境地区特色旅游产品开发主要集中于对边境旅游、自然生态旅游、冰雪旅游、文化旅游等产品的开发，并在此基础上构建“五区-四轴”的旅游空间布局及区域战略合作关系。李伟山和孙大英(2012)认为应以跨境民族文化为切入点，对中越边境的跨境民族文化旅游带进行整合开发。

三、边境旅游管理与调控初步探讨

国内关于边境旅游管理与调控的研究主要集中于对边境旅游发展的战略政策选择和具体管理措施上。在战略政策选择方面主要由政府主导型战略、内联外拓战略、边境大旅游战略、可持续发展战略和协调发展战略(张广瑞，1997；刘来吉，2001；杨丽，2001；陈俊安，2011；卢卫，2012)。在具体管理措施上主要有完善法律制度规定，加强基础设施建设，加强区域和跨境合作，放宽参游人员限制，简化出入境手续，加强市场管理、维护市场秩序，加强人员培训和多元化宣传促销等(刘晓蓓，2004；杨勇，2005；汪德根等，2004；银淑华，2010；宋氏和黎黄，2012)。另外，熊礼明(2005)以系统管理理论为基础，对中越边境旅游管理的发展现状和存在问题进行阐释，认为中越边境旅游管理是以人为主体、旅游资源要素为依托、制度要素为保障、市场管理要素为对象、两国管理协调要素为基础而进行的系统管理工程，并提出了相应的管理对策。

第四节　我国边境旅游研究展望

由于我国边境旅游起步较晚，加之我国边境地区多为经济、交通相对滞后的边疆少数民族地区，学者们对其关注较少。总体来看，我国边境旅游研究目前还处于初级阶段，与实践需求仍有较大差距。借鉴国外研究经验，结合国内边境旅游特点，对国内边境旅游研究展望如下面五点。

1) 深化拓展研究领域，构建边境旅游的基础理论体系

目前我国边境旅游研究主要以个案研究为主，且“现状-问题-对策”型研究偏多，对基础理论的建构较为薄弱。对于研究中的边境旅游而言：第一，边境旅游产品供给研究，如边境旅游吸引物、旅游设施、可进入性和旅游服务的系统研究；特别需要强调的是，在边境社会经济合作逐步向深度合作的态势下，要重视边境城市在边境旅游发展中

的特殊地位，重视边境城市旅游研究以及边境旅游资源合作开发与保护等基础理论问题的研究。第二，边境旅游市场需求研究，重点要加强对游客动机、游客决策行为、消费行为和空间行为的研究，不仅要关注国内旅游消费市场的变化，更要关注境外旅游者需求规律。第三，要拓展边境旅游综合效应研究，重点要研究边境旅游发展政治经济效应、社会文化效应、生态环境效应以及其他可能的影响等。

2）立足国家战略需求，完善边境旅游政策体系研究

重点结合国际地缘政治关系的调整、国家对外开放战略实施和区域社会经济一体化日趋加深的进展，探索新阶段边境旅游发展政策机制体制设计和制度创新内容，探索推进边境旅游持续健康发展新途径和新方法。除了边境旅游产业政策、财政政策、投融资政策、价格政策外，更要关注边境地区特殊的旅游政策研究，重点包括边境地区开放政策，边境旅游消费者保护政策，开放边界、实行人员自由流动政策，资源环境保护政策，边境地区旅游扶贫政策，以及旅游区域合作政策等。

3）采取多学科手段综合集成，推进边境旅游研究的定量化

边境旅游的特殊性，需要在今后的研究中采取多学科的方法进行综合集成，如社会学、人类学、地理学、旅游学、经济学、政治学、历史学、民俗学、国防学、生态学等，用多学科理论和方法来解释和分析我国边境旅游现象，从而构建出科学合理的边境旅游理论体系。要充分借鉴和利用国际上边境旅游发展研究方法和技术路线，改变当前单一定性研究的局面，引进数理统计、模型构建等定量研究方法和问卷调查、访谈等社会学调查方法，加强研究的严谨性。同时要注重遥感、网络和地理信息技术等相关空间分析方法和工具在研究边境旅游这一特殊人-地关系中的应用。

4）依托边境重点旅游口岸城市，进行典型案例模式研究

由于我国周边国家和地区在政治制度、经济体制、发展水平、文化传统等方面的多样性，边境旅游的发展也应分区对待。不同方向的边境旅游合作，其开发的资源基础、外部社会经济条件，以及政治文化条件差异较大，这不仅直接影响到区域社会经济合作一体化进程，同时也影响到旅游合作深度。因此，应根据“三边地区”边境旅游发展实际情况，以边境重点旅游口岸为基础，在回顾其探索历程、反思其初步成就的基础上，对其成功经验进行归纳总结，提炼出具有典型意义边境旅游开发模式，形成对全国和区域边境旅游发展具有理论构建和实践借鉴的双重意义的研究成果。

5）强化国际学术交流与合作，提升研究水平

边境旅游在较为发达的国家和地区经过长期发展，积累了许多有益的实践经验和研究成果。应当学习和借鉴其他国家边境旅游发展和研究的政策、体制机制以及理论方法，并与一些有代表性的边境旅游地和研究机构，尤其是毗邻国家的研究机构开展国际交流与合作研究，共同探讨分析边境旅游科学问题，促进中国边境旅游发展和研究水平的提升。

第二章　中国边境旅游发展的总体态势

第一节　中国边境旅游发展的阶段及其特征

我国陆地边界线东起辽宁省丹东市的鸭绿江口，西迤广西壮族自治区防城港市的北部湾畔，总长度约 2.2 万 km，与 14 个国家接壤。陆地边境地区涉及 9 省(区)的 136 个边境县(旗、市、市辖区)，国土面积约 195 万 km^2，总人口约 2 200 万人，其中少数民族人口占近 1/2。而且如此长的边境沿线拥有着非常丰富的旅游资源，为边境地区开展边境旅游创造了良好的条件。20 世纪 80 年代中后期，随着与周边国家关系的改善，我国经济体制改革步伐的加快，边境旅游作为中国旅游业发展的一种新的旅游形式开始出现，尤其 20 世纪 90 年代初国家确定并实施沿边开放战略以来，随着边境口岸的开通，大批旅游者出入口岸地区观光，使得边境地区的旅游业逐步升温，边境旅游迅速兴起并蓬勃发展起来。经过近 30 年的发展，在繁荣边疆经济、巩固边疆地区的稳定方面起着积极的作用，对中国旅游业的发展以及整个国家的对外开放、国际经贸合作的发展都发挥着重要作用。回顾过去我国的边境旅游发展历程，大致可分为 4 个阶段。

1. 缓慢起步期(1978～1991 年)：边境贸易起步，物流带动人流阶段

对外开放和边境贸易的兴起是边境旅游发展的初始动力。边境旅游活动往往是与边贸和边民交往相联系，而不是以探亲访友为主要目的，这是中国边境旅游最大的特点。自 1978 年改革开放以来，沿边各省(区)的边境口岸陆续开放，随着边境口岸的开放，边境贸易逐步展开，双边货物流通与日俱增。1982 年，党的“十二大”提出了新的时代要求，加之周边国家的产业结构与中国具有明显的互补性，中朝边贸会谈率先重启。随后，中国分别于 1982 年和 1983 年恢复了新疆对苏联、内蒙古对苏联和蒙古国的边境贸易。边境之间的货物流动自然而然地带动了人员流动，在这样的时代背景下，开展边境旅游成为边境地区对外经济发展的必然趋势。1985 年，经过协商中朝两个边境城市丹东与新义州开展了互访活动，虽然这一活动并不是严格意义上的边境旅游，只是一种边境旅游的雏形，但它打破了边境地区长期的人流封闭状态，为边境地区的开放和边境旅游活动的开展做了有益的尝试和准备。1987 年 11 月 4 日，国家旅游局和对外经贸部联合发文《关于拟同意辽宁省试办丹东至新义州自费旅游事》，“边境旅游”业务正式出现，这是政府主管部门首次发文批准开展边境城市的旅游活动。1988～1990 年，政府又陆续批准黑龙江、辽宁、吉林和内蒙古等省(区)的部分边境城市开展边境旅游活动。这一时期，我国边境旅游人数虽然逐年增长，但是整体看来，规模较小，并且没有统一的边境旅游政策。在此阶段，边境贸易对边境旅游起到了主要的推动作用，成为边境旅游发展的起点。

2. 初步发展期(1992～1998 年)：旅游全境拓展，物流人流联动阶段

在经历了缓慢起步阶段后，中国边境对外贸易迎来了发展高峰期。这一时期，国际环境日益稳定，西南边境地区大湄公河次区域经济合作开始实施。苏联解体后，对中国商品的需求也迅速扩大。就国内而言，1992 年，《国务院关于进一步对外开放黑河等四个边境城市的通知》下发，宣告沿边开放正式启动，中国边境贸易和边境旅游进入了大发展时期，全国各个边境省份，从南到北，都相继开展了边境旅游。这段时期，边境旅游有了较大的发展，相关政策也逐步得到完善。1993 年，国家对经济发展速度进行了适当调整，这不同程度的抑制了边境旅游的发展。与此同时，1992～1993 年边贸活动大发展时期中的假货问题也给边境旅游蒙上了一层阴影。针对这一情况，国家对边境旅游市场进行了全面的整顿，规范了边境旅游经营活动并对边境旅游政策作出了调整，边境旅游逐步走向正轨。1996 年 3 月，国务院批准，1997 年 10 月国家旅游局发布《边境旅游暂行管理办法》。至此边境旅游在我国已经形成了基本统一的管理制度，同时也标志着我国的边境旅游产业在相对健全的法制下走上正轨。在此阶段，边境旅游与边境贸易两者相互依托，共同发展，边境贸易加速了双边的货物流通与信息交流，同时促进了人员的流通，往来人员的商务活动也促进了边境旅游的发展。且随着我国边境贸易额度不断增加，边境旅游逐步进入全面开放、持续发展阶段。

3. 快速提升期(1999～2009 年)：产业逐步形成，“兴边富民”阶段

1999 年召开的中央民族工作会议提出，要继续推进兴边富民行动，为富民、兴边、强国、睦邻作出贡献，巩固祖国的万里边疆。2000 年实施的《全国兴边富民行动规划纲要(2001～2010 年)》，强调“积极推进第三产业发展，充分利用边境地区丰富的自然和人文景观，把旅游业培育成为边境地区发展的重要产业。围绕沿边、沿江，以及高原、森林、草原、沙漠等主要旅游线路，加强旅游基础设施建设，重点建设旅游景区的道路，搞好旅游资源的保护与开发。”2007 年 6 月，国务院颁布的《兴边富民行动“十一五”规划》中强调“大力发展边境贸易，促进区域经济合作”。发展边民互市贸易，扩大边民与相邻国家边民的贸易往来，在重要区位和少数民族人口较多的地方，重点建设一批边民互市贸易示范点，促进边境贸易发展，带动边民致富和地方增收。加强区域经济技术合作。实施“走出去”“引进来”战略，扩大同周边国家的区域经济技术合作。积极探索开发和对外开放的新模式。重点建设一批具有物流贸易集散、进出口加工和国际商贸旅游等功能的边境城镇。在此期间，以黑龙江省黑河市为例，“十一五”期间，黑河市形成了数十条独具特色的、国际和国内相结合的旅游线路。旅游产品由单纯边境旅游发展为疗养度假游、休闲购物游、边境风光游、历史文化游、民族风情游、漂流探险游、战争遗迹游、滑雪体验游、生态观光游等多元化产品。至 2010 年黑河市已拥有 48 家旅行社，19 家旅游星级饭店，7 处 A 级景区，1 处 3S 级滑雪场，3 个工农业旅游示范点，旅游从业人员 8 000 多人，形成了以“吃、住、行、游、购、娱”等要素为主体，其他关联产业为支撑的旅游产业体系。广西壮族自治区东兴市在“十一五”期间，东兴口岸出入境人数超过 2 000 万，成为中国陆地出入境人数第三大口岸和中越边境地区最大的游客集散地。在此阶段，边境旅游发展与边境经济发展联系度日渐紧密，边境旅游逐步成长为“兴边富民”的重要战略性支柱产业。

4. 全面发展期(2010 年～至今)：“国家战略”提升，融合发展阶段

2010 年 6 月 29 日，中国明确提出“积极建设广西东兴、云南瑞丽、内蒙古满洲里等重点开发开放试验区”。2011 年 6 月，国务院办公厅在印发的《兴边富民行动规划(2011～2015 年)》中明确提出：“大力培育开发具有边境特色的重点旅游景区和线路，鼓励发展边境旅游、民族特色村寨旅游、休闲度假旅游、生态旅游、探险旅游、农业旅游等特色旅游。”2012 年 4 月中国图们江区域(珲春)国际合作示范区经国务院批复设立，该示范区的设立标志着图们江区域国际合作和珲春开发开放进入一个新阶段。2013 年 9 月，国家主席在哈萨克斯坦演讲时提出建立“丝绸之路经济带，实现政策沟通、道路联通、贸易畅通、货币流通、民心相通”的构想，为中国与中亚地区边境旅游业的腾飞打下了坚实基础。随着双向出入境政策的开通，边境地区充分发挥内引外联作用，增强与周边国家的互利合作，促进区域经济一体化发展，形成了重要国际交通要道。这些边境国际合作示范区开发开放试验区的建立，标志着边境地区开放开发已上升为国家战略，旅游业成为边境开放开发战略核心组成部分之一，中国边境旅游发展迎来了一个新的机遇期。例如，广西北部湾经济区东兴－凭祥组团发展规划，明确了东兴、凭祥作为中国-东盟海陆通道枢纽门户、商贸及金融服务中心、滨海跨境旅游目的地、国际物流加工基地等功能定位。按照规划，至 2020 年，东兴市地区生产总值将达到 473.2 亿元，年接待国内外游客将达到 320 万人次。边境地区旅游业全面纳入到国家对外开放整体战略体系中，边境旅游业进入全面融合发展阶段。

第二节　边境旅游的地位和作用

当今，作为两国跨境合作和友谊的催化剂，边境旅游的发展不仅对边境地区社会经济的发展有重要意义，而且对一个国家旅游业、对外开放、国际经济贸易合作也发挥着重要的作用。主要体现在以下五个方面。

1. 促进了边境地区发展，成为社会经济重要的“主导产业”

在我国，大部分边境地区属于经济欠发达地区，人民的生活水平不高，地方产业发展相对落后。但是随着边境旅游业的兴起，边境地区的经济发展迎来新的转折点。大部分边境地区的旅游业与区域经济发展紧密结合，边境旅游业的市场规模不断增加，并且逐步成为地区主导产业，成为地方经济发展的重要组成部分，带动了边境地区的经济发展。例如，在广西边境旅游最发达的东兴市，2012 年旅游收入达到 13.02 亿元，占 GDP 的 20％以上；黑龙江的黑河市 2012 年全市旅游收入 36.2 亿元，占 GDP 的 11.5％；新疆霍尔果斯 2011 年旅游综合收入达 9.3 亿元，占全市 GDP 的 22.4％。

2. 加速了边境地区产业结构调整，成为经济转型的主要“引领产业”

随着边境旅游业的发展，边境旅游在地区经济中占有日趋重要的地位，带动作用日益凸显，边境旅游既带动了旅游服务行业本身的发展，也促进边境贸易的提升，成为边境地区经济结构调整的主要动力。在旅游服务行业，边境旅游充分发挥旅游关联带动作用，除加强了景区、景点建设与保护外，也充分带动了住宿、餐饮、娱乐、交通等相关服务业的发展，并促进了基础设施的建设与完善。边境旅游与边境贸易密不可分，边境旅游的发展必将带动边境贸易的发展，由于边境贸易的发展具有较强互补性，为满足双边人民的生产生活需要，边境地区的产业结构逐渐改变。例如，中俄边境贸易开放后，为适应国际市场的需求，黑龙江省出口的商品大多是本地长线生活用品及服装等；而进口商品大多是生产资料和资源性商品，适应了国内市场需求，这对于调整产业结构，带动工业、农业及服务业的发展都起到了重要作用，也为增加地方财政收入作出了贡献。

3. 推进了跨境合作开发，成为国际贸易往来的“先导先行产业”

边境旅游的发展，推进了边境地区的开放与合作，促进国家间的经济、文化交流，为区域经济发展与国际交流牵线搭桥。我国边境地区已陆续开放 70 余个边境口岸，与所有邻国开展了边境贸易，并与大多数邻国开通了边境旅游。边境旅游在促进边境地区经济发展与对外开放的同时，也为区域经济合作建立通道。人员流动的增加必然导致边境贸易和货物流通的大量增长。第一，边境旅游是一种短期旅游，购物是边境旅游最主要的成分之一，边境旅游直接引发的采购活动，极大地带动了边境贸易的发展，并为区域合作提供了必要条件；第二，边境旅游是双边人员流通增加，是两国间的文化制度隔阂减小，随着国际交流的日益深化，边境贸易逐步发展，货物流通和外商直接投资将成为区域合作的主要途径。在这种背景下，边境旅游产生的关联效应能极大促进双边国家的边境贸易，并成为次区域合作的先导。

4. 密切了民间文化交流，成为中国与周边国家交往的“沟通产业”

从北美、西欧、北欧的实践来看，国家和国家之间能够有效维系此种关系的，还是深植于民间的文化交流、文化尊重甚至是文化融合。边境贸易与边境旅游是双边国家睦邻友好关系的产物，而边境旅游促进了国家之间的人流与物流，随着经济与文化相互渗透，边境旅游反过来促进边疆地区的稳定。边境旅游加强了邻国人民之间的了解和友谊。开展边境旅游几十年来，我国接待了数千万计的邻国旅游者。这些来华的外国人和华侨通过亲自体验加深了对我国的了解和热爱，通过交流，也使我们得以更快、更全面地了解邻国情况，增强两国人民之间的睦邻友好关系。因此，边境旅游不仅是经济发展的产物，也是一种国际政治的手段，边境旅游促进了次区域经济合作，深化了两国人民的交流，成为民间增进相互间文化了解与理解、文化交流与相互接纳认同和尊重的重要渠道。

5. 推进了边境地区与境内外联系，成为区域一体化的“对接产业”

边境旅游开发不仅增加了旅游收入，更重要的通过对内外开放，实现了“外拓”和“内联”，边境地区也从以往国与国之间的“边缘区”，逐步成为国际合作的“中心区”。边境旅游的发展，不仅仅为边境地区带来了经济收入，带来了合作伙伴，促进了边境地区的经济发展，更重要的是边境旅游能充分发挥边境地区自然的多种优势，成为推进沟通国与国关系，推进边境地区交流合作的重要“对接产业”。

第三节　边境旅游发展现状及其格局

1. 市场格局：增长势头强劲，区域间差距较大

自边境旅游开展以来，我国边境旅游发展态势迅猛，边境旅游线路逐步增多，覆盖了全部边境口岸和众多著名景区、景点，而且存在明显的区域差异。从市场发展程度上来讲，西南地区在大湄公河次区域经济合作的背景下，边境旅游业已经有了较为成熟的发展，2011 年西南片区三省(区)入境旅游总接待量为 725.25 万人，旅游外汇总收入为 27.90 亿美元。在区域旅游一体化方面，西南也处于全国领先地位，在广西、云南与东南亚的泰国、越南、老挝等五个国家的旅游合作中，形成了以瑞丽等重要港口为节点，以湄公河流域为轴线的次区域旅游合作模式，这主要体现在如桂林—南宁—河内—万象—曼谷、昆明—曼德勒—蒲甘—波巴等边境旅游精品线路上。东北片区的边境旅游起步早，但是发展速度缓慢，各个省份依托省内的边境旅游资源与客源国市场，相对独立的发展，直到 2010 年，随着图们江中朝俄边境旅游合作区的建立，东北片区的边境旅游资源和客源国市场才得以整合，2011 年东北片区入境游客 770.11 万人，占全区旅游总接待量(6 1996.6 万人)的 1.24%；入境旅游总收入为 42.78 亿美元，占片区旅游总收入(5 504.73 亿元)的 4.77%。西北片区受到国际政治关系的影响，边境旅游业直到 2009 年才得以恢复，目前只有以喀什、伊犁为节点的数个边境旅游线路得以开放，西北片区的市场份额不足全国的 10%，而边境旅游人次数更是不足全国的 5%，因此西北片区的边境旅游市场目前只处于初步发展阶段。

2. 资源格局：汇集诸多名山大川，民族风情异彩纷呈

边境地区由于自然环境、地理位置和社会历史的复杂化、特殊性，形成了极具个性的旅游资源，其壮美的巍峨高山、秀丽的涓涓流水，以及异彩纷呈的民俗风貌无时无刻不吸引着边境游客的眼光。

从自然景观看，边境地区的一些自然旅游资源是世界罕见的，地形复杂、气候多样、山川挺拔、景色丰饶，从白雪皑皑的冰川世界到四季常青的热带风光，几乎囊括了我国所有气候类型，既有植物花卉、珍稀动物极其丰富的亚热带雨林风光，又有海拔 4 000m以上，终年积雪的长白山群峰，特别是有许多海拔 7 000～8 000m 以上的雪山冰峰，位于中尼边界的世界第一高峰珠穆朗玛峰、中巴边界的世界第二高峰乔戈里峰等都是世界上许多登山爱好者青睐的地方。而其他自然景观，如有“世界之珠”之称的“三江并流”，高差 3 900m，世界最深的金沙江虎跳峡，引起国内外轰动的神奇美丽的香格里拉等，始终吸引着喜欢奇山异水的外国游客。

从人文景观看，边境地区是我国少数民族聚居区，各少数民族在长期的历史发展中形成了自己独特的生活方式、社会结构、民风民俗、语言文字和绚丽多彩的历史文化，以及多姿多彩的节庆活动。白族的南诏大理文化、彝族的虎文化、藏族的藏传佛教文化、契丹族的辽文化、摩梭人的阿注婚姻、傣族的“泼水节”、彝族的“火把节”、蒙古族的“那大慕盛会”、满族的驯鹰捕猎等，构成了边境地区极为丰富、最具魅力的民族风情旅游资源。边境地区保存有许多古代民族的活动遗址、古墓葬、壁画、石窟、寺院、佛塔等文化遗产，有的具有很高的历史文化价值。此外，边境地区的土特产品、手工艺品、旅游纪念品及其旅游商品等，不仅种类繁多，而且都带有浓重的地方民族色彩。

3. 产品格局：以观光购物为主导，复合化转型不断提速

边境地区除了传统的界碑、边界线等边境特有景观外，主要的旅游产品就是自然景观、文物古迹、城市风光。截至 2013 年，在我国边境旅游集聚的 7 个主要省份，一共有星级以上旅游景区 1 362 个，其中有 23 个 5A 级旅游景区(表 2-1)。从数量上看，在各省份中新疆的旅游景区数和 5A 级旅游景区数均位列第一，云南虽然旅游景区总数并不多，但是 5A 级和 4A 级旅游景区数众多，所占比例也较高，可见云南的旅游景区质量位居全国首位。从空间分布上讲，东北地区无论是在旅游景区总数上，还是 5A 级旅游景区数上都位居全国第一；西南地区的旅游景区总数虽然不高，但是景区质量较高，5A 级景区和 4A 级景区的所占的比例较高；西南地区的省份不多，但是新疆是全国旅游景区最多的省份，其旅游资源竞争力依旧较高。

表 2-1　主要边境省份旅游景区总数

省(区)	旅游景区总数/个	5A 级景区/个	4A 级景区个数	3A 级景区个数	2A 级景区个数	1A 级景区个数
内蒙古	211	2	38	84	83	4
辽宁	231	3	60	106	53	9
吉林	123	3	18	37	39	26
黑龙江	203	3	39	87	72	2
广西	149	2	81	58	8	0
云南	183	5	56	32	80	10
新疆	262	5	54	89	90	24

在旅游产品开发上，广西、云南拥有我国最丰富多彩的民俗风光，依托众多的傣族、白族、土家族等少数民族特有的民俗风情，西南地区打造了众多乡村旅游、民俗风情游等产品；依托热带雨林等优美的自然环境，以及众多温泉、农田等，西南地区还开展了疗养旅游、温泉旅游、乡村自助游等。东北地区的民俗风情与自然资源也较丰富，但是由于历史原因，东北地区的旅游资源与俄罗斯、朝鲜等国的互补性较差，为此，东北地区的边境旅游主要是以城市旅游为主，打造精品城市、建立贸易区成为东北主要的边境旅游产品。西北地区则依托其历史文化遗产，打造丝绸之路精品旅游路线，并结合丰富的自然景观，设计独特的旅游产品。云南边境旅游业务自 20 世纪 90 年代初起步，目前已拥有 6 条经国家旅游局批准的边境旅游线路，包括中越边境旅游线路中国河口至越南广宁省、中国河口至越南沙巴、中国麻栗坡至越南河江等；中缅边境旅游线路中国畹町(瑞丽)至缅甸腊戌、中国瑞丽至缅甸八莫等；中老边境旅游线路中国景洪至老挝琅勃拉邦等。

4. 城市格局：口岸城市类型多样，旅游发展迅速

口岸是边境旅游最为主要的集散中心，也是区域社会经济最具活力的地区，边境旅游口岸的发展直接关系到边境旅游的发展。在我国陆地边境县域拥有口岸73处(具体见附表二)。

在西南边境，沿边境线分布着南宁、防城、河口、景洪、德宏、大理等口岸城市，其中，德宏傣族景颇族自治州下辖的瑞丽口岸在其中扮演着重要地位。瑞丽地处中缅交汇处，毗邻缅甸国家级口岸城市木姐，是320国道与中印公路(史迪威公路)的交点。目前，瑞丽市边境贸易区、畹町经济开发区、瑞丽市边境经济合作区3个区，是中国通向东南亚、南亚经济圈最为活跃的经济区域之一，也是西南地区边境旅游发展的中心地区。2011年瑞丽口岸出入境总人次数高达1 053.07万人、货运量135.23万t，为西南地区之首。目前，西南地区的区域旅游合作已基本取得成功，瑞丽作为西南地区边境旅游的窗口，其战略地位更加突出。

在东北边境，分布着绥芬河、同江、抚远、珲春、图们、丹东等诸多不同类型的口岸，形成了东北沿边口岸群。其中，吉林省延边自治州是东北地区最主要的边境旅游口岸之一，其下辖的珲春市位于吉林省东南部图们江下游地区的延边朝鲜族自治州内，地处中、朝、俄三国交界的地带，是中国唯一濒临东海和日本海的沿海城市，是东北亚地区的几何中心。2010年，图们江流域中俄朝跨境旅游合作区在珲春建立，并开展了中国珲春—俄罗斯哈桑—朝鲜豆满江旅游线路，并形成了包括中国延吉市、俄罗斯海参崴市和朝鲜清津市的三角形跨境旅游合作区，成为东北地区边境旅游业的典范。

在西北边境，分布着伊犁、哈密、阿勒泰、塔城、昌吉、博乐、喀什和克州等口岸城市，其中，伊犁的霍尔果斯口岸是中国最早向西开放的口岸，曾是丝绸之路新北道重要一站，也是目前中国西北地区综合运量最大的国家一类公路口岸。霍尔果斯口岸地处欧亚经济板块的中心位置，哈萨克斯坦隔霍尔果斯河相望。2005年，霍尔果斯成为中哈霍尔果斯国际边境合作中心；2009年国家旅游局恢复霍尔果斯边境旅游一日游和七日游的边境旅游线路；2011年，霍尔果斯口岸出入境人次数达到82.17万人；现在，在新建与中亚地区次区域旅游合作中，霍尔果斯的中心地位更加突出，成为新疆边境旅游业发展的典型代表。

5. 合作格局：次区域合作全面展开，逐步加深

边境旅游是区域经济合作的重要组成部分，是边境贸易的外延。由于受到国际政治与外交的影响，边境旅游的发展程度在很大程度上受制于次区域旅游合作程度的影响。在我国，由于各个边境地区的社会经济发展程度不同，国家间政治关系的差异，区域旅游合作程度在我国有很大的差异。在此方面，西南地区在大湄公河次区域经济合作的背景下，区域旅游合作已经取得成功；东北地区区域旅游合作起步较晚，但是发展速度很快，已经取得了不错的成绩；西北地区的边境旅游起步早，但是曾经历相当长时间的停滞期，直到最近才有所起色。

在西南地区，1992年亚洲开发银行在菲律宾马尼拉举行了大湄公河次区域六国首

次部长级会议，标志着大湄公河次区域经济合作(GMS)机制的正式启动。1994年12月13日，联合国亚太经社会(ESCAP)、亚洲开发银行、中国国家旅游局、云南省人民政府在昆明共同举办了“湄公河流域国家旅游发展研讨会”。会议确定成立一个由柬埔寨、中国、老挝、缅甸、泰国及越南六个次区域国家旅游组织高级代表参加的“大湄公河次区域旅游工作组”，讨论促进次区域间旅游合作项目的实施，这次会议的召开标志着澜沧江-湄公河次区域旅游合作的正式开始，也标志着我国西南地区边境旅游业的正式开始。现如今，西南地区的边境旅游业已经进入了相对成熟的发展阶段，建立了包括中国广西和云南、柬埔寨、老挝、缅甸、泰国及越南在内的旅游合作区，并成立了湄公河旅游协调办公室(MTCO)来协调边境旅游发展中存在的各项问题。

东北地区是中国最早开展边境旅游的地区，但发展相对缓慢，虽然2002年日本就提出建立东亚自由贸易区，但是由于中、日、朝三国复杂交错的外交关系，导致区域经济合作进展缓慢。与此同时，在很长的一段时间内，黑龙江、吉林、辽宁、内蒙古四省(区)相对独立地发展各自边境旅游业，没有形成区域合作的体制，没有整合区域内部的旅游资源，也没有形成统一的边境旅游市场，如黑龙江和内蒙古的边境旅游客源国以俄罗斯为主，吉林、辽宁则以韩国、日本为主要客源国，各省之间的跨省旅游线路很少。直到图们江流域中、俄、朝跨境旅游合作区建立之后，随着区域旅游合作的不断深化，东北地区边境旅游业迎来了新的机遇，并将以此为转折点持续快速的发展。

新疆维吾尔自治区于20世纪90年代初期，在新疆边境口岸开展了边境旅游，推动了新疆对外开放力度，同时促进了进出贸易和边境贸易的发展。但是在1994年以后，哈萨克斯坦等国因各种原因，停止了对新疆的边境旅游，至此，新疆对周边国家边境旅游基本上处于停顿状态。2005年中亚各国联合签订的《中亚区域经济合作(CAREC)综合行动计划》中，将旅游业列为区域经济合作的四大领域之一；2008年，新疆边境小县吉木乃政府于2月初正式与哈萨克斯坦东哈州签订了旅游合作协议书，就合作开展出入境旅游事宜达成多项协议；2009年国家旅游局恢复霍尔果斯边境旅游一日游和七日游的边境旅游线路，至此，新疆地区的边境旅游业才得以恢复和发展。

6. 政策格局：优惠政策高度集聚，开放力度不断加大

边境旅游是出境游的一种，受政策影响十分明显。因此，边境旅游的发展受惠于国家政策。在短短六年的时间内，我国东北、西北、西南地区的7个边境省份陆续开展边境旅游，自此，边境旅游已经不再只是一个省份发展边境地区经济的方式，而是逐步上升为国家发展经济，实行兴边富民计划，促进国际交流，维持边疆稳定的重要方式。1997年，国家旅游局发布《边境旅游暂行管理办法》，为各省份的边境旅游业制定了统一规则，也使我国边境旅游业从此走向了快速发展的道路。此外，随着国务院《关于加快发展旅游业的意见》与《关于进一步促进广西经济社会发展的若干意见》政策意见的贯彻落实，以及广西北部湾经济区、东北振兴、西部大开发、中国-东盟自由贸易区、东兴重点开放开发实验区、珲春国际合作示范区等国家相关区域发展战略的实施，边境地区的开放力度不断加大，政策也越来越优惠。

第四节　边境旅游发展存在问题分析

边境旅游是区域合作的基础与切入点。在我国，边境旅游产业具备较大的经济潜力和发展优势，应充分利用边境地区所具有的旅游资源和经济合作基础，将边境旅游业打造成区域经济合作的先导产业，从而带动其他相关产业协调发展。但是我国的边境旅游产业仍存在着以下一些问题，制约着边境旅游可持续发展。

1. 旅游市场总体规模较小，市场波动性较大

我国边境旅游业自 1987 年开展以来，取得了巨大的进步，但是从总体情况上来看，我国边境旅游业的发展水平不高。首先，边境旅游发展时间较短，基础力量薄弱。我国的边境旅游虽然在 1987 年就已经开启，但是在此之后的 10 年时间里，边境旅游的发展受政策影响严重，直到 1997 年《边境旅游暂行管理办法》实施之后，情况才有所好转。其次，边境旅游的发展绝对增长相对落后。我国的边境旅游从表面上看虽然增长速度较快，实际上边境旅游的发展却处于相对落后的状态。2011 年，云南、广西边境旅游总人次数为 698.18 万人，旅游外汇收入为 26.61 亿美元，为全国边境旅游之最。东北三省次之，边境旅游总人数达到 457.36 万人，旅游外汇收入为 19.74 亿美元。而西北地区的市场份额不足全国的 10%，而边境旅游人次数更是不足全国的 5%。最后，边境旅游的发展会受到国与国之间政治关系因素影响较大，如东北亚地区中俄、中朝边境旅游，西南边境地区中印边境旅游等，往往随着半岛形势变化呈现人为的剧烈波动。

2. 旅游产品开发较为滞后，市场影响力较小

我国边境地区有着全国最优质、独特的旅游资源，但是边境旅游产品开发较为滞后，缺乏影响力。边境地区的旅游产品吸引力不足，主要是基于以下几点原因。第一，旅游产品结构单一。边境城市吸引国外游客的主要产品是传统的文化观光型产品，专项参与式旅游产品和度假型旅游产品很少。因此，旅游产品对游客的吸引力不足，尤其是对回头客而言没有二次旅游的需求，这大大影响了我国旅游产品在国际市场上的竞争力。第二，产品价格高。除去基本的跨境成本因素外，我国旅游产品过去一直以包价为主，造成直观价格较高，加上国内费用名目繁多，使本来就已经很高的产品价格更高，海外旅游客商难以接受。第三，产品质量差。国外旅行商普遍反映，产品信息透明度差，主要是产品信息不灵，影响了客源的入境量。此外，外联与接待方面都尚未形成一定的规范，使国外旅游客商，时有不适之感，这也影响了我国旅游产品的推销。因此，虽然边境地区集中了全国主要的大山、大江河以及少数民族的民俗风情，但是交通的不便与宣传力度的不足极大地限制了边境旅游的客源市场，由于缺乏完整的旅游地信息平台，基本只有周边地区游客来此旅游，旅游资源无法对更远游客产生吸引力。

3. 旅游基础设施较差，综合服务能力较弱

目前，我国边境地区很多口岸基础设施陈旧，服务设施也不完善，无法满足大通关的需要。例如，黑龙江省几个公路口岸由于运力有限，限制了过货量，特别是绥芬河口岸铁路运力不足，已严重影响了商品的运输，成为制约黑龙江省边境贸易规模扩大的瓶颈，目前采伐的木材每年只能运回 1/10。边境地区大都是国内相对落后的地区，由于经济水平较低、缺乏资金支持，边境地区基础设施大多比较落后，交通不便，缺乏必要的住宿设施，信息闭塞，国际旅游的条件欠缺。而旅游相关的配套设施，如星级宾馆的数量和服务品质，旅游景区内部相关设施的规划和建设，航空管制环境以及联机机构和商业部门的配合机制，国际化的购物场所等也不完备。有的相邻国家对边境旅游发展扶持力度也不够，如越南政府不允许外资进入除指定的度假区外的其他景点，而当地政府又没有能力对旅游资源进行必要的投入，因此许多景区的景点基础设施落后，很多旅游资源没有得到有效的规划和保护，显得凌乱不堪。此外，边境旅游业相关人才极度缺乏，许多景点没有导游讲解服务，特别是外语导游人才奇缺，大大减少了旅游资源的吸引力。

4. 旅游出入境程序较为繁琐，通关时间较长

边境旅游的发展很大程度上受到国家政策的制约，这一点主要体现在跨境旅游手续的复杂程度上。例如，朝鲜口岸一律采取开包检查，不准携带印有一些国家(韩国、美国等)商标的物品等，出境时，也采取开包检查，一一查检游客的照片和购买的商品，又如从昆明出境自驾出游的旅客逐渐增多，在我国国内口岸 30 多辆汽车办理出境手续不到 30 分钟，而在境外口岸却用了三个小时多。又如，目前，国内游客可凭身份证快速办理越南一日游或两日一晚旅游的通行证，停留时间短，最远只能到达河内和下龙湾，且一般不能“自由行”，必须参团。在黑龙江、辽宁、内蒙古等地区的其他边境口岸，也有类似的情况。除此之外，还有一些边境口岸尚未开通异地办证业务，有的则只能通过护照签证出境。同样的，其他相邻国家前往中国办理签证手续同样耗时耗力，严重影响了游客的旅游质量。同时，区域内一些国家法制不健全、政策执行随意性大、不同关口手续不统一，也给旅游带来许多麻烦。

5. “点”对“点”口岸旅游主导，次区域合作有待提升

目前边境旅游大部分仍以“点对点”的口岸旅游为主导。严格意义上的区域旅游合作应具备两个条件：一是具备官方签署的正式的区域旅游合作文件；二是具有正式的官方的国际区域旅游组织。在我国边境旅游的三个主要区域中，只有西南区域有一个大湄公河次区域(GMS)旅游业发展统筹协调机构——湄公河旅游协调办公室(MTCO)；东北地区在图们江流域中俄朝跨境旅游合作区建立之后，边境旅游业有了较快的发展，但是东北亚经济合作起步较晚，旅游业发展基础薄弱，而且图们江流域中俄朝跨境旅游合作区在中国仅仅覆盖吉林省的长春、吉林、图们江三个主要城市，并不能协调整个东北地区的旅游资源，带动区域旅游业的发展；中亚地区仅仅在 2011 年年末确定了《中亚区域经济合作 2020 战略》，目前尚未有统一的区域旅游合作区和相关办事处。次区域旅游合作亟待深化。

第三章　中国边境旅游资源赋存与特征

第一节　旅游资源的类型与数量

通过旅游资源单体现状调查表填报、相关文献资料整理提取、部分重要旅游资源单体实地考察，以及与当地各部门座谈调查等途径和方法，对中国各陆地边境县旅游资源进行了调查，经整理与筛选，共提取了 3 263 处具有代表性的旅游资源单体。

依据国家标准《旅游资源分类、调查与评价（GB/T18972—2003）》（以下简称《标准》）中的旅游资源分类体系进行分类（表 3-1）。旅游资源分类结构为“主类”“亚类”“基本类型” 3 个层次，每个层次的旅游资源类型有相应的汉语拼音代号。

表 3-1　中国陆地边境旅游资源类型数量统计

主类名称（所含亚类数）	亚类名称（所含基本类型数）	基本类型名称	各类单体数量统计/个		
			基本类型	亚类	主类
A 地文景观（5）	AA 综合自然旅游地（6）	AAA 山丘型旅游地	177	281	551
		AAB 谷地型旅游地	71		
		AAC 沙砾地型旅游地	15		
		AAD 滩地型旅游地	9		
		AAE 奇异自然现象	3		
		AAF 自然标志地	6		
	AB 沉积与构造（5）	ABC 节理景观	1	55	
		ABD 地层剖面	2		
		ABE 钙华与泉华	22		
		ABF 矿点矿脉与矿石积聚地	4		
		ABG 生物化石点	26		
	AC 地质地貌过程形迹（13）	ACA 凸峰	8	163	
		ACB 独峰	7		
		ACC 峰丛	3		
		ACD 石（土）林	12		
		ACE 奇特与象形山石	35		
		ACF 岩壁与岩缝	6		
		ACG 峡谷段落	25		
		ACH 沟壑地	3		
		ACI 丹霞	1		
		ACJ 雅丹	7		
		ACL 岩石洞与岩穴	38		
		ACM 沙丘地	10		
		ACN 岸滩	8		

续表

主类名称（所含亚类数）	亚类名称（所含基本类型数）	基本类型名称	各类单体数量统计/个		
			基本类型	亚类	主类
A 地文景观（5）	AD 自然变动遗迹（3）	ADC 地震遗迹	1	12	551
		ADE 火山与熔岩	10		
		ADG 冰川侵蚀遗迹	1		
	AE 岛礁（2）	AEA 岛区	39	40	
		AEB 岩礁	1		
B 水域风光（6）	BA 河段（3）	BAA 观光游憩河段	115	117	466
		BAB 暗河河段	1		
		BAC 古河道段落	1		
	BB 天然湖泊与池沼（3）	BBA 观光游憩湖区	130	153	
		BBB 沼泽与湿地	19		
		BBC 潭池	4		
	BC 瀑布（2）	BCA 悬瀑	47	61	
		BCB 跌水	14		
	BD 泉（2）	BDA 冷泉	30	95	
		BDB 地热与温泉	65		
	BE 河口与海面（2）	BEA 观光游憩海域	4	5	
		BEB 涌潮现象	1		
	BF 冰雪地（2）	BFA 冰川观光地	34	35	
		BFB 常年积雪地	1		
C 生物景观（4）	CA 树木（3）	CAA 林地	115	148	226
		CAB 丛树	7		
		CAC 独树	26		
	CB 草原与草地（2）	CBA 草地	38	40	
		CBB 疏林草地	2		
	CC 花卉地（2）	CCA 草场花卉地	5	6	
		CCB 林间花卉地	1		
	CD 野生动物栖息地（4）	CDA 水生动物栖息地	3	32	
		CDB 陆地动物栖息地	21		
		CDC 鸟类栖息地	7		
		CDE 蝶类栖息地	1		
D 天象与气候景观（2）	DA 光现象（3）	DAA 日月星辰观察地	4	10	28
		DAB 光环现象观察地	2		
		DAC 海市蜃楼现象多发地	4		
	DB 天气与气候现象（4）	DBA 云雾多发区	8	18	
		DBB 避暑气候地	4		
		DBD 极端与特殊气候显示地	5		
		DBE 物候景观	1		

续表

主类名称（所含亚类数）	亚类名称（所含基本类型数）	基本类型名称	各类单体数量统计/个		
			基本类型	亚类	主类
E 遗址遗迹（2）	EA 史前人类活动场所（3）	EAA 人类活动遗址	24	32	283
		EAC 文物散落地	1		
		EAD 原始聚落	7		
	EB 社会经济文化活动遗址（8）	EBA 历史事件发生地	11	251	
		EBB 军事遗址与古战场	49		
		EBC 废弃寺庙	28		
		EBD 废弃生产地	7		
		EBE 交通遗迹	20		
		EBF 废城与聚落遗迹	123		
		EBG 长城遗迹	3		
		EBH 烽燧	10		
F 建筑与设施（7）	FA 综合人文旅游地（11）	FAA 教学科研实验场所	6	548	1252
		FAB 康体游乐休闲度假地	100		
		FAC 宗教与祭祀活动场所	178		
		FAD 园林游憩区域	37		
		FAE 文化活动场所	40		
		FAF 建设工程与生产地	42		
		FAG 社会与商贸活动场所	6		
		FAH 动物与植物展示地	24		
		FAI 军事观光地	21		
		FAJ 边境口岸	72		
		FAK 景物观赏点	22		
	FB 单体活动场馆（4）	FBA 聚会接待厅堂（室）	1	52	
		FBB 祭拜场馆	3		
		FBC 展示演示场馆	40		
		FBD 体育健身馆场	8		
	FC 景观建筑与附属型建筑（10）	FCA 佛塔	21	234	
		FCB 塔形建筑物	17		
		FCC 楼阁	8		
		FCD 石窟	21		
		FCE 长城段落	9		
		FCF 城（堡）	1		
		FCG 摩字画	64		
		FCH 碑碣（林）	44		
		FCI 广场	21		
		FCK 建筑小品	28		
	FD 居住地与社区（8）	FDA 传统与乡土建筑	48	182	
		FDB 特色街巷	18		
		FDC 特色社区	58		
		FDD 名人故居与历史纪念建筑	32		
		FDE 书院	1		
		FDF 会馆	1		
		FDG 特色店铺	5		
		FDH 特色市场	19		

续表

主类名称（所含亚类数）	亚类名称（所含基本类型数）	基本类型名称	各类单体数量统计/个		
			基本类型	亚类	主类
F建筑与设施（7）	FE 归葬地（3）	FEA 陵区陵园	20	111	
		FEB 墓（群）	89		
		FEC 悬棺	2		
	FF 交通建筑（5）	FFA 桥	22	38	
		FFB 车站	2		
		FFC 港口渡口与码头	11		
		FFD 航空港	1		
		FFE 栈道	2		
	FG 水工建筑（6）	FGA 水库观光游憩区段	60	87	
		FGB 水井	4		
		FGC 运河与渠道段落	3		
		FGD 堤坝段落	16		
		FGE 灌区	1		
		FGF 提水设施	3		
G旅游商品（1）	GA 地方旅游商品（7）	GAA 菜品饮食	102	205	205
		GAB 农林畜产品与制品	29		
		GAC 水产品与制品	3		
		GAD 中草药品及制品	19		
		GAE 传统手工产品与工艺品	45		
		GAF 日用工业品	3		
		GAG 其他物品	4		
H人文活动（4）	HA 人事记录（2）	HAA 人物	22	31	252
		HAB 事件	9		
	HB 艺术（2）	HBA 文艺团体	4	20	
		HBB 文学艺术作品	16		
	HC 民间习俗（8）	HCA 地方风俗与民间礼仪	24	160	
		HCB 民间节庆	78		
		HCC 民间演艺	24		
		HCD 民间健身活动与赛事	16		
		HCE 宗教活动	6		
		HCF 庙会与民间集会	1		
		HCG 特色饮食风俗	5		
		HCH 特色服饰	6		
	HD 现代节庆（4）	HDA 旅游节	21	41	
		HDB 文化节	11		
		HDC 商贸农事节	3		
		HDD 体育节	6		
主类（8）	亚类（31）	基本类型（142）	单体（3263）		

旅游资源丰度是指一个地区拥有各类旅游资源的数量和旅游资源的总数，是反映旅游资源丰富程度的绝对量。中国陆地边境县域旅游资源丰度的分类统计见表 3-1。中国陆地边境旅游资源具备 8 个主类，31 个亚类和 142 个基本类型。边境旅游资源各主类丰度对比如表 3-2 所示，最多的是建筑与设施类旅游资源单体 1252 处，约占总数的 38.4%，其次为地文景观类和水域风光类旅游资源。最少的是天象与气候景观，只有 28 处旅游资源单体，在总数中的比例仅为 0.86%。从亚类上看，综合人文旅游地 548 处，占的比例最大，约占总数的 1/6。在 142 个基本类型中，可分为 6 个数量规模档次，其中宗教与祭祀活动场所、山丘型旅游地、观光游憩湖区、废城与聚落遗迹、观光游憩河段、林地、菜品饮食、康体游乐休闲度假地 8 种基本类型所拥有的单体数量超过了 100 处，属于数量较丰富类型(表 3-3)。

表 3-2　中国陆地边境旅游资源各主类丰度对比表

项目	地文景观	水域风光	生物景观	天象与气候景观	遗址遗迹	建筑与设施	旅游商品	人文活动	总计
丰度/%	16.8	14.3	6.9	0.9	8.7	38.4	6.3	7.7	100

表 3-3　中国陆地边境旅游资源类型数量档次表

单体数量	基本类型名称	数目/个
100 处(含)以上	宗教与祭祀活动场所、山丘型旅游地、观光游憩湖区、废城与聚落遗迹、观光游憩河段、林地、菜品饮食、康体游乐休闲度假地	8
50(含)～99 处	墓(群)、民间节庆、边境口岸、谷地型旅游地、地热与温泉、摩崖字画、水库观光游憩区段、特色社区	8
30(含)～49 处	军事遗址与古战场、传统与乡土建筑、悬瀑、传统手工产品与工艺品、碑碣(林)、建设工程与生产地、文化活动场所、展示演示场馆、岛区、岩石洞与岩穴、草地、园林游憩区域、冰川观光地、奇特与象形山石、名人故居与历史纪念建筑、冷泉	16
10(含)～29 处	农林畜产品与制品、废弃寺庙、建筑小品、生物化石点、独树、峡谷段落、动物与植物展示地、地方风俗与民间礼仪、民间演艺、人类活动遗址、钙华与泉华、景物观赏点、桥、人物、陆地动物栖息地、军事观光地、佛塔、石窟、广场、旅游节、交通遗迹、陵区陵园、沼泽与湿地、特色市场、中草药品及制品、特色街巷、塔形建筑物、堤坝段落、文学艺术作品、民间健身活动与赛事、沙砾地型旅游地、跌水、石(土)林、历史事件发生地、港口渡口与码头、文化节、沙丘地、火山与熔岩、烽燧	39
10 处以下	滩地型旅游地、长城段落、事件、凸峰、岸滩、云雾多发区、原始聚落、体育健身馆场、楼阁、独峰、雅丹、丛树、鸟类栖息地、废弃生产地、自然标志地、岩壁与岩缝、教学科研实验场所、社会与商贸活动场所、宗教活动、特色服饰、体育节、草场花卉地、极端与特殊气候显示地、特色店铺、特色饮食风俗、矿点矿脉与矿石积聚地、潭池、观光游憩海域、日月星辰观察地、海市蜃楼现象多发地、避暑气候地、水井、其他物品、文艺团体、奇异自然现象、峰丛、沟壑地、水生动物栖息地、长城遗迹、祭拜场馆、运河与渠道段落、提水设施、水产品与制品、日用工业品、商贸农事节、地层剖面、疏林草地、光环现象观察地、悬棺、车站、栈道、节理景观、丹霞、地震遗迹、冰川侵蚀遗迹、岩礁、暗河河段、古河道段落、涌潮现象、常年积雪地、林间花卉地、蝶类栖息地、物候景观、文物散落地、聚会接待厅堂(室)、城(堡)、书院、会馆、航空港、灌区、庙会与民间集会	71

为便于比较不同边境段落的旅游资源状况，进行了如表3-4的统计，结果表明，中越段旅游资源的丰度最高，约占整个边境县域的19.0%。中越边境段旅游资源丰度由高到低依次是建筑设施类、地文景观类、水域风光类、人文活动类、旅游商品类、遗址遗迹类、生物景观类、天象与气候景观类。中老边境段旅游资源丰度由高到低依次是建筑设施类、地文景观类、水域风光类、生物景观类、人文活动类、旅游商品类、遗址遗迹类、天象与气候景观类。中缅边境段旅游资源丰度由高到低依次是建筑设施类、地文景观类、水域风光类、人文活动类、生物景观类、旅游商品类、遗址遗迹类、天象与气候景观类。中印、中不、中尼边境线段旅游资源丰度由高到低依次是建筑设施类、水域风光类、地文景观类、遗址遗迹类、人文活动类、生物景观类、旅游商品类、天象与气候景观类。中哈、中吉、中塔、中巴、中阿边境线段旅游资源丰度由高到低依次是建筑设施类、地文景观类、水域风光类、遗址遗迹类、生物景观类、人文活动类、旅游商品类、天象与气候景观类。中蒙边境线段旅游资源丰度由高到低依次是建筑设施类、地文景观类、水域风光类、遗址遗迹类、生物景观类、人文活动类、旅游商品类、天象与气候景观类。中俄边境线段旅游资源丰度由高到低依次是建筑设施类、地文景观类、水域风光类、人文活动类、遗址遗迹类、旅游商品类、生物景观类、天象与气候景观类。中朝边境线段旅游资源丰度由高到低依次是建筑设施类、旅游商品类、遗址遗迹类、人文活动类、地文景观类、水域风光类、生物景观类、天象与气候景观类。

表3-4　不同陆疆段落边境旅游资源丰度对比表

区域	地文景观	水域风光	生物景观	天象与气候	遗址遗迹	建筑设施	旅游商品	人文活动	总计
中越边境线段	114	73	38	4	44	252	46	48	619
丰度/%	18.4	11.8	6.1	0.7	7.1	40.7	7.4	7.8	19.0
中老边境线段	6	4	3	0	1	23	2	2	41
丰度/%	14.6	9.8	7.3	0	2.4	56.1	4.9	4.9	1.3
中缅边境线段	79	66	36	3	24	232	24	62	526
丰度/%	15.0	12.5	6.8	0.6	4.6	44.1	4.6	11.8	16.1
中印、中不、中尼边境线段	87	101	22	2	41	173	14	24	464
丰度/%	18.8	21.8	4.7	0.4	8.8	37.3	3.0	5.2	14.2
中哈、中吉、中塔、中巴、中阿边境线段	80	79	48	4	50	233	45	47	586
丰度/%	13.7	13.5	8.2	0.7	8.5	39.8	7.6	8.0	18.0
中蒙边境线段	104	79	43	6	57	161	15	16	481

续表

区域	地文景观	水域风光	生物景观	天象与气候	遗址遗迹	建筑设施	旅游商品	人文活动	总计
丰度/%	21.6	16.4	8.9	1.3	11.9	33.5	3.1	3.3	14.7
中俄边境线段	54	39	19	9	30	89	24	30	261
丰度/%	18.4	13.2	6.5	3.0	10.2	30.3	8.2	10.2	8.0
中朝边境线段	26	26	16	4	44	84	55	30	285
丰度/%	9.1	9.1	5.6	1.4	15.5	29.5	19.3	10.5	8.7

整个边境段落中各类旅游资源的丰度按高低顺序排列依次为建筑设施类、地文景观类、水域风光类、遗址遗迹类、人文活动类、生物景观类、旅游商品类、天象与气候景观类。地文景观类，旅游资源丰度最高的是中越边境段，约占总数的20.7%。水域风光类，旅游资源丰度最高的是中印、中不、中尼边境段，约占总数的21.6%。生物景观类，旅游资源丰度最高的是中哈、中吉、中塔、中巴、中阿边境段，约占总数的21.2%。天象与气候类，旅游资源丰度最高的是中俄边境段，约占总数的32.1%。遗址遗迹类，旅游资源丰度最高的是中蒙边境段，约占总数的20.1%。建筑设施类，旅游资源丰度最高的是中越边境段，约占总数的20.1%。旅游商品类，旅游资源丰度最高的是中朝边境段，约占总数的26.8%。人文活动类，旅游资源丰度最高的是中缅边境线段，约占总数的24.6%。

第二节　旅游资源质量等级

依据《标准》中的"旅游资源共有因子综合评价系统"赋分并划分等级。该系统设置了"资源要素价值""资源影响力"和"附加值"3个评价项目，包括"观赏游憩使用价值""历史文化科学艺术价值""珍稀奇特程度""规模、丰度与概率""完整性""知名度和影响力""适游期或使用范围"和"环境保护与环境安全"8个评价因子，总分为100分。按得分高低可将旅游资源分为五个等级，其中五级、四级、三级旅游资源统称为"优良级旅游资源"(表3-5)，二级、一级旅游资源统称为"普通级旅游资源"。由于目前对旅游商品和人文活动类旅游资源尚未形成较为统一或公认的评判标准，故本书未做评级，此类资源单体共有456处。

由于对边境地区旅游资源初步调查的精度和对各旅游资源单体掌握程度不一，在确定质量等级时除了结合实地调查获取的初步资料和直接感受印象以外，还参考了当地提供的地方志等文字材料，包括各主要景区(点)的说明或介绍、有关部门提供的资料及对当地旅游发展的设想。

在3 263处旅游资源单体中，有五级旅游资源单体61处，占总数的1.87%；四级旅游资源单体237处，占总数的7.26%；三级旅游资源单体844处，占总数的25.87%；普通级旅游资源单体1 665处，占总数51.03%；未参加评价的旅游资源单体456处，占旅游资源单体总数的13.97%。

表 3-5　中国陆地边境优良级旅游资源单体表

陆疆区段	五级旅游资源单体	四级旅游资源单体	三级旅游资源单体
中越边境	宁明花山岩画群、黄连山自然保护区、通灵大峡谷、金平分水岭自然保护区、河口口岸、万尾金滩、德天跨国大瀑布	大连城、友谊关口岸、友谊关古炮台群、那坡黑衣壮风情园、堡堡寨瀑布、老山风景名胜区、宋壁石林溶洞群、李仙江热带雨林、弄岗国家级自然保护区、红八军军部旧址、小连城、旧州绣球街、古龙山峡谷群、龙邦口岸、渠洋湖、勐拉温泉、马鞍底蝴蝶谷、花鱼洞国家森林公园、花鱼洞、驮娘江国家风景名胜区、江山半岛旅游度假区、防城金花茶国家自然保护区、中越界河风光、北仑河口国家级自然保护区、北仑河—中越分界的界河、万尾岛、东兴口岸、京岛风景名胜区、竹山、中越友谊公园、明仕田园综合旅游地	大清国万人坟、友谊关零公里、浦寨边贸城、平岗岭地下长城、平岗岭左炮台、法卡山、白玉洞、平而河风景河段、热林中心树木园、关前隘古战场、平而关口岸、陇瑞自然保护区、明江风景河段、耀达冷泉、宁明独木成林、花山温泉度假村、爱店口岸、花山民族山寨、骆越古寨、感驮岩、金龙岩、平孟口岸、老君山自然保护区、大吉厂云海、都龙口岸、马鞍山水库、猫猫跳峡谷、南温河、老山自卫反击战遗址、天保边贸口岸、老君山林海、小河洞新石器时代遗址、大王岩崖画、黄连山瀑布、诺玛阿美民族文化生态旅游村、阿罗欧滨、腊姑、桐株德玛梯田、龙州金龙公路景观综合旅游地、龙州水口公路景观综合旅游地、丽江风景河段、陇村枧木王、上金(弄庙)独木成林、胡志明展馆、水口口岸、311 高地、龙州起义纪念馆、宾山、三牙山、甲岗岩、二郎瀑布、爱布瀑布群、鹅泉、底定桫椤王国、邦亮东部黑冠长臂猿自然保护区、十二道门、通灵瀑布、三叠岭瀑布、壮族博物馆、大兴风光、五台山、拉灯旅游景观瀑布群、勐拉大佛寺、普洱民居、天生桥、西隆山自然保护区、金水河口岸、孤山洞遗址、河口对汛督办公署旧址、法国驻河口副领事署、河口海关旧址、越南街、中越铁路大桥、清华洞旅游区、者桑热带原始森林、田蓬口岸、牙牌村、沈土司遗址、普阳瀑布、冲皇沟、月亮湾、怪石滩、峒中温泉、含巷谷瀑布群、那梭南山森林生态保护区、小峰水库、白龙炮台、峒中三坑瑶寨、高林大板瑶寨、九龙潭漂流、瑶山大峡谷漂流、红石谷、金花茶保护区、巫头万鹤山湿地公园、新石器贝丘遗址、竹山"寇井"、五一生态园、陈公馆、京族博物馆、恩城宝岛、龙宫岩、硕龙雷平公路景观综合旅游地、桃城那岭公路景观综合旅游地、恩城风景河段、黑水河风景河段、沙屯多级瀑布(稳底瀑布)、硕龙口岸、穷斗山摩崖造像
中老边境	版纳植物园	磨憨口岸、翠屏峰热带雨林公园、勐腊望天树、十层大山、李仙江、一眼望三国	易武古茶山、南腊河、勐腊自然保护区、绿石林森林公园、易武古镇、曼龙勒傣族特色村寨、狮子崖、大河边瀑布、斑鸠坡茶马古道、勐康温泉、万亩胶园、勐康口岸、贺井塔、龙富口岸旅游小镇、整董傣族民俗旅游小镇、傣家竹楼、磨憨边境贸易区、狮子岩大山

续表

陆疆区段	五级旅游资源单体	四级旅游资源单体	三级旅游资源单体
中缅边境	高黎贡山、怒江大峡谷、独龙江、怒江第一湾、勐焕大金塔、大盈江风光、西双版纳自然保护区、松山战役遗址、南伞跨国溶洞、南滚河自然保护区、南糯山万亩古茶园、娜允古城	高黎贡山自然保护区、法帕温泉度假区、勐巴娜西珍奇园、瑞丽江、腾冲火山群、北海湿地保护区、腾冲热海、沧源崖画、广允缅寺、孟连宣抚司署、老虎跳峡谷、阴阳山瀑布、知子罗、碧罗雪山、独龙江河谷、尖山温泉假区、莫里亚热带雨林、铜壁关自然保护区、凯邦亚湖、皇阁报恩寺、野象谷、西双版纳澜沧江、孔雀湖、勐泐大佛寺、西双版纳傣族园、民族风情园、基诺山寨、打洛江、打洛森林公园、勐景来、东卡日军碉堡、云峰山、叠水河瀑布、和顺侨乡、雪竹林大山、镇康雌雄瀑布、沧源佤山、拉勐河、耿马石佛洞遗址、勐朗坝温泉、莫窝溶洞、南锡河、中城佛寺、上城佛寺	千年古茶树、片马风景名胜区、腊玛窟、老窝乡溶洞、听命湖、芭蕉河、怒江驼峰航线纪念馆、片马抗英纪念馆、勒墨人一公房、贡当神山、嘎瓦嘎普峰、担当力卡山群峰、那恰洛峡谷、哈旁瀑布、丙中洛田园风光、双拉怒寨风光、迪麻洛乡、亚坪生态旅游区、月亮湾、干地衣比湖泊、腊乌岩瀑布、子楞温泉、腊竹底民族文化村、勐戛三仙洞、遮放瑶池、史迪威公路、三台山战斗遗址、五云寺、芒市广场、芒市树包塔、凯棒亚湖、菩提寺、喊沙奘寺、姐勒金塔、南甸土司衙门、姐告边贸区、虎跳石、橡胶母树、那邦口岸、石婆坡、基诺山、南糯山、傣族喃呢热带温泉、曼典瀑布、独树成林、勐巴拉王国园林、嘎洒民族民间文化广场、周恩来总理纪念碑、曼景兰傣寨、版纳皇城——宣慰街、景洪港、布朗山、南糯山茶树王、西定布朗族生态博物馆、辽多姆卧佛、南糯山万亩茶园、勐邦水库、龙陵小黑山、巴腊掌温泉、董家沟日军慰安所遗址、云龙寺、龙陵八〇八水库、茄子山水库生态旅游区、樱花谷、黑鱼河峡谷、千手观音树、来凤山森林公园、滇缅抗战博物馆、弯楼子民居博物馆、中天寺、魁星阁、元龙阁、双虹桥、响水温泉、澡塘坝温泉、白岩哈里村、南伞傣族、四棱坝水库、崖画谷、班列、藏龙洞、落水洞、佤山云海、千米国画长廊、班洪抗英纪念碑、席冷水库、勐冷水库、虎跳石、响水河瀑布、三佛祖佛房遗址、下允佛寺、拉祜风情园、勐矿元代摩崖、整控渡摩崖题刻、歹格拉溶洞、永东瀑布、南卡江、锡古河、帕罕山、南垒河、西岭温泉、勐马瀑布、竜山自然保护区、孟连金塔、芒方岗、帕亭老寨村、瓦拉亚窟、世界竹博园、畹町河、畹町生态园、凤凰温泉度假村、银杏沟、热带植物花卉园、曼听公园、西双版纳热带动物园、曼短佛寺、云茶源旅游、打洛口岸、景真八角亭、艾思奇故居、国殇墓园、南伞口岸、南捧河省级自然保护区、勐董水库、竹塘(募乃)仙人洞、腊福大黑山风景名胜区、龙血树

续表

陆疆区段	五级旅游资源单体	四级旅游资源单体	三级旅游资源单体
中印、中不、中尼边境	冈仁波齐峰、玛旁雍措、希夏邦玛冰川、南迦巴瓦峰、雅鲁藏布江下游水汽通道、珠穆朗玛峰、马卡鲁峰、珠峰登山大本营、阿扎千年冰川	英尔力克沙漠、乌鲁瓦提风、雅鲁藏布江源谷地、最原始披毛犀化石、札达土林、托林寺、古格王国遗址、瓦干洞窟、东嘎皮央洞窟遗址、象泉河、下亚东原始森林、卓木拉日雪山、噶举寺、亚东口岸、多庆错国家湿地公园、冷布岗日冰川群、班公湖、甲亚布神洞、科迦寺、拉昂错湖、纳木那尼峰、拉昂措、樟木口岸、良岗康日峰、桑卡古托寺、桑丁寺、宁金岗桑峰、曲德寺、佩枯错湖、卓玛拉康、开热瀑布、吉普大峡谷、贡塘王城遗址、尼玛寺、古如甲寺、巴尔沸喷泉、穹隆银城堡、洛子峰、卓奥友峰、绒布寺、拉布吉康峰、章孜峰、四光峰、达吾拉山口、觉拉山口、绒布冰川、沙基塘冰川、康雄冰川、嘎玛沟、康格多峰—推岗峰、慈巴沟保护区、梅里雪山、塔巴寺	空姆措、喀拉喀什河、约特干遗址、核桃王公园、库玛尔石窟、葡萄长廊、布扎克墓地、英尔力克水库、古无花果树、买力克阿瓦提故城、隆格尔山、杰玛央宗冰川、塔若错、仁青休布措、帕龙错、昂拉仁错、百万亩沙棘林、拉巴寺、鲁扎西曲林寺、色底当曲林寺、益日寺、热尼白麦迥祖拉康、荣穷普日寺、香孜遗址、多香遗址、琼隆银城、东嘎扎西曲林、热布加林寺、玛朗寺、达巴寺、三趾马化石、东嘎石窟壁画、干尸洞、苏木如桑旦林寺、多庆湖、嘎列山墓群、达热牧点墓群、帕里草原、康布温泉、亚东沟自然景观、东嘎寺、下司马镇、帕里镇、“会谈碑”、多玛绕协水晶洞、伦珠曲典寺、日土草原、日土岩画、日土温泉、郭孜康玛尔土堡遗址、日土琼宗噶莫城堡遗址、郭扎措、曼冬措、鲁玛江冬措、加伟雪山、贤柏林寺遗址、达拉卡、普兰古战场遗址、温泉湖温泉、尊追布寺、色拉龙寺、江扎寺、楚果寺、斜尔瓦边境口岸、夏格巴林寺、科迦寺、希夏邦玛峰、亚来乡泉化沉积、佩措、达惹措、郭路强错与郭路错、阿当温泉、德庆塘森林、中尼友谊桥、库拉抗日东北峰、蒙达抗日、良岗浦冰川、郎木桑冰川、库拉冰川、色布岗仑冰川、库拉抗日峰、吉堆吐蕃墓群、枪勇冰川、甘扎温泉、勒金康桑峰、卡日圣山、康布冰川、增冰川、鹿角岛、果日逛得鸟岛、康布瀑布、康布错、羊卓雍错候鸟、林宗遗址、安比康雄峰、冈巴拉、拉轨岗日、哲姆寺、藏扎寺、艾旺寺、门康拉康、冲巴雍错、乃宁寺、拉姆曲丹塔群、贡塘拉姆、拉朵风光、帕巴寺、三趾马化石群、米拉日巴旧居遗址、查嘎尔达索寺、擦木卡战场遗址、桑丹林寺、希夏邦玛峰、吉隆沟、“大唐天竺使出铭”唐碑、吐尼古道、吉普园、热索桥遗址、杜龙曲、哈金桑惹峰、措姆加措、岗巴古堡、三座经塔、曲那多墓葬群、狮泉河、噶尔藏布河谷、热拉红堡、那木如温泉、顿曲寺、噶尔藏布、郭拉则松峰、狮泉河烈士陵园、巨字“毛主席万岁”、绒辖、嘎玛、仓达温泉、菊石化石、普姆里、卡达普峰、扎西次仁玛、向东峰、觉悟吓北峰、普勒日峰、孜布日神山、古错、孔错、格重康冰川、东绒布冰川、蚌鲗冰川、陈唐朋曲峡谷、学扎瀑布、陈塘瀑布、错朗玛、朋曲中游漂流河段、扎西热嘎高山草甸、孔错古堡群、苏热地古墓群、扎西曲林寺、协格尔曲德寺、嘉措拉山、加乌拉山、门隆则峰、卓奥友峰登山大本营、马卡鲁峰登山大本营、加布拉冰川、珠穆朗玛峰旗云、错母折林、定结宗山、芒巫村古墓群、郭巴村古墓群、扎西热嘎古长城、日屋边境贸易市场、刚定瀑布、勒乡莲花僧修行洞瀑布、拿日雍措、荣卡曲卓热泉、麻玛村庄、门隅勒布风景河谷、卢为色拉、日东林海、佛仗树、清水河、察隅冷泉、察隅温泉、仕中达琼寺、罗马桃花村

续表

陆疆区段	五级旅游资源单体	四级旅游资源单体	三级旅游资源单体
中哈、中吉、中塔、中巴、中阿边境	乔戈里峰、苏音盖克冰川、奥依塔克冰川、公格尔峰、赛里木湖、哈日图热格国家森林公园、达勒特古城遗址、惠远古城、亚欧大陆内心	托木尔峰国家高山自然保护区、慕士塔格峰、慕士塔格冰川公园、九别峰、阿拉山口口岸、木扎尔特冰川、伊犁将军府、霍尔果斯口岸、巴拉克苏草原、天山神木园、唐王寨、英阿依玛克阔纳海协尔古城遗址、石头城、卡拉苏口岸、香宝宝古墓群、阿图什大峡谷、苏温故城、天山昆仑山交汇地貌、五彩山、洋不拉克冰川、阿依拉尼什雪山、怪石峪、阿尔夏提风、夏塔河、夏特古道、果子沟、图开沙漠、赛里木湖、阿里麻里古城遗址、乌孙山、塔尔巴哈台山、巴克图口岸、额敏河、库鲁斯台草原、果子沟森林公园、魔鬼城、木斯岛冰山	阿敦确鲁石头城、坡姆古城、慕士塔格风、新疆北鲵馆、靖远寺、三仙岭、坡斯喀贝壳山、藏桂乡沙生生物园、亚尕其乌依吕克古城、塔吉克民族风情园、皮山大清真寺、桑株岩画、尕孜阿里木霍加麻扎、巴西拉克水库、汗吐格水库、雪莲峰、温宿大峡谷、叠瀑峡瀑布、阿古柏古城遗址、燕子山、卡拉铁克山、蚌壳化石山、托什干河、柳树泉、沙棘林自然风光区、库木布隆沙疗场、沙依拉木千佛洞、锡依提牙古城、加满清真寺、棋盘千佛洞、东凌石、塔什库尔干河、塔合曼湿地、洋布拉克泉、阿拉尔金草滩、达布达尔金草滩、苏巴什草原、库科西力克、拱拜孜古驿站、塔合曼温泉疗养娱乐城、喀拉铁克山、哈拉峻怪石林、博古孜河、硝尔库勒盐湖、苏盖特阿塔木泉、喀喇汗王朝王庭遗址、三仙洞、阿湖水库、托什干河谷、吉鲁苏温泉、巴勒根迪古炮台、乌赤古城遗址、科尔更古城堡、木孜力克岩画、盖孜峡谷、红山谷、乌恰千年胡杨林、玉其塔草原、羊场柯尔克孜风情园、乌恰县地震纪念馆、矮沙冬青植物园、恰克尔艾格勒库勒湖、布伦库勒湖、托热瀑布、奥依塔克河谷沙棘林、斯的克巴克古城遗址、盖孜驿站遗址、夏尔希里自然保护区、甘家湖湿地、哈夏风、鄂托克赛尔河谷风光、博格达尔温泉、鄂托克赛尔温泉、博格达尔森林公园、米尔其克草原、温泉冷水鱼繁育基地、库勒柯尔德克水帘洞、夏特温泉、昭苏天马、平定准噶尔勒铭碑、细君公主墓园、伊犁河、伊犁河沙枣次生林、可克达拉草原、解忧公主薰衣草博览园、福寿山庙遗址、铁木尔汗陵墓、琼博乐森林公园、都拉塔口岸、射箭厅、察布查尔大渠、巴克图山、满城遗址、绥靖城遗址、喀浪古尔、塔尔巴哈台山后山夏牧场岩画、铁列克提村、地图山、玛依塔斯石滩、巴依木扎无底湖、喇嘛庙遗址、叶密里古城遗址、额敏县古岩画、巴尔鲁克山、塔斯提河谷、察汗托海河、塔斯提河、铁列克提河、库鲁斯台草原湿地、霍日姆德湖、吐尔加辽丘陵草原、丘尔丘特古驿站、库沙河生态旅游区、塔斯提调水工程、野生天山马鹿养殖场、巴尔达库岩画群、乌孙古墓群、哈拉布拉水库、苏拉夏情人谷、白杨河大峡谷、沙孜湖、巴尔鲁克山原始森林公园风、塔斯特风、孔繁森同志纪念碑、托里烈士陵园、哈尔尕图(松树沟)生态旅游区、准噶尔古城遗址、阿吾斯奇旅游区、光其根乌必勒砾石岩画群、王爷府、加音塔拉石室石棺古墓群、神秘大峡谷、北沙漠、哈龙沟、鸣沙山、白沙湖、银灰杨、那仁夏牧场、西北第一连、阿黑吐别克口岸、吐尔地阿吉庄园、钟鼓楼、宗朗灵泉、慕士塔格峰登峰大本营、古海遗址贝壳山、吐尔尕特口岸区、伊尔克什坦口岸区、奥依塔克河、圣佑庙、大西沟、惠远钟楼、锡伯民俗风情园、巴什拜陵园、老风口生态旅游区、蒙王府热气泉旅游度假区、草原神石城、吉木乃口岸

续表

陆疆区段	五级旅游资源单体	四级旅游资源单体	三级旅游资源单体
中蒙边境	巴丹吉林沙漠、大河唐城、清代汉满两城、巴里坤草原、喀纳斯湖、额济纳胡杨林、东风航天城、哈密魔鬼城、木垒鸣沙山、喀尔里克冰川、诺敏风城	阿尔山冷泉群、阿尔山避暑气候地、阿尔山石塘林、阿尔山温泉群、海森楚鲁怪石林、月亮湖沙湖景观区、贺兰山松布尔景观区、广宗寺(南寺)、切木尔切克古墓、杜拉特岩画、鸣沙山、地藏寺、五彩滩、阿尔泰山、乌伦古湖、富蕴地质三号坑、东天山、白山遗址、哈密回王陵、三道海子石堆墓、卡拉先格尔地震断裂带、青格里河、盐池湾自然保护区、呼伦湖新巴尔虎右旗段、巴日图森林、胡杨林生态园、伊水园、将军戈壁、硅化木—恐龙国家地质公园	阿尔山金江沟温泉群、阿尔山天池、哈拉哈河阿尔山段、杜鹃湖、麃鸣湖、松叶湖、仙鹤湖、兴安湖、阿尔山五里泉、曼德拉山岩画、福因寺(北寺)、延福寺、贺兰山水磨沟景观区、贺兰山云杉林、哈日奥日布格蜃景、吉兰泰盐场、吉兰泰盐场、雅布赖岩画、明长城阿拉善左旗段、阿拉善王府、切木尔切克陨石群、五指泉风区、托勒海特草原、沙里福汗公园、金山葡萄园风景区、将军山滑雪场、草尔黑岩画、巴里坤山、东黑沟遗址、哈萨克风情园、巴里坤湖、兰州湾子古石屋遗址、巴里坤古民宅、友谊峰、阿克吐别克雅丹地貌、鸭泽湖、卧龙湾、友谊峰冰川、吐鲁克岩画、库须根岩画、吾木尔台墓、希拉穆仁草原、普会寺、百灵庙、夏勒口草原岩画、额济纳胡杨王、阿拉善黑城遗址、盐池恐龙化石点、二连浩特市国门、二连边贸市场、蝴蝶沟、福海黄金海岸、海上魔鬼城、吉力湖(小海子)、阿拉善温泉、金塔斯草原森林保护区、红山嘴口岸、神钟山、额尔齐斯大峡谷、红叶沟、额尔齐斯河、野鸭湖、伊雷木湖、卡拉麦里野生动物保护区、洞窟彩绘岩画、口门子、哈密庙尔沟、寒气沟、猴娃山石雕群、上镜儿泉、喀尔里克冰川、拉甫乔克故城、丝路烽燧、哈密天山庙、天山之夏狩猎场、墩墩湾岩画、焉不拉克古墓群、盖斯墓、察尔森水库、察尔森草原、石人子沟、分水梁、哈熊沟、原始胡杨林、马圈湾草原、四道沟遗址、木垒高山岩画、龙王庙水库、北塔山旅游、陨石群、套查干湖、布尔根河狸保护区、什巴尔库勒鹿石、格根塔拉草原、透明梦柯冰川、党河峡谷、德若淖尔、平草湖、党城遗址、酒泉哈什哈尔国际狩猎场、马鬃山口岸、五个庙石窟、大黑沟岩画、乌拉特梭梭林、霍各乞铜矿址、乌拉特后旗阴山岩画群、乌拉特中旗阴山岩画群、乌兰泡、成吉思汗拴马桩、克鲁伦河河段、贝尔湖、乌兰泡观鸟区、呼伦湖新巴尔虎左旗段、新巴尔虎草原、诺门罕达战争遗址、甘珠尔庙遗址、道乐都、巴尔虎蒙古部落、胜利峰、蝴蝶谷、苇子峡、硅化木遗址、焕彩湖、乃楞格尔草原、卡尔桑遗址、拜其尔古墓群、一字沟、二字沟旅游、太阳历广场、伊吾烈士陵园、阳洼滩、石钱滩、古城子大漠景观、黑涝坝、墨湖、荒漠草原保护区、三清宫遗址、靖宁城遗址、东地大庙

续表

陆疆区段	五级旅游资源单体	四级旅游资源单体	三级旅游资源单体
中俄边境	北极村、兴凯湖、黑龙江龙江三峡段、龙骨山恐龙化石出土地、乌苏里江、黑瞎子岛、呼和诺尔草原	额图山、洪河自然保护区、三江口、街津口赫哲民族村、中俄旅游自驾车营地、贝加尔庄园、牡丹峰自然保护区、呼伦湖满洲里段、满洲里市口岸、名山岛、嘉荫茅兰沟国家森林公园、嘉荫神州恐龙博物馆、珍宝岛、虎头要塞、瑷珲卧牛湖、瑷珲清朝遗址群、黑河口岸、三江湿地、建三江农业景观、乌苏镇、莫尔道嘎森林、莫尔格勒河“九曲回肠”	哈鱼岛、街津山国家森林公园、洪河农场现代农业景观、八岔乡赫哲族风情、胜山要塞国家森林公园、孙吴胜山侵华日军遗址群、圣·尼古拉教堂、桃花岛、大白楼、大光明寺、国门风景区、中兴月牙湖、四排风情园、十文字森林公园、东北红豆杉国家级自然保护区、漠河观音山、黑龙江源头、北极光、漠河口岸、虎口湿地自然保护区、铁西森林公园、新开流遗址、北大荒开发建设纪念馆、满洲里国门、鹤岗太平沟、联营红松原始树林、龙江三峡国家森林公园、黄金小镇、黑龙江流域博物馆、保兴观音山、高升滩、太平岛、永安东湖、平阳河湿地、月牙湖草地类自然保护区、吉祥口岸、察哈彦冒烟山、龙头山、画山崖壁、吴八老岛、画山草甸区、江湾最北水稻种植遗址、八十里大湾观景塔、大黑河岛、女雅通岛、瑷珲国家森林公园、旅俄华侨纪念馆、瑷珲历史陈列馆、知青博物馆、金顶山龙掌岩石峰、华夏东极、大力加湖、海青荷花湖、海青四合湿地、黑龙江日出、东方第一哨、抚远口岸、抓吉赫哲族村、额尔古纳界河段、额尔古纳古淘金遗址、黑山头古城遗址、黑山头口岸、金光寺、神仙洞、五排山城、月牙湾、金帐汗草原、海拉尔河白音哈达河段、呼和诺尔湖
中朝边境	长白山、图们江源头河段、防川三国边境景观区、丹东鸭绿江国家风景名胜区、宽甸天桥沟国家级森林公园	集安将军坟、集安五女峰、龙岗火山、雪山湖、临江温泉、仙锋森林公园、长白国家森林公园、丸都山城、仙景台风景名胜区、中朝图们口岸、安图水库、丹东五龙山风、天桥沟国家森林公园、丹东白鹭自然保护区、白石砬子国家级自然保护区	集安老岭、安图福满生态沟、鸭园溶洞、防川沙丘地、防川莲花湖、图们江下游敬信湿地、头道白河药水泉群、抚松大营子温泉、锦江瀑布、花山森林公园、龙井天佛指山松茸保护地、珲春春化东北虎保护区、间岛日本总领事馆、延边二十四块石群、集安国内城、西古城渤海中京遗址、八连城渤海遗址、集安官马山城、霸王朝山城、龙井公园、长白山自然博物馆、龙井朝鲜族民俗博物馆、延边东方熊乐园、“土”字碑、中朝古城里口岸、中朝圈河口岸、中俄珲春长岭口岸、四保临江纪念馆、珲春龙虎石刻、安图长白山文化广场、红旗民俗村、临江烈士陵园、集安五盔坟、龙头山贞孝公主古墓群、德新龙岩渤海古墓群、云峰电站水库、丹东大孤山风景名胜区、宽甸天华山风景名胜区、丹东大鹿岛、丹东太平湾风、丹东宽甸鸭绿江自然保护区、丹东黄椅山火山森林公园

优良级旅游资源单体共有 1 142 处，按旅游资源各主类丰度高低排序依次是：建筑与设施类（35.38%）、地文景观类（22.85%）、水域风光类（20.93%）、生物景观类（10.51%）、遗址遗迹类（9.63%）和天象与气候景观类（0.70%）。

在 61 处五级旅游资源单体中，地文景观类 22 处，约占 36.07%，水域风光类 16 处，约占 26.23%，生物景观类 9 处，约占 14.75%，遗址遗迹类 4 处，约占 6.56%，建筑与设施类 10 处，约占 16.39%。可见高品质边境旅游资源类型丰富，各主类都有知名度较高、影响力较大的景点(区)，这些景点对游客的吸引力较大，在边境旅游资源开发中处于优先考虑的地位。

第三节　边境旅游资源的总体特征

1. 类型丰，组合好

我国陆地边境县域旅游资源类型丰富，融合度高。高山与湖泊做伴，森林与草原镶嵌，沙海与绿洲为邻，民族风情和文化艺术多姿多彩，在观赏秀、绝、奇、美的自然风光的同时，还可以体验少数民族的生活艺术和民俗风情(窦开龙，2008)。

我国陆地边境县域主要位于我国东部季风区、西北干旱区和青藏高原区，自然地理景观复杂多样，山脉、高原、丘陵、盆地、平原、海洋、湖泊、草原等皆具，或雄浑壮观，或秀丽婀娜，或辽阔坦荡；气候多样，最温暖、最寒冷、最湿润和最干燥地区都分布在边境省(区)，加上南北纬度和东西经度的差异及高山地形，增加了本区自然旅游资源的多元性、遍在性(黄华，2012)。例如，西南边境有面积广大的享有"世界屋脊"之称的青藏高原，有山高谷深的横断山脉，有以盆地众多为特点的云南高原，还有以奇峰溶洞和石林著称的滇东广西的喀斯特地貌。就气候而言，既有一年四季飘雪的高山高原，也有四季温暖、全年无霜的热带和亚热带地区。就植被而言，这里既有辽阔的高寒荒漠和草原，也有茂密的热带雨林(钮仲勋等，1991)。

在人文旅游资源方面，陆地边境地区是中原文化延伸、少数民族文化弘扬和异域文化的对接地。边境省(区)既是复杂的自然地理空间，也是多民族混居的处所，与内地存在着族群性差异。汉族多居中原、少数民族多聚居在周边是中国民族地理分布的典型特征，西北、西南和东北等陆地边境是少数民族的主要聚居区。除了土家族、羌族等少数几个民族外，我国的少数民族大多聚居于边境省(区)。边境省(区)形成的汉族和各少数民族和睦相处、密不可分、和谐发展的悠久传统，从一定程度上反映了我国统一的多民族大家庭民族迁移和民族融合的复杂历史，包括汉族在内的多民族共同开拓了祖国疆域，发展了祖国的经济与文化。多民族文化的杂居、融汇与多姿多彩的民族文化景观，为边境省(区)旅游业发展提供了坚实的资源优势与空间背景。此外，还有大约 20 多个少数民族与境外同一民族跨国界而居，以西南、西北为多。跨境而居的民族在语言、文字、文化习俗上具有很大的相似性，其中有许多是属同一种族系，具有地理界线无法阻隔的血缘关系，十分有利于双边的旅游经济联系与合作(黄华，2012)。

边境地区文化旅游资源多与自然环境背景相融合，合为一体。自然环境是文化旅游资源产生、发展的源泉与背景。例如，《江格尔》的英雄传说与内蒙古草原的搭配，茶马古道对横断山区的衬托，藏族歌舞和藏传佛教文化与雄伟的"世界屋脊"的配合，哈尼族口传心授的民族文化对万亩梯田的烘托等。以中印边境的冈仁波齐峰来看，它既是冈底斯山的第二高峰，具有较高的探险科考价值，同时还是苯教、印度教、藏传佛教教义中的神山，每年有大量的宗教信徒绕山瞻拜。从全域来看，文化旅游资源一般分布在县城人口较为密集的地方，历史悠久、类型多样，而自然旅游资源则多是分布在县城边缘地区，原生态好，两者空间的空间组合度高，旅游资源联动开发优势明显。

2. 有特色，高垄断

我国边境地区以其壮美的自然风光、多姿的民俗文化、独特的宗教信仰闻名于世。中国陆地边境旅游资源覆盖了 8 个主类、31 个亚类和 142 个基本类型；优良级旅游资源 1 142 处，涵盖了 6 个主类(旅游商品类和人文活动类均属于未评级)，28 个亚类，92 个基本类型，从中可以看出边境旅游资源类型多样，特色明显的特征。以地文景观类旅游资源单体为例，其中有 15 处五级旅游资源，珠穆朗玛峰、长白山、高黎贡山、哈密魔鬼城、巴丹吉林沙漠音德尔图景观区、北极村等单体都具有国际知名度，在所属的基本类型中是无可替代、独一无二的。

边境旅游资源的垄断性还在于边境地区有着丰富多彩的人文景观。边境地区多是少数民族聚集地，以广西壮族自治区为例，从防城区到靖西县，沿边各县市居住着壮、汉、苗、瑶、回、京、彝等少数民族，各个民族各具鲜明的生产生活习俗也是吸引游客的一大亮点。例如，龙州县壮族的吃立节、那坡壮族的布罗陀文化每年都能吸引大量游客纷至沓来。在绵延的边境线上分布着大约 40 个少数民族，汉族人口占总人口比例在 50%以上的边境县较少，有些县市甚至是某一少数民族的唯一聚居地，如东兴市即是京族的唯一聚居地、贡山县是独龙族的唯一聚居地。这些少数民族的人文景观和生活习俗对游客而言格外具有吸引力，已成为边境旅游的一道亮丽风景。

同时由于少数民族多具有宗教信仰，在征服自然的过程中，他们也对大自然怀有崇高的敬畏之情。例如，在西藏，当地的藏族居民有不杀生、不随意污染山水的传统，同时将一些宗教中的人物跟自然界的山水联系在一起，形成了很多神山圣湖，这些山水因为被赋予了宗教的外衣，多具有神秘性，如世界著名的珠穆朗玛峰、冈仁波齐峰、玛旁雍措，都是佛教和当地苯教的神山圣湖，当地也流传着各种与神山圣湖相关的传说故事，几乎每天都有大量国内外宗教教徒和游客前来膜拜参观，这也是边境旅游资源高垄断特征的体现。

3. 总量多，体量大

边境地区旅游资源总量多、类型丰富，边境县旅游资源单体总量达到 3263 处，在全国旅游资源中占有一定分量。既有丰富多样的高山大川、冰川峡谷等自然地貌资源，又有高原湿地、高寒草甸、高山草原、原始森林等多样的生态系统，以及大量的珍稀动植物资源。同时边境地区多是民族交融地，历史文化积淀深厚，有震撼力，既包括唐蕃古道的经停地，也有丝绸之路的沿线风光；既有藏族佛教的宗主寺，也有伊斯兰教的大教堂。从边境旅游资源单体的类型和数量上来看，类型丰富的特点尤为突出。与此同时还有一些自然类的资源单体体量巨大，像怒江大峡谷、珠穆朗玛峰、希夏邦玛冰川、喀纳斯湖、巴克苏草原、乌苏里江等具备大河流、大湿地、大雪山、大湖泊、大草原的体量超大的自然景观特征，而文化景观类的物质实体景观体量也同样巨大，宁明花山岩画是国内外规模最大的古代岩画之一，三道海子石堆墓地表形状设计完整，是迄今为止新疆古代游牧民族中最大的陵墓群，其他单体如惠远古城、萨迦寺、西双版纳植物园、壮锦、和田玉、哈密瓜更是美誉国内外。

4. 神秘性，庄严感

绵长、复杂又颇具神秘色彩的国境线日益成为国人新的梦想必游地，边境的意象也使边境省(区)旅游资源的吸引力倍增。边境线不仅是两个国家地域上的分界线，往往也是两种文化、两种意识形态的分界线。边境线的这种社会属性也赋予了边境旅游资源单体神圣感和庄严感。边境口岸又称国门，这也正是其神圣和庄严的体现。站在口岸回望两侧，熟悉与陌生的对比，更能激发游客对自己祖国和民族文化的认同以及对祖国大好河山的热爱。

自古以来边境地区都处于国家管理的边缘，由于地势的阻隔和恶劣的环境，当地居民与外界的沟通较少，受外界文化的影响也小于内陆地区。正是由于边境地区的与世隔绝才保留了其民族文化的纯正和多元化，才使得边境地区的自然风光保持了原始和纯粹。这些无疑使得边境旅游资源披上了神秘的面纱。

另外，在狭长的边境县域内散落着的少数民族都形成了自己独特的民俗文化和生活习惯，这些民俗文化和生活习惯也是当地居民与自然环境相互协调、人地关系和谐的一种体现。在适应自然和改造自然的漫长过程中，边境地区的居民逐渐形成了自己独特的宗教信仰，各个少数民族都有自己的原始宗教，这些原始宗教是少数民族文化的重要组成部分，同时也因为原始宗教中多含有对天地自然的敬畏，有特殊的宗教禁忌，使其在外人的眼中颇为神秘和庄严。

5. 连续性，段落性

我国边境地区的地形地貌从东南丘陵、云贵高原、青藏高原、三山夹两盆到内蒙古高原和东北平原，类型丰富，相似性与差异性并存。这种地质地貌的特性导致了自然景观在空间分布上既具有较强的连续性又具有一定的段落性，如云南到内蒙古的边境线基本上都是在海拔 2 000m 以上的高原区域，自然景观多以高原景观为主，山峰连绵，植被分布呈现地带性规律，表现出较强的连续性。与此同时，由于自然环境因素及地质年代的不同，不同段落之间的差异也很明显。

包容共生的民族文化也使得边境县域内人文景观兼有连续型和段落性。各边境县是民族文化交汇、融合的“熔炉”，也是多种文化的中转、过渡地带，这一地区的文化显示出典型的多元、兼容、开放的特色。136 个边境县内既有不同种类的民俗文化相互交融，也有农耕文化与畜牧文化、渔猎文化的交汇；既有山区文化、高寒文化，也有草原文化、干旱半干旱荒漠地区文化；既有自身的自然宗教文化因素的存在，也有中原道教学说、汉传佛教、西方基督教、中东伊斯兰教、南传上座部佛教、藏传佛教与当地的原始自然崇拜等结合起来形成十分复杂而奇特的宗教信仰体系；也有因为丝绸之路、茶马古道等开拓后形成的中国与异域文化的碰撞与融汇(黄华，2012)。

第四节　不同陆疆段落旅游资源特征简析

一、东北段边境旅游资源特征解析

东北边境从鸭绿江口延伸到黑龙江省西北端的漠河县，自然景观秀美绮丽，山地连绵，森林茂密，河流众多，界山(长白山)、界湖(兴凯湖)、界河(图们江、黑龙江与乌苏里江)、界岛(黑瞎子岛)旅游资源丰富，赫哲族、鄂伦春族等少数民族风情独具特色(钮仲勋等，1991)。据统计，共有旅游资源单体546处，涵盖了八大主类31个亚类103处基本类型。其中，五级旅游资源单体有13处，它们是巴丹吉林沙漠、呼和诺尔草原、长白山、图们江源头河段、防川三国边境景观区、丹东鸭绿江国家风景名胜区、宽甸天桥沟国家级森林公园、北极村、兴凯湖、黑龙江龙江三峡段、龙骨山恐龙化石出土地、乌苏里江、黑瞎子岛。

1. 中朝边境旅游资源特征

中朝边界线全长1 334km，其中陆界45km，占边界总长的3.37%；水界1 289km，占边界总长的96.63%。边境县域包括图们市、龙井市、珲春市、和龙市、安图县、八道江区、临江市、抚松县、长白朝鲜族自治县、集安市、振安区、元宝区、振兴区、东港市和宽甸满族自治县。共有旅游资源单体285处，分属八大主类29个亚类84个基本类型，其中优良级旅游资源单体62处。中朝两国一直保持着睦邻友好的传统友谊，为其边境地区的旅游开发创造了很好的条件。

人文景观方面，中朝边境旅游资源中人文景观要比自然景观的数量多一些，类型也更为丰富。由于历史上的中朝两国联系非常紧密，如今的边境区域早在隋唐时期就留下了诸多遗址遗迹，像西古城渤海中京遗址、霸王朝山城、图们城子山渤海山城等社会文化遗址遗迹。在近代历史上中朝两国更是相互依存，共同抵御侵略，这一时期也留下了许多战争和军事遗迹。

自然景观方面，像长白山、集安五女峰、图们江源头河段、鸭绿江国家风景名胜区、宽甸天桥沟国家级森林公园都具有极高的品质。

2. 中俄边境旅游资源特征

中俄边界线全长4 335km，中间被中蒙边界打断，分为东西两段，东段全长4 280km，西段全长55km，边境县域包括：满洲里市、额尔古纳市、陈巴尔虎旗、萝北县、绥滨县、饶河县、密山市、虎林市、鸡东县、嘉荫县、穆棱市、绥芬河市、东宁县、同江市、抚远县、爱辉区、逊克县、孙吴县、呼玛县、塔河县、漠河县和布尔津县。就边境介质而言，陆界635km，占边界总长的14.65%；水界3 700km，占边界总长的85.35%。中俄边境旅游资源单体共有261处，涵盖了八大主类30个亚类70个基本类型。

自然景观方面，黑龙江省水系形成的流域风光构成了数量丰富、体量较大的自然景观，包括大界江、大湖泊、大湿地、大森林以及峡谷、岛礁、野生动植物等，极具视觉冲击力。而且中国陆疆的最北端和最东端都在此区域，如漠河是观看北极光的最佳场地，2008年回归的黑瞎子岛位居我国领土的最东端。此外独特的冰雪环境为开展冰雪运动项目提供了得天独厚的条件。

人文景观方面，中俄边境建筑与设施类旅游资源单体所占比例较大，约占旅游资源总数的1/3；其次为遗址遗迹类旅游资源单体也较为突出。历史上中俄两国的渊源颇为深厚，两国边境线自清朝《中俄尼布楚条约》首次划定之后发生了多次变更，最终在

2005 年中俄两国经过协商划定了目前的边境范围。自近代以来，中俄边境一直是我国工业发展和对外交流的前沿，中俄两国的文化交流密切，尤其在黑龙江省，边境区域的建筑和文化景观受俄罗斯的影响非常大。像乌苏镇、俄罗斯民族村等，这些颇具异域风情的建筑与设施，说明了中俄两国文化中的差异性，正是这种文化的差异性满足了游客对旅游的需求互补。同时边境区域留下了诸多历史遗迹，像瑷珲清朝遗址群、虎头要塞、瑷珲新旧城遗址等，这些遗址遗迹多具有教育意义，游玩的同时也能激发游客的爱国热情、学习历史经验。

二、西北段边境旅游资源特征解析

西北边境西起塔尔巴根达呼敖包，东到新疆维吾尔自治区和田县，包括中蒙、中哈、中吉、中塔、中阿、中巴边境，其中中蒙边境的地理位置跨越了东北和西北，本书为统计方便将其纳入西北边境。西北边境旅游资源具有“古老”“珍稀”“神奇”“优美”“旷野”“浓郁”等特征(甘枝茂，1994)。所谓“古老”是指西北边境县域内具有很多历史悠久的人文资源，古丝绸之路留下了诸多遗址遗迹；所谓“珍稀”是指有许多珍贵、稀少、独有的旅游资源，如中国最大的沙漠——塔克拉玛干沙漠，中国最大的硅化木化石区——新疆奇台硅化木园等；所谓“神奇”是指旅游资源多具有神秘、奇特感，如历经沧桑的“古丝绸之路”——哈密魔鬼城，世界万山之源——帕米尔高原；所谓“优美”是指西北边境段拥有不少优美的风景名胜、自然风光，如哈日图热格国家森林公园、赛里木湖、公格尔峰等；所谓“旷野”是指有不少体量博大、辽阔、原始、朴实美感的自然景观，如奥依塔克冰川、乔戈里峰、塔克拉玛干沙漠等；所谓“浓郁”是指民族风情突出、浓重，富有个性。西北边境有维吾尔族、回族、藏族、哈萨克族、塔吉克族、蒙古族等 10 多个少数民族混合杂居。这些兄弟民族生活、衣着各具风采，文化艺术各具特色，宗教信仰不尽相同。西北段边境县域内共有旅游资源单体 1 067 处，分属了八大主类 30 个亚类 109 基本类型。其中五级旅游资源单体有 19 处，分别是苏音盖克冰川、乔戈里峰、奥依塔克冰川、公格尔峰、赛里木湖、哈日图热格国家森林公园、达勒特古城遗址、惠远古城、亚欧大陆内心、大河唐城、清代汉满两城、巴里坤草原、喀纳斯湖、额济纳胡杨林、东风航天城、哈密魔鬼城、木垒鸣沙山、喀尔里克冰川、诺敏风城。

1. 中蒙边境旅游资源特征

中蒙边界线全长 4 677km。边境县域包括新巴尔虎右旗、新巴尔虎左旗、阿勒泰市、青河县、富蕴县、福海县、奇台县、木垒县、巴里坤县、伊吾县、哈密市、布尔津县、肃北县、科尔沁右翼前旗、东乌珠穆沁旗、苏尼特左旗、二连浩特、苏尼特右旗、四子王旗、达茂旗、乌拉特中旗、乌拉特后旗、阿拉善左旗、阿拉善右旗、额济纳旗和阿尔山市。共有 481 处旅游资源单体，分属八大主类 28 个亚类 93 个基本类型。

自然景观方面，中蒙边境段突出的特点是草原风光优美。中蒙边境 42 处生物景观中有 17 处草地景观、15 处林地景观，大草原、大森林交替出现的景观格局带给人强烈的视觉享受。其中颇为著名的伊吾胡杨林、巴里坤大草原、巴日图森林都分布在这一段边境县域内。除了草原和森林之外，这段边境也有面积广阔的大沙漠，像巴丹吉林沙漠、木垒鸣沙山都是著名的沙丘旅游地。

人文景观方面，中蒙边境沿线分布着 20 多个民族，丰富多彩的民族文化是边境旅游资源的一大亮点。蒙古族的那达慕大会、哈萨克族的阿肯弹唱、维吾尔族的木卡姆艺术节、穆斯林的开斋节等民族节庆，都是民族文化中的瑰宝，对游客的吸引力较大。同时由于中蒙两国历史渊源颇深，在中蒙边界上留下了许多遗址遗迹。在 504 处旅游资源中有 59 处遗址遗迹类旅游资源单体，约占总数的 1/9，其中三级以上的优质旅游资源单体 20 处，约占遗址遗迹类旅游资源总数的 1/3，可见遗址遗迹类旅游资源单体的质量较高，吸引力较大。

2. 中哈、中吉、中塔边境旅游资源特征

该段边界线总长 3 346km，其中中哈边界 1 753km，中吉边界 1 096km，中塔边界 497km。边境县域包括塔什库尔干县、温宿县、阿克陶县、博乐市、温泉县、昭苏县、霍城县、察布查尔县、托里县、乌什县、阿图什市、塔城市、额敏县、裕民县、和布克赛尔县、吉木乃县、哈巴河县、阿合奇县和乌恰县。共有旅游资源单体 511 处，分属八大主类 29 个亚类 78 个基本类型。

自然景观方面，中哈、中吉、中塔边境旅游资源最突出的特点是沙丘地貌景观突出。比邻边境的塔克拉玛干沙漠为中国最大的沙漠。三山夹两盆的地形，导致新疆境内风力资源丰富，风蚀地貌突出。边境线上分布着大大小小的沙漠百余处，其中各种规模的风蚀地貌数十处，最负盛名的当属和布克赛尔蒙古自治县的魔鬼城，配合以其周边的古城堡建筑、古民房遗址——准噶尔古城堡，历史的沧桑感更为直观，引人入胜。除此之外还有吉木乃县的雅丹城、哈巴河县鸣沙山都是颇有影响的沙漠观光游憩地。

人文景观方面，中哈、中吉、中塔边境旅游资源突出的特点是遗址遗迹多，而且多为废城和聚落遗址，可见新疆地区人类活动出现较早。边境地区历经繁荣和衰败，见证了人类文明的发展和进步。霍城县的惠远古城、博乐市的达勒特古城遗址、和田县的麻扎塔格古城堡均闻名于国际。

同时该段边境县域内的居民多以哈萨克族、维吾尔族和汉族为主，其中少数民族所占的比例较大，边境县域内穆斯林大教堂等宗教场所也会吸引邻国的教徒前来朝拜，像皮山县大清真寺，每年就有上万名外地穆斯林前来朝拜。而这种宗教祭祀场所在每个县都有，除了穆斯林教堂，还有锡伯族等少数民族的宗教建筑，这些大大小小的宗教场所和多种多样的宗教活动形成了以宗教为纽带的特殊景观带。

3. 中巴、中阿边境旅游资源特征

中巴、中阿边界线全长 691.45km，其中中阿边界 92.45km，中巴边界 599km。边境县域包括皮山县、叶城县和塔什库尔干县三县，旅游资源单体共计 75 处，分属八大主类 19 个亚类 33 个基本类型。

自然景观方面，中巴、中阿边境山峰雄奇壮观，海拔 8 000m 级以上的山峰有 4 座，7 000m 级以上的山峰有 20 余座，世界第二高峰——乔戈里峰、“冰山之父”——慕士塔格峰就在其中。在叶城县还有原始森林面积两万余公顷，有“西合休原始森林”“果萨斯原始森林”“坡陇森林公园”“棋盘许许沟”“127 达坂”等。塔什库尔干县建立了总面积 1.5 万 km^2 的野生动物自然保护区，保护区内有雪豹、棕熊、盘羊、北山羊、黄羊、野牦牛、高原雪水鱼等高原特有的珍稀品种的野生动物。

人文景观方面，中巴、中阿边境旅游文化底蕴深厚。叶城县境内发现各个时期的古文化遗址 35 处，县博物馆藏文物数件。塔什库尔干是丝绸古道中亚、西亚的桥头堡，蕴藏着丰富的历史文化。意大利探险家马可·波罗、我国唐代高僧玄奘曾在这里留下足迹；世界四大古石头城遗址之一的葱岭石头城曾为丝绸之路上最大的驿站；保护完好的新石器时代的文化遗址香宝宝古墓群，盛唐建筑公主堡，公元前八世纪至公元前五世纪的文化遗物，都成为悠久历史文化的见证。塔吉克族作为我国一个古老而伟大的民族，不仅有光辉的历史，而且也有自己灿烂的文化。塔吉克文化除了具有中亚其他一些民族所具有的伊斯兰文化特色之外，还具有高原古老淳朴的特点，使得塔吉克文化具有一种神奇的色彩和迷人的魅力。

三、西南段边境旅游资源特征解析

西南边境是指从西藏自治区最西部的阿里地区至广西壮族自治区的防城港市防城区的一段边境，是我国陆地边境中最为漫长、自然条件最为复杂多样、社会经济条件也千差万别的地段(钮仲勋等，1991)。西南边疆共有旅游资源单体 1 650 处，分属八大主类 31 个亚类 122 个基本类型。其中优良级旅游资源单体 601 处，约占总数的 36.4%。五级旅游资源单体 29 处，分别是宁明花山岩画群、黄连山自然保护区、通灵大峡谷、金平分水岭自然保护区、河口口岸、万尾金滩、德天跨国大瀑布、版纳植物园、高黎贡山、怒江大峡谷、独龙江、怒江第一湾、勐焕大金塔、大盈江风光、西双版纳自然保护区、松山战役遗址、南伞跨国溶洞、南滚河自然保护区、南糯山万亩古茶园、娜允古城、冈仁波齐峰、玛旁雍措、希夏邦玛冰川、南迦巴瓦峰、雅鲁藏布江下游水汽通道、珠穆朗玛峰、马卡鲁峰、珠峰登山大本营、阿扎千年冰川。

1. 中印边境旅游资源特征

中印边界线全长 1 700km，分为西、中、东三段。其中，西段即我国新疆和西藏与印度控制的克什米尔接壤的一段传统习惯边界线，全长约 600km；中段即我国西藏阿里地区与印度的帝遮普、喜马偕尔和北方邦接壤的一段传统习惯边界线，全长 450km；东段即不丹以东的传统习惯边界线，全长 650km。上面所说的习惯边界线只是按照地图粗略计算出来的，目前未进行正式的勘界、测量。中印边境共有边境县域 8 个，西段边境县：墨脱县、察隅县；中段边境县：亚东县、岗巴县；东段边境县：札达县、日土县、噶尔县、和田县。共有旅游资源单体 207 处，分属七大主类 24 个亚类 51 个基本类型。

自然景观方面，中印边境拥有世界顶级的峡谷景观、雪山景观及沙丘地貌景观。墨脱县境内的雅鲁藏布江大峡谷全长 504.6km，极值深度 6 009m，核心地段平均深度 2 673m，是世界最深最长的大峡谷。大峡谷中最具特色的景观是位于旁辛乡的雅鲁藏布江“马蹄”形大拐弯，以及雅鲁藏布江江两岸雄伟壮丽的南迦巴瓦峰(海拔 7 787m)和加拉白垒峰(海拔 7 294m)。和田县的英尔力克沙漠是塔克拉玛干沙漠的一部分，景色绮丽，现已经成为和田地区著名的旅游景点。它与附近的英尔力克水库相应生辉，绿洲与沙漠交叉叠和，美不胜收。

生物景观方面，中印边境上的墨脱县生物多样性非常丰富，有高等植物 3 000 多种，大型真菌与锈菌 800 多种；有国家重点保护野生植物 21 种；有哺乳类 60 余种，鸟类 230 余种，爬行类 26 种，两栖类 19 种，昆虫 2 000 余种，国家重点保护野生动物有孟加拉虎、长尾叶猴、熊猴、猞猁、羚牛、盘羊、蟒、犀鸟、大绯胸鹦鹉等 42 种，其中孟加拉虎在中国境内是仅有的种群。

人文景观方面，藏族群众崇信苯教和藏传佛教，视山为神山、视湖为圣湖，对雪山和雪山神非常恐惧和崇拜，在每年特定的季节，都会举行转山或祭祀活动，来朝拜山神。南迦巴瓦峰、卓木拉日雪山、梅里雪山、加伟雪山都是当地颇为著名的神山，每年都有大量的佛教徒前来参加转山活动。特殊的自然和生态环境，形成了中印边境县内独特的民俗文化风情，门巴族和珞巴族的建筑、音乐、舞蹈、绘画、服饰、饮食和民俗文化丰富多彩，至今未被外界所充分了解。另外，珞隅民族文化，被外界惊呼为“远古文化的化石”，颇具神秘色彩。

2. 中尼边境旅游资源特征

中尼边界线全长 1 414.88km，地处喜马拉雅山脉，经过定结县、定日县、聂拉木县、吉隆县、仲巴县、萨嘎县和普兰县，共有旅游资源单体 179 处，分属八大主类 20 个亚类 43 个基本类型。

中尼段边境线拥有海拔 8 844.43m 的世界第一高峰——珠穆朗玛峰，耸立在喜马拉雅山中段的中尼边界上，在其周围 5 000 多平方千米内，有 8 000m 以上高峰 4 座，7 000m以上高峰 38 座。除了崇山峻岭之外还有希夏邦玛冰川景区等水域风光，山水相依将自然风光的魅力演绎到了极致。

人文景观方面，藏族独特的转山转水民俗，也将边境自然风光赋予了浓厚的人文色彩，如宗教神山冈仁波齐峰，同时被古耆那教、印度教、苯教和藏传佛教认为是世界中心，享有“世界之轴”的美誉。紧挨着冈仁波齐峰的玛旁雍错，是中国湖水透明度最大的淡水湖，也是亚洲四大河流的发源地，有着很重要的科研价值和保护意义。

3. 中不边境旅游资源特征

中不边境线全长 550km，集中在西藏的康马县、洛扎县、错那县、浪卡子县。共有旅游资源单体 78 处，分属六大主类 14 个亚类 19 个基本类型。

自然景观方面，中不边境地区以富有神奇色彩的圣湖拉姆纳错，素有“碧玉湖”之称的羊卓雍湖和“草原明珠”哲古湖最为著名。这些湖泊集高原湖泊、雪山、岛屿、牧场、温泉、野生动物、名胜古迹等多种景观为一体。中不边境雪山冰川众多，海拔 6 000m 以上的雪山就有 10 多座，其中对外开放的山峰有 5 座，分别位于错那、洛扎、浪卡子三县境内，平均海拔近 7 000m，最高 7 554m。此外还有位于乃东和桑日县境内的雅拉香布雪山和沃德贡雪山，平均海拔 6 000m 以上，原始冰川终年不化，宛如巨大的冰晶宫殿和一把银色宝剑，是登山、探险、科考、观光的好去处。

人文景观方面，中不边境博大精深的雅砻文化，集文学、音乐、绘画、医学于一体，充分展现了藏民族的历史、文化发祥地的独特风貌。著名寺庙有桑卡古托寺、桑丁寺、哲姆寺、藏扎寺和艾旺寺等，其中桑丁寺是西藏地区唯一一个由女活佛担任住持的寺庙。

4. 中缅边境旅游资源特征

中缅边界线全长 2 186km，其中云南段 1 997km，西藏段 189km。中缅段边境共有边境市县 18 个，分别为察隅县、泸水县、福贡县、贡山独龙族怒族自治县、龙陵县、腾冲县、芒市、瑞丽市、盈江市、陇川县、镇康县、沧源佤族自治县、耿马傣族佤族自治县、澜沧拉祜族自治县、西盟佤族自治县、孟连傣族拉祜族佤族自治县、景洪市、勐海县。边境县域内共有旅游资源单体 526 处，分属八大主类 28 个亚类 74 个基本类型。

自然景观方面，中缅边境沿线上段地处青藏、云贵两大高原结合部的横断山区，沿海拔 4 000 多米的高黎贡山东麓我方一侧，为世界自然遗产“三江并流”腹心地带，自西向东排列着怒江、怒山山脉、澜沧江、云岭山脉和金沙江(长江)等高山大川；西麓缅方一侧为素有“东方亚马孙河”之称的伊洛瓦底江及其上游恩梅开江和迈立开江流域。中、下段边境沿线内外，则多属怒江—萨尔温江、澜沧江—湄公河两大国际河流中游的低纬度、低海拔丘陵河谷湿热地带，大部分地段无山川阻隔而在地理空间上连成一片。

人文景观方面，中缅边境线最大的特点是边民互市发达，两国居民联系密切、融合度高。在瑞丽市，“一院两国、一井两国”的现象非常普遍，严格的边境线往往从密集的居住区穿过，边境线周围的居民在生活习惯上非常相似，真正达到了鸡犬相闻、互通有无的境地。

5. 中老边境旅游资源特征

中老边境线 500 多千米，分布在云南省的勐腊县和江城哈尼族彝族自治县。这段边境旅游资源品质较高、特色明显。两县共有旅游资源单体 41 处，涵盖了七大主类 14 个亚类 23 个基本类型，其中优质级旅游资源单体 25 处，占总数的 61%。

自然景观方面，中老边境属于横断山脉边缘，中低山地貌，为热带雨林气候。独特的气候条件和高山起伏的地形导致这段边境线旅游资源自然风光突出，十层大山、李仙江和翠屏峰热带雨林为国际知名的自然景观，其中位于勐腊县的版纳植物园，是中国最大和保存物种最多的植物园，在国际上也颇负盛名。

人文景观方面，中老边境数量最多的旅游资源单体为建筑与设施类，共有 23 处。磨憨口岸、易武古镇、曼龙勒傣族特色村寨都是边境旅游的好去处。此外中老边境少数民族风情也颇为浓郁，勐腊县的茶祖会和江城县的成丁礼都是民间习俗的重要展示。

6. 中越边境旅游资源特征

中越陆地边界线全长 1 347km，大部分地区以分水岭为界，少数以河流为界。沿线经过 14 个边境县域，分别为绿春县、金平苗族瑶族傣族自治县、河口瑶族自治县、麻栗坡县、马关县、富宁县、靖西县、那坡县、凭祥市、大新县、宁明县、龙州县、防城区和东兴市。共有旅游资源单体 619 处，分属八大主类 29 个亚类 112 处基本类型。地形复杂、气候多样、历史悠久、生物资源异常丰富等因素使中越边境旅游资源极其丰富，优势突出。中越边境与东南亚各国有着语言、文化上的相似性，这里也是中越两国苗族、侬族、壮族等少数民族世代居住的地方，边境旅游合作有较好的文化基础。

中越边境自然旅游资源丰富，类型多样。不仅有"中国第一滩"——万尾金滩和莽莽苍苍的黄连山自然保护区，原始自然的通灵大峡谷，还有蔚为壮观的德天跨国大瀑布，全国少有的热带雨林景观——李仙江热带雨林，以及美丽和神奇的"海上桂林"——越南下龙湾。

中越边境还聚居着很多少数民族，各民族都带着自己生活文化和习俗，而且两国边民沟通、交流方便。其浓郁的民族风情对四面八方的游客具有强大的吸引力。边民互市贸易区等风貌特色构成了边境独特的景观，使人有一种边境口岸的"场所感"，形成了边境旅游的特征景观，独具魔力。迷人的边关风光，众多的历史遗迹以及独特的民族风景为发展中越边境旅游提供了丰富独特的旅游资源。

中越边境另一个突出特点是遗址遗迹旅游资源丰富，自近代以来中越两国人民多次联手共同抵御外国列强侵略，著名的镇南关大捷极大地鼓舞了当时两国人民保家卫国的信心，其所留下的金鸡山古炮台群等遗迹至今仍是人们凭吊先人的地方。抗日战争时期，越南抗日运动领导人胡志明同志曾多次到广西龙州、凭祥、靖西等县，在当地留下了颇多人物故事和生活足迹。

第五节　主要毗邻国旅游业发展与旅游资源概况

一、朝鲜旅游业发展与旅游资源概况

朝鲜民主主义人民共和国简称朝鲜，位于亚洲东部朝鲜半岛北半部，首都平壤。国土面积12.3万km^2，山地约占国土面积的80%，半岛海岸线全长约17 300km。属温带季风气候。人口2 405万(2008年)，单一民族，通用朝鲜语。

1. 朝鲜旅游业发展概况

作为外汇来源的一个重要渠道，朝鲜对发展旅游业十分重视。朝鲜国家旅游总局成立于1986年，编制直接设在政务院。旅游局主管并指导全国的计划、调查、开发和宣传等工作，还负责市场促销、财政管理、服务提供等领域。旅游行业工作人员的各项待遇较好。在国家财力和资源有限的情况下，集中建设了高丽饭店、羊角岛饭店等一批高等级的旅游涉外住宿设施，并优先保证这些设施的用电、用水和供暖，旅游车辆在国内的通行受到的限制较少。

但总体上朝鲜旅游业处于旅游业发展初期，可以概括为"入境旅游开始起步，国内旅游稍有萌芽，出境旅游基本空缺"。

由于政治、经济等方面的综合作用，朝鲜尚未形成出境旅游市场，少量的出境人员多为政府公派的友好访问团或出于政务、体育、文艺等方面交流而由国家外派的人员。

在国内居民收入水平较低、尚未完全解决温饱问题的条件下，不可能形成大规模的国内旅游市场，平壤市的多数旅游景点也不收门票。在国内一些风景较好的海滨、山区

建有疗养院，国家统一安排有突出贡献的劳模疗养休息，也有个别单位组织职工集体外出观光旅游。

朝鲜旅游业每年接待的海外游客非常有限，只有不到 5 万人，其中 90%以上都是中国游客。中国公民赴朝旅游是在边境游的基础上发展而来的，大批中国旅游团的行程延伸到平壤，有些到了元山等地，还有延伸到朝鲜南部与韩国接壤的板门店。能够进入朝鲜的欧洲游客每年不超过 1 000 人，主要来自英国、荷兰等国。而韩国、日本和美国游客，只有在朝鲜的阿里郎艺术节期间才有可能被允许入境，而实际成行的人数极少。

朝鲜目前共有两家旅行社，朝鲜国际旅行社和青年旅行社。其分工类似于我国旅游业发展初期的国、中、青模式。青年旅行社仅负责来自海外的青少年旅游者的接待工作，国际旅行社负责其他所有涉外旅游业务。朝鲜国际旅行社是国内规模最大的旅行社，成立于 1953 年，基本处于垄断经营的地位。旅行社的车辆多数是从日本进口的二手车，车辆性能尚可。旅行社的导游员素质也比较高，对中国情况很熟悉。

朝鲜的高档旅游住宿设施基本集中在平壤市，全市共有六家旅游涉外饭店，包括国家特级饭店高丽饭店、羊角岛饭店和主要接待中国游客的国家一级饭店西山饭店、青年饭店。高丽饭店共有 500 间套客房，羊角岛饭店有 1 000 多间套客房，水准基本接近国内的四星级饭店。此外，在地方旅游热点地区也建有一批饭店，如妙香山的香山饭店(特级，228 间套房)、清川旅社(2 级，63 套客房，民族式建筑)，开城市的民俗旅社(2 级，49 套客房，民俗平房院落)等。

2. 朝鲜旅游资源概况

1) 全国旅游资源概况

(1)自然旅游资源。朝鲜独特的地形地貌、气候条件造就了其丰富多彩的自然景观和多样化的旅游资源。在自然旅游资源中最具有特色的是景观资源。山岳和谷地、平原和台地、海面和岛屿协调融合，构成了一幅幅独特而美丽的画卷。白头山、金刚山、妙香山、九月山与韩国的北汉山并称为朝鲜五岳是世界闻名的旅游胜地。白头山与我国吉林长白山为同一山脉，有茫茫的林海、俏丽的山峰和蓝色的天池，特别值得一提的是白头山是金日成主席早年开展抗日武装斗争的革命圣地，有密营地等多处人文景观。金刚山位于“三八线”北部，紧邻韩国东部港口城市高城，是朝鲜最美的风景区，以奇形怪状的峰谷石崖和气势磅礴的山涧飞瀑等自然景观而著称。金刚山还因四季风景迥异有不同的雅称：春天，新绿满山，万紫千红，人称金刚山；盛夏，飞泉腾空，浓荫蔽日，又名蓬莱山；秋天，漫山红叶，层林尽染，别号枫岳山；冬天，白雪皑皑，银装素裹，又称皆骨山。而妙香山的美，除了山水之外，更有一种大自然的原始气息与诱惑，让人融入其中有一种返璞归真的感觉，从而流连忘返。九月山有一条盘山公路直通山顶，交通很是便利。九月山虽山势险峻，丛林繁茂，但人为的成分多了些(余夫，2004)。

朝鲜还有丰富的矿泉、稀泥、海水和特殊气候等能用于医疗的自然资源。在水域风光方面，几座名山都有气势磅礴的瀑布，如金刚山的九龙瀑布、散珠瀑布，妙香山的序曲瀑布、九层瀑布等。此外，朝鲜著名的温泉和药用矿泉也很多，现已开发出 50 多个温泉区和 90 多个药用矿泉区。还有作为中、朝、俄三国界河的图们江，风光秀丽，沿岸可以体验多种少数民族风情(余夫，2004)。

(2)人文旅游资源。朝鲜历史悠久，留下了诸多历史遗迹，如开城100万年前原始人遗迹的黑色毛卢遗迹，德川郡的“德川人遗址”(4万～10万年前)和“胜利山人遗址”(3万～4万年前)，力浦区大贤洞的“力浦人遗址”，平壤的“龙谷人”和“万达人”化石，高句丽时期的德洪里坟、江西世坟、古国原王坟、东明王坟，高丽时期的公闵王壁画坟和封建王公贵族的坟墓。大成山城、平壤城、太白山城、正方山城、大兴山城、垂杨山城等古城墙，大成山城南门、大东门、普通门、开城南门、大兴山城北门等古城门，乙未台白相楼、通军亭、万岁楼等古楼亭，广法寺、宝贤寺、观音寺等古刹，都展现着朝鲜悠久的历史和优秀的建筑艺术。在平壤，朝鲜中央历史博物馆、朝鲜民俗博物馆和朝鲜美术博物馆陈列着世界上最早的金属活字及其印刷物、朝鲜李朝五百余年的政府日志《李朝实录》和佛教传书《八万大藏经》、享誉世界的高丽青瓷和金刚山金佛像等许多历史遗物。其他各地也都有历史博物馆。开城还有高丽博物馆。

朝鲜当代建有许多专门的纪念地、纪念碑、博物馆等，陈列着朝鲜人民在争取民族独立和经济发展过程中所进行的革命斗争的生动历史资料和遗物。此外朝鲜著名的民族舞蹈“阿里郎”也是一大亮丽的人文景观，引来无数游客前来观赏。

2)朝中边境旅游资源概况

朝中边境地区拥有丰富的自然旅游资源、滨海旅游资源和人文旅游资源。主要旅游目的地为滨海城市、名山和革命遗迹。主要的滨海城市有咸镜北道首府清津市、罗先市等。其中罗先市是朝鲜第一个自由贸易区。主要的自然旅游资源有七宝山、长白山(朝鲜一侧)、琵琶岛、海水浴场等。人文旅游资源有金日成的革命遗迹和朝鲜民俗。

二、俄罗斯旅游业发展与旅游资源概况

俄罗斯联邦，亦称俄罗斯，横跨欧亚大陆，东西最长9 000km，南北最宽4 000km，首都莫斯科。国土面积1 707.54万km^2。大部分地区处于北温带，以大陆性气候为主。全国人口1.43亿人(截至2013年1月1日)，有民族193个，其中俄罗斯族占77.7%，主要少数民族有鞑靼、乌克兰、巴什基尔、楚瓦什、车臣、亚美尼亚、阿瓦尔、摩尔多瓦、哈萨克、阿塞拜疆、白俄罗斯等族。俄语是俄罗斯联邦全境内的官方语言，各共和国有权规定自己的国语，并在该共和国境内与俄语一起使用。主要宗教为东正教，其次为伊斯兰教。

1. 俄罗斯旅游业发展概况

国内旅游近年来呈现出良好的发展势头。据统计，2009年国内旅游者为3 200万人次，2009年俄罗斯旅游业产值占国内生产总值的比例约为2.5%，旅游业从业人员超过100万。总体上，受消费水平、收入水平的影响，俄罗斯旅游者近年来更青睐在国内休闲度假，国内游人次是出境游人次的5倍(王鸿雁等，2008)。

国内游客主要集中在旅游市场较为成熟的莫斯科和圣彼得堡、西伯利亚和远东，尤其是里海、亚速海和黑海沿岸等地区。到克拉斯诺达尔边疆区旅游的人数比该地出外旅

游的人数高出数倍。加里宁格勒地区和莫斯科州“金环”旅游线的旅游业发展也很快。俄罗斯还有贝加尔湖风光游和惊险的水上漂流，有垂钓和狩猎旅游，还有加里宁格勒的边境游，彼得格勒州、普斯科夫州的特色游。其他各地区也都有不同的旅游景点和特色。

俄罗斯国内旅游的发展存在如下问题：一是各个地区对发展旅游业的态度不尽相同。有些旅游资源丰富的地方并没有得到全面开发。例如，尽管克拉斯诺达尔边疆区拥有丰富的旅游资源，但他们原先一直认为应该主要发展种植业，现在情况有些改变了，开始重视旅游业的发展。二是阻碍俄罗斯旅游发展的因素有很多，如社会治安状况令人担忧、俄罗斯旅游业发展不均衡、旅游接待的基础设施建设不足、国家对旅游业的投入亟待进一步加大、旅游市场秩序混乱、国家及地方发展旅游的法规及经济的推动力不足、办理出入境手续繁杂、收费高、耗时长等因素都成为俄旅游业快速发展的巨大阻力。

俄罗斯入境旅游发展缓慢而平稳。1999～2006 年随着经济形势的好转，俄罗斯的入境旅游开始恢复并实现增长。2005 年俄罗斯的入境客流量为 2 200 万人次，较上一年同比增加 0.6%，接待休闲旅游及商务旅游达到 560 万人次，较上一年同比增加 0.5%，收入为 45 192 亿美元(王鸿雁等，2008)。欧洲是俄罗斯的主要客源地。

2. 俄罗斯旅游资源概况

1) 全国旅游资源概况

(1)自然旅游资源。俄罗斯的自然旅游资源，按形态类型来分，主要有平原、山地、海滨和河流、湖泊等几种(赵媛，1995)。

俄罗斯的东欧平原、西西伯利亚平原面积辽阔，原野坦荡，给人以平远敞阔之感；土地肥沃，宜于农耕，是田园风光游览佳地。而且，东欧平原是俄罗斯民族的发祥地，是俄罗斯经济最发达、人口最稠密的地区，优美的自然风光与现代城市建设、历史文物相结合，具有旅游发展潜力。南部的土兰平原，气候干燥，沙漠广布，高大的沙山、绰约多姿的沙丘、沙海风云突变的气候等，都是开展具有神秘色彩的沙漠旅游的良好资源。乌拉尔山以东的西伯利亚地区，气候寒冷，森林茂密，浩瀚的林海雪原和独特的民族风情吸引着越来越多的国际旅游者，有关部门已开始开发利用这一旅游资源。

俄罗斯山地面积虽然不是很大，但南部的高加索山脉却是世界著名的旅游胜地。山体高大，森林茂密，风景秀丽、气候宜人，既可以开展登山、滑雪等体育运动旅游，又可以利用高山森林、气候等开展健身疗养旅游，还有著名的避暑消夏胜地苏呼米和索契。山区多矿泉，是俄罗斯最大的矿泉疗养区。乌拉尔山脉及东西伯利亚山地也可以开展各种类型的旅游活动。

俄罗斯海岸线绵长，可以发展多种旅游活动。黑海、波罗的海海滨、太平洋沿岸可以开展以海滨疗养、度假为主的旅游活动。特别是黑海海滨，属亚热带气候，风景秀丽，日照时间长，是世界著名的旅游疗养胜地。北冰洋沿岸终年严寒、冰天雪地，多毛皮兽，可以开展观光、探险等旅游活动。

俄罗斯河湖众多，水体风景旅游资源丰富。欧洲第一长河伏尔加河、俄罗斯水量最大的河叶尼塞河等，景色秀丽，沿岸又有伏尔加格勒、下诺夫戈罗德等著名城市，人文荟萃，最适于观赏游览活动的开展。源于中俄罗斯丘陵的顿河，因消洛霍夫的小说《静静的顿河》名声大噪，吸引众多的外国游客到此一游。贝加尔湖是世界最深的湖，湖水清澈透明，纯净度接近蒸馏水，四周群山环抱，风景优美，被誉为“西伯利亚的明珠”，是著名旅游和疗养胜地。湖中栖息着许多海洋动物，至今仍是“科学之谜”。欧洲最大的拉多加湖也有海豹等海洋动物。奥涅加湖岸边有许多小岛，其中基日岛上辟有古代木结构建筑陈列馆，保持着许多18～19世纪的教堂、钟楼等，吸引众多旅游者前来参观(赵媛，1995)。

(2)人文旅游资源。俄罗斯人文旅游资源主要包括名胜古迹、纪念博物馆、现代科技及民族风情等几种类型。

俄罗斯历史悠久，在沙皇俄国的扩张过程中，形成许多古战场。圣彼得堡是十月革命策源地，冬宫、斯莫尔尼宫、阿芙乐尔号巡洋舰是这一历史的见证。莫斯科保卫战30周年时建造的保卫者纪念碑、露天圆厅以及喀琅施塔德炮台等名胜古迹，都是游客思古习史的珍贵实物。俄罗斯有许多教堂，著名的克里姆林宫实际上就是以教堂为主组成的建筑群，包括1487～1491年建的多棱宫、具拜占庭和俄罗斯两种建筑风格的圣母升天教堂和建于1505～1509年的圣灵教堂。

俄罗斯有许多名人故乡，科学文化中心，纪念地博物馆旅游资源丰富。位于伏尔加河中游的乌里杨诺夫斯克是伟大导师列宁的故乡，有列宁故居、列宁博物馆；位于莫斯科东南35km处的高尔克，古树参天，风景优美，是列宁工作和去世的地方，有列宁故居陈列馆、列宁纪念碑；下诺夫戈罗德是大文豪高尔基的故乡，有高尔基纪念馆。此外，图拉的列夫·托尔斯泰故居博物馆、萨拉托夫的车尔尼雪夫斯基故居博物馆、索契的奥期特洛夫期基博物馆及圣彼得堡的海军博物馆等，吸引着来自世界各地的游客。

俄罗斯现代科技的发展水平较高，特别是航空航天技术与军事工业方面。为了发展旅游业、赚取外汇，目前，一些航天中心已对游客开放。近年来，俄罗斯设计、发展及试验新武器的设计局、正与西方旅游公司合作，开办新奇、冒险、刺激的武器旅游，如提供米格战斗机、坦克、战斗直升机及运输机等新式武器给游客试坐，让游客亲身体会俄罗斯先进武器的威力。

在俄罗斯联邦，居住着100多个大小民族，其中俄罗斯族占82.6%。俄罗斯民族能歌善舞，其他各民族也都有自己独特的文化传统和生活习俗，构成重要的人文旅游资源，每年还举行别具民族特色的文化节、艺术节，如“莫斯科之星”“俄罗斯之冬”等，吸引外国游客(赵媛，1995)。

2）俄中边境旅游资源概况

俄罗斯东部地区幅员辽阔包括西伯利亚与远东两个联邦区。这一地区旅游资源丰富、多样，且具有鲜明的地域特色。其旅游资源的特点是生态资源丰富，且多属未经开发的自然生态系统。无论是终年积雪的阿尔泰山脉，还是水量充沛的江河湖泊；无论是辽阔的草原，还是茂密的森林；无论是自然风景区，还是野生动物保护区，每一处都有着鲜明的地域特色和文化内涵(孙晓谦，2008)。

(1)地文景观与历史遗迹。俄罗斯地文景观主要代表性的有位于最东方的萨哈林岛

(库页岛)，是俄罗斯最大的岛屿；被联合国教科文组织列入《世界文化及自然遗产目录》中的“堪察加火山群”是俄罗斯唯一的火山区；阿尔泰山脊是整个北冰洋的制高点和鄂毕河的源头；地处东萨彦岭山脉的萨彦“石柱”是俄罗斯著名花岗岩峭壁雕像群，此自然风景区如同我国的“石林”；萨哈共和国境内的“勒拿之柱”则是一个集多山岩石、沙丘和古人类遗迹为一体的国家自然保护区；滨海边疆区的马鲁沙大山洞等都是具有代表性的地文景观。

历史遗迹是不同时期历史与文化的记载，有着不同的历史文脉。在贝加尔湖沿岸旅游区就有包括“檀香木菩萨”和“藏医图解集”在内的300多处文化和建筑古迹，而贝加尔湖的奥利洪岛则是6～10世纪古文化的中心，拥有大量的古迹；阿加布里亚特自治区的石器时代村落遗址、岩画、“石板”古墓、小巴达景区、“大锅石”和诺日湖等文化遗产中有13个自然景区与成吉思汗的历史有关。阿尔泰山最为引人注目的历史遗迹还有公元5世纪部落首领的墓群及其殉葬的许多稀世艺术珍宝(孙晓谦，2008)。

(2)水域风光与医疗保健。俄罗斯东部是其江河湖泊最集中的地区之一，水力资源丰富。鄂毕河、叶尼塞河、勒拿河与阿穆尔河是这里的四大水系。阿穆尔河是中俄两国的界河，其沿岸分布着双方众多的对应城镇和口岸。在众多颇具特色的湖泊中最具代表性的是贝加尔湖、兴凯湖、捷列茨科耶湖(阿尔泰共和国)和阿雷湖(赤塔州)。此外，这里有很多被称为“人工海”的水电站，以及萨哈共和国众多的山涧和溪流都为开发水域风光景区创造了得天独厚的条件。

丰富的矿泉和泥浴等自然资源对俄罗斯东部地区发展休闲保健旅游业具有重要的意义。仅贝加尔湖沿岸休闲区就有260处矿泉和50个泥疗区，在赤塔州还有莫洛科夫卡、库卡和达拉松等近10处疗养地；在伊尔库茨克州的工矿城市乌索利耶城郊也建有矿泉泥疗疗养区；在阿加布里亚特自治区有30多个有着不同化学和物理成分的矿泉和泥疗疗养地，最著名的是乌格萨海、兹姆卡、阿勒哈奈和戈尔布尼卡湖(泥疗)疗养地(孙晓谦，2008)。

(3)生物系统与特别保护区。俄东部地区各联邦主体均有属于自然保护体系的特别保护区：堪察加边疆区特别保护区约占边疆区面积的27%，有5处自然保护区被列入了联合国教科文组织的《世界文化和自然遗产名录》，其中科里亚克自治区有70处特别自然保护区(1个国家级自然保护区，7个地区级自然保护区，58个自然遗址，4个湿地)；萨哈共和国特别保护区面积占28.6%，有7个特别自然保护区(2个联邦级的国家自然保护区和5个国家自然公园)，1个受保护的自然景观，26个特色湖泊，18个自然遗址；犹太自治州特别保护区面积超过了26%，有4个综合性自然保护区，1个林业禁伐区，1个生物禁猎、禁渔区，1个森林公园，28个自然遗址。目前，堪察加边疆区和萨哈共和国等联邦主体仍在设立新的特别保护区。

贝加尔湖沿岸旅游区和哈巴罗夫斯克边疆区的“大赫赫齐尔自然保护区”是俄东部地区最大生态旅游区。此外，还有被列入世界生物圈大自然保护体系的锡霍特山脉自然保护区、远东海洋自然保护区、克德罗瓦亚帕季自然保护区和兴凯湖生物圈保护区(孙晓谦，2008)。

(4)传统文化与建筑艺术。俄罗斯东部地区民族众多(仅萨哈林州就居住着27个北方土著民族)，尤其是生活在远东联邦区的各土著民族拥有丰富的传统文化。目前，有些民族村依然过着游牧生活，有些民族聚居地已被辟为“民俗文化村”，以其传统的风俗和习惯展示其民俗文化。例如，在布里亚特人的聚居地建有介绍布里亚特人的历史、文化和民俗的民族博物馆；在贝加尔湖民俗博物馆则展示着许多东方游牧民族的生活设施：埃文人的兽皮服装和服饰、那乃人的桦皮帐篷及制品，布里亚特人的蒙古包等。为保护阿穆尔河流域土著居民的文化遗产，目前，哈巴罗夫斯克边疆区正在“博隆”自然保护区内重建那乃人民族村。

俄东部地区的土著民族多信奉萨满教和东正教，也有信奉佛教的，宗教旅游资源丰富。布里亚特共和国是一个多种宗教、多种文化汇集的地方。迄今为止，布里亚特仍是俄罗斯的佛教中心(有 30 多个佛教寺院)，在阿加布里亚特自治区(阿金斯克耶有 5 个喇嘛寺)建有俄罗斯唯一的佛教大学。该自治区既信奉萨满教和佛教，也信奉东正教，是俄罗斯唯一一处既能朝拜，又能观赏自然风光和名胜古迹的地方(孙晓谦，2008)。

三、蒙古国旅游业发展与旅游资源概况

蒙古国是位于亚洲中部的内陆国，首都乌兰巴托。面积 156.65 万 km^2，属典型的大陆性气候。人口 286 万人(2012 年)，喀尔喀蒙古族约占全国人口的 80%，此外还有哈萨克等少数民族。主要语言为喀尔喀蒙古语。居民主要信奉喇嘛教。

1. 蒙古旅游业发展概况

从 20 世纪 80 年代开始，蒙古国政府开始重视国内旅游产业对本国经济的积极影响。之后在国家政策的大力支持和国际旅游产业蓬勃发展的双重环境促进下，不断探索发展，并在蒙古国的国民经济发展中起着越来越重要的作用。2010 年，蒙古国旅游产业收入达 2.8 亿美元，约占 GDP 总值的 14%，共计接待外国游客近 46 万人次，旅游产业在蒙古国国民经济中已经具有支柱型产业地位。据蒙古国统计年鉴数据表明：1990 年，蒙古国旅游收入仅占服务贸易收入的 10.4%，2004 年则增至 56.2%；创汇方面也节节攀升，1996 年全国旅游业收入只有 0.425 亿美元，2006 年达到 2.45 亿美元。到了 2009 年，因为国际金融危机的波及，增长开始放缓，蒙古国旅游外汇收入有所下降。蒙古国旅游业将会逐渐成为主要的财政收入，社会经济发展的主要力量，并且将会变得不可替代。同时国际旅游潮流正在向亚太地区发展，不久亚太旅游将会迎来黄金期，这些都为蒙古国旅游产业发展带来了机遇。2009 年旅游收入占蒙古国 GDP 比例为 7%(孟和其其格齐木德赫希格，2008)。

2. 蒙古旅游资源概况

1）全国旅游资源概况

蒙古国地处西伯利亚原始森林和中部亚洲荒漠之间的过渡地带。全国大部分地区为山地，这决定了蒙古国境内动植物的丰富多样性，使蒙古国的生物资源比周围同类自然地带更具有独特性质。而且由于人口较少、经济不算发达、开发活动较少，许多景观还完全保持着最原始的风貌。随着植被的变化，野生动物物种也在不断变化，蒙古国是以

动物种类众多闻名于世界的亚洲国家之一，草原和戈壁半荒漠的动物尤享盛名。最具蒙古特色的有野驴、普尔热瓦尔斯基马、野骆驼和戈壁熊等。

主要旅游资源有位于西北部的阿尔泰湖、盐湖、喷泉旅游区、乌布斯河、特斯河、金沙、库布斯古尔湖、库布德四季雪山；位于东北部的门纳恩平原和贝尔湖；位于中部的嘎鲁特河、额尔浑河风；位于西部的乌里亚斯台和特勒门湖；位于东部的冈嘎湖和锡林博格多平原洞穴；位于南部的达兰扎德盖沙丘、阿尔泰山脉两侧及珍稀动物自然保护区等(孟和其其格齐木德赫希格，2008)。

蒙古国也有着悠久灿烂的文化，在这片土地上先后有匈奴、鲜卑、突厥、蒙古等民族互融发展，留下了800余处文化遗产。最负盛名的当属成吉思汗故乡和哈拉和林古都，早已成为来蒙古国旅游的游客必到之处。此外还有遍布全境的匈奴、突厥墓葬群落，使其成为探究和了解北方古代游牧民族更迭演绎的理想之地。

蒙古国的原始宗教文化氛围浓厚，境内宗教以喇嘛教为主，这与元代时期封萨迦派佛教为国教有较大的关联。现在境内最著名的佛教建筑当属甘登寺和博格多汗宫，甘登寺是蒙古国境内最大的喇嘛寺院，而博格多汗宫则是蒙古宗教领袖博格多汗哲布尊丹巴的夏宫，同时在境内有600多个历代寺庙的遗址，其中庆宁寺和额尔登召庙颇负盛名。蒙古国在很大程度上保持了古老的风俗习惯，逐水而居的生活习性和游牧文化在其他地方并不多见。蒙古国传统的体育项目那达幕大会的角力、赛马、射箭三项比赛更是秉承了13世纪的传统(孟和其其格齐木德赫希格，2008)。

2) 蒙中边境旅游资源概况

蒙古国有巴彦乌列盖省、科布多省、南戈壁省等省份与我国新疆维吾尔自治区、内蒙古自治区和黑龙江省接壤。

巴彦乌列盖省境内有阿尔泰、塔温博格多(友谊山)峰，海拔4 374m。境内分布着科布多、索高、萨格赛等大小河流。境内还有众多大小的湖泊和泉眼，较大的湖泊有陶勒宝湖、巴彦湖，著名的温泉有阿克索、希格尔泰温泉。

科布多省风景秀丽，名胜古迹较多。有长达130～180m的呼赫色热赫瀑布、哈布塔盖、查干布日嘎斯、图尔根瀑布及云德尔特、巴特尔、布里雅斯泰、乌音奇、宝敦奇、布特高等陡峭的峡谷，还有古尔班赛汗山洞、色特日毛都、乌兰山峰、诺拉莫特、查黑尔、曾赫日山洞等风景区及一些古碑、古墓和岩画等。科布多省省会科布多市是一座拥有200多年历史的古城。科布多市位于宝音特河畔谷地，面积20km^2，位于乌兰巴托市西1 468km处。科布多市是蒙古国西部地区的经济和文化中心。

南戈壁省有哈塔特、尼莫格图、卓楞、恩格尔布楞、塔拉哈图等冷泉和额勤根、萨拉黑图等温泉。还有帕拉图哈达、达布斯图诺尔、道斯格泉水，以及榆树绿洲、古尔班折日特、达兰布格德洞穴等风景秀丽之地。该省境内发现有距今6 000万～8 000万年前的恐龙骨和恐龙蛋化石，有20万年前的古人类使用的新、旧石器和青铜器及古墓遗址，6 000～7 000年前蜥蜴化石等历史文化遗址。

东戈壁省内的伊赫巴嘎多兰、阿日嘎兰特、塔黑阿特、博格多、博得日山、托莱特、塔日雅其、爱勒巴彦、浩雅日赞草原，以及古日班巴彦、乌额格特、托呼木、乌力吉特之谷、布兰萨日勒、古日班哈沙特浩泥其、布日德纳山、达赖博木巴特辽阔的戈壁地区有很多野驴、野骡、盘羊、野山羊、黑尾黄羊、短尾黄羊和猞俐等野生动物及兀鹫、鹰、羊鸨等飞禽。哈拉嘎德、巴彦布拉格、希日朝鲁等10多处地区生存有珍稀动物，非常适合建立旅游景点，因其具有独特的戈壁地理景观，很久以前就有外国游客和探险家涉足。

苏赫巴托尔省盛产牧草和药材，有狼、狐狸、兔、短尾黄羊、旱獭等丰富的野生动物资源。矿物资源主要有铁、煤、萤石、铜、钼、钨、锌等，还有水晶石、绿松石、玛瑙、大理石等宝石及沙石、耐火土、石灰等建筑材料。在该省的考古中发现石器时代、青铜器时代的文明印记。

东方省自然资源丰富，草原辽阔，河流、湖泊众多，水量充沛，自然区域的70%为平坦的草原地带，30%为森林地带，森林面积达1 000km²，主要生长落叶松、桦树和其他杂松。境内有50余种野生动物，森林地带除了有喀纳汗熊、四不像、野猪、蛇、猞猁、貂等稀有动物外，全省范围内有众多的狐狸、沙狐、旱獭、水獭、鹿、狼、豹子、短尾黄羊等。该省鱼类资源丰富，有狗鱼、鲤鱼、鲇鱼等20多种鱼类。

四、哈萨克斯坦旅游业发展与旅游资源概况

哈萨克斯坦共和国位于亚洲中部，国土面积272.49万km²，首都阿斯塔纳。属典型大陆性气候。人口1699万(2013年5月)，有140个民族，主要有哈萨克族(64.7%)、俄罗斯族(23.7%)、乌克兰族、乌孜别克族、日耳曼族和鞑靼族等。哈萨克语为国语，哈萨克语和俄语为官方语言。50%以上居民信奉伊斯兰教(逊尼派)，此外还有东正教、天主教、佛教等。

1. 哈萨克斯坦旅游业发展概况

哈萨克斯坦于1993年加入了世界旅游组织(WTO)，并制订了发展旅游业的国家规划。1997年，制定了《恢复丝绸之路主要历史遗址，保护和继承突厥语系国家文化遗产，建设旅游基础设施的规划(1997～2003年)》和《1997～2030年旅游发展战略》。之后，哈萨克斯坦旅游业得到较快发展，旅游机构和公司达691个，与世界上近80个国家有旅游方面的合作，有到达印度、土耳其、阿联酋、巴基斯坦、韩国、希腊和波兰等国的旅游包租航线；有372家不同级别的宾馆，可提供32 876张床位，其中，在阿拉木图市有25家宾馆，可同时提供4 950张床位。旅游收入占到国内生产总值的1%，成为国家新的经济增长点(顾凡，2006)。哈萨克斯坦旅游公司为游客提供了知识游、休闲游、民俗游、生态游、体育游、野外宿营、疗养、狩猎、骑马和探险等多个旅游品种，共开设有700多条通往全国各地的旅游线路(顾凡，2006)。

2. 哈萨克斯坦旅游资源概况

1) 全国旅游资源概况

哈萨克斯坦西有内陆海里海，东南连接中国新疆，北邻俄罗斯，南与乌兹别克斯坦、土库曼斯坦和吉尔吉斯斯坦接壤，境内多为平原和低地，旅游资源丰富多样(顾凡，2006)。

南部地区拥有悠久的历史文化遗产和著名的中世纪建筑遗迹，如塔拉兹山上的艾沙．比比墓、卡拉汗墓、巴巴吉·哈通墓，突厥斯坦的霍贾·艾哈迈德·亚萨维建筑群，阿拉图州谢米列奇耶独一无二的西徐人(约公元前7世纪～公元3世纪居住在黑海北岸的部落统称)古冢和拜克努尔的航天基地。除此之外，在哈萨克斯坦南部地区还有多处适合休闲、疗养、狩猎、登山、高山滑雪和滑冰运动的旅游资源。

西部地区有里海沿岸低地、伏尔加河流域和乌拉尔河流域，有海拔第二低(－132m)的卡拉吉耶洼地和著名的白垩纪悬崖。这里还有多处适合狩猎、钓鱼和水上运动的旅游资源。曼格什拉克半岛和乌斯秋尔特高原上的古迹，以及与哈萨克史诗有关的纪念地都具有很高的科学研究价值。

北部地区自然风光优美、气候条件良好，适合汽车游、自行车游和水上旅游等多种旅游项目。在库罗尔特、科克舍套、巴彦阿多尔和穆亚尔迪都设有疗养院，库尔加利金湖和瑙尔祖姆禁猎区是科技旅游爱好者的好去处。

中部地区有巴尔喀什湖(世界上最大的湖泊之一)和世界上独一无二的卡拉林斯克山地森林绿洲。在其边缘地带有很多纪念地，保留着很多的历史遗产，可供考古研究和民俗研究。

东部地区包括阿尔泰山及其山前林区、额尔齐斯河、斋桑泊、马尔卡科尔湖、阿拉湖和萨乌斯康湖。此外还有丰富多彩的动物区系和植物区系。塞米巴拉金斯克是伟大的诗人阿巴依·库南巴耶夫和杰出的作家穆赫塔尔·奥佐夫的故乡(顾凡，2006)。

2) 哈中边境旅游资源概况

阿拉木图州和东哈萨克斯坦州是哈萨克斯坦与中国接壤的两个州，两州内旅游资源丰富。阿拉木图州的首府阿拉木图是哈萨克斯坦共和国原首都，目前仍然是经济、文化、军事中心，位于外伊犁山脉风景优美的山前地带，市内街道宽阔，树木茂密，风景优美。因市内种植了大量的苹果树，因而有“苹果城”的美称。城南的阿拉套山上，有登山运动员营地、高山滑冰场、疗养院、旅游饭店等，是著名的旅游胜地。此外还有恰伦大峡谷，距阿拉木图以东195km，全长约154km。哈萨克斯坦已经将此地开辟为国家公园。峡谷内有1 500多种植物、103种鸟类、25种爬行动物和62种哺乳动物。这里还有除北美之外仅存的经历过冰川纪的白蜡树树林。阿拉木图以北约80km处，有一座超级水库——卡普恰盖水库，是著名的水库观光游憩区段。水库东西长180km，南北最宽处22km，面积达1 847km^2，最大水深45m，平均水深就达15m多，蓄积的淡水资源数量惊人。每年来此旅游的人数数以万计，目前政府正在打造集赌博、餐饮、娱乐、浴场于一身的海滨浴场和度假村。东哈萨克斯坦州是哈萨克斯坦国内水资源最为充沛的地区，水域风光优美，野生动植物种类较多。

五、吉尔吉斯斯坦旅游业发展与旅游资源概况

吉尔吉斯斯坦共和国，简称吉尔吉斯斯坦，为中亚东北部的内陆国，首都比什凯克。国土面积19.99万km^2，境内多山，90%国土在海拔1 500m以上，属大陆性气候。全国人口566.3万(2012年12月)，有80多个民族，其中吉尔吉斯族占71%，乌孜别克族占14.3%，俄罗斯族占7.8%，东干族占1.1%，维吾尔族占0.9%，塔吉克族占

0.9%，哈萨克族占0.6%，乌克兰族占0.4%，其他为朝鲜族、土耳其族等民族。70%以上居民信仰伊斯兰教，多数属逊尼派。

1. 吉尔吉斯斯坦旅游业发展概况

2007年以来由于经济和社会存在的一系列问题，吉尔吉斯斯坦的旅游业发展一直不是很理想。尤其是2010年吉尔吉斯斯坦又爆发了大规模的骚乱，这使得80%的国外游客放弃了来旅游的计划。就连原来在夏季非常喜欢到邻国吉尔吉斯斯坦的伊塞克湖渡假的哈萨克斯坦游客，也因为担心人身安全而选择了其他地方度假。吉尔吉斯斯坦的旅游业因此遭到了沉重的打击，2010年入境旅游人数仅为120万人。

吉尔吉斯斯坦旅游业是世界生态旅游市场的重要组成部分，这是世界许多大型旅游运营商的共识。吉尔吉斯斯坦旅游业专家总结出了吉尔吉斯斯坦共和国的4种重要类型的旅游：休闲游、探险游、“丝绸之路”游和商务游。①休闲游以伊塞克湖度假区周边地区和伊塞克湖沿岸沙滩为最受欢迎地区，而休闲游也是旅游管理部门税收收入来源的首要旅游类型；②探险游包括徒步、攀岩、马术、打猎和其他类似的运动，在国外和吉尔吉斯斯坦国内越来越多地受到游客们的青睐。具有冰川、洞穴、湖泊和河流多样旅游资源的吉尔吉斯斯坦面临重要发展机遇，发展登山、探险、高山滑雪旅游、漂流和徒步旅行大有可为；③“丝绸之路”游则是那些沿连接古代中国和乌兹别克斯坦的贸易之路旅行的游客们的最爱；④商务游是因商务活动或会议活动而到吉尔吉斯斯坦出访，以及在吉尔吉斯斯坦各类地方贸易市场进行采购的人员进行的旅游活动(李宁，2013)。

2. 吉尔吉斯斯坦旅游资源概况

1)全国旅游资源概况

吉尔吉斯斯坦具有独特的旅游资源(美丽的自然风光，悠久的历史，多样的文化，美观的建筑)，约有2 000多个高山湖泊，尤其以伊塞克湖为著名；有近8 000座冰川，面积约为28 000km^2，占其国土面积的4%，大于高加索和阿尔卑斯山冰川的总和；拥有丰富的森林资源，约有35万hm^2且结构多种多样的森林，如舍利螺母水果树林、天山毛皮树、杜松、开心果和杏仁、伏牛众多的灌木丛、狗玫瑰，各种药用草，细高山草甸，可改造为独特的旅游资源，丰富游客的旅游活动。主要湖泊有伊塞克湖、松格里湖、萨雷切列克湖等，多分布在海拔2 000m以上的地区，风景优美，具有较高的旅游价值。地处东部崇山峻岭中的伊塞克湖湖水清澈澄碧，终年不冻，是有名的“热湖”，有“中亚明珠”的美誉，是中亚地区旅游疗养的胜地。湖区气候宜人，风景美丽，湖泥中含有多种微量元素，可治疗多种疾病(李宁，2013)。

2) 吉中边境旅游资源概况

吉中两国交界的伊塞克湖州旅游资源丰富。伊塞克湖是吉尔吉斯斯坦的高山不冻湖，位于天山北麓，湖区气候干燥，湖水碧蓝，空气清新，是吉尔吉斯斯坦著名的旅游胜地和疗养区。每年旅游旺季的收入，成了伊塞克湖州乃至吉尔吉斯斯坦的重要经济来源之一。

六、塔吉克斯坦旅游业发展与旅游资源概况

塔吉克斯坦共和国简称塔吉克斯坦，位于中亚东南部的内陆国家，首都杜尚别。国土面积 14.31 万 km^2，境内多山，约占国土面积的 93%，有“高山国”之称。属大陆性气候，夏季干燥炎热，降水多集中在冬、春两季。人口 798.48 万(2013 年 1 月 1 日)。塔吉克族占 79.9%，乌孜别克族占 15.3%，俄罗斯族约占 1%。此外，还有鞑靼、吉尔吉斯、土库曼、哈萨克、乌克兰、白俄罗斯、亚美尼亚等民族。塔吉克语(属印欧语系伊朗语族)为国语，俄语为族际交流语言。居民多信奉伊斯兰教，多数属逊尼派，帕米尔一带属什叶派伊斯玛仪支派。

1. 塔吉克斯坦旅游业发展概况

由于塔吉克斯坦的局势日趋稳定，国家开始实施经济恢复计划，开展市场经济改革，同时也积极吸引外国游客到塔吉克斯坦参观游览，使游客量逐年增长，根据塔吉克斯坦国家经济贸易部旅游处的统计，1996～2002 年第一季度入境游客为 25 302 人次。其中 1996 年到访的游客仅为 700 人，而 2000 年则猛增到 7 600 人，2001 年有所回落，而 2001 年 3 494 个旅游景点实现旅游收入 4.8 万萨马尼(约合 1.75 万美元)。由于对提供旅游服务的部门及地方相关经济部门(交通、宾馆、休闲疗养机构、休闲场地等)缺乏统一有效的统计管理体系，致使旅游收入并未在国内生产总值中体现出来(塔商，2002)。

随着国家形象的进一步改善，塔吉克斯坦举办各种大型国际活动的机会越来越多，具有历史纪念性质的旅游基础设施也不断恢复，民间手工艺也逐渐复苏，签证手续简化，取消了到戈尔诺一巴德赫尚地区访问的限制，开辟了多条空中航线，所有这些毫无疑问地促进了有关旅游项目的开展。

1999 年为纪念萨马尼德王朝 1100 周年，塔吉克斯坦举办了国际登山活动，并将原“共产主义峰”改名为“索莫尼峰”，有 75 位登山爱好者参加了此次的登山活动。

自 1998 年起，欧亚登山与攀岩协会经常在方山地区(彭吉肯特、爱尼一带)组织竞赛，有俄罗斯、哈萨克斯坦、吉尔吉斯斯坦、乌兹别克斯坦、法国和奥地利等国家的选手参加。目前正在恢复修建“塔科布”滑雪场(距杜尚别市 43km)。

目前塔吉克斯坦政府正采取必要的措施，逐渐恢复国际旅游以及相应的设施。例如，将瓦尔佐布地区、巴利祖瓦地区和罗密特峡谷作为休闲旅游及疗养区域加以开发。但是，塔吉克斯坦旅游业在中亚地区旅游市场上仍处于非常弱小的地位，与邻国相比无论是接待与服务外国游客，还是吸引投资，都存在很大差距。加之民族旅游产品市场不发达，未能在国际和国内旅游服务市场将其推广，也未能直接与国际竞赛组织直接合作。目前塔吉克斯坦没有培训旅游方面专门人才的完整系统，而且旅游基础设施，包括大部分的休闲疗养场所都不符合现代化的要求，因此影响整个旅游事业的持续发展。除此之外，由于国家经济发展水平落后，出境旅游人群大于入境旅游。国家现有法律，包括税收和外国投资等法律，不足以吸引投资者对旅游基础设施投资的兴趣。因此，塔吉克斯坦旅游管理部门向政府建议，发展旅游基础设施，如宾馆饭店、休闲场所、疗养中

心等，应依靠私人积极参与，鼓励他们参与大力发展旅游事业，并引导发掘国内外目前暂未涉及此领域的潜在投资者，国家财政预算只需要保障实现其管理方面的职能即可（塔商，2002）。

2. 塔吉克斯坦旅游资源概况

1）全国旅游资源概况

塔吉克斯坦是高山国家，帕米尔高原和天山山脉占据了93％的领土面积。该国大部分地方处于海拔3 000m以上，主要地貌特征为山脉与盆地交错纵横。高山、冰川以及沿山谷顺势而下的河水构成了塔吉克斯坦独特的风景线。

有“世界屋脊”美誉的帕米尔高原就位于塔吉克斯坦的东北部。那里有独联体国家的最高峰“索莫尼峰”(7 495m)，从空中鸟瞰，那里是冰雪的海洋，同时也是旅游者和高山探险家乐园。

水利资源丰富是塔吉克斯坦的又一鲜明特点。河流、湖泊以及人工建造的水库等，不仅为人们提供了改造自然的动力源泉，同时也为人们造就了享受自然风光的休闲娱乐场所。

塔吉克斯坦还位于“古丝绸之路”的交汇点，2 000多年前的“古丝绸之路”就经过塔吉克斯坦的彭吉肯特、乌拉秋别、胡占德等城镇，这条伟大的商旅之路为后人留下了丰富的历史和文化遗产。

值得一提的是，在距首都杜尚别市的30km的瓦尔佐布山谷是非常著名的一个兼旅游、休闲及疾病治疗为一体的度假疗养胜地。该山谷有世界闻名的地热资源，含有氡等元素的地下蒸汽常年自地下涌出，源源不断。尤其每年夏季山谷绿荫环绕，河水激荡，凉爽宜人，实在是一个不可多得的避暑休闲好地方。苏联时期该地每年接待大量的游客和对国家建设作出突出贡献的人们前来疗养度假，1991年苏联解体时，疗养证已发到了1995年。即便是现在，沿山谷修建的各种夏令营、休养所和疗养院仍旧随处可见，只是设施有些陈旧。

塔吉克斯坦独一无二的山川地貌以及可供休闲娱乐的自然资源都对发展旅游业提供了有利条件，而其自然风光和历史文化遗产又决定了该国旅游在国际旅游服务市场上具有自己独特的民族旅游特点。

2）塔中边境旅游资源概况

塔中两国的交界地位于帕米尔高原，自然景观丰富且品质较高。地质地貌景观方面，中塔边境拥有许多高峰，如中国境内的公格尔山(7 649m)、公格尔九别峰(7 530m)和慕士塔格峰(7 509m)；塔吉克斯坦境内的索莫尼峰(7 495m)、列宁峰(7 134m)和卡季尼夫斯基峰(7 105m)。帕米尔高原属高寒气候，是现代冰川作用的一个强大中心，约有1 000多条山地冰川，自然景观垂直变化明显。加之由于经受着最大最快的隆起，常有强烈地震发生，由地震引起的山崩有利于形成新的湖泊，如塌陷的萨烈兹湖就是1911年的大山崩形成的。帕米尔高原是山羊和盘羊的主要繁育地，人类活动较少，高地山羊常见，捻角山羊栖息于喷赤河与瓦罕河间较为低矮的山岭。

由于地势高寒，行旅艰险，帕米尔高原是古丝绸之路上最为艰险和神秘的一段，在古代新疆是通往中亚和南亚丝绸之路的咽喉要道，因此留下了多处驿站遗址。例如，在阿克陶县布伦口，有倾圮的三间石屋驿站遗址；从塔什库尔干石头城向南，沿塔什库尔干河俗语到明铁盖山口的古丝绸之路上，有6处驿舍遗址，其中以数卵石砌筑、方形尖拱屋顶的达布达尔古驿舍遗址保存最为完好，屋角还保存有卵石砌的炉灶，室内墙壁烟熏痕迹明显。驿站石屋前河滩草场肥美，可供来往商旅放牧骆驼、马匹。

七、阿富汗旅游业发展与旅游资源概况

阿富汗伊斯兰共和国简称阿富汗，是亚洲中西部的内陆国家，首都喀布尔。国土面积64.75万km^2。属大陆性气候，全年干燥少雨，冬季寒冷，夏季炎热。人口约2 900万，普什图族占40%，塔吉克族占25%，还有哈扎拉、乌兹别克、土库曼等20多个少数民族。普什图语和达里语是官方语言，其他语言有乌兹别克、俾路支、土耳其语等。逊尼派穆斯林占80%，什叶派穆斯林占19%，其他占1%。

1. 阿富汗旅游业发展概况

旅游业在阿富汗曾一度是相当重要的产业。20世纪60～70年代是阿富汗旅游业的旺盛时期。美丽的自然景观、古老的文化遗迹和当地的风土人情吸引了大批国外游客。然而，后来的战争和经济制裁使阿富汗的旅游业由盛到衰，直至停顿。重要的旅游城市包括喀布尔、坎大哈、赫拉特、巴米扬、马扎里沙里夫、巴尔赫和昆都士等。目前阿富汗由于多年战乱，该国的旅游设施还不适合发展大规模的旅游业。

2. 阿富汗旅游资源概况

1）全国旅游资源概况

首都喀布尔的海拔1 800m，喀布尔河穿城而过，将城市一分为二，南岸为旧城区，北岸是新城区，全市呈U形，四周群山环抱，城市开口处面对西面的高山峻岭，是一座风景异常优美的高原城市，也是世界上地势较高的山区都城之一。市中心的梅旺德大街矗立着绿色的梅旺德纪念碑，纪念碑四周有四尊大炮。城市周围的山坡上、石山上，古塔、古墓、古堡以及清真寺、寺庙比比皆是。著名的有沙希杜沙姆希拉清真寺、巴卑尔陵墓、国王穆罕默德·迪纳尔·沙陵墓、国家博物馆、考古博物馆等。

巴米扬省是阿富汗境内较为安全和旅游资源较为丰富的省份之一，其中最为知名的是班达拉米亚国家公园和巴米扬大佛。班达拉米亚国家公园是由六个蓝宝石色湖泊组成的，其中包括了被称为"阿富汗圣湖"的班达米尔湖。为推广和保护班达拉米亚的自然美景，阿富汗于2009年4月22日建立了首座国家公园——班达拉米亚。班达拉米亚是兴都库什山(Hindu Kush)上的天然大坝形成的密集蓝色湖泊链。这些湖泊由沿山地带断层和裂缝里渗出的富含矿物质的水所形成。随着时间的流逝，许多硬化矿物质堆积层(石灰华)形成的湖泊壁现在可以存蓄湖水了。这些湖泊因其强烈而多变的颜色闻名，从微宝石绿色到深蓝色——注入水源与形成湖床的矿物质形成了这些颜色。屹立高耸的悬

崖峭壁在众多湖泊的南岸形成了明显的分割线与阴影。公园里富含矿物质的水汩汩地在“奴隶坝”“新郎坝”“薄荷坝”“奶酪坝”和周围湿地的裂缝中流过。

巴米扬大佛教造像石窟位于兴都库什山脉山脚下优美的溪谷地区。在历史上，巴米扬是连接中亚、西亚和南亚商路的一个重要枢纽，也是著名的佛教圣地，我国古代高僧法显和玄奘就先后于公元4世纪和7世纪时去过巴米扬，并在各自的著作中对当地盛极一时的朝圣活动作了描述。石窟中最负盛名的是两座被联合国列入人类文化遗产名录的千年大佛，大佛建于公元5世纪，距今已经有1 500多年。这两座佛像傍山而凿，气势宏伟，一座高53m，漆上红漆，另一座高37m，漆上蓝漆，而且两佛像手面一齐涂金。两像东西相向，距离约400m。在两座大佛的附近还有无数小石窟，窟内雕有许多小型的彩色坐佛，并绘有彩色壁画。自伊斯兰教于9世纪传入阿富汗后，两尊大佛经常成为袭击目标。最终于2001年3月12日巴米扬巨佛被阿富汗塔利班武装分子炸毁。目前大佛正在恢复重建中。

2)阿中边境旅游资源概况

阿中两国在狭长的瓦罕走廊东端相毗邻，边界线只有92.45km。瓦罕走廊长约400km，东西走向，其中中国境内长约100km，南北宽为3～5km，最窄处不足1km；其余300km在阿富汗境内，最宽处约75km。瓦罕走廊属于高寒山区，每年除6～8三个月外，均为大雪封山期。中阿接壤的边境地区基本上是人迹罕至的荒漠高原，地势复杂，气候恶劣，不适宜人类生存。该地区是濒危动物阿富汗雪豹、马可波罗羊的主要栖息地之一。

瓦罕走廊历史上曾是古丝绸之路的一部分，是华夏文明与印度文明交流的重要通道。公元399年，东晋僧人法显从长安沿古丝绸之路西行求佛，归来后著有《佛国记》。法显在书中描述经过葱岭的路程是“上无飞鸟，下无走兽，四顾茫茫，莫测所之，唯视日以准东西，人骨以标行路”。公元627年，唐朝高僧玄奘启程赴天竺那烂陀寺，途中经过瓦罕走廊，并于公元645年返回长安，将其所见所闻写成《大唐西域记》。

八、巴基斯坦旅游业发展与旅游资源概况

巴基斯坦伊斯兰共和国简称巴基斯坦，位于南亚次大陆西北部，首都伊斯兰堡。国土面积796 095km^2(不包括巴控克什米尔地区)，海岸线长980km。除南部属热带气候外，其余属亚热带气候。全国人口1.97亿。巴是多民族国家，其中旁遮普族占63%，信德族占18%，帕坦族占11%，俾路支族占4%。乌尔都语为国语，英语为官方语言，主要民族语言有旁遮普语、信德语、普什图语和俾路支语等。95%以上的居民信奉伊斯兰教(国教)，少数信奉基督教、印度教和锡克教等。

1. 巴基斯坦旅游业发展概况

巴基斯坦旅游业始于20世纪50年代。1970年3月，巴基斯坦旅游发展公司正式成立，标志着巴基斯坦旅游业翻开了新的篇章。该公司下设三家分公司(旅游有限公司、南方汽车游客旅馆公司、北方汽车游客旅馆公司)和400多个分支机构，它们全面负责和规划全国旅游发展事务。在联邦政府大量资金投入和促进旅游发展成的优惠政策的支

持下，旅游发展公司业绩突出，使全国旅游业很快发展成为国民经济中的重要产业，赚取了大量外汇，并推动了落后地区的发展，而且历史文化、艺术、文学、考古发现陆续得到宣传，更多的旅游胜地、观光景点、历史古迹相继得到开发，陆续对游客开放，不少的度假村、休闲屋、公共游乐场得到扩建和增建，雪山狩猎、沙漠旅游、印度河游、登山冒险旅游等旅游项目先后增设，满足了游客的不同兴趣需要。此外，旅游业发展必须依赖的公路、铁路、航空运输网也逐步建立完善，全国主要旅游景点都有便利的交通工具。最后，与旅游业相关的旅馆业也得到较快发展，各个档次的旅馆和星级宾馆以其优质的服务满足各个经济层次游客的食住需要(官忠明，2001)。主要旅游点有卡拉奇、拉合尔、白沙瓦、拉瓦尔品第、伊斯兰堡、奎塔、费萨拉巴德和北部地区等。2003 年巴基斯坦正式成为中国公民自费出国旅游目的地国。

2. 巴基斯坦旅游资源概况

1）全国旅游资源概况

巴基斯坦位于南亚次大陆西北部，国土的北部和西部是崎岖高峻的山区，山势北高南低，属于伊朗高原的边缘地带，占全国面积(796 095km^2)的 59%。东部是印度河冲积平原。山地气候冬寒夏凉，平原冬暖夏热。独特的地貌本身就是一种旅游资源。

北部冰雪覆盖的高山为冰川，是登山爱好者的理想乐园，吸引着来自世界各地的运动员和探险队，最著名的几座山峰(喀喇昆仑、兴都库什和喜马拉雅山)每年都有数以百计的外国人士申请攀登。山峰之间处于原始状态的河谷因野生动植物种类繁多而成为天然的狩猎场地。西部沙漠地带可让游客体验乘骆驼旅游的艰难。自北到南的印度河以及支流可以给游客提供乘筏旅行观光、划船、捕鱼等活动。广阔农村地区的恬静自然环境和风光令人忘却城市的喧嚣和残酷的竞争。

南边的海滨城市卡拉奇，世界闻名，以其国际大都市的形象和得天独厚的旅游资源，吸引着无数本国和外国游客，数十千米长的阿拉伯海滩一年四季恭候着青睐大海和水上活动的游客。市区的山顶公园(the Hill Park)因位于整座平原城市唯一的山丘上，成为观赏全市风景的最佳地方(官忠明，2001)。

巴基斯坦古老的文化和悠久的历史也给当今的人们留下了宝贵的旅游资源，遍布大小城镇乡村的清真寺和寺内肃穆的气氛也是一种旅游资源，其中最著名的要数拉合尔市的巴德夏希清真寺(Badshahi Masjid)，它具有典型的伊斯兰教建筑风格，看上去宏伟、气派、典雅。拉合尔游览区还集中了可供游览观光的古堡、古墓(及古尸)和文化艺术珍品，尤其值得一看的是莫卧儿帝国时代的城堡，其造型独特、坚固，至今完好无损，能激起游客的无限遐想。塔克西拉至今仍保留着的较为完整的庙宇、佛塔等佛教古迹，向游客们展示着 1 000 多年前的历史。印度河考古遗址、斯瓦特考古遗址也是了解、研究巴基斯坦历史的必去之地。卡拉奇市区的阿里·真纳墓地常年对游客开放，人们不仅来此凭吊国父，重温巴基斯坦人民为摆脱殖民统治、争取民族独立的那段历史，而且也来墓地四周树林、草坪休闲聚会(官忠明，2001)。

在 95%以上国民信奉伊斯兰教的巴基斯坦，它的宗教信仰、人文环境、风土人情，对来自其他文化背景的外国游客，可以说是一种旅游资源，它们能给普通游客一种新奇的感觉，给外国学者提供人文研究的直观素材。巴基斯坦与中国是近邻，但中国人一踏上巴基斯坦那块土地，立即就会感到浓浓的异国文化氛围。穆斯林风格的建筑，清真寺里里外外集体祷告的场面，让人耳目一新。商场里琳琅满目的工艺品、珠宝、陶器、其他手工艺品、妇女服饰、室内装饰品，令人目不暇接，尤其是手工编织的地毯、壁毯，它们的质地、色彩、图案完全可以与伊朗和土耳其的媲美，用金线、银线、真丝线和纯羊毛线刺绣的物品，件件色彩、图案相异(官忠明，2001)。

2）巴中边境旅游资源概况

与中国接壤的巴基斯坦北部地区又称吉尔吉特－巴尔蒂斯坦，其旅游资源非常丰富。首先是遗址遗迹旅游资源丰度较高，沿吉尔吉特－巴尔蒂斯坦境内的中巴国际公路上有 5 万多块岩刻和铭文，它们主要集中在坎巨提等十个地方。这些岩刻是不同沿商道经过的入侵者、商人和朝圣者以及当地人遗留下来的，最早的源于前 5 000 年和前 1 000年，它们的图像主要是单个动物、三角形的人和狩猎的图像。狩猎图像中的动物都比人大。这些石刻是用石器刻入岩石的，它们表面的结皮证明它们的远古。吉尔吉特-巴尔蒂斯坦境内有 5 座 8 000m 以上的山峰和 50 多座 7 000m 以上的山峰。吉尔吉特和斯卡杜均是登山的主要基地。这里也有世界上最高的山脉，最主要的山脉有喀喇昆仑山脉和西部的喜马拉雅山脉。帕米尔高原位于它的背面，兴都库什山脉位于它的西面。其最高峰包括乔戈里峰和世界上最险峻山峰之一的南迦帕尔巴特峰。

九、印度旅游业发展与旅游资源概况

印度共和国简称印度，南亚次大陆最大国家，首都新德里。国土面积约 298 万 km^2，海岸线长 5 560km。大体属热带季风气候。人口 12.1 亿(2011 年)，居世界第 2 位。有 10 个大民族和几十个小民族，其中印度斯坦族占总人口的 46.3%，泰卢固族占 8.6%，孟加拉族占 7.7%，马拉地族占 7.6%，泰米尔族占 7.4%，古吉拉特族占 4.6%，坎拿达族占 3.9%，马拉雅拉姆族占 3.9%，奥里雅族占 3.8%，旁遮普族占 2.3%。官方语言为英语和印地语。约有 80.5%的居民信奉印度教，其他宗教有伊斯兰教(13.4%)、基督教(2.3%)、锡克教(1.9%)、佛教(0.8%)和耆那教(0.4%)等。

1. 印度旅游业发展概况

在经济全球化的大背景下，印度及时调整其国家经济发展战略，越来越重视旅行与旅游业在国民生产中的作用。印度政府通过“不可思议的印度”旅游市场营销战略，成功地把印度旅游推销给全世界，并获得巨大经济收益。2008 年在印度的旅游者接近 6.12 亿人次，旅游产业估计价值为 430 亿美元，并以每年 17%的增幅保持旅游经济的增长。预计到 2025 年，印度中产阶级占总人口的比例将达到 46%，印度社会将会更加稳定繁荣。印度政府抓住联合国提出的“旅游护照：通向和平之路”的理念，通过大力打造印度文化旅游业，“为人们提供相互理解的平台，让人们知道过去文明的丰富文化遗产知识，使人们更好欣赏不同文化的价值，以加强世界的和平”(王超和郑向敏，2012)。

2. 印度旅游资源概况

1）全国旅游资源概况

西面有塔尔沙漠，东面有素达鲁班国家公园，而中部的德干高原因有大量野生动物栖息而闻名。在河流方面，印度有世界长河恒河、布拉河及普特河。

印度的历史悠久，可以追溯到公元前3200年印度教被确立的年代。印度容纳佛教、锡科教、犹太教、基督教和伊斯兰教等多种宗教信仰。星罗棋布的庙宇、城堡等历史遗迹是广大朝圣者心中的圣殿。

在开展旅游活动方面，北部的山区适宜滑翔、飞行和攀山越岭等运动，还有世界上为数不多的优质金色海滩。果亚以及喀拉拉邦的科摩林角自20世纪60年代以来已成为著名的旅游目的地，尤其果亚，是团体游客每游必到的首选地。南部的歌雅海岸度假区，是驶风帆和潜水的极佳地点。在森林地区，人们则更能享受到人与大自然融合，与野生动物共处的乐趣。可以在刚日河上乘筏漂行，或者在乌特北方邦和喜马偕尔邦垂钓鳟鱼，或在各具特色的国家公园里徜徉，也可以在安德曼和拉克沙群岛的海底遨游。

在文化旅游资源方面，印度有著名的由亚各拉-斋浦尔-德里组成的金三角。印度还拥有联合国教科文组织审核批准的14个世界文化遗产，例如果亚的古教堂、古修道院，乌特北方邦的古城堡，喀拉拉邦太阳庙，加佐里奥纪念碑和印度河流域文明遗迹等。

古印度是世界三大宗教之一的佛教发源地，在历史上有许多国外的佛教高僧曾来印朝圣取经。著名的佛教建筑有那烂陀寺、超戒寺、菩提伽耶大佛、摩诃菩提寺、瓦拉纳西、菩提伽耶中国寺等，除了佛教之外，印度盛行的宗教还有印度教、锡科教、犹太教、耆那教、基督教和伊斯兰教，这些宗教在印度也有较大的影响力，印度教的湿婆神庙、阿克萨达姆神庙、神牛庙，伊斯兰教的贾马清真寺、泰姬陵，锡克教的阿姆利则金庙，耆那教的热那克普神庙，天主教的马拉雅度教堂等都是广大朝圣者心中的圣殿。在印度，各种宗教建筑星罗棋布，宗教旅游已然成为了一种重要的旅游形式。

近年来一些重要的商品交流会和盛大的传统节日也成为游客们关注的焦点，像民间传统节日普什卡骆驼节、灯节、大壶节、洒红节，布尔格尔商品会，苏拉杰昆德的工艺品交易会等每年都能吸引大批游客到访。

2）印中边境旅游资源概况

印中边境自然景观系统由高山、河谷、湖泊、冰川、森林、溪流、瀑布、云雾等共同组成，有许多世界级的优质生态旅游资源。

锡金邦是以美丽风景、兰花以及森林闻名于世的。其境内的森林、峡谷、湖泊最适合徒步探险活动。世界第三高峰金城章嘉山一直吸引着世界各地的游客。锡金邦首府甘托克随处可见穿着袈裟的僧侣。这里有世界上唯一的为研究大成佛教及西藏学所设立的协会。这里众多的寺院遗留了大量的壁画、绘于丝绸上的宗教画及各种表情的佛像。

喜马偕尔邦的著名旅游地点有达兰萨拉、查姆巴、库鲁、拉胡尔和斯皮提、马纳里、达哈赛、达兰莎拉、西姆拉、雀勤、库佛利和法古、马萨奥布拉和达尔豪西。

阿萨姆邦是著名的丝绸之乡，其中最负盛名的品种要算当地特产的一种叫做“姆伽”的金色丝绸。除了“姆伽”以外，当地还出产“帕特”和“娥里”丝绸，其中后者多用来制作冬季所穿的御寒衣物。“姆伽”是印度最精美的丝绸。“姆伽”丝绸与须经过漂白和染色工序的桑蚕丝绸不同，它质地天然，看上去像是用金丝纺织而成，并且经久耐用。此外阿萨姆邦的藤竹制品、钟青铜制品、黄铜制品、木雕工艺品和陶器也颇负盛名。

十、不丹旅游业发展与旅游资源概况

不丹王国简称不丹，为内陆国，位于喜马拉雅山脉东段南坡，首都廷布。国土面积约 3.8 万 km^2。北部山区气候寒冷，中部河谷气候较温和，南部丘陵平原属湿润的亚热带气候。全国人口 736 453 人，不丹族约占总人口的 50%，尼泊尔族约占 35%。不丹语“宗卡”为官方语言。藏传佛教(噶举派)为国教，尼泊尔族居民信奉印度教。

1. 不丹旅游业发展概况

喜马拉雅山的风光，长期与世隔绝的神秘及古老的文化，使不丹成为世界各地游客向往的地方，促使旅游成为不丹重要的经济部门和外汇收入的重要来源。为了保持传统文化，抵制旅游对传统文化的冲击，不丹对旅游业一向持审慎的态度。自 1973 年成立旅游局以来，不丹旅游业才得以发展。到 20 世纪 90 年代中期，不丹建有各类宾馆 232 家，其中 184 家为国营旅馆，设有 4 家大型旅游公司。1995 年到不丹旅游的外国游客 4 765人，收入 58 517 万美元，跃居皇家政府外汇来源的第三位(斯文，2001)。每年 3～6月、9～12 月是旅游旺季，游客主要来自日本、美国和中国等地。2012 年，入境游客 105 407 人次，同比增长 64.62%。

2. 不丹旅游资源概况

1) 全国旅游资源概况

不丹旅游资源丰富，境内山川河谷纵横，佛教寺庙林立，五彩经幡迎风招展，蓝天背景下银色的雪峰高大挺立，极其准确的诠释了“香格里拉”这个藏传佛教对于仙境的圆满概述。

廷布是不丹的首都也是该国重要的旅游城市。扎西却城堡是不丹政府的所在，它依山而建，气度不凡。在上窄下宽的方形轮廓的藏式雕楼顶部，扇形平面上耸立着转经筒式的金顶格外耀人眼目。那密布在白色墙体之上众多的红色窗户，使人产生神秘的历史联想。扎西却城堡顶上转经筒式的金顶在蓝天与白色佛塔的陪衬下，显得这样清高孤傲，它与雪峰之下裸露着的钢青色的坚峰峭崖，以及峭崖之下满眼碧绿的缓坡草甸，构成了香格里拉独有的奇异风光。它比西藏林芝地区的香格里拉风光还要经典(陈世和，2013)。

虎穴寺是不丹国内最神圣的佛教寺庙，被誉为世界十大超级寺庙之一。虎穴寺坐落在 Paro 山谷中 3 000 ft(1ft=0.3048m)高的悬崖壁上。传说中的第二位佛，莲花生大师骑虎飞过此地，曾在一处山洞中冥想，就是现在的虎穴寺，让此地成为佛教教化之地。

虎穴寺建于1692年，一场大火之后寺庙损坏严重，于1998年重建。据说，现在虎穴寺已经严禁普通游客进入，即使是教徒的进入也被严格限制。

帕罗宗是不丹20个宗之一，坐落于险峻的山崖之上，坐拥帕罗峡谷的迷人景致。帕罗宗曾遭受地震及大火的蹂躏，经过重修，才有今天的面貌。在帕罗宗，珍藏着不丹的珍宝——唐卡画——滕德。它是一幅以丝绸和棉布制成的宗教卷轴画，堪称为不丹艺术中最大及最精美的杰作。不丹佛教徒相信，人们只要向滕德虔诚参拜，就能够达到涅槃的境界。首府帕罗位于帕罗河谷内，平均海拔2 250m。帕罗曾经是不丹西部政治中心，并同西藏有着悠久的商贸关系。

普那卡宗建于1636年，是不丹境内第二古老的寺院。不丹人相信但凡两条河或两条路交汇处，即是圣灵集中地，普那卡宗于两条主要支流母亲河MoChu和父亲河Pho-Chu之间，流水淙淙，格外宁静，院中一棵大菩提树，小和尚成群走过，刹那间心平如镜。普那卡宗是不丹20个宗之一，面积达1 016km^2，人口约23 340人，首府为普那。

塔金动物园，不丹的国兽——塔金，这种羊头牛身的动物只有在不丹能够看见，传说是癫狂圣贤喇嘛朱卡库拉用动物骨头创造了塔金。是典型的高寒种群，体型雄健，且性情凶悍。常栖息于2 500m以上的高山森林、草甸地带，冬季又迁移至2 500m以下的针叶林中的多岩区。

2）不中边境旅游资源概况

不丹北部有10个宗与中国相邻，是该国内旅游资源较为丰富的地区，集中了多处全国知名的旅游景点。首都廷布所在的廷布宗是旅游资源较为丰富的边境宗之一，在廷布宗内不止有数百座佛塔，还有康布、岗钦塔米、玛桑岗、特日岗、宗哥布岗、岗卡普松等喜马拉雅山的著名雪峰。

十一、尼泊尔旅游业发展与旅游资源概况

尼泊尔联邦民主共和国简称尼泊尔，是内陆山国，位于喜马拉雅山南麓，首都加德满都。国土面积147 181km^2，国境线全长2 400km。全国分北部高山、中部温带和南部亚热带三个气候区。人口约2 660万，有拉伊、林布、苏努瓦尔、达芒、马嘉尔、古隆、谢尔巴、尼瓦尔、塔鲁等30多个民族。尼泊尔语为国语，上层社会通用英语。居民86.2%信奉印度教，7.8%信奉佛教，3.8%信奉伊斯兰教，信奉其他宗教人口占2.2%。

1. 尼泊尔旅游业发展概况

尼泊尔旅游业起步于20世纪60年代初，是尼泊尔国民经济的重要支柱产业之一。旅游创汇是尼泊尔国家外汇收入的第三大来源。2012年尼泊尔旅游业总收入占其GDP的9.4%，同比增长5.2%；旅游创汇366亿卢比，相当于其出口创汇总额的24%；旅游业直接创造就业553 500个，占全国就业总数的3.6%。

尼泊尔旅游业依托得天独厚的旅游资源，突出发展徒步、登山、漂流、探险、野生动物及民俗古建观赏、宗教朝圣等优势旅游项目，其中徒步和登山旅游较为发达。据尼

泊尔登山协会统计，每年到访尼泊尔的外国游客中，专以登山为目的旅游者约占28%。

尼泊尔政府主管本国旅游事务的部门为文化、旅游与民航部，负责研究拟定旅游业发展方针、政策和规划，行业管理审批等行政事务。值得一提的是，早在1979年，尼泊尔旅游部本部就设置了旅游警察局，向游客提供便捷、优质的安全保障服务，现在编警察共51名。非官方旅游机构尼泊尔旅游委员会、尼泊尔旅游和旅行代理商协会、尼泊尔饭店业协会、尼泊尔徒步协会、尼泊尔登山协会等，在开拓市场、促进规范行业发展等方面也积极发挥着重要作用。尼泊尔现注册旅行社2 180家，其中近一半从事登山、徒步及探险等特种旅游业务。旅游接待酒店700余家，其中四星级以上酒店12家。

尼泊尔政府非常重视本国旅游产业的发展，将2011年确定为"尼泊尔旅游年"。为传播佛教和平理念，将佛陀诞生地蓝毗尼打造为世界佛教中心，促进宗教旅游市场的发展，推动尼入境市场的整体增长，尼泊尔政府将2012年确定为"蓝毗尼访问年"。

近年来，尼泊尔出入境市场增长平稳良好。2012年，尼泊尔出境人数达87.21万人次，较上一年同比增长11.65%。由于国内就业机会有限，出国务工成为尼泊尔民众增收减贫的主要途径。外派劳务是尼泊尔的支柱产业之一，根据世界银行报告，尼泊尔出国务工人员的侨汇收入占其GDP的20%左右。据官方统计，目前有220万尼泊尔人在外务工，主要集中在中东和南亚地区，其中将近90%流向卡塔尔、马来西亚、沙特、阿联酋和科威特。其余部分中商务、公务及海外留学占了相当大比例，主要流向印度、东南亚、中东、中国、英国等国家和地区，纯以旅游为目的休闲度假游客所占比例相对较小。常年定向输出的劳务大军，使得尼泊尔出境市场维持平稳增长。

2012年，尼泊尔累计接待海外游客84.82万人次，较上一年同比增长15.24%。中国和印度是尼泊尔旅游的主要入境国，来自这两个国家的旅游人数占游客总人数中的36.2%。随着尼泊尔政局的逐步稳定和中国飞往尼泊尔航班的增多，前往尼泊尔旅游的中国游客日益增加。

2. 尼泊尔旅游资源概况

1）全国旅游资源概况

尼泊尔自然旅游资源和人文旅游资源丰富，是世界著名的旅游目的地。境内6 000～8 000m的山峰200余座，世界自然和文化遗产10处，国家野生动植物保护公园14个，宗教及历史文化古迹不胜枚举。除美丽的喜马拉雅山山地风光外，还有集中分布于加德满都河谷的众多历史、文化遗产和古迹；分布于原始森林中的多种野生动物；包括佛祖释迦牟尼诞生地在内的宗教朝圣地；安全的徒步旅行等丰富的室外活动。主要旅游资源分布在几个较大的城市和北部山区。

首都加德满都位于喜马拉雅山脉以南的加德满都谷地。海拔1 370m，面积7km^2。该城气候宜人，四季如春，故称"春城"。1768年开始成为都城。城内寺庙特多，所以又被称为"寺庙城"。市区不大的范围内就有庙宇、佛堂250多座。著名的建筑有哈努曼多卡宫(故宫)、纳拉扬希蒂宫(新宫)、中央政府大厦(狮宫)等。最著名的寺庙是市中心的加斯达满达尔寺。每年有大量登山和旅游者由该市进出。1980年被联合国教科文组织列为亚洲重点保护的古城。

该国第二大城市帕坦，也是著名的古城，位于首都以南 5km 处，最早建于公元 298 年。18 世纪时是帕坦王国的都城，同时也是古代大乘金刚佛教中心。城内故宫广场附近有许多庙宇、殿堂、佛塔、神像。著名的有克利希纳庙、黛姑塔莱珠庙、孔贝斯瓦尔寺、红观音庙等。该城是著名工艺师阿尼哥的故乡，我国北京阜成门内白塔就是他于元初时来中国亲手监制的。1980 年也被联合国教科文组织列为亚洲重点保护的古城之一。

巴德冈是该国东部地区的商业中心，在首都以东 12km 处。市中心有著名的古迹巴德冈故宫。该宫殿为亚克希亚·马拉国王于 1427 年所建。其正门为镏金铜铸高 8m 的金门，金门东面是一座砖木结构的宫殿，该殿有 55 扇檀香雕花木窗，因而该宫又称为“五十五窗宫”。由于宫内有许多建筑和艺术品，故有“中世纪尼泊尔艺术的精华和宝库”之誉。该城还有著名的尖顶“尼亚塔婆拉”塔，这座塔和巴德冈故宫是尼泊尔两大著名古代建筑物。

蓝毗尼是佛教创始人释迦牟尼的诞生地，位于该国南部兰毗尼专区的鲁潘希县。相传公元前 623 年迦毗罗王国净饭王之妻摩耶夫人在兰毗尼花园中生下悉达多(释迦牟尼)，在其诞生处今建有摩诃摩耶夫人庙。庙南有新建佛寺，内有释迦牟尼塑像。中国高僧晋代法显和唐代玄奘都曾到此地瞻仰。

坡卡拉为喜马拉雅山登山基地，从首都乘飞机到此地仅需 45 分钟，安那布鲁那山和导拉吉利山景色壮丽，早晚景色令人赏心悦目。

2)尼中边境旅游资源概况

在中国与尼泊尔长达 1 414km 边界上，独特的自然环境造就了罕见的自然景观。边界地区不同地段的气候及地形条件差别很大，既有海拔 8 000m 以上的高山——世界 14 座 8 000m 以上的高峰有 8 座在尼泊尔，也有海拔 2 000m 以下的亚热带丛林。从海拔 8 000 多米的高山到低于海平面的河谷等多种地形，地貌景观与植物分布极具变化，使尼泊尔成为不同种类野生动植物的理想家园。这里集中了全球 4.2％的蝴蝶种类，2.7％的花卉品种，2.2％的淡水鱼种类，9.3％的鸟类种类，4.5％的哺乳类动物，1.6％的爬虫类动物和 1％的两栖类动物。这里也是生物爱好者和摄影爱好者的天堂。

宗教文化和历史遗迹是中尼边境旅游资源的又一特色。尼泊尔全民信教，印度庙和佛塔是这个国度的标志，数量众多，可谓是“三步一小庙，五步一大庙”。中国西藏，佛教文化影响深远，各边境县内均有大量的宗教祭祀场所和历史文化遗迹。同时中尼边境有很多当地的神山圣湖，每年都有大量的佛教徒前来朝拜。众多宗教文化和历史遗迹有利于中尼两国边境旅游的联动开发和持续发展。

另外，中国西藏和尼泊尔分别位于喜马拉雅山南北麓，其风景差异明显，中国西藏境内多为冰川、湖泊类冷峻景观，很多旅游资源都是世界级的，而位于尼泊尔境内的另一边则草木葱茏、风景秀丽。尼泊尔的旅游黄金季节是每年的 11 月至次年的 3 月，而西藏的旅游黄金季节是每年的 4～11 月。每年 4～11 月，大量游客通过尼泊尔来到中国，使尼泊尔成为西藏入境游客集散地之一。因此，两者恰好在时间和资源上形成互补(李燕，2010)。

十二、缅甸旅游业发展与旅游资源概况

缅甸联邦共和国简称缅甸，位于中南半岛西部，首都是内比都。国土面积 67.66 万 km^2。属热带季风气候。人口约 6 112 万(2012 年)，共有 135 个民族，主要有缅族、克伦族、掸族、克钦族、钦族、克耶族、孟族和若开族等。缅族约占总人口的 65%。各少数民族均有自己的语言，其中克钦族、克伦族、掸族和孟族等族有文字。华人华侨约 250 万人。全国 85%以上的人信奉佛教，约 8%的人信奉伊斯兰教。

1. 缅甸旅游业发展概况

从 1993 年起，政府大力发展旅游业，积极吸引外资，建设旅游设施。缅甸有大小酒店 533 家，拥有客房 1.5 万余间。其中，耗资 5.85 亿美元修建的 25 家外资宾馆已投入使用。统计数字显示，正在修建之中的宾馆达 11 家，其总投资额达 5.83 亿美元。缅甸政府已对首都仰光国际机场进行扩建，并在缅甸第二大城市曼德勒建造了一个可起降大型客机的国际机场。此外，缅甸还新增了同文莱、印度、马来西亚和中国澳门特区之间的国际航线，并计划在勃固市建造缅甸第三个国际机场。经过多年努力，缅甸旅游业已形成一定规模并取得了较好的成绩。赴缅旅游者人次从 1994 年的 13.23 万人次提升到 2013 年的 204 万人次，增幅巨大，旅游业得到了稳定和持续的发展。

2. 缅甸旅游资源简介

1) 全国旅游资源概况

(1)自然旅游资源。缅甸自然景观复杂多样，南北差异较大。其西北部靠近中国边境，与云南的横断山脉相连，崇山峻岭绵延不绝，海拔 4 000m 以上的高山山顶多有积雪覆盖。其南部属于热带风光，伊洛瓦底江、萨尔温江冲积而形成的三角洲平原终年郁郁葱葱，各种热带景观星罗棋布。因受季风和降水等影响，缅甸大部分地区生长着热带和亚热带森林，森林覆盖率达 58%，有“森林王国”之称，再加上高原、山地峰峦绵亘，兀峰突起，地形复杂多样，因此动植物资源十分丰富，奇异植物、四季佳果，珍禽异兽为缅甸建立自然保护区、森林公园、动物园、狩猎区等创造了条件。此外，缅甸国土广阔，海岸线漫长，适宜建立以滨海风光为特色的滨海旅游区，如若开邦的丹兑-额不里，便是著名的海滨度假胜地。伊洛瓦底江、萨尔温江沿途景色优美，落差较大，有著名的伊洛瓦底江三峡，风光秀丽，景色宜人。还有克耶邦的鲁比达瀑布，落差 600 多米，气势磅礴。缅甸千姿百态的自然景观，自然会令国外游客流连忘返(贺友桂，2006)。

(2)人文旅游资源。缅甸有“佛塔之国”的美称，保存有许多历代建筑的佛塔。例如，古代佛教圣地、万塔之城蒲甘现有佛塔 5 000 多座，保存有 2 000 多座 700～900 多年前的古塔，在世界上都是罕见的。众塔之王是仰光的大金塔，它坐落在仰光市区北部，是缅甸的象征，为世界著名佛塔之一；仰光大金塔是举世闻名的佛教建筑，不仅是佛教徒朝拜的圣地，也是游览胜地。世界闻名的文化古都曼德勒(瓦城)曾是贡榜王朝的京都，有佛塔 1 000多座。主要的人文景点还有班都拉公园、昊威沙拉铜像、昂山博物馆，丹老的中国

庙、太公城等。与此同时，缅甸有着浓郁的民族民风。缅甸是佛教国家，它的文化层面有着浓厚的宗教色彩。缅甸的人文景观与东南亚信奉小乘佛教的国家有共同之处，由于其文化深受印度文化和中国文化的影响，又是多民族的国家，各民族世代相传的生活习俗，优美的民族音乐舞蹈，民间手工艺技艺，丰富的民族节日，多彩的服饰装束乃至各民族的社会生活构成了独具魅力的旅游资源，具有强烈的民族特色(贺友桂，2006)。

2）缅中边境旅游资源概况

缅中边境地形地势北高南低，山岭由北向南或偏西南呈树枝状延伸，逐渐降低，形成了纵横交错的沟壑、谷地、谷盆、小平坝。来自孟加拉湾的暖气流沿河谷北上，把热带北缘区域向北推移到北回归线以北，暖气流与高山冷气流汇合，常年云雾缭绕、雨水充沛。由于纬度区域宽，海拔差异大，包揽了热带、亚热带(是主要类型)、温带、高山裸岩等奇丽景观，形成了多种多样的小环境，为多种生物的生长发育和进化提供了条件，生物多样性十分丰富。

缅中边境旅游资源差异性大、互补性强，缅中边境游合作潜力巨大，前景广阔。缅甸木姐地区旅游资源十分丰富，很有特点，对于中国游客具有很强的吸引力。一是自然、田园风光独特，有很多在中国很少见到的风光；二是佛教文化色彩浓郁，其神秘性迎合了游客好奇、探究的心理需求；三是缅甸多民族文化多姿多彩，其建筑风格、服饰和民间艺术独树一帜。德宏州、瑞丽市旅游部门顺应国内游客对差异性文化的追求，对缅中边境线上的特色城镇、民族村寨等旅游资源进行了整体开发、包装和推介，加大与缅甸边境地区的旅游合作开发力度。

缅中边境自然景观千姿百态，是历史文化资源的宝库之一，目前亟待进行路线规划调整，进一步开发民族文化，开发新景点和景点的娱乐或美学价值、文化价值包装，硬件设施更新改造，提高服务质量等，创建星罗棋布的旅游网络。缅甸方面也有许多特殊资源，开发后，成为与中国连线的跨国旅游线，价值更高，为缅中人民带来的利益更大。在可能的条件下，缅甸或缅中联合开发出通往印度以塔林和乌鸦为特征的佛教通道和象征缅中抗战侵略者的史迪威公路，联合考察胡康河谷和野人山区域，能找出“亚洲的亚马孙”，其价值和意义将特别重大。

十三、老挝旅游业发展与旅游资源概况

老挝人民民主共和国简称老挝，位于中南半岛北部的内陆，首都万象。国土面积23.68万km^2。属热带、亚热带季风气候。人口约638万(2011年)，分属老泰语族系、孟-高棉语族系、苗-瑶语族系、汉-藏语族系，统称为老挝族。通用老挝语。居民多信奉佛教。

1. 老挝旅游业发展概况

老挝旅游业发展潜力较大，主要体现在老挝政治稳定、社会经济持续发展、社会安全度高，政府改善基础设施的力度正在不断加大。自1993～2011年外国游客来老挝旅游人数不断上升，入境游客增长率平均每年保持在20.36%，不过在2010～2011年只增长8%。2011年老挝入境游客人数第一次突破了270万人次，为国家创造收入接近4.06亿美元。

此外，旅游业相关行业如宾馆住宿业也得到快速发展。1993 年老挝的宾馆和旅舍仅有 90 家，1998 年增加至 307 家，床位 5 019 个。截至到 2011 年年底，老挝全国共有星级宾馆 434 家，床位 19 907 个；普通宾馆 1 491 家，床位 23 367 个。由此可见，老挝的宾馆和旅舍数量增长速度是非常快的。根据 2009 年 11 月 3 日老挝《经济社会报》报道，老挝国家旅游局局长宋蓬·蒙昆维莱先生于日前宣布正式实施老挝 2006～2020 年旅游人力资源开发战略，强调培养旅游、宾馆管理方面人力资源的重要性。目前老挝旅游从业人数为 2.3 万人，预计 2020 年达 4 万人(贤淑，2011)。

2. 老挝旅游资源概况

1) 全国旅游资源概况

据统计，截至 2010 年，老挝共有 1 493 处旅游景点，其中自然旅游景点 849 处，历史名胜古迹 209 处，文化旅游景点 435 处。老挝所有的旅游景点中已向游客开放的景点有 366 处，已开发但尚未向游客开放的景点有 153 处，正在开发的景点有 134 处，未开发的景点有 300 处(贤淑，2011)。在这些景点中，古都琅勃拉邦和南方占巴塞省的瓦普石窑寺被联合国教科文组织(UNESCO)列为世界遗产。万象的旅游景点塔銮、凯旋门、玉佛寺、琅勃拉邦的香通寺、光希瀑布、占巴塞省的瓦普寺、孔埠瀑布、里皮瀑布、川圹省的石缸平原、温泉等在老挝旅游城市中具有相当高的知名度和美誉。目前主要的旅游城市有万象、琅勃拉邦、阿速坡、会晒、北汕等。

(1)自然旅游资源。老挝自然风光优美，森林面积约占国土总面积的 50%，其中有 20 处国家动植物自然环境保护区以及很多省和市级自然环境保护区。国内地貌类型多样，在很多省市和当地地区有石灰石山崖、山谷、石笋山和壮丽洞穴。跨国河流湄公河是境内的主要河流，由于其国内地势北高南低，沿途形成了许多大大小小的瀑布，其中颇为著名的是占巴塞孔埠瀑布、琅勃拉邦光西瀑布、考安西瀑布、孔发风瀑布等，其中考安西瀑布高约 200 多米，呈正三角形，从山上泻下相当壮观，四周的植被非常漂亮，每年都有大量的游客来此参观游玩。而孔发风瀑布是湄公河流域最大瀑布，也是世界上流量最大的瀑布，位于老挝南部边境。其宽 10km，洪汛落差 15m，枯水落差 24m。瀑布飞流直下，似万马奔腾，回旋呼啸，场面极为壮观。孔瀑布是去老挝南部地区旅游的客人的必到之处，这里不仅水美，其环境也美，瀑布周围的原始森林，遮天蔽日，苍翠欲滴。在孔东风瀑布的周围还有著名的四千美岛，特殊的地形使其成为观赏日出日落的绝佳旅游地，每年都有大量的背包客来州中的小岛居住，原生态的静谧之美让人向往。

(2)民俗旅游资源。老挝有 49 个民族，是个多民族国家。分为四大语族系即：佬-傣语族系、孟-高棉语族系、汉-藏语族系和苗-瑶语族系。其中佬-傣语族系包括 8 个民族，孟-高棉语族系有 32 个民族，汉-藏语族系有 7 个民族，苗—瑶语族系有苗族和瑶族。老挝各民族信仰的宗教也有所不同，有信奉佛教、信仰婆罗门教、信奉鬼神、信奉原始宗教图腾和信仰基督教的。不同的民族信仰不同的宗教，就形成了别具一格的老挝特有的民俗文化。老挝民间节日有许多，有“十二风十四俗”的说法，既有与佛教有关的节日，也有与鬼神有关的节日。例如，一月守斋节，二月聚场节，三月烤糕节，四月听经节，五月宋干节，六月焰火节(也叫高升节或是竹炮节)，七月除邪节，八月入夏节，九月祭鬼节，十月施僧节，十一月出夏节，十二月布施节。

佛教文化是老挝民俗文化的重要组成部分。老挝是信奉小乘佛教的国家，在1975年之前，佛教被奉为国教。在老挝，佛教建筑随处可见，其中最著名的当属首都万象的塔銮，塔身高大雄伟，金碧辉煌，是万象市的标志和东南亚重要名胜古迹之一。万象还有著名的玉佛寺和凯旋门也是游客的必到之处。老挝国内文物价值较高的琅勃拉邦市和巴色瓦普寺已被列入世界文化遗产名录，琅勃拉邦又称"銮佛邦"，已经有1 000多年的历史，是一个古色古香的小山城，同时也是老挝年代最悠久与古老的城镇，市内有600多座有保存价值的古建筑。由于这里保持着淳朴的民风和原始的自然生态而被西方游客称为"世外桃源"。此外夏季古都占巴塞也是值得一去的地方，它位于美丽的湄公河畔沙滩，气氛宁静，环境优雅，城内多遗址遗迹。在万象和朗勃拉邦两个主要城市之间有一处著名的休闲旅游地——万荣，它是户外运动爱好者的天堂，众多旅游项目如岩洞探秘、内胎漂流、山地自行车、徒步登山，适合各类人群。

另一个值得老挝骄傲的是老挝丰富的文化遗产和名胜古迹，如世界文化遗产城市琅勃拉邦市和占巴塞省的瓦普石窑、万象市的塔銮、川圹省的石缸群、凯旋门、西沙吉寺、玉佛寺等。

(3)旅游商品。老挝旅游商品主要是民族工艺品、食品类、礼品类、实用品和其他纪念品等。老挝的民族工艺主要有：金银首饰、金属工艺品、芒编工艺品、竹木雕刻艺术品和民族手绣工艺品等。独特的旅游商品可以成为旅游区的形象标志，是旅游区最好的广告，如琅勃拉邦的各类精美丝绸、编织品、金银首饰等精制工艺品的出产地。这些精巧的手工艺品在国内享有盛名，常被选送去参加国际博览会。

以前，老挝的轻工业落后，礼品类、食品和大部分的手工艺品是当地和山区农民利用业余时间来制作的。在质量方面也不能担保，大部分产品缺乏创新。到目前，老挝有了组织正规的纪念品经营公司，因此质量也有保证，大部分工艺品也得到了不断地创新。这类商品给当地农民带来的经济收入是不能忽视的，老挝的各旅游景点已经初步形成经营当地的旅游纪念品的商店；老挝纪念品的发展不仅能够促进整个旅游业收益的提升，也相应地带动了民族手工业、地方土特产品等的发展(贤淑，2011)。

2) 老中边境旅游资源概况

老挝北部丰沙里省、乌多姆赛省和朗南塔省与中国相邻。朗南塔省是老挝少数民族最多的一个省，聚集着老挝39个少数民族。首府琅南塔是一个体验少数民族风情的好地方。琅南塔博物馆是当地民俗风情的重要展示场所，里面汇聚了各个少数民族的特有服饰、生活用具等。芒新县生态旅游资源丰富，有丰富的森林旅游资源。丰沙里省是老挝最北部的一个省，距老中边境很近，有许多山地部落。

十四、越南旅游业发展与旅游资源概况

越南社会主义共和国简称越南，位于中南半岛东侧，首都河内。国土面积329 556km²。属热带季风气候，高温多雨。人口8 878万(2012年)，有54个民族，京族占总人口的86%，岱依族、傣族、芒族、华人、侬族人口均超过50万。主要语言为越南语。

1. 越南旅游业发展概况

越南旅游业起步较晚，但经过20世纪80年代的努力，旅游业有了长足的进步，进入90年代，更有了突飞猛进的发展。1977年，越南接待国外游客仅5 000人，而1985年达到15 000人，1987年增加到3万人，1989年有6万人。到了2001年，来越南旅游的游客已高达200多万人，与1977年相比翻了400多倍。近年来，越南已成为欧、美、日等西方游客的首选目的地之一。2002年，越南共接待外国旅客达262.82万人次，增长12.8%。旅游总收入为15.26亿美元。来越的外国旅客中，以旅游为目的的人数为146.2万人次，增长19.6%。2008～2009年，由于世界经济出现衰退，各家国内旅行社才开始注重开发国内游客市场。这片充满发展潜力的土地已经为各旅行社带来了丰厚的收益。国内游客量逐年增加。2012年国内游客量达325万人次，同比增长8.3%。按照越南政府制定的"到2020年旅游业发展规划"，越南国内游客量将从2010年的2 800万人次上升至2020年的4 800万人次，国际游客量从500万人次上升至1 000万人次。未来10年中，越南旅游业将集中发展海洋旅游、生态旅游、休闲和绿色旅游等(杨海燕，2003)。

2. 越南旅游资源概况

1）全国旅游资源概况

越南背靠中南半岛，东面和南面临海，海岸线长达3 200km，沿海有许多天然的海滨浴场和优质的海滩，著名的有：1994年被联合国教科文组织列为世界文化遗产的广宁省的下龙湾，下龙湾纵横70多公里，海面上山岛林立，风景优美如画，有"海上桂林"之称；距河内110km的涂山、位于清化的岑山和越南中部的芽庄，都是气候宜人的天然海滨浴场，海滩沙白细软；天然良港金兰湾，既是军港也是旅游胜地(许梅，2001)。

越南的山岳景观和水域风光类旅游资源非常丰富，山水相依，景观组合度高。位于红河中游地区的三岛山，地处海拔900多米的山谷坡地上，这里东、西、北三面被森林环绕，南面是一条清澈见底的山涧，气候凉爽；南部西原地区的大叻，海拔1 500m，年平均气温18℃，四季如秋，特别是这里的鲜花四季开放，十分绚丽，还有许多远近闻名的瀑布；地处黄连山谷的沙巴也是避暑度假的好去处，这里重峦叠嶂，各种花草争奇斗艳，附近还有银溪瀑布、藤桥、云水、水宫洞、天门、风洞等景点。

此外位于河内市中心的还剑湖、市北的西湖、市南的七亩湖和竹帛湖等；多乐省的多乐湖是越南罕见的鳄鱼湖和美丽的天鹅湖，也是避暑胜地。位于河南宁、河山平和清化三省交界处的菊芳原始森林，是越南国家天然植物园，风景如画，气候宜人，保持着自然、原始的美态(许梅，2001)。

越南的文化旅游资源非常丰富。其上千年历史留下了大大小小的文化历史遗迹遗址约有200多个，北部有东山文化、北山文化、和平文化遗址。河内有文庙、独柱寺、玉山祠、龟塔、古螺城、金莲寺、二征庙、医庙、玉壶亭、进士题名碑和胡志明主席陵等。中部的顺化曾是越南古都，1993年被联合国教科文组织列为世界文化遗产。顺化有著名的皇城、皇陵和天姥寺等。皇城是越南阮氏王朝的皇宫，也是越南现存的最大和较完整的古建筑物，建筑式样基本上仿照北京的故宫，围绕皇城的京城则模仿法国的建筑风格。整个皇城呈方形，四周有护城河，城内宫殿层层叠叠，建筑雄伟。皇陵是阮朝皇帝的陵墓，共有 6 座。天姥寺位于顺化市西郊，寺内有 1 642.5kg 重的大钟，天姥寺塔耸立于寺前，造型凝重。此外，清化省的西部城，是越南胡朝的都城遗址，具有一定的文化观赏价值(许梅，2001)。

此外越南的民俗文化旅游资源丰富。越南有 54 个民族，各民族各具特色的传统盛会、民族风情、民间文化艺术、宗教信仰和饮食文化等，都是越南丰富的人文旅游资源的重要组成部分。例如，位于九龙江平原的水上集市；西原地区特有的钟鼓演奏和极具西原风情的芦笙“丁南”、号角“奇巴”等传统民间乐器；顺化的宫廷音乐和舞蹈；在古都会安有古老的手艺村等。这些都是越南民族文化的一个缩影(许梅，2001)。

目前，越南已将旅游业作为国民经济发展的重要产业之一。对越南这样一个发展中国家来说，拥有丰富的旅游资源无疑是其发展旅游业的最大优势。

2) 越中边境旅游资源概况

在越南北部靠近中国边界地区的旅游资源非常丰富。其中最著名的当属“海上胜地”、世界自然遗产地下龙湾；还有靠近中国云南一带山区的沙坝，与大叻、三岛山齐名，地处海拔 1 500m 以上，四周山峦重叠，四季如春，气候温和，别墅错落有致地隐现于山林之中，是天然的避暑胜地，山中有银瀑、藤桥、云山，风洞、天门、水宫洞等景点；靠近广西的越南边境有著名的非矮山脉、非颠旅游度假区、天湖生态旅游区、板约瀑布——鳌洞、老虎跳大峡谷跨国漂流等自然旅游资源。此外中越边境还有珍稀物种越南金丝猴等。

越南北部边界地区人文旅游资源丰富，遗址遗迹众多。黎王庙是位于那吕城内的遗迹，属于高平省河安县黄嵩社，是封建朝代的文化、政治和军事活动中心。1995 年，越南文化新闻部批准黎王庙为国家级的文化历史遗迹。每年农历一月六日，黎王庙有庙会，吸引了很多居民前往。旗军庙，又称侬智高庙，是现今保存完好的唯一一座祭拜侬智高的庙。1992 年，越南文化和新闻部批准旗卑庙为国家级的历史文化遗迹。此外还有春领庙、庹郡寺、江洞寺以及许多有价值的古城池遗址，这也是中越边界所特有的旅游资源。

红色旅游资源众多。中越北部边界是早期越南共产党主要活动区域，也是抗美援越、对越自卫反击战的重要战场，革命遗址遗迹众多。北光援越抗美烈士陵园即位于越南河江省北光县新光乡。北坡历史遗迹区被誉为越南革命的“摇篮”，属于河广县，距离高平市 56km。此外还有金童坟墓区、陈兴道历史遗迹林区、菲克屯、蓝山遗迹区、高平市炮台等。

丰富悠久的传统文化。越中边境地区有多个民族世袭于此，多民族长时间和睦相处已形成了多彩多姿的风俗习惯。元旦节、“请月母”节、鬼节、清明节、端午节、放牛节、中元节、中秋节、洗新饭节(下元节)都是当地居民重要的民间节日。此外其他的民俗活动还有岱族的天琴弹唱，赫蒙族的抢亲婚俗，瑶族的“先入赘妻家、后落户夫家”婚俗等。

第四章　中国边境旅游市场结构与消费分析

第一节　中国边境旅游市场的基本情况

边境地区特殊的地理区位、自然条件以及较闭塞的交通，使其社会经济发展水平总体上与内地和沿海相比有较大的差距。20 世纪 90 年代，我国实行沿海、沿江、沿边和内地中心城市全方位开放政策，把陆地边境地区的对外开放作为中国对外开放的重要组成部分，同时国家给予了边境地区用于扶持少数民族地区和扶持边疆地区经济发展的一系列优惠政策，边境地区开始成为世人瞩目的新兴的“黄金地带”(白光润，2000)。由边贸派生出来的边境旅游呈现出强劲的发展势头，边境地区在改革开放的浪潮中蓬勃发展起来，变地域劣势为地缘优势，逐渐成为中国旅游业发展的又一个亮点。

一、全国边境旅游市场概况

近 20 年来，我国旅游业保持平稳较快发展。2012 年共接待国内旅游人数 29.57 亿人次，收入 2.27 万亿元人民币，按可比口径分别比上年增长 12.0%和 17.6%。入境游客 1.32 亿人次，实现国际旅游(外汇)收入 500.28 亿美元，分别比上年下降 2.2%和增长 3.2%；其中港澳台市场仍是入境客源市场的主体，入境外国客源市场微幅增长，各大洲来华人数均保持稳定增长，亚洲市场依旧是主要客源市场，其中韩国、日本为第一、第二大入境客源国。我国公民出境旅游市场继续加速增长，旅游目的地不断增加。2012 年我国公民出境人数达到 8 318.27 万人次，比上年增长 18.4%。其中因公出境人数 612.66 万人次，下降 0.1%；因私出境人数 7 705.61 万人次，增长 20.2%。出境首站按人数排序，名列前十位的国家和地区依次是中国香港、中国澳门、韩国、中国台湾、泰国、日本、柬埔寨、美国、马来西亚和越南(中华人民共和国国家旅游局，2013)。

在全国旅游业蓬勃发展，旅游市场不断拓展的基础上，边境旅游近年来也得到较大程度的提升。中国边境旅游起步于 20 世纪 80 年代中后期，目前我国边境地区的 9 个省(区)中，有 8 个省(区)分别与相邻国家开展了边境旅游活动(黄华，2012)。

根据中国内陆边界线的总体判识，以及与毗邻国家的自然环境状况，可将全国边境旅游市场区划分成东北、西北、西南三大片区(表 4-1)，其中东北片区由黑龙江、吉林、辽宁和内蒙古东部地区所构成，毗邻朝鲜、俄罗斯、蒙古国东部地区；西北片区范围涉及新疆、甘肃、内蒙古中西部地区，毗邻蒙古国西部、俄罗斯、哈萨克斯坦、吉尔吉斯斯坦、塔吉克斯坦、阿富汗、巴基斯坦等国；西南片区包括西藏、云南、广西三个省份，毗邻越南、缅甸、老挝、不丹、印度、尼泊尔等国(于国政，2005)。

表 4-1　中国边境旅游地理区划

地区	所辖省份	毗邻国家
东北片区	黑龙江、吉林、辽宁和内蒙古东部地区	朝鲜、俄罗斯、蒙古国东部地区
西北片区	新疆、甘肃、内蒙古中西部地区	蒙古国西部、俄罗斯、哈萨克斯坦、吉尔吉斯斯坦、塔吉克斯坦、阿富汗、巴基斯坦
西南片区	西藏、云南、广西	越南、缅甸、老挝、不丹、印度、尼泊尔

考虑到县域层面边境旅游市场数据的获取相对较难，本章在全国边境旅游三大市场区划基础上，以所辖的边境地市(州、盟)为具体研究对象，进行边境旅游市场的分析比较。所采用的数据主要来源于全国 9 个边境省份《2012 年统计年鉴》、所辖 45 个边境地市的《2011 年国民经济和社会发展统计公报》、国家旅游局《中国旅游统计年鉴(2012年)》、《旅游抽样调查资料(2012 年)》，以及各个边境地市旅游局官方网站等。

二、东北片区

东北片区作为中国边境旅游的发源地，近年来边境旅游市场蓬勃发展，并逐步融入到东北亚旅游合作中，形成以俄罗斯、韩国、朝鲜、日本、蒙古国为主体的东北亚入境客源市场，且互为目的地。

1. 片区旅游市场

作为全球经济最具活力的区域之一，东北亚 6 国拥有占世界上 23.5%的人口、1/4 的 GDP 和 1/5 的贸易额。近年来，东北亚旅游得到迅猛发展，逐渐成为世界级旅游目的地。2000～2012 年，东北亚地区国际旅游年均增长率达到 7.7%，入境游客总量约占亚洲旅游市场总体份额的 50%以上。据 WTO 的有关预测，2020 年东亚太平洋地区旅游人口将达到 4.38 亿，其中东北亚地区为 2.67 亿，占东亚太平洋地区的 61%。此外，跨国边境游在东北亚合作中发挥了“民间外交”的重要角色，各国加快开发跨国边境游项目、推动旅游一体化、构建旅游共同体已成为东北亚区域国家的共识。

东北片区作为中国融入东北亚旅游一体化的核心，主要由黑龙江、辽宁、吉林三省及内蒙古东部地区(呼伦贝尔市和兴安盟)构成。目前东北片区旅游市场总体上以国内客源市场为主，入境市场所占份额较少。例如，2011 年东北片区入境游客 770.11 万人，占全区旅游总接待量(61 996.6 万人)的 1.24%；入境旅游总收入为 42.78 亿美元，占片区旅游总收入(5 504.73 亿元)的 4.77%(表 4-2)。

通过对四省(区)旅游市场指标的比较分析发现，辽宁省旅游市场优势突出，旅游接待和旅游收入方面均居首位。2011 年辽宁省国内外旅游接待人数为 32 973.83 万人，国内外旅游总收入为 3 325.71 亿元，分别占片区旅游总接待量和旅游总收入的 53.19%和 60.42%，黑龙江省分别占片区的 32.98%和 19.77%，吉林省分别占片区的 12.17%和 16.86%，内蒙古东部地区分别仅占片区指标的 1.67%和 2.96%。

表 4-2 东北片区 2011 年旅游市场总体情况

地区	旅游接待人数			旅游收入	
	入境/万人	出境/万人	国内/万人	入境/亿美元	国内/亿元
黑龙江	206.52	—	20 237	9.18	1 032.00
吉林	99.32	—	7 442.66	3.85	904.29
辽宁	410.33	132.4	32 563.5	27.13	3 159.30
内蒙古(东部)	53.94	—	983.33	2.62	146.74
总计	770.11	—	61 226.49	42.78	52 42.33

2. 片区入境旅游市场

2011 年东北片区入境游客总数为 770.11 万人，旅游外汇收入为 42.78 亿美元，其中东北三省(黑龙江、吉林、辽宁)入境旅游总接待量为 716.17 万人，旅游外汇总收入为 40.16 亿美元，分别占整个片区入境旅游市场的 93.00%和 93.88%。其中尤以辽宁省入境旅游所占市场份额较大，入境旅游接待量和外汇收入优势显著，分别占全区入境旅游总接待量和外汇总收入的 57.30%和 67.56%；其次是黑龙江省，入境旅游接待量和外汇收入所占比例分别为 28.84%和 22.85%；吉林省入境旅游接待量和外汇收入所占比例最少，分别占全区入境旅游接待总数和国际外汇总数的 13.87%和 9.59%。

从入境游客的国别分布来看，东北片区入境游客主要来自于俄罗斯、朝鲜、蒙古国、日本、韩国等东北亚国家，其中俄罗斯游客所占比例较大。例如，通过对黑龙江省 2011 年入境游客的国别构成分析来看，东北亚国家(俄罗斯、日本、韩国、蒙古国、朝鲜)入境游客总量达到 180.70 万人，占全省入境外国游客总数(194.90 万人)的 92.72%，其中以俄罗斯来华游客数量最多，达到 146.34 万人，占全省入境外国游客总数的 75.08%。其次是韩国和日本，入境游客量分别占全省入境外国游客总数的 10.82%和 6.00%(黑龙江省统计局，2012)(图 4-1)。

东北边境地区一直非常重视与东北亚国家的边境旅游合作，东北亚国家是中国最早合作开发边境旅游的地区，1987 年 11 月 4 日，国家旅游局和对外经济贸易部联合发文《关于拟同意辽宁省试办丹东至新义州自费旅游事》，是中央政府部门最早颁布的关于开展边境旅游的文件。此外，中俄两国在边境旅游的互动合作方面进展良好，目前俄罗斯是中国第三大客源国，中国是俄罗斯第二大客源国。随着中国边境旅游的发展，“沿边开放、重点突破”时代的到来，中国东北边境旅游区积极融入到东北亚旅游圈中，积极举办东北亚投资贸易博览会(东北亚国际区域旅游发展大会)、东北亚博览会等国际性会议，全力承担东北亚旅游合作桥头堡的职责，进一步组织与俄罗斯、朝鲜、蒙古国三国通过陆路的出入境旅游，开辟与俄罗斯、韩国、日本通过海路的跨国旅游。同时，努力加大满洲里、额尔古纳、黑河、绥芬河、同江、图们、丹东等边境口岸城市的旅游基础设施与服务设施建设力度，促进漠河、抚远、珲春、集安等具有特殊地理意义和边境风情的旅游小城镇建设(王炳坤，2012)。

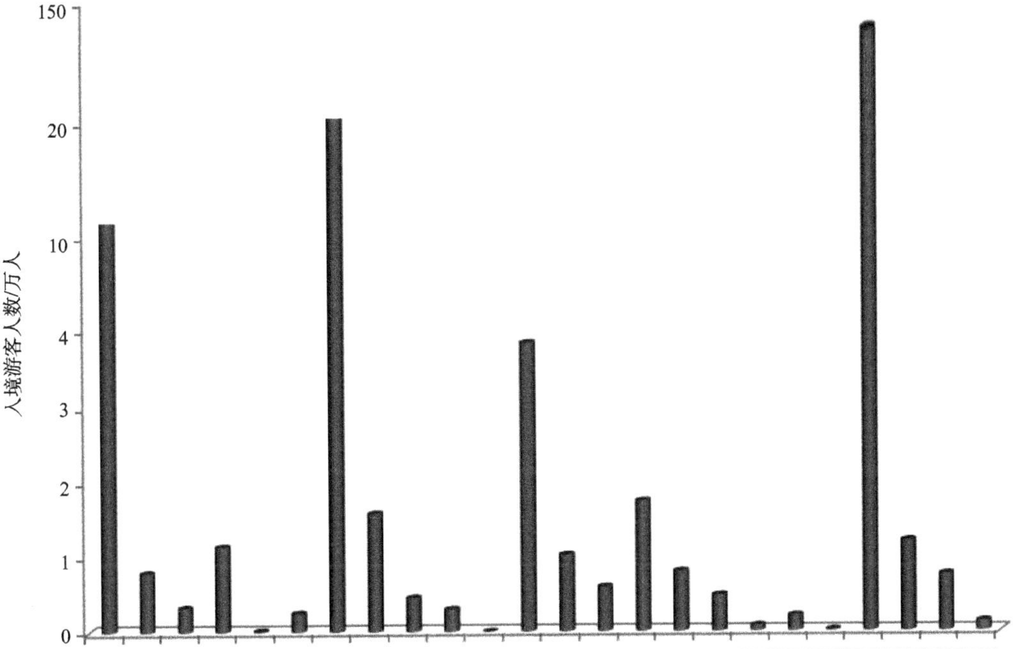

地区	日本	菲律宾	新加坡	泰国	印度尼西亚	马来西亚	韩国	蒙古国	印度	越南	朝鲜	美国	加拿大	英国	法国	德国	意大利	瑞士	瑞典	荷兰	俄罗斯	西班牙	澳大利亚	新西兰
数量/万人	11.70	0.79	0.33	1.14	0.02	0.25	21.08	1.59	0.46	0.30	0.005	3.87	1.03	0.60	1.75	0.80	0.48	0.08	0.21	0.02	146.4	1.21	0.76	0.13
所占比例/%	6.00	0.41	0.17	0.58	0.01	0.13	10.82	0.81	0.23	0.16	0.00	1.98	0.53	0.31	0.90	0.41	0.25	0.04	0.11	0.01	75.08	0.62	0.39	0.07

图 4-1　2011 年黑龙江省入境游客国别分布

3. 片区出境旅游市场

东北亚国家地脉相近，文脉相连，自然和人文旅游资源独具原始性、互补性与相依性，成为中国东北地区游客出境的重要目的地。东北亚地区气候类型层次分明，由南向北依次为温带海洋性气候、大陆季风性气候、针叶林气候和寒带苔原气候，不同地貌景观对比清晰、反差极大，带有粗犷的原始特性。例如，俄罗斯的西伯利亚和远东地区有世界上面积最大的原始森林；日本火山温泉分布极广，富士山最为壮观；韩国济州的汉拿山云雾缭绕，山顶的白露潭为著名的火山湖；蒙古国境内草原一望无际，蔚为壮观(段光达，2005)。此外，东北亚地区历史文化也独具依存性和互补性。东北亚地区是众多民族(汉族、朝鲜族、满族、蒙古族、大和族等)聚居之地，民俗风情独特浓郁，民俗表演丰富多彩，如日本、韩国一带出现的独特海女习俗、朝鲜的大型团体操表演“阿里郎”等。

目前东北亚各国特别是中日韩已成为东北片区重要的出境目的地。据相关资料显示，中国在 2010 年成为韩国游客第一旅游目的地，2011 年，赴中国旅游的韩国游客达 430 万人次，赴韩国旅游的中国游客达 257 万人次；2011 年，中俄旅游互访人数近 335 万人次(汤一亮等，2012)；中日旅游互访人数达 529 万人次；中国还成为蒙古人前往最多的国家，互访 80 万人次；2010 年，朝鲜正式成为中国公民组团出境旅游目的地国家，目前中朝旅游已开通自驾游、航空包机游、火车游等多种形式，正不断升温(常亦殊，2000)。

4. 边境地区的旅游市场

东北片区包括 3 个边境省(区)，其中黑龙江省共有 8 个(大兴安岭地区、黑河市、伊春市、鹤岗市、佳木斯市、双鸭山市、鸡西市和牡丹江市)边境地市(区、州)；吉林省共有 3 个(通化市、白山市和延边朝鲜自治州)边境地市(区、州)；内蒙古共有 2 个(呼伦贝尔市和兴安盟)边境地市(区、州)，均分布在内蒙古自治区的东部地区；辽宁省仅有丹东 1 个边境地市(表 4-3)。

表 4-3　东北片区 2011 年 14 个边境地市旅游市场总体情况

序号	地区	旅游接待人数		旅游收入	
		入境/万人	国内/万人	入境/亿美元	国内/亿元
1	大兴安岭地区	4.65	294.85	0.12	26.86
2	黑河市	16.92	298.28	0.39	11.98
3	伊春市	25.88	456.12	0.96	29.42
4	鹤岗市	3.3	209.1	0.09	20.5
5	佳木斯市	16	282	0.38	11.6
6	双鸭山市	5.35	338.9	0.03	5.92
7	鸡西市	8.61	545.8	0.1	23.64
8	牡丹江市	54.34	957.66	1.63	50.04
9	通化市	9.84	465.3	0.18	47.36
10	白山市	3.41	411.11	0.13	38.63
11	延边朝鲜自治州	44.98	813.08	1.48	99.44
12	丹东市	40.05	2 646.1	2.13	2.66
13	呼伦贝尔市	53.8	842.13	2.61	128.18
14	兴安盟	0.14	141.2	0.01	18.56
总计		287.27	8 701.63	3.7	179.96

1) 入境旅游市场为主，国内市场有待突破

从边境地区旅游市场总体情况来看，2011 年东北片区 14 个边境地市(区、州)入境旅游接待量总数为 287.27 万人，占全区入境旅游市场总接待量(770.11 万人)的 37.3%；国内旅游接待人数为 8 701.63 万人，占全区国内旅游接待总人数(61 226.49 万人)的 14.21%；国际外汇收入总数为 3.7 亿美元，占全区国际外汇总收入(42.78 亿美元)的 8.65%，国内旅游收入总数为 179.96 亿元，占全区国内旅游总收入(5 242.33 亿元)的 3.43%，说明东北片区 14 个边境地市(区、州)边境旅游市场总体上以入境旅游市场为主，国内市场所占份额相对较少。

2）牡丹江、呼伦贝尔和延边等三地边境旅游所占市场份额突出

14个边境地市(区、州)2011年旅游市场情况相互对比来看，黑龙江省牡丹江市、内蒙古呼伦贝尔市和吉林省延边朝鲜自治州边境旅游所占市场份额突出。具体来看，牡丹江市2011年入境、国内旅游接待人数最多，达到1 012万人，占全区边境旅游接待总量的11.26%；其次是呼伦贝尔市和延边朝鲜自治州，分别占全区边境旅游接待总量的9.97%和9.55%。旅游总收入方面，呼伦贝尔市旅游总收入优势突出，2011全年旅游总收入达到144.19亿元，占全区旅游总收入的71.21%，其次是延边朝鲜自治州和牡丹江市，分别占全区边境旅游总收入的54.95%和28.13%。内蒙古的兴安盟和黑龙江省的鹤岗市旅游市场所占份额相对较少。

三、西北片区

西北片区地处中国内陆，毗邻哈萨克斯坦、吉尔吉斯斯坦、塔吉克斯坦、阿富汗、巴基斯坦等中亚国家。显著的区位交通优势、相近的社会文化、有利的政治经济环境、旅游资源的互补性及差异性为西部边境地区与中亚国家的边境旅游合作奠定了良好基础。

1. 片区旅游市场

西北片区旅游市场研究对象主要包括新疆、甘肃和内蒙古中西部地区(锡林郭勒盟、包头、巴彦淖尔市、阿拉善盟和乌兰察布市)。目前西北片区旅游市场以国内客源市场为主，入境市场所占份额较少，如2011年西北全区国内游客11 585.25万人，入境游客220.23万人，分别占全区旅游总接待量(11 805.48万人)的98.13%和1.87%；国内旅游总收入为1 017.86亿元，入境旅游总收入为7.58亿美元，分别占全区旅游总收入(1 064.35亿元)的95.63%和4.37%。

三省(区)旅游市场指标相互对比来看，新疆优势突出，旅游接待和旅游收入方面均居首位，如2011年新疆国内外旅游接待人数为3 961.5万人，国内外旅游总收入为439.52亿元，分别占全区旅游总接待量和旅游总收入的33.56%和41.29%，其次是甘肃(两项指标数量分别占全区指标的49.44%和31.38%)，最后是内蒙古中西部地区(两项指标数量分别占全区指标的17.01%和27.32%)(表4-4)。

表4-4　西北片区全区旅游市场总体情况

省、自治区名称	旅游接待人数			旅游收入	
	入境/万人	出境/人	国内/万人	入境/亿美元	国内/亿元
新疆	132.50	13 255	3 829	4.65	411
甘肃	9.11	—	5 827	0.17	333
内蒙古(中西部)	78.62	—	1 929.25	2.76	273.86
总计	220.23	—	11 585.25	7.58	1 017.86

2. 片区入境旅游市场

2011 年西北片区入境旅游市场总接待量达 293.13 万人，国际旅游外汇收入共计 115 356 万美元。通过对本区境内的新疆、内蒙古两个自治区 2011 年入境游客客源国情况的分析发现，入境游客主要集中在亚洲、欧洲和北美洲，主要来自俄罗斯、蒙古国，以及巴基斯坦、哈萨克斯坦、吉尔吉斯斯坦、塔吉克斯坦等中亚国家，其中，包括来自中亚国家在内的独联体国家的边境旅游游客占新疆入境游客总量的 1/2 左右(45.7%)，蒙古国、俄罗斯入境游客占内蒙古入境游客总量近 90%(图 4-2、图 4-3)。

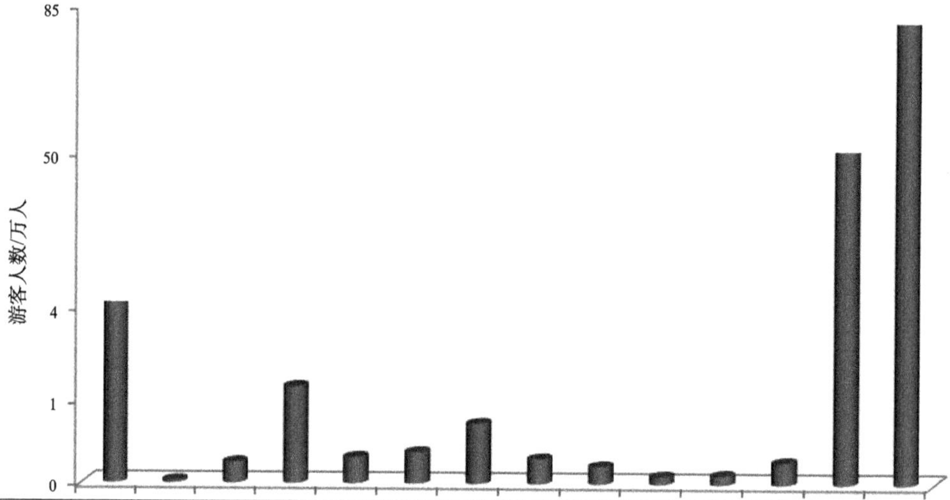

地区	日本	菲律宾	新加坡	美国	加拿大	英国	德国	法国	意大利	瑞士	荷兰	澳大利亚	俄罗斯	蒙古国
游客数/万人	4.14	0.03	0.26	1.17	0.32	0.38	0.73	0.31	0.22	0.09	0.11	0.27	51.66	81.07
所占比例/%	2.94	0.02	0.18	0.83	0.23	0.27	0.52	0.22	0.15	0.07	0.08	0.19	36.70	57.60

图 4-2　2011 年内蒙古入境游客客源国分布

西北片区与中亚各国良好的政治经济合作关系推动了双方旅游合作、边境旅游的不断开展。独特的地缘优势和商贸优势，促进了该地区边境贸易持续、稳定的发展。以新疆为例，2011 年新疆与中亚五国的贸易总额达 169.84 亿美元，新疆对中亚五国出口 124.93 亿美元，自中亚五国进口 44.91 亿美元，其中，新疆与哈萨克斯坦进出口总额高达 105.97 亿美元，占新疆对外贸易总额的 46.4%。边境贸易迅速发展的同时带动了以边境购物贸易为载体的边境旅游业的蓬勃发展。如新疆面向中亚广袤旅游市场，不断加大对霍尔果斯等边境口岸旅游基础设施的投入，加大边境口岸餐饮、住宿、文化、旅游景点等硬件设施的建设力度，提高边境口岸的旅游接待能力。边境小县吉木乃依托拥有百年历史的吉木乃口岸，加快发展中哈边境旅游，提出以“国界风光、冷战遗址、百年商埠、跨国体会”的总体定位和思路，将冷战时期遗留物作为历史象征进行红色旅游开发，开放了吉木乃口岸边防会晤站、国门、界桥、战壕、瞭望塔、贸易大桥、联检厅、边民互市贸易市场等景点(表 4-5)。

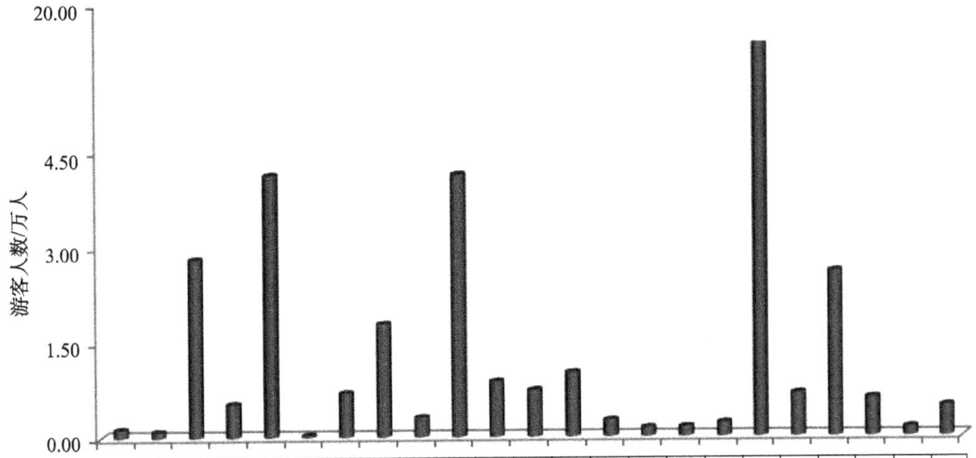

地区	印度	印度尼西亚	日本	马来西亚	蒙古国	菲律宾	新加坡	韩国	泰国	巴基斯坦	英国	德国	法国	意大利	西班牙	瑞典	瑞士	原苏联	加拿大	美国	澳大利亚	新西兰	其他
人数/万人	0.13	0.09	2.81	0.53	4.12	0.03	0.70	1.78	0.31	4.13	0.88	0.74	1.02	0.26	0.14	0.15	0.22	19.75	0.69	2.60	0.61	0.14	0.48
所占比例/%	0.11	0.08	2.28	0.43	3.34	0.03	0.57	1.45	0.25	3.35	65.71	0.71	0.60	0.83	0.21	0.12	0.12	0.18	16.00	0.56	2.10	0.50	0.12

图 4-3　2011 年新疆入境游客客源国分布

表 4-5　中国与中亚各国的旅游合作历程

年份	中国与中亚的旅游合作
1995	中亚各国和中国建立了元首定期会晤制度
1999	中、俄、吉、哈、塔五国元首在吉尔吉斯斯坦首都比什凯会晤并签署有关协定，组建了“上海五国合作组织”
2004	7 月，国际旅游城市市长大会在新疆维吾尔自治区召开，与会的中亚国家代表呼吁加强旅游领域的合作
2005	5 月，我国与乌兹别克斯坦签订了“中华人民共和国国家旅游局和乌兹别克斯坦共和国国家旅游公司旅游合作协议”
2006	8 月，印度、巴基斯坦、吉尔吉斯斯坦、塔吉克斯坦、乌兹别克斯坦等国在内的旅游城市市长聚首新疆喀什，就如何发展旅游经济、合作开发新市场展开研讨，与会者均希望通过区域的合作与发展，探求国际旅游合作的新空间

3. 片区出境旅游市场

2011 年西北片区(除甘肃省外)出境游客总数共计 5.27 万人，其中内蒙古为 3.95 万人，新疆为 1.32 万人。独特的地理和交通区位优势、古丝绸之路的历史文化渊源、极具互补性和吸引力的旅游资源，推动吉尔吉斯斯坦、塔吉克斯坦、哈萨克斯坦等中亚国家成为中国西北片区出境旅游的重要目的地。

两千多年前，汉武帝派张骞出使西域，开辟了古丝绸之路，密切了中国与西域各国的人员往来、物品流通和文化交融。今哈萨克斯坦的阿拉木图、江布尔，塔吉克斯坦的胡占德(苦盏)，吉尔吉斯斯坦的托克马克等城市都是古丝绸之路重镇，当地古城风貌保存完好，旅游业不断发展，吸引着大量中国游客沿古丝绸之路探寻历史踪迹的文化之旅。此外，中亚各国西域特色的自然旅游资源也独具魅力，如紧邻天山山脉和帕米尔高原的吉尔吉斯斯坦、塔吉克斯坦被誉为“全球徒步旅行胜地之一”；哈萨克斯坦广袤的大草原、四季开放的滑雪场是享受大自然的好去处；吉尔吉斯斯坦境内的伊塞克湖是世界第二大高山湖泊，美轮美奂的湖光山色沁人心脾；还有托克马克近郊的碎叶古城遗址曾是唐朝时期安西四镇之一，也被著名学者郭沫若考证为唐朝伟大诗人李白的出生地(与及，2013)。

中国与中亚各国政府一直高度重视双方的旅游合作，深入挖掘合作潜力，密切人文往来。例如，哈萨克斯坦、塔吉克斯坦、吉尔吉斯斯坦等国也正积极申请成为中国旅游目的地国。哈萨克斯坦正计划投资 56 亿美元，重新打造丝绸之路走廊景点，为此专门制订了旅游发展计划，计划对 2 万人进行旅游人才的专业培训，吸引众多热衷古丝绸之路探秘的中国游客。此外，1989 年年底到 1993 年年初，新疆曾经开通赴哈萨克斯坦的二至七日的两条旅游线路，成功开展了一段时间的边境旅游。后因种种原因，边境旅游一度停止。目前新疆旅游局正向国家有关部门申请开放条件基本成熟的口岸为第一批开展边境旅游异地办证试点口岸，争取伊犁霍尔果斯口岸二日游、七日游两条边境旅游线路的尽快恢复，促使哈萨克斯坦、吉尔吉斯斯坦成为中国公民旅游目的地国家(赵婷，2009)。

4. 边境地区的旅游市场

西北片区包括 3 个边境省(区)，16 个边境地市(区、州)，其中新疆共有 10 个(哈密地区、昌吉回族自治州、阿勒泰地区、塔城地区、博尔塔拉蒙古自治州、伊犁哈萨克自治州、克孜勒苏柯尔克孜自治州、喀什地区、和田地区和阿克苏地区)；内蒙古共有 5 个(锡林郭勒盟、包头、巴彦淖尔市、阿拉善盟和乌兰察布市)，均分布在自治区中西部地区；甘肃仅有酒泉 1 个边境地市(表 4-6)。

表 4-6 西北片区 2011 年 16 个边境地市旅游市场总体情况

序号	地区	旅游接待人数		旅游收入	
		入境/万人	国内/万人	入境/亿美元	国内/亿元
1	哈密地区	2.17	223.65	0.10	16.45
2	昌吉回族自治州	0.5	145.1	0.02	13.41
3	阿勒泰地区	6.13	391.2	0.13	36.34
4	塔城地区	3.01	196.99	0.06	9.55
5	博尔塔拉蒙古自治州	4.49	150.21	0.08	3.88
6	伊犁哈萨克自治州	78.8	471.2	1.89	71.02
7	克孜勒苏柯尔克孜自治州	1.25	36.61	0.07	2.29
8	喀什地区	5.9	309.1	0.35	28.28
9	和田地区	2.18	55.22	0.10	8.02
10	阿克苏地区	0.6	307.29	0.03	11.10
11	酒泉市	4.39	759.25	0.09	51.70
12	锡林郭勒盟	66.65	761.26	2.13	108.50
13	包头	2.03	700.93	0.10	123.34
14	巴彦淖尔市	5.44	125.42	0.29	13.13
15	阿拉善盟	2.69	102.21	0.14	12.96
16	乌兰察布市	1.81	239.43	0.10	15.93
总计		188.04	4 975.07	5.68	526.10

1）边境地区是全区入境游客的主要目的地

总体而言，2011 年西北片区 16 个边境地市（区、州）入境旅游接待量总数为 188.04 万人，占全区入境旅游市场总接待量（220.23 万人）的 85.38%；国内旅游接待人数为 4 975.07万人，占全区国内旅游接待总人数（11 585.25 万人）的 42.94%；旅游外汇收入总数为 5.68 亿美元，占全区旅游外汇总收入（7.58 亿美元）的 74.93%；国内旅游收入总数为 526.10 亿元，占全区国内旅游总收入（1 017.86 亿元）的 51.69%，说明 16 个边境地市（区、州）的边境旅游市场在全区旅游市场中所占的总体份额较高，便捷的口岸交通、良好的地理区位，独特的边关风情成为入境游客首选的目的地。

2）伊犁哈萨克自治州和锡林郭勒盟两地入境旅游接待量所占比例较大

16 个边境地市（区、州）2011 年旅游市场情况相互对比来看，新疆的伊犁哈萨克自治州和内蒙古的锡林郭勒盟 2011 年入境旅游接待量相对较多，分别为 78.8 万人和 66.65 万人，两者总计占 16 个边境地市（区、州）入境接待总数的 77.35%。新疆的昌吉回族自治州和阿克苏地区 2011 年入境旅游接待总数则相对较少，入境旅游接待量均不足 1 万人（图 4-4）。

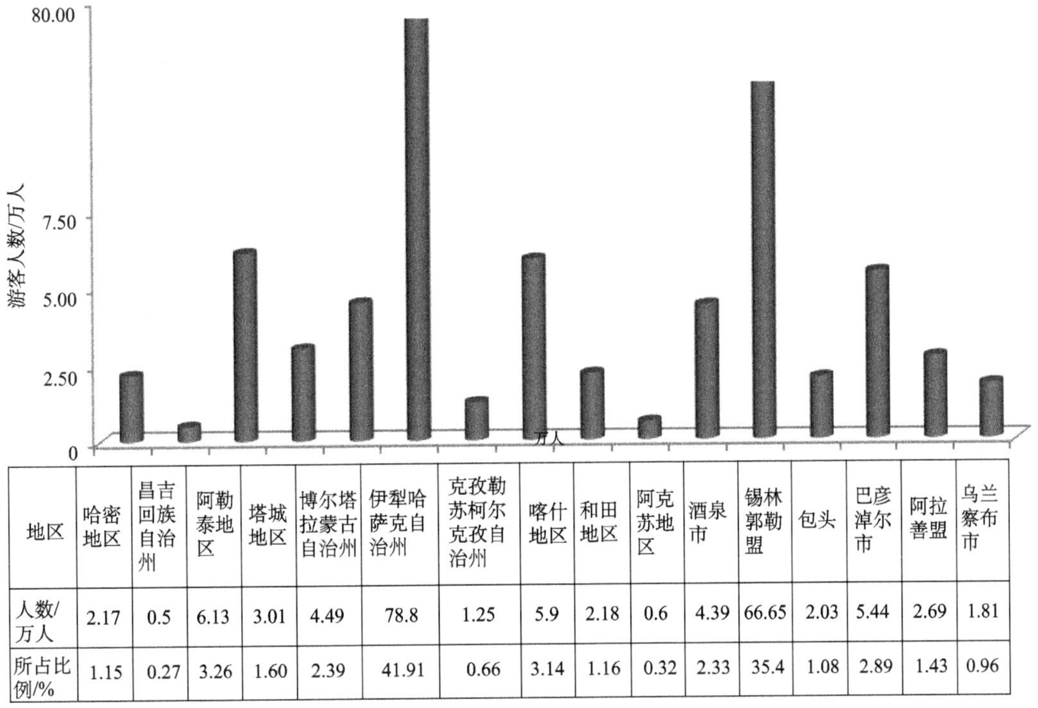

地区	哈密地区	昌吉回族自治州	阿勒泰地区	塔城地区	博尔塔拉蒙古自治州	伊犁哈萨克自治州	克孜勒苏柯尔克孜自治州	喀什地区	和田地区	阿克苏地区	酒泉市	锡林郭勒盟	包头	巴彦淖尔市	阿拉善盟	乌兰察布市
人数/万人	2.17	0.5	6.13	3.01	4.49	78.8	1.25	5.9	2.18	0.6	4.39	66.65	2.03	5.44	2.69	1.81
所占比例/%	1.15	0.27	3.26	1.60	2.39	41.91	0.66	3.14	1.16	0.32	2.33	35.4	1.08	2.89	1.43	0.96

图 4-4　2011 年西北片区 16 个边境地市、区州入境游客接待量空间分布

3）包头市边境旅游总收入最高

16 个边境地市（区、州）旅游总收入（入境旅游收入和国内旅游收入总和）方面，内

蒙古的包头市 2011 年边境旅游总收入最高，达到 123.95 亿元，内蒙古的锡林郭勒盟、新疆的伊犁哈萨克自治州旅游总收入紧随其后，分别为 121.56 亿元和 82.61 亿元。包头市的国内旅游收入比重较高，说明虽然包头市在入境旅游接待量及外汇收入方面屈居第十二位，但作为中国中西部重要的节点城市，民航、铁路及公路交通均非常发达，拥有广袤的华北和西北国内旅游市场(图 4-5)。

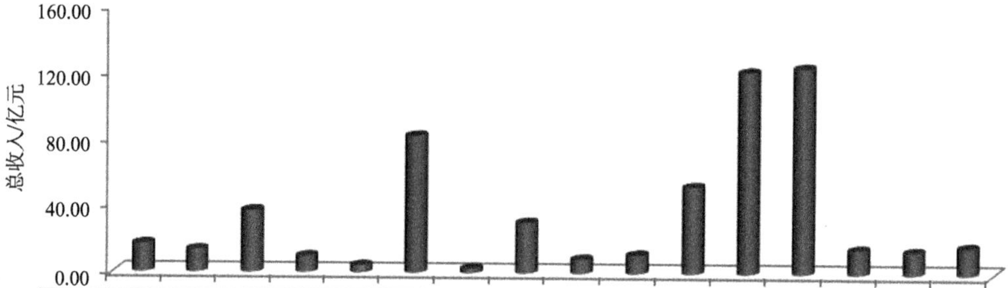

地区	哈密地区	昌吉回族自治州	阿勒泰地区	塔城地区	博尔塔拉蒙古自治州	伊犁哈萨克自治州	克孜勒苏柯尔克孜自治州	喀什地区	和田地区	阿克苏地区	酒泉市	锡林郭勒盟	包头市	巴彦淖尔市	阿拉善盟	乌兰察布市
总收入/亿元	17.06	13.53	37.13	9.91	4.37	82.50	2.72	30.41	8.63	11.28	52.25	121.44	123.95	14.89	13.81	16.54
所占比例/%	3.04	2.41	6.62	1.77	0.78	14.72	0.48	5.42	1.54	2.01	9.32	21.66	22.11	2.66	2.46	2.95

图 4-5　2011 年西北片区 16 个边境地市、区州旅游总收入空间分布

四、西南片区

随着新时期国家合作(泛北部湾区域合作、大湄公河流域区域合作、中国-东盟自由贸易区)的不断加强，西南片区与周边印度、尼泊尔、缅甸、越南、老挝等南亚、东南亚国家的边境旅游合作逐渐升温，因周边国家经济发展水平的限制，西南片区边境旅游形式以出境旅游为主。

1. 片区旅游市场

西南片区主要由西藏、云南和广西三省(区)构成。2011 年西南全区国内外旅游市场接待量总计 35 157.11 万人，其中入境游客 725.25 万人，国内游客 34 431.86 万人，分别占全区旅游总接待量的 2.06%和 97.94%。国内外旅游总收入共计 2 666.25 亿元，其中入境旅游总收入为 27.90 亿美元，国内旅游总收入为 2 493.82 亿美元，分别占全区旅游总收入的 1.11%和 98.89%，说明西南片区三省(区)目前旅游市场仍以国内旅游市场为主体，入境旅游市场所占份额相对较少。从三省(区)旅游市场情况相互对比来看，广西和云南 2011 年的旅游总接待量(入境、国内旅游接待量之和)和旅游总收入(国际、国内旅游收入之和)所占比例较大，两省(区)旅游接待量分别占全区旅游总接待量的 47.58%和 49.95%，旅游总收入分别占全区旅游总收入的 48.06%和 48.38%。西藏旅游市场所占比例最小，旅游接待人数和旅游收入分别占全区旅游接待总数和旅游总收入的 2.47%和 3.57%(表 4-7)。

表 4-7　西南片区全区旅游市场总体情况

地区	旅游接待人数		旅游收入	
	入境/万人	国内/万人	入境/亿美元	国内/亿元
西藏	27.08	842.68	1.30	88.63
云南	395.38	16 331.78	16.09	1 195.73
广西	302.79	17 257.4	10.52	1 209.46
总计	725.25	34 431.86	27.90	2 493.82

2. 片区入境旅游市场

2011 年西南片区三省(区)入境旅游总接待量为 725.25 万人，旅游外汇总收入为 27.90 亿美元，云南和广西入境旅游接待量和外汇收入优势显著，分别占全区入境旅游接待总量和外汇总收入的 96.27%和 95.38%；其中尤以云南为最，入境旅游接待量和外汇收入均占全区总量的 50%以上。西藏 2011 年入境旅游接待人数和国际外汇收入均相对较少，分别占全区入境游客接待总数和国际外汇总数的 3.73%和 4.66%，说明西藏因政治环境的相对特殊，极易受突发性事件的影响，入境旅游发展相对较慢。

从全区入境游客的国别分布来看，西南片区入境客源国总体上以周边国家为主。因西藏相关数据获取的困难，重点分析广西和云南两个省(区)。两省(区)入境客源国以近程的东盟国家为主，并呈现多样化特征，其中尤以广西最为显著。2011 年广西境内的越南入境游客占入境外国游客总数的 22.13%，新西兰游客数量最少，仅占入境外国游客总数的 0.49%，马来西亚、新加坡入境游客增长量较为突出，均高于 110%，具有较大的市场发展潜力(图 4-6、表 4-8)，说明广西入境外国旅游市场以越南、马来西亚、印度尼西亚、泰国为代表的东盟国家(占入境外国游客市场的 43.77%)为主，其次是以美国、加拿大、英国、法国、德国、意大利为代表的欧美国家(占入境外国游客市场的 22.52%)，最后是澳大利亚和新西兰为代表的大洋洲国家(占入境外国游客市场的 3.5%)。

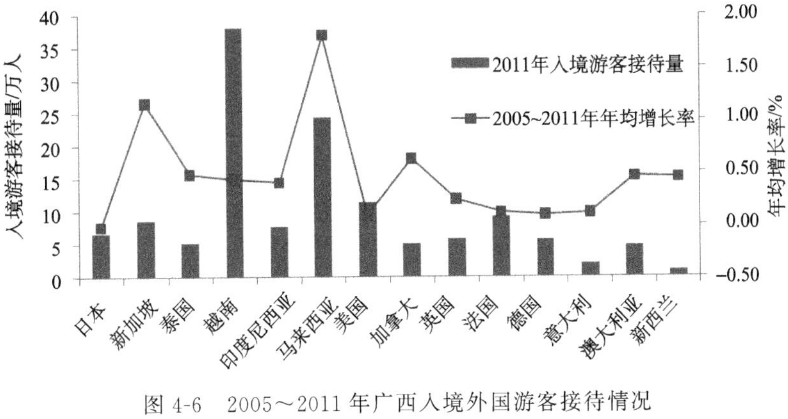

图 4-6　2005～2011 年广西入境外国游客接待情况

表 4-8　2011 年广西入境不同国籍游客占比

序号	国家	游客数/万人	所占比例/%	序号	国家	游客数/万人	所占比例/%
1	越南	37.95	22.13	8	英国	5.67	3.31
2	马来西亚	24.25	14.14	9	德国	5.58	3.25
3	美国	11.29	6.59	10	泰国	5.16	3.01
4	法国	9.14	5.33	11	加拿大	5.00	2.92
5	新加坡	8.46	4.94	12	澳大利亚	4.65	2.71
6	印度尼西亚	7.70	4.49	13	意大利	1.94	1.13
7	日本	6.56	3.83	14	新西兰	0.85	0.49

西南片区毗邻东南亚、南亚的独特地理区位、便利的海陆交通运输、众多的边境城市及口岸，世界级原生态的旅游资源，吸引众多外国游客纷至沓来。随着新时期国际合作(泛北部湾区域合作、大湄公河次区域合作、中国-东盟国家旅游合作等)的进一步加强，境内的广西、云南两省(区)跨境旅游蓬勃发展，双边旅游高层会晤频繁，边境旅游异地办证业务重新启动，中越边境自驾车旅游、“中老缅泰柬越六国边境地区文化艺术节”等跨境旅游活动逐步开展。例如，云南继续深化与东南亚、南亚国家区域旅游合作，重点开展大湄公河次区域、云南与越老缅等国北部的旅游合作，培育澜沧江—湄公河黄金旅游线路等一批边境旅游精品线路。西藏也逐步加大旅游开放力度，近年入境旅游有了很大提升。此外，2012 年 7 月 9 日国务院正式批准的三个边境重点开发开放实验区，西南片区便有两个，分别位于云南的瑞丽市和广西的东兴市，其中广西东兴国家重点开发开放试验区是目前中国唯一沿海沿边、面积最大的试验区。这些优惠的政策与措施有力推进西南地区国际旅游合作的发展，从而为西南地区边境旅游的发展提供了良好的机遇。

3. 片区出境旅游市场

相邻的地缘优势，相近的文化渊源，以越南、缅甸为代表的东盟国家成为西南片区出境旅游的重要目的地。2011 年越南、新加坡、泰国、马来西亚等东盟国家已位居中国居民出境旅游目的地的前 10 位。

随着东盟 10+1 及东亚经济一体化进程的逐步深化，中国-东盟国家在旅游业方面的合作与整合步伐也在不断加快。东盟国家亦纷纷认识到中国市场对越南旅游业的巨大潜力，将中国游客当做重点的客源市场，进行针对性的旅游营销推介，如越南旅游管理部门以及越南旅游企业已经采取积极和主动的营销措施来吸引游客。2009 年越南文化体育旅游部及越南旅游局先后组织并领导相关旅行社企业来到中国的主要大城市上海、成都等地来推介越南旅游、越南文化并与中国的旅游企业洽谈合作事宜。2010 年 4 月 26 日趁势越南社会主义共和国总理阮晋勇率政府高级代表团访问江苏、浙江、上海等中国华东地区之际，越南旅游总局又成功地举行一系列活动向中国人介绍越南旅游。此外，越南近年来定期来中国参加旅游交易会，除了向中国游客介绍越南旅游外，也希望为越南旅行社牵线，加强与中国旅游企业的合作，吸引更多的中国游客。例如，越南岘港的文化体育旅游部参加了 2010 年 11 月 18～21 日在上海新国际博览中心举行的中国国际旅游交易会(CITM)。

越南旅游总局均派出高层领导出席于2011年9月16～18日在桂林国际会展中心举行的第二届中国桂林国际旅游博览会。越南的河内、海防、胡志明、下龙、顺化、会安、大叻等城市先后作为"魅力之城"，于2011年10月21～26日参加在广西南宁举行的第八届中国-东盟博览会，展示了越南在区域合作中的风采和合作商机等交易。越南旅游总局已允许64个接待中国游客的越南的国际旅行社企业(Saigontourist、Benthanhtourist、Vietravel、Vitour、Tran 等)参与接待中国游客(杜氏椰，2012)。

4. 边境地区的旅游市场

西南片区包括3个边境省(区)，15个边境地市(区、州)，其中西藏共有4个(日喀则地区、阿里地区、山南地区和林芝地区)；云南共有8个(保山市、德宏傣族景颇族自治州、临沧市、普洱市、西双版纳傣族自治州、红河哈尼族彝族自治州、文山壮族苗族自治州和怒江傈僳族自治州)；广西共有3个(百色市、防城港市和崇左市)(表4-9)。

表4-9 西南片区2011年15个边境地市旅游市场总体情况

序号	地区	旅游接待人数		旅游收入	
		入境/万人	国内/万人	入境/亿美元	国内/亿元
1	日喀则地区	5.39	155.41	1.53	13.35
2	阿里地区	0.10	9.7	0.012	0.908
3	山南地区	1.09	108.91	0.046	3.55
4	林芝地区	6.10	175.90	1.37	11.93
5	保山市	10.42	689.91	0.29	38.11
6	德宏傣族景颇族自治州	12	520.1	1.13	53.09
7	临沧市	4.94	299.38	0.27	17.89
8	普洱市	3.8	556.43	0.15	28.65
9	西双版纳傣族自治州	29.44	935.98	1.26	92.18
10	红河哈尼族彝族自治州	15.49	1 310.04	1.37	77.91
11	文山壮族苗族自治州	2.08	535	0.19	43.92
12	怒江傈僳族自治州	1.72	171.73	0.12	9.23
13	崇左市	27.03	779.44	5.37	46.79
14	防城港市	10.33	675.59	1.75	38.73
15	百色市	4.01	1 119.78	1	73.23
总计		133.93	8 043.3	15.86	549.47

1) 边境地区占全区旅游市场的总体份额相对较少

2011年西南片区15个边境地市(区、州)入境旅游接待量总数为133.93万人，占全区入境旅游市场总接待量(725.25万人)的18.47%，国际外汇收入总数为15.86亿美元，占全区国际外汇总收入(27.90亿美元)的56.84%；国内旅游接待人数为8 043.3

万人，占全区国内旅游接待总人数(34 431.86 万人)的 33.53%，国内旅游收入总数为 549.47 亿元，占全区国内旅游总收入(2 493.82 亿元)的 22.03%，说明目前西南 15 个边境地市(区、州)的边境旅游市场在全区旅游市场中所占的总体份额相对较少，未来边境旅游市场开发潜力较大。

2）云南、广西边境旅游开发优势显著，西藏相对落后

从 15 个边境地市(区、州)2011 年旅游市场情况相互对比来看，云南的西双版纳傣族自治州和红河哈尼族彝族自治州，以及广西的百色市边境旅游市场所占份额突出，西藏的阿里地区边境旅游所占市场份额最少。从 15 个边境地市 2011 年的旅游接待总量来看，云南的红河哈尼族彝族自治州、广西的百色市总量显著，分别为 1 310.04万人和 1 119.78 万人，占全边境区旅游接待总量的 16.21%和 13.74%，其次是云南的西双版纳自治州，旅游接待总量占全区旅游接待总量的 11.86%。西藏的阿里地区旅游总接待量最少，仅占全区旅游接待总量的 0.12%。从 15 个边境地市 2011 年的旅游总收入来看，云南的西双版纳自治州优势最为显著，达到 99.90 亿元，占全区边境旅游总收入的 15.45%，其次是红河哈尼族彝族自治州、广西的百色市，分别为 86.31 亿元和 79.36 亿元，占全区边境旅游总收入的 13.35%和 12.27%。西藏阿里地区旅游总收入最少，不足 1 亿元。说明目前西南地区边境旅游的开发以云南和广西为主，边境旅游在西南边境地市(区)州蓬勃开展起来，而西藏因政治环境的相对特殊、交通可进入性难等因素的制约，边境旅游发展相对较慢，但未来具有较大的提升空间。

第二节　中国边境旅游市场空间结构特征分析

一、东北片区边境旅游持续领先

与全国其他两大地区相比，东北片区边境旅游在开发时间和市场规模上均处于领先发展地位。中俄、中朝边境游作为东北片区边境游线路的主体，成为中国边境旅游的热点线路。到 2011 年，我国已成为俄罗斯第二大出境游目的地国，而俄罗斯则成为我国第三大境外客源地。黑龙江省作为中俄边境旅游的桥头堡，2011 年由黑龙江省出境赴俄的游客达 42.7 万人，占我国赴俄旅游人数的 52.8%。在中朝边境旅游方面，中国最大的边境城市吉林省丹东市以“鸭绿江畔美丽丹东”为旅游整体形象推出，目前已开通赴朝旅游专列，旨在全力打造“最美的边境城市”。2011 年全年组织赴朝旅游客数 4.5 万人次，同比增长 80%，赴朝旅游收入 0.56 亿元，同比增长 75%(表 4-10)。

表 4-10　2011 年中国赴朝旅游市场情况

项目	2010 年	2011 年	同比增长率
赴朝旅游客数/万人次	0.9	4.5	80%
赴朝旅游收入/亿元	0.14	0.56	75%

东北片区边境旅游发展持续领先的原因主要体现在沿边开放程度较高、边境旅游开发历史悠久、东北亚旅游一体化的推动等三个方面。

1. 沿边开放程度较高

一类口岸、开放城市和边境经济合作区是中国边境旅游对外开放的三种形式，通过该三种形式的对比分析可推断边境地区对外开放的程度。西南片区，共 20 个国家一类口岸，沿边开放城镇、边境经济区各 5 个；西北片区，分布着从甘其毛道到红其拉甫共 16 个国家一类口岸，沿边开放城镇与边境经济合作区各 3 个；东北片区，分布着从丹东到二连浩特共 29 个国家一类开放口岸，沿边开放城市、边境经济合作区各 5 个，分别占其总数的近 2/5，在 1992 年国务院首批开放的 13 个边境地市中，黑河市、绥芬河市、珲春市、满洲里市、二连浩特市 5 个边境地市位于东北地区，占其总数的 38.46%，同年设立的中俄满洲里—后贝加尔斯克边民互市贸易区，是迄今为止经国务院批准建立的我国唯一一家国家间互市贸易区，此外，境内的丹东市处于东北亚经济圈的中心地带，连接朝鲜半岛与中国及欧亚大陆的主要陆路通道和连接，也是东北连接韩国、日本的海上通道。从以上分析可发现，东北片区沿边对外开放的一类口岸、边境开放城市和边境经济合作区三种形式都较多，开放程度最大，为边境旅游的开发奠定良好政策基础(表 4-11)。

表 4-11　三大边境旅游片区沿边开放程度对比

地区	所辖地市/个	边境线长度/km	一类口岸/个	边境开放城市/个	边境经济合作区/个
东北片区	14	7 534.6	30	5	5
西北片区	16	6 999.4	15	3	3
西南片区	15	7 701.83	17	5	5

2. 边境旅游开发历史悠久

东北边境旅游地区最早进行边境旅游的开发。1987 年，辽宁省丹东市和朝鲜新义州两市探索开展边境旅游，次年黑龙江省边境城市黑河市与对岸俄罗斯的布拉伐维申斯克市开通一日游。1988～1990 年，我国先后批准了东北片区的黑龙江、辽宁、吉林和内蒙古等省(区)部分城市开展边境旅游，主要集中在北部和东北部的中俄和中朝接壤地区，并且游客主要是边境城市的公民。20 世纪 90 年代初，东北片区陆路边境呈现全方位开发态势。享有东北边境贸易和边境旅游的典范美誉的绥芬河市较早开展了对苏联波格拉尼奇内地区的“一日游”边境旅游活动。

此外，东北亚各国也纷纷加强与周边国家，特别是与中国的旅游合作。例如，蒙古国于 2001 年重新修订和完善了《蒙古旅游法》，2003 年开启旅游年活动，2005 年的“发现蒙古”活动年，借势北京奥运会进行旅游营销，吸引游客去“发现蒙古”；韩国政府计划从 2012 年起，每年吸引至少 300 万中国游客赴韩国旅游，以振兴旅游业；日本旅行行业协会事务局局长长谷川和芳则告诉记者，日本的 2010 年大地震使旅游业重创，为此，日本多次向中国大陆公民放宽签证条件，给予旅游优惠；俄罗斯方面，随着俄罗斯国家战略的调整，采取欧亚平衡外交，融入东北亚地区经济一体化，加大了对西伯利亚和远东地区的重视程度，中俄旅游合作已经成为中俄新时期战略合作的重要内容。

2000 年后，东北片区中俄边境旅游进入高速发展阶段，期间尽管遭受 2003 年"非典"、2009 年世界金融危机等重大旅游事件的影响，入境客流量及经济收入有所下降，但片区所辖省份积极注重对旅游业的升级转型，旅游产品的创新提升，刺激旅游消费，并且取得明显成效。2011 年东北片区的黑龙江省接待俄罗斯入境游客 146.34 万人次，同比增长 11.09%，稳居全国第一；赴俄旅游人数为 6 万人次，持续保持上升态势。吉林省 2011 年接待俄罗斯游客达 31.71 万人次，同比增长 22.05%，占全省入境旅游总人次的 31.92%，稳居吉林省第二大入境旅游客源市场(常亦殊等，2012)。

3. 东北亚旅游一体化的推动

东北亚旅游一体化的推动也是东北地区边境旅游持续领先的重要原因。以亚洲东北部地区为范围，由中国东北地区、俄罗斯、朝鲜、蒙古国、日本、韩国所构成的东北亚旅游圈逐渐成为国际旅游协作区域。1993 年，旨在推动东北亚区域经贸、旅游等方面合作的"东北亚地区地方政府联合会"成立，吸纳了 6 个国家的 64 个省级地方政府的加入；1995 年前后，"大图们倡议"(GTI)、"东亚区域旅游论坛"(EATOF)和"环日本海(东海)旅游促进协会"等国际旅游合作、协作组织建立，积极推动东北亚区域旅游。

东北亚各国边境线长、旅游资源丰富、经济联系密切、边境旅游发达、地缘优势明显、彼此互为客源市场、旅游资源具有较强的互补性和组合性，使得这一区域内的旅游市场具有较大的协作和发展潜力。2011 年，东北亚入境游客达到 1.1 亿人次，占亚洲旅游份额的 54%，逐渐成为世界级重要的旅游目的地。随着东北亚旅游合作一体化、中国"沿边开放、重点突破"时代的到来，中国东北边境旅游区将积极融入到东北亚旅游圈中，全力承担东北亚旅游合作的桥头堡和前沿的职责，进一步组织与俄罗斯、朝鲜、蒙古国三国通过陆路的进出境旅游，开辟与俄罗斯、韩国、日本经由海路的跨国旅游路线。

二、边境旅游市场合作圈日渐形成

资源共享，市场互通，旅游先行，边境旅游市场合作不断加强，以满洲里为核心的中俄旅游市场合作圈、以丹东为核心的中朝旅游市场合作圈、以新疆为核心的中亚旅游市场合作圈、以崇左为核心的中越旅游市场合作圈，以及以西双版纳为核心的中缅旅游市场合作圈等五大合作圈日渐形成。

1. 以满洲里为核心的中俄旅游市场合作圈

该旅游圈以内蒙古境内的中国最大的陆运口岸城市满洲里为核心，辐射中俄边境线上的中国东北地区的满洲里、额尔古纳、黑河、绥芬河等中俄边境省市县，以及俄罗斯远东及西伯利亚地区境内的俄赤塔州、伊尔库茨克、布里亚特自治共和国等地区。2001 年 7 月 5 中俄睦邻友好条约 6 的签订，标志着两国关系迈进了新的历史时期。特别是俄罗斯国家战略的调整，采取欧亚平衡外交，融入东北亚地区经济一体化，加大了对西伯利亚和远东地区的重视程度，加上中国振兴东北老工业基地政策的施行，都为中俄两国关系的深化提供了良好的契机。目前中俄两国的旅游合作已成为两国新时期战略合作的重要内容，2011 年中国已经成为俄罗斯第二大客源国，俄罗斯成为仅次于韩国、日本的中国第三大客源国。

满洲里市，原称“霍勒津布拉格”，蒙语意为“旺盛的泉水”，地处中俄蒙三角地带，北接俄罗斯，西邻蒙古国。境内的满洲里口岸是中俄两国间最大的公路铁路航空综合口岸，是欧亚大陆桥的第一交通要冲，是中国环渤海港口通往俄罗斯等独联体国家和欧洲的最便捷、最经济、最重要的陆海联运大通道，承担着中俄贸易 60%以上的陆路运输任务，也是中国最大的边境陆路口岸，口岸货运量始终雄居全国同类口岸之首，年过货量超过 2 000 万 t，2011 年满洲里口岸出入境旅客达到 141.02 万人次。

满洲里中俄边境旅游业持续稳步发展。2011 年满洲里国内外旅游总人数达到 580 万人次，旅游总收入实现 40.2 亿元，境内的国家 4A 级景区满洲里中俄互市贸易旅游区(满洲里—后贝尔加尔斯克互市贸易区)，是中俄两国政府共同协商建立的特别开发开放区域。作为一座“一眼望俄蒙、鸡鸣闻三国”的口岸城市，随着贸易和人员交流的逐年增加，满洲里成了中俄蒙三国贸易、文化交流的纽带。每年在满洲里举办的三国旅游文化节、三国美食文化节、三国科技贸易展览会等交流活动多达数十项，如 2011 年成功举办中俄地区旅游合作交流会，为落实中俄两国元首共同批准的《中国东北地区与俄罗斯远东及西伯利亚地区合作规划纲要》，促进两国旅游业合作发展，简化便捷公民开展双边和跨境旅游奠定良好基础。同时，满洲里也是俄罗斯远东、西伯利亚地区、蒙古国东部地区居民旅游、购物和休闲的首选城市。

2. 以丹东为核心的中朝旅游市场合作圈

该旅游圈以辽宁省境内的中国最大边境城市丹东市为核心，辐射中朝边境线上的吉林省境内的通化市、白山市和延边朝鲜自治州，以及朝鲜境内的新义州、罗先市、江界等地区。中朝两国山水相连，友好交往源远流长。自 1949 年两国正式建交开始，双方友好合作关系不断得到巩固和发展，目前中朝两国关系步入蓬勃发展新时期，两国在边境互市贸易、交通旅游、跨境运输等各领域均取得了积极进展。

丹东作为中朝旅游市场合作圈的核心，与朝鲜民主主义人民共和国新义州隔江相望，位于辽东半岛经济开放区东南部鸭绿江与黄海的汇合处，地处东北亚的中心地带，是东北亚经济圈、环渤海经济圈重要交汇点，是连接朝鲜半岛与中国及欧亚大陆的主要陆路通道，是中国万里长城的最东端起点和中国万里海疆的最北端起点。自 2010 年 4 月，朝鲜成为中国公民旅游目的地国后，赴朝旅游的客流逐年增加，全国每年有 80%的赴朝游客从丹东口岸出境，丹东至朝鲜新义州旅游专列于 2012 年正式发车，中国(丹东)中朝经贸文化博览会也于 2012 年在丹东市举办。

此外，吉林省中朝跨境旅游也蓬勃开展起来。2011 年吉林省成功开设了延伸至朝鲜罗先市豆满江区(圈河口岸—元汀口岸—罗先特别市—豆满江区—元汀口岸—圈河口岸)的赴朝自驾游线路，游客除了可参观游览罗津港码头、乘游船出海、观看朝鲜儿童表演、游览琵琶岛外，还能体验豆满江区的异域风情，目前全省具有“赴朝自驾游”资质的旅行社共计13家。同时对朝边境旅游异地办理通行证也将启动，为中国游客赴朝鲜进行边境旅游提供了极大的便利；珲春市实施了为期4天的中俄朝三国免签证环形跨国游，是中国乃至整个东北亚地区第一条环形跨国旅游线路，彻底简化三国间的签证等手续，让游客在4天内即可游览完3个东北亚国家。

3. 以新疆为核心的中亚旅游市场合作圈

该旅游圈以中国西北边境旅游区主体新疆的边境地市县为核心，辐射西北段边境线上的哈萨克斯坦、吉尔吉斯斯坦、塔吉克斯坦、阿富汗、巴基斯坦等为代表的中亚国家。

新疆地处民族迁移的十字路口，与中亚国家交流历史悠久，早在2 000多年前，以张骞出使西域为标志的古丝绸之路的开通，加快了中国与中亚各个国家的文化与经济交流，至今这里仍保留着汉文化、伊斯兰文化等多种文化融合的烙印。古丝绸之路作为中国西部的一条黄金旅游线路，其悠久的历史和灿烂的文化积淀吸引着众多海内外游客前来寻古探幽。

显著的区位交通优势、相近的社会文化、有利的政治经济环境、旅游资源的互补性及差异性为新疆(中国西部边境地区)与中亚国家的边境旅游合作奠定了良好基础。新疆境内的喀什市是古丝绸之路的重镇，具有“五口通八国、一路连欧亚”的独特地缘优势，从丝绸之路开辟以来，一直都是中国境内的丝绸之路西端的总汇之处，是中国新疆最早的国际市场的门户，现今有通往巴基斯坦、吉尔吉斯斯坦两条国际公路和较大型国际机场，依然是国际商贸大动脉的枢纽。位于中国—哈萨克斯坦边境的博乐市是亚欧大陆桥的第一关。1990年北疆铁路修至阿拉山口与当时苏联境内的土西铁路接轨，从此中断了5 000年之久的“丝绸之路”再次由钢铁长龙接通，阿拉山口成为通向中亚和欧洲的交通枢纽。边境旅游有着广泛的市场，游客数量每年呈直线上升趋势，大部分国内游客都希望能从口岸赴中亚邻近地区旅游，而中亚各国每年有大量游客通过口岸入境，分赴喀什、乌鲁木齐等地购物。

4. 以崇左市为核心的中越旅游市场合作圈

该旅游圈以广西壮族自治区境内的崇左市为核心，辐射周边的中越边境地区(中国广西境内的防城港市、百色市，中国云南境内的红河哈尼族彝族自治州、文山壮族苗族自治州，越南境内的凉山、下龙、北江、河内等市)。中越两国山水相连，相近的地缘优势和深厚的文化渊源，中越旅游合作具有得天独厚的条件和优势，旅游合作一直是双边区域合作的重要内容。目前，以越南为代表的东盟国家已位居中国居民出境旅游目的地的前10位，2011年越南入境游客占广西入境外国游客总数的22.13%，马来西亚、新加坡、菲律宾、泰国、印度尼西亚等东盟国家一直稳居中国入境旅游的十五大客源国之列。

崇左市作为中越旅游市场合作圈的核心，地理区位极为优越，面向东南亚，背靠大西南，与越南接壤，是广西边境线陆路最长的地级市，是中国通往东盟最便捷的陆路大通道。境内拥有友谊关公路口岸、凭祥铁路口岸、水口公路口岸等边境陆路口岸，其中友谊关口岸是国家一类口岸，是广西第一大陆路口岸、中国通往越南及东盟各国最大的陆路口岸。2011 年崇左市国际外汇收入为 5.37 亿元，入境旅游接待人数为 27.03 万人，分别占广西三个边境地市旅游外汇收入和入境旅游接待总数的 66.18%和 65.33%。

随着新时期国际合作(泛北部湾区域合作、大湄公河流域区域合作等)进一步加强，中越边境旅游更趋密切，新开辟"越老柬神秘之旅""中越跨国胡志明足迹之旅""中越边境探秘游""中越海上跨国之旅"等多条跨国旅游线路，2011 年广西接待入境过夜游客 302.8 万人次，其中越南旅游者达 37.95 万人次，占广西入境外国游客总数的 22.13%。同时双边旅游高层会晤频繁，中越边境旅游异地办证业务重新启动，中越边境自驾车旅游，依托崇左大新跨国瀑布和凭祥友谊关景区设立的"中越国际旅游合作区"，特别是 2010 年 1 月 1 日中国-东盟自由贸易区的宣布建立，使中国与越南形成新的旅游合作态势。

5. 以西双版纳为核心的中缅旅游市场合作圈

该旅游市场合作圈以云南省的西双版纳为核心，辐射周边的中缅边境线附近的地区，如云南省的保山市、普洱市、德宏傣族景颇族自治州、西双版纳傣族自治州，以及缅甸的边境地区。中缅边境线长达 2 180km，其中云南省与缅甸接壤的边境线长1 997km，目前中缅边境旅游正由一日游向纵深方向发展。

西双版纳与老挝、缅甸山水相连，与泰国、越南近邻，既是面向东南亚、南亚的重要通道和基地，也是云南对外开放的窗口。境内的澜沧江纵贯南北，出境后称湄公河，流经缅、老、泰、柬、越 5 国后汇入太平洋，誉称为"东方多瑙河"。境内公路交通相对方便，国道 213、214 在景洪市内交汇，各乡镇均有公路相通，并有 3 条出境公路通达缅甸和泰国。2011 年西双版纳自治州国内外旅游接待总人数为 965.42 万人，国内外旅游总收入为 93.44 亿元，分别占全省 8 个边境州市旅游总接待人数和旅游总收入的 18.94%、25.55%。目前西双版纳正与老挝琅勃拉邦、南塔、波乔和泰国清迈、清莱等建立旅游合作机制，着力推出跨境旅游，通过举办"中老缅泰柬越六国边境地区文化艺术节"等活动加强几国文化交流。

中缅两国积极合作发展边境旅游，缅甸政府对中缅出境游的政策开始放松，如今入境的缅甸游客大部分持缅甸联邦共和国临时边境通行证，签发对象是缅甸边境地区以外的缅籍公民，有效期为七天，从而吸引越来越多的缅甸游客来瑞丽、芒市等中国边境城市旅游，据相关数据显示，每天由瑞丽口岸出入境人员达到 35 000 人次，其中出入境缅籍人员每天达 30 000 人次之多。中国方面，云南省充分利用毗邻缅甸的区位优势，加快推动中缅跨境旅游的发展，如自云南腾冲—缅甸密支那中缅跨境旅游线路开通后，保山市腾冲县出境前往缅甸的游客呈逐年上涨态势，2008 年有 15 个团队、共 1 056 人次，2009 年有 67 个团队、3 939 人次前往密支那旅游观光。此外，在现有的中缅边境游线基础上，2012 年新增五条中缅跨境旅游线路(中国畹町—缅甸九谷—缅甸 105 码—缅甸木姐—中国瑞丽姐告；中国畹町—缅甸九谷—缅甸 105 码—缅甸木姐—缅甸南坎—中国瑞丽弄岛；中国瑞丽姐告—缅甸木姐—缅甸南坎—中国瑞丽弄岛；中国瑞丽姐告—缅甸木姐—缅甸南坎—中国瑞丽姐告；中国瑞丽姐告—缅甸木姐—中国瑞丽姐告)(方开燕，2012)。

三、我国东部发达地区是边境旅游国内市场主体

随着中国经济水平的提高，休假制度的完善，使得中国老百姓休闲时间增加，同时，人们逐渐改变的消费观念，极大地释放与提升了出境旅游的市场需求。在国家政策的调整上，中国出境旅游的逐步放开，外汇管制和旅行证件管理松动，以及国际环境的改善、国际社会对中国签证的放松，这些因素都推动着出境游的迅速发展。

1997 年《中国公民自费出国旅游管理暂行办法》出台标志着中国出境旅游真正的开始。出境游 2000 年开始高速发展，2013 年出境旅游人数超过 9 800 万人次。从出境旅游结构和性质由起初的因私旅游与因公旅游共同增长，到因公旅游上升趋缓，因私旅游不断攀升，最后发展到因私旅游为主，由此可看出出境旅游需求的产生与国民经济发展水平密切相关(李悦铮，2005)。

我国东、中、西三大地区主要城市经济发展状况存在明显差异，东部地区的人均国民经济总产值远远要高于中西部地区，导致东部地区的出境游需求相对中西部地区更加旺盛，东部地区出境游客量也比中西部地区出境游客量高许多。此外，通过对若干省份(黑龙江省、云南省、广西等省份)边境旅游相关文献的分析发现，东部地区特别是东部沿海地区主要城市是中国边境旅游的主要国内市场客源。例如，根据 2007 年 8 月进行的对黑龙江省绥芬河口岸国内边境旅游者的抽样问卷调查结果显示，游客中来自本省的游客占总调查量的 15%，来自周边省份(包括吉林省、辽宁省等)的游客占总调查人数的 15%，来自较远省份的游客占 70%。国内边境旅游客源市场仍然以外地客源为主，并表现出了临近周边省(区、市)客源多、经济发达地区客源多的特征。其中主要客源仍来自中国东部京津环渤海地区、长江三角洲地区及广东珠江三角洲地区，但其所占份额表现出了减少的趋势，而来自国内其他省份的边境旅游者比例有所增加，比较明显的有河南、河北、江西、贵州、湖南、云南等省份(李明，2006)。

四、俄罗斯是我国边境旅游最大客源国

中俄互为最大邻国，近年来，两国关系保持较好的发展势头，各领域合作成果丰硕。目前中俄旅游合作进展良好，中国已经成为俄罗斯第二大客源国，俄罗斯成为仅次于韩国、日本的中国第三大客源国。2011 年，中俄旅游互访人数近 335 万人次。其中，俄来华旅游人数 253.63 万人次，与 2006 年俄入境总人数(189 万多人次)相比，增长了 34.2%，中国首站赴俄旅游人数 80.96 万人次。

1. 中俄两国政治互信日益加深

中俄两国战略协作伙伴关系推动中俄旅游合作的加强。中俄从 1992 年互相视为友好国家，到 1994 年建立“建设性伙伴关系”，再到 1996 年建立“战略协作伙伴关系”，2001 年签署《中俄睦邻友好合作条约》，2004 年两国元首北京会晤最终解决边界问题。在中俄战略协作伙伴关系不断发展的大背景下，两国旅游合作不断开展，2006～2007 年中俄互办“国家年”，2009～2010 年互办“语言年”，2012～2013 年中俄互办“旅游年”，中俄旅游合作已经成为中俄新时期战略合作的重要内容。

2. 中俄边境开放程度最高

就周边国家而言，中国边境地区对应俄罗斯开放的一类口岸最多，多达 18 个，占全国边境口岸总数的 25%。其次是蒙古国、越南、朝鲜、哈萨克四国，最少的是吉尔吉斯斯坦、巴基斯坦和老挝，塔吉克斯坦、阿富汗、印度、不丹 4 国至今没有开放一类口岸。沿边开放城镇和边境经济合作区的分布情况也是对应俄罗斯最多，有 4 个开放城市、4 个边境合作区，其次是哈萨克斯坦、越南、缅甸，开放城市和边境合作区分别为 3 个、3 个、2 个，对应朝鲜 1 个边境合作区，对应蒙古国 1 个开放城市，对应其他国家目前还没有开放城市和设立经济合作区(马志福，2000)，此外，经国务院批准建立的我国唯一一家便民互市贸易区(中俄满洲里—后贝加尔斯克边民互市贸易区)，也是面向俄罗斯市场。综上所述，我国沿边地区对俄罗斯、朝鲜、越南、哈萨克斯坦、缅甸 5 国开放程度比较高，其中尤以俄罗斯开放程度最高。

3. 俄罗斯入境旅游市场持续发展

中俄两国拥有长达 4 300 多千米的边界线，我国的黑龙江省、内蒙古自治区、吉林省、新疆维吾尔自治区与俄罗斯远东地区的哈巴罗夫斯克边区、阿穆尔州、犹太自治州、赤塔州、滨海边区、阿尔泰共和国陆路接壤。中俄边境旅游历史悠久，经历了由限制到逐步开放的过程，目前，中俄边境旅游大放异彩，在中俄旅游中扮演了重要角色。从黑龙江省境内的绥芬河、黑河及东宁三大中俄边境口岸的旅游接待情况来看，1997～1999 年，绥芬河市边境旅游出入境者累计达 58 万人次，年均增长 8%；绥芬河市 1992 年正式开通对俄边境旅游以来，旅游业收入每年以 18.5%的速度增长。2008 年，该市接待俄罗斯旅游者突破 100 万人次，比上年增长 23%。中俄边境旅游不仅成为两国边境地区经济与社会发展的重要推动力，而且在两国旅游合作中也扮演了重要角色。

第三节　中国边境旅游市场时间结构特征分析

中国边境地区幅员广阔，三个片区气候层次分明、地貌类型丰富、自然人文旅游资源呈现季节性空间分布。其中，东北片区属温带季风气候，以平原和山地为主，代表性地貌类型是三江平原、大小兴安岭，自然景观季节性变化显著，特色旅游资源是冬季的冰雪资源；西北片区属于温带大陆性气候，以高原、盆地和山地为主，代表性地貌类型是黄土地貌、雅丹地貌，自然景观季节性变化显著；西南片区属于高原山地和热带季风气候，以高原和山地为主，代表性地貌类型是喀斯特地貌，自然景观季节变化不明显。

一、边境旅游出入境游客总数逐年上升

随着新时期国际合作的加强，边境旅游作为国家之间双边合作的重要内容，迎来了发展的高峰期，近年来中国边境旅游出入境游客数呈逐年上升态势。通过对中国 9 个边境省份口岸出入境游客的统计分析发现，9 个边境省份的入境游客量均在 2008 年迎来高峰期，在接下来的 2009 年出现显著下降，说明重大旅游事件对旅游业的发展影响深远。例如，

2008年北京奥运会的成功申办，对各个边境省份出入境旅游具有溢出效应，2009年世界金融危机导致各个边境省份旅游业普遍受到影响，旅游接待和收入出现下滑趋势。此外，在2009～2011年各边境省份口岸出入境游客呈整体的上升态势，其中以西藏自治区三年间口岸出入境游客平均增长率较为显著，高达26.66%，说明近年来西藏自治区开始重视与周边国家的边境旅游合作，不断加大边境旅游的开放开发力度(表4-12)。

表4-12 2008～2011年中国各边境省份口岸出入境游客统计 （单位：人次）

省份	2008年	2009年	2010年	2011年
内蒙古	3 138 526	2 180 720	2 678 617	2 960 898
辽宁	2 229 125	2 168 302	2 584 618	2 711 836
吉林	—	909 684	1 132 369	—
黑龙江	4 425 213	2 460 626	3 161 698	3 320 583
云南	2 789 719	—	16 367 385	19 698 282
西藏	84 770	107 350	134 188	152 574
广西	7 158 598	6 294 035	6 046 389	6 219 951
甘肃	—	9 751	12 550	22 622
新疆	—	—	1 208 914	1 642 602

数据来源：全国口岸年鉴(2009年、2010年、2011年、2012年)。

二、各地区边境旅游季节性变化显著

1. 东北边境旅游淡旺季明显

东北边境地区是中国纬度最偏北，经度最偏东区域，除了南部的辽东半岛地处暖温带外，其余绝大部分地方均属于中温带和寒温带。该区域自然景观丰富，四季分明，夏冬季景观变化显著，尤以银装素裹的北国冰雪景观最为突出，因此该区边境旅游呈现明显的淡旺季现象(夏冬为旺季，春秋为淡季)。

以黑龙江省中俄边境旅游为例，俄方入境客源旺季主要集中在夏季(7～8月)及冬季的春节黄金周前后(12月至次年1月)，其他两季相比之下较为平淡。冬季来华旅游较旺，这是由俄罗斯相对寒冷的气候条件决定的，此外哈尔滨独具特色的冰雪旅游资源、冰雪节庆也吸引众多俄罗斯入境游客，夏季旅游旺季由于夏季气候适宜出游，同时因俄罗斯学生暑假(法定三个月)而形成的赴中国部分地区度假的小高峰也促成了夏季旅游旺季的形成。而国内前往俄罗斯的出境游客需求旺季在7～8月，另外“五一”“十一”黄金周期间出现两次高峰，月内变化无序(李明，2006)。

2. 西北边境旅游集中在夏季

西北边境地区地广人稀，资源丰富，自然景观复杂多样，有终年积雪的高山，水草丰美的牧场，茫茫的沙漠，美丽的绿洲。该区深居内陆，海洋湿气不易进入，属典型的温带大陆性气候，日照充足，气温变化大，冬季漫长严寒，夏季短促而炎热，边境旅游主要集中在夏季(7～9月)。

以新疆边境旅游为例，每年 5～10 月是新疆的旅游季，其中 7～9 月是新疆边境旅游的最佳时机，日平均气温只有 10～20℃，是一个野花烂漫、牛羊遍地的天然避暑天堂，新疆旅游每年接待量的 90%左右都是在 7～9 月里完成的，剩下的就是漫长的淡季。通过对“新疆旅游特价网”的网上咨询发现，由新疆出境去往哈萨克斯坦、塔吉克斯坦等中亚国家的游客主要集中在春夏两季，主要以散客为主，旅行社组团出行相对较少。

3. 西南边境旅游全年相对稳定

西南边境地区地处热带、亚热带地区，光热资源丰富，地貌类型多样，自然景观极其丰富，境内茫茫原始森林，高大的热带、亚热带植物遮天蔽日，是天然的“植物王国”。全区整体上气候温暖，热量丰富，自然景观季节变化不明显，边境旅游全年相对稳定，没有显著的淡旺季分别。

此外，法定假期的长短也是西南边境旅游季节性变化的又一重要因素。以广西中越边境旅游为例，国内出境游客赴越南的时间平均相当平衡。对广大公众来说，国家法定长假就是出外旅游的适合机会，因此很多人普遍利用这几个时间到海外旅游。另外由于 8 月各个学校放假，成为最大的度假旺季。加上拥有在全世界上最美最长海滩之一的越南每年吸引了不少中国游客来避暑。所以 1 月、6 月、8 月、10 月是中国游客集中赴越南的时间段，每月的游客数量达到上下 10%左右。3 月、4 月、5 月、7 月，每月游客数量只占上下 7%左右。对入境的越南旅游市场来说，因 4 月 30 日是越南官方假期，5 月 1 日是国际劳动节，两个节日构成一个小长假，成为许多越南游客出行的好时机。通过对广西寰海国际旅行社的咨询调查，从 4 月 27～30 日，他们将会接待上千名进入广西旅游的越南游客。这些越南游客“约一半留在广西区内，游览城市以南宁、北海、桂林(酒店路线)三地为主，另外一半经广西进入北京、上海等大城市”(黄云娥，2008)。

三、入境游客停留时间普遍较短

1. 入境游客以短途旅游为主

通过对 2011 年朝鲜、蒙古国、越南、印度、缅甸、哈萨克斯坦、俄罗斯 7 国来华过夜游客停留时间的抽样调查发现，朝鲜、蒙古国、缅甸、哈萨克斯坦和俄罗斯 5 个国家来华游客一般为短途游客，边境旅游平均逗留时间为 1～3 天，其中，蒙古国、朝鲜和哈萨克斯坦 3 国停留 1～3 天的游客分别占调查总人数的 96.4%、78.7%和 75%，表明该三国游客仅在边境口岸城市及周边地区进行旅游。

印度、越南来华游客一般为长途旅游者，边境旅游平均停留时间为 4～7 天，其中以越南来华游客表现较为突出，占调查总数的 50.7%，说明随着新时期国际合作的进一步加强，中越两国边境旅游优惠政策的支持，中越边境旅游更趋密切，来华游客由边境口岸城市延伸至周边地区或其他边境口岸城市进行旅游，如广西壮族自治区坚持“点—线—面”的旅游开发模式，有效整合区内海陆两种边关特色主题旅游资源，开发中越边关探秘游、北部湾休闲度假跨国游精品游线，全面开启中越跨国陆上和海上旅游大通道(表 4-13)。

表 4-13　2011 年 7 个代表性边境国家来华游客平均停留时间　（单位：%）

序号	国别	停留时间段			
		1～3 天	4～7 天	8～14 天	15 天以上
1	朝鲜	78.7	16	2.7	2.6
2	蒙古国	96.4	3.2	0.4	0
3	印度	33.7	35.9	20.1	10.3
4	越南	33.3	50.7	4.9	11.1
5	缅甸	48	12	20	20
6	哈萨克斯坦	75	16.7	0	8.3
7	俄罗斯	62.2	26.6	8.6	2.2

数据来源：旅游抽样调查资料(2012 年)。

2. 男性入境游客停留时间相对较长

从性别划分来看，除越南(女性停留时间多于男性)外，其他 6 个国家男性入境游客停留时间均多于女性，其中以哈萨克斯坦国家最为突出，男、女性入境停留时间比高达 6∶1(表 4-14)。

表 4-14　2011 年 7 个代表性边境国家不同性别入境游客停留时间　（单位：天）

国家	朝鲜	蒙古国	印度	越南	缅甸	哈萨克斯坦	俄罗斯
男性	3.6	2	8.8	6.6	12	10.4	4.7
女性	3.1	1.7	6.4	6.9	7.3	1.8	4.3

3. 中青年入境游客停留时间相对较长

从年龄段划分来看，总体上 7 个边境国家来华旅游者以中青年游客停留时间相对较长。其中，哈萨克斯坦、缅甸、印度 3 个国家来华边境旅游者以中青年(25～44 岁)游客停留时间较长，越南、俄罗斯来华游客以青少年(15～24 岁)游客停留时间较长(表 4-15)。

表 4-15　2011 年 7 个代表性边境国家入境游客停留时间　（单位：天）

序号	国别	不同年龄层				
		14 岁以下	15～24 岁	25～44 岁	44～64 岁	65 岁及以上
1	朝鲜	—	4.3	2.9	2.9	13.5
2	蒙古国	5	1.8	1.9	1.8	—
3	印度	9	7.1	9.9	6	—
4	越南	—	9.7	7	4.1	5
5	缅甸	—	9.3	12.6	5.6	—
6	哈萨克斯坦	—	—	9	3.2	—
7	俄罗斯	4.7	5.3	4.6	4.2	3.8

第四节　中国入境旅游市场消费特征分析

由于各边境省份及地市的旅游统计工作起步较晚，边境市场需求特征的相关数据相对缺乏，因此在进行全国边境旅游市场属性特征分析时，通过《旅游抽样调查资料(2012年)》等统计资料及网络资料，针对性选取朝鲜、俄罗斯、蒙古国、哈萨克斯坦、印度、缅甸、越南等7个代表性的边境国家(与中国边境省份相邻，且其来华游客是各边境省份入境旅游市场主体)的入境游客作为研究对象，重点分析他们的相关旅游需求特征，从侧面上来反映全国边境旅游市场需求特征情况。

一、购物、交通是入境游客重要的人均花费

通过对上述7个边境国家2011年来华游客人均花费的抽样调查分析发现(图4-7)，哈萨克斯坦、蒙古国、朝鲜、俄罗斯、印度等5个国家入境游客人均花费较多，均高于200美元/人天，其中以哈萨克斯坦来华游客人均花费最多，达到296.03美元/人天。西南边境地区毗邻的越南和缅甸两个国家来华游客人均花费相对较低，两者均不足200美元/人天，其中以缅甸最低，仅有147.88美元/人天。

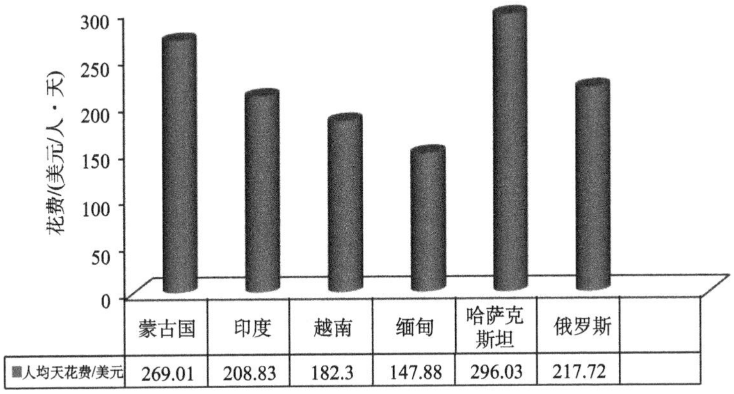

图4-7　2011年7个代表性边境国家入境游客人均花费

从人均花费构成上来看(图4-8)，7个代表性边境国家来华游客在长途交通、购物两项的人均花费成本占总花费的比例较高，其次是住宿、餐饮花费，真正用于景区游览的花费均相对较少。长途交通和购物两项的人均总花费以蒙古国比例最高，高达82.1%，朝鲜、越南、俄罗斯、印度等5个国家两项花费均在60%以上，缅甸两项花费相对较少，但也达到了51.4%。说明目前边境国家的互通交通仍是制约瓶颈，边境旅游的商贸色彩还是较为浓厚，相比之下作为边境旅游业的重点景区产业却面临着休闲深度化开发不足、对游客吸引力不够等问题，这在未来边境旅游开发中亟须重点考虑。

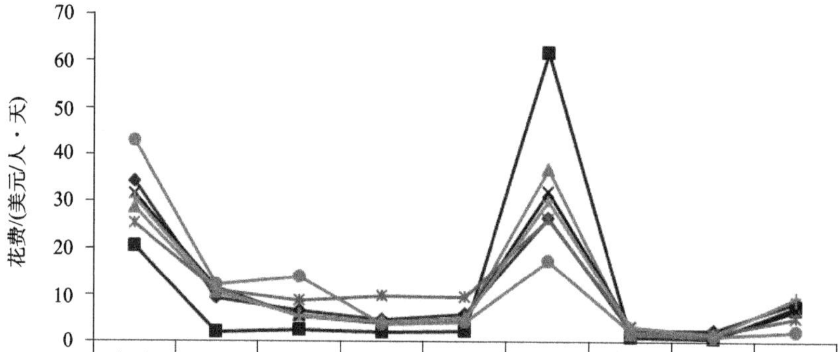

	长途交通	住宿	餐饮	景区游览	娱乐	购物	市内交通	邮电通信	其他
朝鲜	34.2	9.2	6.5	4.5	5.8	26.5	2.4	2.5	8.5
蒙古国	20.3	1.9	2.5	2	2.1	61.8	1.1	0.8	7.6
印度	28.7	10.4	5.6	4.1	4.8	36.9	1.7	1	6.8
越南	31.5	11.5	5.3	4	4.8	32	3.1	1.1	6.8
缅甸	25.1	10.9	8.7	9.6	9.4	26.3	3.1	1.8	5.2
哈萨克斯坦	43	12.2	13.8	3.7	4.2	17.3	2.3	1.3	2.3
俄罗斯	30.6	10.9	5.3	4.2	4.9	30.1	3.1	1.5	9.4

图 4-8　2011 年 7 个代表性边境国家入境游客人均花费构成

二、购物旅游成为入境游客首要的旅游目的

通过对 2011 年边境口岸所调查的来自 7 个代表性国家，基于不同旅游目的来华游客数量数据的不完全统计分析(表 4-16、表 4-17)，购物旅游是各边境国家来华的主要目的之一，如俄罗斯、蒙古国、缅甸等国家，购物旅游游客分别占来华游客总数的 32.5%、32.4%和 19.3%。中国与上述三国边境地区互市活动活跃，边境贸易带动边境旅游快速发展，三国来华游客均以边贸、购物和观光为主要目的。此外，俄罗斯来华游客逐渐由早期单纯的购物、观光为主要目的，转变为购物、休闲度假、观光游览、商务会议等多种旅游类型，如通过对边境口岸 2011 年俄罗斯来华游客的抽样调查发现，除购物旅游为首要目的外，休闲度假、观光游览和商务会议分别占游客总数的 23.5%、20.9%和 10.7%，这主要得益于中国东北地区边境旅游业的快速发展，如黑龙江省先后开辟了以哈尔滨等中心城市为主的商务、观光、购物旅游；以五大连池、镜泊湖、亚布力为重点的疗养度假旅游；以黑龙江、乌苏里江两岸风光为主的界江旅游，这些旅游项目吸引了众多俄方旅游者，有力地促进了边境旅游业的持续发展。

表 4-16　2011 年口岸调查的 7 国游客入境旅游目的　　(单位：人)

项目	口岸调查人数	观光游览	休闲度假	探亲访友	商务	会议	宗教朝拜	文体交流	购物	医疗保健	其他
朝鲜	85	23	13	15	13	7	0	3	4	1	6
蒙古国	225	15	6	5	85	9	2	5	73	2	23

续表

项目	口岸调查人数	观光游览	休闲度假	探亲访友	商务	会议	宗教朝拜	文体交流	购物	医疗保健	其他
印度	201	44	27	6	75	12	1	4	1	1	30
越南	358	172	61	13	20	11	1	27	17	1	35
缅甸	135	12	12	15	23	3	5	4	26	6	29
哈萨克斯坦	13	1	3	0	7	1	0	1	0	0	0
俄罗斯	1522	318	357	48	124	40	6	65	495	23	46

三、陆路交通是入境游客主要的交通方式

通过对2011年内蒙古、辽宁、吉林、黑龙江、云南、新疆、西藏和广西等8个边境省份(甘肃除外)口岸出入境人员交通运输工具的统计分析发现，火车、机动车辆为代表的陆路交通是各省份来华游客主要的交通方式，其中尤以机动车辆最为突出，说明目前陆地边境的交通方式以公路和铁路为代表的陆路交通为主，航空交通运输相对较弱，未来应大力加强边境地区重点口岸的机场设施建设。从2011年各省份出入境交通工具的使用情况来看，云南省出入境机动车辆使用总数最多，多达403.55万辆，说明云南省边境地区公路交通最为发达，机动车辆是出入境的主要交通工具，其次是内蒙古，出入境车辆数多达124.26万辆。铁路交通以内蒙古和新疆两个自治区较为便捷，出入境火车总数分别为18 703列和13 908列。其中，内蒙古自治区境内拥有满洲里、二连浩特两个一级铁路口岸，满洲里铁路口岸于1901年开通，是我国规模最大、通过能力最高的铁路口岸。现有宽准轨到发编组线51条，宽轨24条，准轨27条；口岸站换装线、专用线等线路90余条；宽轨列车会让站1个，换装场地20余个，其中设施完善、功能齐全的大型或专业换装仓储基地9个(表4-17)。

表4-17　2011年全国边境省份(甘肃省除外)口岸出入境交通工具使用情况

(单位：架/辆)

交通工具	内蒙古	辽宁	吉林	黑龙江	云南	西藏	广西	新疆
飞机	1 397	19 443	3 300	3 957	13 780	444	5 809	7 004
火车	18 703	2 029	2 854	7 251	343	0	3 218	13 908
机动车辆	1 242 598	126 308	157 432	149 883	4 035 483	37 036	224 216	245 403

数据来源：2012年全国口岸年鉴。

第五章　中国陆地边境县域旅游竞争力评价

第一节　边境县域旅游竞争力评价的目标与意义

国内外学者对旅游竞争力有不同的界定，Crouch 和 Ritchie(1999)认为旅游竞争力指为当地居民提供高标准生活的能力，旅游开发必须在经济、生态、社会文化、政治上是可持续的，最具有竞争力的目的地是那些最有效为居民提供可持续福利的目的地；Hartserre(2000)认为旅游竞争力表现为一个目的地较其他目的地，在游客认为对游客经历非常重要的方面，具有能更好地提供商品和服务的能力，或者说是随着时间推移，一个目的地能够维持、提高其市场地位和份额的能力；Enright 和 Newton(2004)认为，旅游目的地之所以有竞争力就是能吸引和满足潜在的旅游者，同时，这种竞争力是由影响旅游服务提供者的诸多因素所决定的；臧德霞和黄洁(2006)认为，旅游竞争力是指旅游目的地能够持续的为旅游者提供满意的旅游经历，并且能够不断提高旅游目的地居民生活质量以及旅游目的地其他利益相关者福利的能力，其表现形式为具有共同目标市场的旅游目的地之间市场占有率的大小和旅游收入的高低。

综合上述学者的观点，旅游竞争力是占据旅游市场并获取利润的能力；是建立在“可持续”基础上的竞争力，包含“社会意义”“生态意义”等方面的能力，需要考虑生态环境保护、资源可持续利用等方面的内容，从而为旅游者提供满意的旅游经历、保障旅游地居民及其他利益相关者的长远利益；同时，旅游竞争力是一个比较的概念，是经济能力、社会意义、环境意义等能力的综合表现。边境地区由于远离国家的政治、经济文化中心和主要旅游市场，其旅游特征在理论和实践上均表现出一定的特殊性和典型性，本书以陆地边境县域为基本单元对边境旅游竞争力进行评价研究。

一、评价目标

边境县域旅游竞争力的特征不同于一般城市旅游竞争力，本书通过对边境县域旅游竞争力构成要素的分析，从边境旅游基础条件竞争力、边境旅游现状竞争力和边境旅游发展潜力竞争力三个方面构建边境县域旅游竞争力的评价指标，并对边境县域旅游竞争力进行评价，把边境旅游竞争力分为旅游竞争力很强、旅游竞争力较强、旅游竞争力一般和旅游竞争力较弱的边境县域，进而分析我国陆地边境县域旅游竞争力的特征，为提升我国陆地边境县域旅游竞争力提供支撑。

二、评 价 意 义

1. 为边境县域旅游竞争力的提升提供实践指导

我国陆地边境县域旅游资源背景、市场条件以及旅游业发展状况差异巨大，测度与分析我国陆地边境县域旅游竞争力水平，对于各边境地区在激烈的旅游竞争中正确认识自身的优势与劣势，优化资源配置，制定切合实际的陆地边境旅游发展战略，提升陆地边境县域旅游竞争力，推进边境旅游发展有着重要的现实意义。

2. 深化和丰富边境旅游的研究体系

国内外对边境旅游的研究覆盖范围比较广泛，多集中在边境旅游的类型、特点、影响因素、驱动机制，以及边境旅游合作等方面，构成了边境旅游研究的基础。但这些研究内容多停留在对问题的描述上，研究方法主要以定性研究为主，缺乏系统、深入的定量研究，本书将对陆地边境县域旅游竞争力进行较为系统全面的定理研究，能深化和丰富边境旅游的理论方法体系。

第二节　陆地边境县域旅游竞争力评价指标体系构建

一、构 建 思 路

边境旅游竞争力的发展是众多因素共同作用的结果，其竞争力的表现也应该是多方面的。边境地区自身的旅游资源优势、旅游服务设施水平、社会环境等共同构成了边境旅游发展的基础条件，进而体现为边境旅游发展的现状水平。旅游市场规模是旅游竞争力最直观的表现，同时，边境旅游的发展能够增加居民收入，提供就业机会，推动当地社会经济的发展，日益改善的外部环境又会进一步推动边境旅游业的发展，从而形成一个相互促进的良性循环。社会经济以及旅游发展的速度能够很好地预示着边境旅游的发展潜力。鉴于此，本书从边境旅游发展基础条件竞争力、边境旅游现状竞争力、边境旅游发展潜力竞争力三方面构建基于边境县域的旅游竞争力评价指标体系。

二、概念模型及指标框架

遵循上述总体思路，按照科学性、系统性和可操作性原则，选取评价指标（图 5-1）。科学性原则是指评价指标体系应建立在科学的基础上，评价指标的选择、权重的确定、数据的选取和计算必须以科学理论为依据，以较少的指标，规范准确地反映陆地边境县域旅游竞争力的基本内涵和要求；系统性原则是指评价指标设置应尽可能全面地反映陆地边境县域旅游竞争力的特征，各指标之间要相互联系、相互配合、各有侧重，形成有机整体，从不同角度和侧面反映边境旅游发展的实际状况；可操作性原则是指指标体系应具有较强的可操作性，所选取的指标最好能够量化计算。

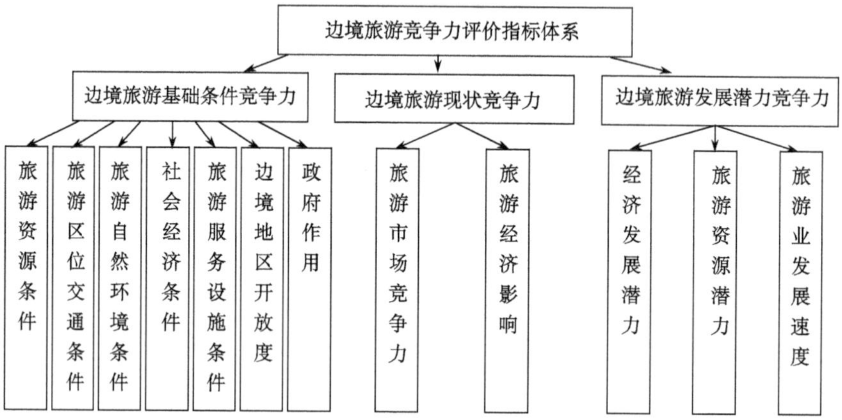

图 5-1　边境旅游竞争力指标体系

1. 边境县域旅游发展基础条件竞争力指标

边境县域旅游发展基础主要是指影响边境旅游发展的资源条件、区位条件、社会发展水平等因素，是支撑边境旅游发展的基础，包括以下 7 个方面。

1）旅游资源条件

旅游资源是边境吸引游客的重要因素，是旅游活动产生的前提，旅游资源的质量、数量以及吸引力的大小影响着旅游市场规模、旅游需求层次和旅游收入的高低。本书选取旅游资源数量与质量等级、旅游资源特色、丰度、垄断度等指标，从数量和质量两方面衡量旅游资源的状况。

2）旅游区位交通条件

由于旅游产品生产和消费的同时性及不可转移性，使得旅游区位及可进入性成为影响旅游竞争力的重要因素，在很大程度上决定着边境地区旅游业发展的条件、地位以及在宏观旅游开发中的时序、水平等。本书主要通过其地理区位、交通区位及设施状况来衡量，具体选取距离省会城市的距离、距离 4A 级以上旅游景区的公里数、距离民用机场的公里数、人均年客运总量、全社会客运周转量、等级公路铁路网密度、毗邻国最近城市的规模、边境口岸数量、航运码头状况等指标。

3）旅游自然环境条件

边境地区的气候、植被、水文、地貌景观等是为游客所能直接感受与体验到的，是边境县域旅游竞争力的重要组成部分。优美的自然环境是边境旅游持续发展的基础。本书选取大气质量二级以上的天数、生态重要性、建成区绿化覆盖率、县域植被覆盖率、工业废水排放达标率等作为自然环境条件的评价指标。

4）社会经济条件

发达的社会经济条件不仅是边境地区基础设施和旅游服务设施建设的财力保障，还是刺激当地旅游消费的主要动力。边境地区的经济发展程度、居民生活水平高低决定着旅游消费的规模与层次。本书选取 GDP 总量、人均 GDP、第三产业增加值占 GDP 比例、城市居民人均可支配收入、全员劳动生产率、万人拥有医生数量、万人拥有公共图书馆藏书量等指标作为社会经济条件的评价指标。

5）旅游服务设施

边境地区的旅游服务设施如住宿餐饮设施、娱乐场所等是旅游发展必不可少的物质基础。其中，旅行社不仅是旅游服务的主要提供者，而且是旅游产品的销售者；旅游饭店是向游客提供食宿、娱乐的服务基地，其规模与档次在一定程度上影响着边境旅游竞争力。本书选取旅行社数量、国际旅行社数量、旅游星级宾馆数量、旅行社固定资产投资、旅游饭店固定资产投资等指标作为旅游服务设施的评价指标。

6）边境地区开放度

旅游业作为外向型服务产业其发展水平受到地区对外开放程度的影响，边境地区对外经济联系越强就越能吸引旅游者。本书选取外贸依存度、年实际利用外资总额占全社会固定资产投资的比例、外汇收入占 GDP 的比例、政策开放程度等指标作为边境地区开放度的评价指标。

7）政府作用

边境地区政治环境比较复杂，政府作为宏观管理和调控的主体，其对旅游业的支持力度及管理协调水平影响着边境旅游的发展状况，本书选取政府对旅游投资水平、旅游产业定位、旅游政策法规建设完备度等指标作为政府作用的评价指标。

2. 边境县域旅游发展现状竞争力指标

1）旅游市场竞争力

旅游市场竞争力反映了一个地区目前旅游市场的地位与竞争状况，是对边境地区目前旅游业整体实力的全面评价，主要选取国内游客人数、入境游客人数、旅游业总收入、旅行社营业收入、旅游饭店营业收入、旅游总收入占 GDP 比例、旅游总收入相当于第三产业增加值比例、旅游业外汇收入占旅游总收入比例、市场知名度、游客满意度、旅游景区开放数量等指标作为旅游市场竞争力的评价指标。

2）旅游经济影响

边境旅游对推动边境地区社会经济发展、缓解就业压力等方面产生了积极影响，本书选取旅游业全员劳动生产率、旅行社百万元固定资产创营业收入、旅游饭店百万元固定资产创营业收入、旅游从业人员占当地从业人员比例等指标作为旅游经济影响的评价指标。

3. 陆地边境县域旅游发展潜力竞争力指标

边境旅游竞争力不仅包括目前的发展状况，还应包括边境旅游发展的未来趋势及边境旅游发展潜力竞争力。边境旅游发展潜力竞争力是一种非现实的、潜在的能力，它体现于未来，实现于动态发展过程中，是一个时段概念，是由一系列隐形因素所构成的，通过特定的路径能够转化为现实竞争力，主要包括经济发展潜力、旅游资源潜力、旅游业发展速度三个方面。

第三节　陆地边境县域旅游竞争力的评价模型与测算方法

一、评 价 模 型

根据上节构建的指标体系，采用熵技术支持下的层次分析法计算各项指标对陆地边境旅游竞争力的重要性权重，采用模糊隶属度函数模型计算各项指标的隶属度值，根据权重系数和模糊隶属度函数值，采用加权平均法计算边境旅游竞争力评价指数，然后根据竞争力大小将边境地区分为竞争力很强、较强、一般、较弱 4 个级别，以此作为边境地区旅游发展的依据，具体方法如下。

1. 采用熵技术支持下的层次分析法计算各项指标权重系数

熵技术支持下的层次分析法具有较强的逻辑性、实用性和系统性，能够定性与定量相结合地对复杂系统进行评价，其基本原理是将要识别的复杂问题分解成若干层次，由专家和决策者对所列的指标两两进行比较重要程度，构造判断矩阵，通过求解判断矩阵的最大特征值和它们所对应的特征向量，得到每一层次的指标相对于上一层目标的权重值(层次单排序，必须通过一致性检验)，而一旦确定了低层指标对较高层次指标的权重后，可以根据递阶赋权定律确定最低层指标相对于最高层指标的权重(即层次总排序，必须通过一致性检验)。虽然层次分析法识别问题的系统性强，可靠性相对较高，但当采用专家咨询方式时，容易产生循环而不满足传递性公理，导致标度把握不准和丢失部分信息等问题出现，因此，采用熵技术队层次分析法确定的权系数进行修正，其计算公式为

$$\alpha_j = \frac{\nu_j p_j}{\sum_{j=1}^{n} \nu_j p_j}$$

$$\nu_j = -\frac{d_j}{\sum_{j=1}^{n} d_j}$$

$$d_j = 1 - \lambda_j$$

$$\lambda_j = -(\ln n)^{-1}\sum_{i=1}^{n} r_{ij}\ln r_{ij}$$

式中，α_j 为采用熵技术支持下的层次分析法求出的指标权重值；p_j 为采用层次分析法求出的指标权重；ν_j 为指标的信息权重；λ_j 为指标输出的熵值；r_{ij} 为采用层次分析法构造的判断矩阵经归一化处理后的标准矩阵值。按照上述公式计算的各指标赋权结果信息量最大，可信度提高。

2. 采用模糊隶属度函数模型计算各指标的隶属度函数值

为了解决各项指标的量纲不同而难以汇总的问题，对各指标进行了消除量纲的计算。考虑到指标体系中既有正向指标，又有逆向指标，指标间的“好”与“坏”在很大程度上都具有模糊性，因此，采用模糊隶属度函数法，对各指标的“价值”进行量化。对正向指标，采用半升梯形模糊隶属度函数模型，即

$$\Phi(e_{ij}) = \frac{e_{ij}-m_{ij}}{M_{ij}-m_{ij}} = \begin{cases} 1 & e_{ij} \geqslant M_{ij} \\ \dfrac{e_{ij}-m_{ij}}{M_{ij}-m_{ij}} & m_{ij} < e_{ij} < M_{ij} \\ 0 & e_{ij} \leqslant m_{ij} \end{cases}$$

对逆向指标，采用半降梯形隶属度函数模型，即

$$\Phi(e_{ij}) = \frac{M_{ij}-e_{ij}}{M_{ij}-m_{ij}} = \begin{cases} 1 & e_{ij} \leqslant m_{ij} \\ \dfrac{M_{ij}-e_{ij}}{M_{ij}-m_{ij}} & m_{ij} < e_{ij} < M_{ij} \\ 0 & e_{ij} \geqslant M_{ij} \end{cases}$$

式中，e_{ij} 为评价指标的具体属性值；i 为区域个数；j 为第 i 区域指标个数；M_{ij}、m_{ij} 分别为第 i 区域第 j 个指标属性值的最大值与最小值；$\Phi(e_{ij})$ 为 i 区域 j 指标的隶属度，其值为 0～1，其值越大，表明该项指标的实际数值接近最大值 M_{ij} 的程度越大，隶属度值与其相应权数的乘积越大，该指标数值对总目标的贡献就越大；隶属度值与 1 之间的差，即为该项指标与最大指标间的差距。

3. 采用加权平均法计算边境旅游竞争力评价指数

利用各指标的熵化权系数和隶属度值，采用加权平均法分别计算边境各县域旅游竞争力评价指数，基本公式如下：

$$F_i = \sum_{j=1}^{m} \omega_j \times \Phi(e_{ij})$$

式中，F_i 为 i 边境县域旅游竞争力评价指数；ω_j 为 j 指标相对最高层目标的熵化权系数；$\Phi(e_{ij})$ 为 i 县域 j 指标的隶属度函数值；m 为指标体系里具体指标的个数。

二、测 算 方 法

采用上述综合评价模型中熵技术支持下的层次分析法，邀请地理学、旅游学、经济学等相关专家，科学评价各指标权重，结果见表 5-1。

表 5-1　边境旅游竞争力评价指标

目标	一级指标	二级指标	三级指标
边境旅游竞争力(100)	边境旅游发展基础条件竞争力(45)	旅游自然环境基础(4)	大气质量二级以上天数(1.2)
			生态重要性(1)
			建成区绿化覆盖率(0.6)
			县域植被覆盖率(0.35)
			工业废水排放达标率(0.85)
		旅游区位交通条件(9)	距离省会城市的距离(0.6)
			距离4A级以上旅游景区的公里数(0.6)
			距离民用机场的公里数(1.8)
			人均年客运总量(1)
			全社会客源周转量(0.5)
			等级公路、铁路网密度(1)
			毗邻国最近城市的规模(2)
			边境口岸数量(1)
			航运码头状况(0.5)
		旅游资源条件(16)	旅游资源数量与质量等级(9)
			旅游资源特色(3)
			旅游资源丰度(1)
			旅游资源垄断度(3)
		开放度(3.5)	外贸依存度(0.5)
			年实际利用外资总额占全社会固定资产投资的比例(0.5)
			外汇收入占GDP的比例(0.5)
			政策开放程度(政治的不可抗力)(2)
		政府作用(4.5)	政府对旅游投资水平(1.8)
			旅游产业定位(1.5)
			旅游政策法规建设完备度(1.2)
		社会经济条件(3)	地区生产总值GDP/亿元(0.2)
			人均地区生产总值GDP/元(0.5)
			第三产业增加值占GDP比例(0.15)
			城市居民人均可支配收入/元(1.2)
			万人中拥有医生数量(0.05)
			万人拥有公共图书藏书量(0.05)
			全员劳动生产率(0.85)
		旅游服务设施条件(5)	旅行社数量(0.5)
			国际旅行社数量(0.5)
			旅游星级宾馆数量(1)
			旅行社固定资产投资(1)
			旅游饭店固定资产投资(2)

续表

目标	一级指标	二级指标	三级指标
边境旅游竞争力(100)	边境旅游发展现状竞争力(35)	旅游市场竞争力(20)	国内游客人数(1)
			入境游客人数(1)
			旅游业总收入(3)
			旅行社营业收入(1)
			旅游饭店营业收入(2)
			旅游总收入占 GDP 比例(4)
			旅游总收入相当于第三产业增加值比例(2)
			旅游业外汇收入占旅游总收入比例(1)
			市场知名度(1)
			游客满意度(1)
			旅游景区开放数量(3)
		旅游经济影响(15)	旅游业全员劳动生产率(9)
			旅行社百万元固定资产创营业收入(1)
			旅游饭店百万元固定资产创营业收入(3)
			旅游从业人员占当地从业人员比例(2)
	边境旅游发展潜力竞争力(20)	经济发展潜力(3)	财政收入增长速度(旅游软硬环境改善的速度)(0.6)
			人均收入增长速度(旅游需求及其结构的变化)(1.5)
			近 5 年城市 GDP 增长率(0.9)
		潜在旅游资源(5)	待改善的旅游资源(3)
			未开发的旅游资源(2)
		旅游业发展速度(12)	旅游总人次年均增长率(3.2)
			旅游总收入年均增长率(4.5)
			旅行社数量年均增长率(0.5)
			饭店数量年均增长率(0.8)
			旅行社营业收入年均增长率(1.2)
			旅游饭店营业收入年均增长率(1.8)

各指标的数据主要来源于 2012 年边境各县的相关统计年鉴，无统计数据的相关指标来源于相关专家的评判，采用模糊隶属度函数模型计算边境旅游竞争力评价中的各项指标的隶属度函数值，采用加权平均法计算边境旅游竞争力评价指数，各指标的评价等级均按照五级(4.1～5.1)、四级(3.1～4.0)、三级(2.1～3.0)、二级(1.1～2.0)、一级(0.1～1.0)五个等级进行评定。

第四节 评价结果及分析

一、评价结果

经过计算，得出我国陆地边境县域旅游竞争力的排名(表 5-2)。

表 5-2 边境县域旅游竞争力评价结果

排名	省(区、市)	地级市	县市	竞争力等级
1	云南省	西双版纳傣族自治州	景洪市	很强
2	云南省	保山地区	腾冲县	很强
3	云南省	德宏傣族景颇族自治州	瑞丽市	很强
4	黑龙江省	大兴安岭地区	漠河县	很强
5	吉林省	延边朝鲜族自治州	珲春市	很强
6	辽宁省	丹东市	振兴区	很强
7	内蒙古自治区	呼伦贝尔盟	满洲里市	很强
8	辽宁省	丹东市	东港市	很强
9	广西壮族自治区	防城港市	东兴市	很强
10	广西壮族自治区	南宁地区	凭祥市	很强
11	云南省	西双版纳傣族自治州	勐腊县	很强
12	新疆维吾尔自治区	伊犁哈萨克自治州	霍城县	很强
13	新疆维吾尔自治区	哈密地区	哈密市	较强
14	辽宁省	丹东市	宽甸满族自治县	较强
15	云南省	西双版纳傣族自治州	勐海县	较强
16	辽宁省	丹东市	元宝区	较强
17	广西壮族自治区	南宁地区	大新县	较强
18	内蒙古自治区	锡林郭勒盟	二连浩特市	较强
19	吉林省	延边朝鲜族自治州	安图县	较强
20	广西壮族自治区	防城港市	防城区	较强
21	内蒙古自治区	兴安盟	阿尔山市	较强
22	内蒙古自治区	阿拉善盟	阿拉善左旗	较强
23	辽宁省	丹东市	振安区	较强
24	黑龙江省	鸡西市	密山市	较强
25	吉林省	通化市	集安市	较强
26	新疆维吾尔自治区	阿勒泰地区	布尔津县	较强
27	新疆维吾尔自治区	阿勒泰地区	阿勒泰市	较强
28	黑龙江省	黑河市	爱辉区	较强
29	广西壮族自治区	百色地区	靖西县	较强

续表

排名	省(区、市)	地级市	县市	竞争力等级
30	云南省	红河哈尼族彝族自治州	河口瑶族自治县	较强
31	新疆维吾尔自治区	昌吉回族自治州	奇台县	较强
32	黑龙江省	牡丹江市	绥芬河市	较强
33	黑龙江省	鸡西市	虎林市	较强
34	新疆维吾尔自治区	塔城地区	塔城市	较强
35	新疆维吾尔自治区	伊犁哈萨克自治州	察布查尔锡伯自治县	较强
36	黑龙江省	佳木斯市	抚远县	较强
37	吉林省	白山市	抚松县	较强
38	内蒙古自治区	包头市	达尔罕茂明安联合旗	较强
39	云南省	文山壮族苗族自治州	麻栗坡县	较强
40	吉林省	白山市	长白朝鲜族自治县	较强
41	黑龙江省	鹤岗市	萝北县	较强
42	广西壮族自治区	南宁地区	龙州县	一般
43	新疆维吾尔自治区	阿勒泰地区	富蕴县	一般
44	云南省	临沧地区	沧源佤族自治县	一般
45	内蒙古自治区	呼伦贝尔盟	额尔古纳市	一般
46	黑龙江省	牡丹江市	东宁县	一般
47	吉林省	白山市	临江市	一般
48	云南省	保山地区	龙陵县	一般
49	黑龙江省	伊春市	嘉荫县	一般
50	内蒙古自治区	阿拉善盟	额济纳旗	一般
51	新疆维吾尔自治区	阿克苏地区	温宿县	一般
52	新疆维吾尔自治区	喀什地区	塔什库尔干塔吉克自治县	一般
53	新疆维吾尔自治区	哈密地区	巴里坤哈萨克自治县	一般
54	云南省	德宏傣族景颇族自治州	潞西市	一般
55	云南省	思茅地区	澜沧拉祜族自治县	一般
56	新疆维吾尔自治区	博尔塔拉蒙古自治州	博乐市	一般
57	云南省	德宏傣族景颇族自治州	盈江市	一般
58	新疆维吾尔自治区	阿勒泰地区	哈巴河县	一般
59	内蒙古自治区	呼伦贝尔盟	陈巴尔虎旗	一般
60	西藏自治区	日喀则地区	聂拉木县	一般
61	内蒙古自治区	乌兰察布市	四子王旗	一般
62	黑龙江省	佳木斯市	同江市	一般
63	黑龙江省	双鸭山市	饶河县	一般
64	黑龙江省	牡丹江市	穆棱市	一般
65	云南省	思茅地区	孟连傣族拉祜族佤族自治县	一般

续表

排名	省(区、市)	地级市	县市	竞争力等级
66	云南省	临沧地区	耿马傣族佤族自治县	一般
67	新疆维吾尔自治区	伊犁哈萨克自治州	昭苏县	一般
68	新疆维吾尔自治区	哈密地区	伊吾县	一般
69	西藏自治区	日喀则地区	定日县	一般
70	内蒙古自治区	阿拉善盟	阿拉善右旗	一般
71	内蒙古自治区	锡林郭勒盟	东乌珠穆沁旗	一般
72	新疆维吾尔自治区	克孜勒苏柯尔克孜自治州	阿克陶县	一般
73	吉林省	延边朝鲜族自治州	和龙市	一般
74	黑龙江省	鹤岗市	绥滨县	一般
75	内蒙古自治区	呼伦贝尔盟	新巴尔虎左旗	一般
76	吉林省	延边朝鲜族自治州	图们市	一般
77	云南省	文山壮族苗族自治州	富宁县	一般
78	新疆维吾尔自治区	阿勒泰地区	福海县	一般
79	黑龙江省	大兴安岭地区	塔河县	一般
80	云南省	德宏傣族景颇族自治州	陇川县	一般
81	内蒙古自治区	呼伦贝尔盟	新巴尔虎右旗	一般
82	云南省	怒江傈僳族自治州	泸水县	一般
83	新疆维吾尔自治区	阿勒泰地区	青河县	一般
84	云南省	怒江傈僳族自治州	贡山独龙族怒族自治县	一般
85	新疆维吾尔自治区	和田地区	和田县	一般
86	黑龙江省	鸡西市	鸡东县	一般
87	云南省	红河哈尼族彝族自治州	金平苗族瑶族傣族自治县	一般
88	云南省	思茅地区	江城哈尼族彝族自治县	一般
89	内蒙古自治区	锡林郭勒盟	阿巴嘎旗	一般
90	吉林省	延边朝鲜族自治州	龙井市	一般
91	新疆维吾尔自治区	博尔塔拉蒙古自治州	温泉县	一般
92	西藏自治区	阿里地区	普兰县	一般
93	新疆维吾尔自治区	阿克苏地区	乌什县	一般
94	新疆维吾尔自治区	塔城地区	和布克赛尔蒙古自治县	一般
95	新疆维吾尔自治区	昌吉回族自治州	木垒哈萨克自治县	一般
96	云南省	临沧地区	镇康县	一般
97	广西壮族自治区	南宁地区	宁明县	一般
98	新疆维吾尔自治区	阿勒泰地区	吉木乃县	一般
99	云南省	思茅地区	西盟佤族自治县	较弱
100	吉林省	白山市	八道江区	较弱
101	黑龙江省	黑河市	孙吴县	较弱

续表

排名	省（区、市）	地级市	县市	竞争力等级
102	新疆维吾尔自治区	塔城地区	额敏县	较弱
103	黑龙江省	大兴安岭地区	呼玛县	较弱
104	云南省	怒江傈僳族自治州	福贡县	较弱
105	内蒙古自治区	巴彦淖尔盟	乌拉特中旗	较弱
106	内蒙古自治区	锡林郭勒盟	苏尼特右旗	较弱
107	新疆维吾尔自治区	塔城地区	裕民县	较弱
108	内蒙古自治区	兴安盟	科尔沁右翼前旗	较弱
109	西藏自治区	山南地区	浪卡子县	较弱
110	新疆维吾尔自治区	喀什地区	叶城县	较弱
111	西藏自治区	阿里地区	日土县	较弱
112	西藏自治区	阿里地区	札达县	较弱
113	西藏自治区	山南地区	错那县	较弱
114	西藏自治区	林芝地区	察隅县	较弱
115	内蒙古自治区	锡林郭勒盟	苏尼特左旗	较弱
116	西藏自治区	林芝地区	墨脱县	较弱
117	广西壮族自治区	百色地区	那坡县	较弱
118	云南省	红河哈尼族彝族自治州	绿春县	较弱
119	新疆维吾尔自治区	克孜勒苏柯尔克孜自治州	阿图什市	较弱
120	内蒙古自治区	巴彦淖尔盟	乌拉特后旗	较弱
121	新疆维吾尔自治区	克孜勒苏柯尔克孜自治州	乌恰县	较弱
122	云南省	文山壮族苗族自治州	马关县	较弱
123	黑龙江省	黑河市	逊克县	较弱
124	西藏自治区	日喀则地区	康马县	较弱
125	新疆维吾尔自治区	塔城地区	托里县	较弱
126	新疆维吾尔自治区	克孜勒苏柯尔克孜自治州	阿合奇县	较弱
127	西藏自治区	阿里地区	噶尔县	较弱
128	西藏自治区	日喀则地区	吉隆县	较弱
129	西藏自治区	山南地区	洛扎县	较弱
130	西藏自治区	日喀则地区	亚东县	较弱
131	甘肃省	酒泉地区	肃北蒙古族自治县	较弱
132	西藏自治区	日喀则地区	仲巴县	较弱
133	新疆维吾尔自治区	和田地区	皮山县	较弱
134	西藏自治区	日喀则地区	定结县	较弱
135	西藏自治区	日喀则地区	岗巴县	较弱
136	西藏自治区	日喀则地区	萨嘎县	较弱

二、全国边境县域旅游竞争力分析

从全国范围看，我国边境县域旅游竞争力水平差异显著，其中，得分在 75 分以上的为旅游竞争力很强的边境县域，共有 12 个，占边境县域总数的 8.82%；得分在 60～75 分的为旅游竞争力较强的边境县域，共 29 个，占边境县域总数的 21.32%；得分在 40～60 的为旅游竞争力一般的边境县域，共 57 个，占边境县域总数的 41.91%；得分在 40 分以下的为旅游竞争力较弱的边境县域，共 38 个，占边境县域总数的 27.95%。

旅游竞争力很强的边境县域包括景洪市、腾冲县、瑞丽市、漠河县、珲春市、辽宁丹东振兴区、满洲里市、东港市、东兴市、凭祥市、勐腊县、霍城县，主要分布在云南、黑龙江、吉林、辽宁、内蒙古、广西、新疆 7 个边境省(区)。云南省旅游竞争力很强的边境县域最多，为 4 个，占旅游竞争力很强的边境县域的 33.4%；辽宁、广西各有 2 个，占旅游竞争力很强的边境县域的 16.7%；黑龙江、吉林、内蒙古、新疆各有 1 个，仅占旅游竞争力很强的边境县域的 8.3%，西藏、甘肃两个边境省均无竞争力很强的边境县域(表 5-3)。旅游竞争力很强的边境县域社会经济条件优越，旅游基础服务设施较为完善，旅游资源丰富，资源品位高，勐腊县拥有一处 5A 级景区，12 个边境县域中有 10 个拥有 4A 级景区；7 个边境县域拥有国家级自然保护区。区位交通条件便利，景洪、腾冲、满洲里、漠河、丹东、东兴 6 个边境县域建有机场，同时拥有满洲里口岸、丹东口岸、珲春口岸、圈河口岸、沙坨子口岸、漠河口岸、东兴口岸、凭祥口岸、友谊关口岸、猴桥口岸、瑞丽口岸、畹町口岸、磨憨口岸、霍尔果斯口岸 14 个国家口岸，铁路公路设施相对完善。加之边境政策开放度较高，极大地促进了边境旅游的发展，是目前主要的边境旅游开展地区。

表 5-3　旅游竞争力很强的边境县域

省(区)	边境县域
云南(33.4%)	景洪市、腾冲县、瑞丽市、勐腊县(4 个)
辽宁(16.7%)	丹东振兴区、东港市(2 个)
广西(16.7%)	东兴市、凭祥市(2 个)
黑龙江(8.3%)	漠河县(1 个)
吉林(8.3%)	珲春市(1 个)
内蒙古(8.3%)	满洲里市(1 个)
新疆(8.3%)	霍城县(1 个)

旅游竞争力较强的边境县域主要分布在新疆、黑龙江、内蒙古、吉林、广西、云南、辽宁 7 个边境省(区)。新疆和黑龙江旅游竞争力较强的边境县域最多，各为 6 个，均占旅游竞争力较强的边境县域的 20.7%；内蒙古、吉林各有 4 个，均占旅游竞争力较强的边境县域的 13.8%；广西、云南、辽宁各有 1 个，均占旅游竞争力较强的边境县域的 10.3%，西藏、甘肃两个边境省均无竞争力较强的边境县域(表 5-4)。旅游竞争力较强的边境县域社会经济条件较好，区位交通条件较为便利，旅游资源及旅游服务设

施较好，是未来边境旅游的重点发展区域。

表 5-4 旅游竞争力较强的边境县域

边境省(区)	边境县域
新疆(20.7%)	哈密市、布尔津县、阿勒泰市、奇台县、塔城市、察布查尔锡伯自治县(6 个)
黑龙江(20.7%)	密山市、黑河市爱辉区、绥芬河市、虎林市、抚远县、萝北县(6 个)
内蒙古(13.8%)	二连浩特市、阿尔山市、阿拉善左旗、达尔罕茂明安联合旗(4 个)
吉林(13.8%)	安图县、集安市、抚松县、长白朝鲜族自治县(4 个)
广西(10.3%)	大新县、防城港市防城区、靖西县(3 个)
云南(10.3%)	勐海县、河口瑶族自治县、麻栗坡县(3 个)
辽宁(10.3%)	宽甸满族自治县、丹东元宝区、振安区(3 个)

旅游竞争力一般的边境县域主要分布在新疆、云南、内蒙古、黑龙江、吉林、西藏、广西 7 个边境省(区)。新疆旅游竞争力一般的边境县域最多，为 17 个，占旅游竞争力一般的边境县域的 29.8%；其次为云南，为 14 个，占旅游竞争力一般的边境县域的 24.6%；第三为内蒙古，为 9 个，占旅游竞争力一般的边境县域的 15.8%；广西旅游竞争力一般的边境县域个数最少，为 2 个，占旅游竞争力一般的边境县域的 3.5%，辽宁、甘肃两个边境省均无竞争力一般的边境县域(表 5-5)。旅游竞争力一般的边境县域是边境旅游发展须尽力提升的地区。

表 5-5 旅游竞争力一般的边境县域

边境省(区)	边境县域
新疆(29.8%)	富蕴县、温宿县、塔什库尔干塔吉克自治县、巴里坤哈萨克自治县、博乐市、哈巴河县、昭苏县、伊吾县、阿克陶县、福海县、青河县、和田县、温泉县、乌什县、和布克赛尔蒙古自治县、木垒哈萨克自治县、吉木乃县(17 个)
云南(24.6%)	沧源佤族自治县、龙陵县、潞西市、澜沧拉祜族自治县、盈江县、孟连傣族拉祜族佤族自治县、耿马傣族佤族自治县、富宁县、陇川县、泸水县、贡山独龙族怒族自治县、金平苗族瑶族傣族自治县、江城哈尼族彝族自治县、镇康县(14 个)
内蒙古(15.8%)	额尔古纳市、额济纳旗、陈巴尔虎旗、四子王旗、阿拉善右旗、东乌珠穆沁旗、新巴尔虎左旗、新巴尔虎右旗、阿巴嘎旗(9 个)
黑龙江(14.0%)	东宁县、嘉荫县、同江市、饶河县、穆棱市、绥滨县、塔河县、鸡东县(8 个)
吉林(7.0%)	临江市、和龙市、图们市、龙井市(4 个)
西藏(5.3%)	聂拉木县、定日县、普兰县(3 个)
广西(3.5%)	龙州县、宁明县(2 个)

旅游竞争力较差的边境县域主要分布在西藏、新疆、内蒙古、云南、黑龙江、甘肃、吉林、广西 8 个省(区)。西藏旅游竞争力较弱的边境县域最多，为 15 个，占旅游竞争力较弱的边境县域的 39.5%；其次为新疆，为 8 个，占旅游竞争力较弱的边境县域的 21.1%；第三为内蒙古，为 5 个，占旅游竞争力较弱的边境县域的 13.2%；甘肃、

吉林、广西旅游竞争力较弱的边境县域个数最少，各为1个，均占旅游竞争力较弱的边境县域的2.6%，辽宁边境无竞争力较弱的边境县域(表5-6)。旅游竞争力较弱的边境县域旅游资源较不丰富，区位交通条件较不便利，旅游服务设施匮乏，社会经济条件较为落后，暂不具备发展边境旅游的条件。

表5-6　旅游竞争力较差的边境县域

边境省(区)	边境县域
西藏(39.5%)	浪卡子县、日土县、札达县、错那县、察隅县、墨脱县、康马县、噶尔县、吉隆县、洛扎县、亚东县、仲巴县、定结县、岗巴县、萨嘎县(15个)
新疆(21.1%)	额敏县、裕民县、叶城县、阿图什市、乌恰县、托里县、阿合奇县、皮山县(8个)
内蒙古(13.2%)	乌拉特中旗、苏尼特右旗、科尔沁右旗前旗、苏尼特左旗、乌拉特后旗(5个)
云南(10.5%)	西盟佤族自治县、福贡县、绿春县、马关县(4个)
黑龙江(7.9%)	孙吴县、呼玛县、逊克县(3个)
甘肃(2.6%)	肃北蒙古族自治县(1个)
吉林(2.6%)	白山市八道江区(1个)
广西(2.6%)	那坡县(1个)

三、不同边境段落旅游竞争力分析

从不同边境段落的角度看，边境旅游竞争力平均得分在60分以上的有1个，为62.11分，是与朝鲜接壤的辽宁省和吉林省边境县域，其中，旅游竞争力很强的边境县域有3个；边境旅游竞争力平均得分在50～60分的有5个，分别是与老挝、缅甸、越南、俄罗斯、蒙古国接壤的云南省、黑龙江省、内蒙古、广西壮族自治区、新疆等边境县域，其中旅游竞争力很强的边境县域有10个；边境旅游竞争力平均得分在40～50分的有3个，分别是与阿富汗、中亚三国(哈萨克斯坦、吉尔吉斯斯坦、塔吉克斯坦)和巴基斯坦接壤的新疆边境县域，其中旅游竞争力很强的边境县域有1个；边境旅游竞争力评价得分在40分以下的边境县域有3个，分别是与尼泊尔、印度、不丹接壤的西藏等边境县域，其中无旅游竞争力很强和较强的边境县域(表5-7)。

表5-7　不同边境段落旅游竞争力

毗邻国家	竞争力很强的边境县域个数	竞争力较强的边境县域个数	竞争力一般的边境县域个数	竞争力较弱的边境县域个数	竞争力平均得分
朝鲜	3	7	4	1	62.11
老挝	1	0	1	0	55.89
缅甸	4	1	11	3	55.87
越南	2	5	5	3	55.73
俄罗斯	3	7	13	3	55.66
蒙古国	0	8	13	6	50.59

续表

毗邻国家	竞争力很强的边境县域个数	竞争力较强的边境县域个数	竞争力一般的边境县域个数	竞争力较弱的边境县域个数	竞争力平均得分
阿富汗	0	0	1	0	49.81
中亚三国	1	2	9	6	46.53
巴基斯坦	0	0	1	1	45.06
尼泊尔	0	0	3	4	34.71
印度	0	0	2	8	33.75
不丹	0	0	0	5	31.30

1. 中国与朝鲜边境旅游竞争力分析

2011年，中国与朝鲜边境旅游竞争力平均得分为62.11分，在12个边境段落中排名第1位。具体指标得分及排名情况见表5-8。2011年中国与朝鲜边境旅游竞争力的基本特点是，边境旅游发展基础条件竞争力和边境旅游发展现状竞争力均居6个边境段落前列，边境旅游发展潜力竞争力在12个边境段落中排名第4，居上游水平(表5-8)。

表5-8　中国与朝鲜边境旅游竞争力各指标评价平均得分及排名

目标	一级指标	二级指标	得分	排名
边境旅游竞争力(100)	边境旅游发展基础条件竞争力(45)	旅游自然环境基础(4)	2.72	3
		旅游区位交通条件(9)	5.62	2
		旅游资源条件(16)	9.39	2
		边境开放度(3.5)	1.95	6
		政府作用(4.5)	4.08	1
		社会经济条件(3)	1.92	1
		旅游服务设施条件(5)	3.64	1
	边境旅游发展基础条件竞争力总分(45)		29.32	1
	边境旅游发展现状竞争力(35)	旅游市场竞争力(20)	10.47	4
		旅游经济影响(15)	11.40	1
	边境旅游发展现状竞争力总分(45)		21.87	2
	边境旅游发展潜力竞争力(20)	经济发展潜力(3)	1.92	1
		潜在旅游资源(5)	1.80	12
		旅游业发展速度(12)	7.20	4
	边境旅游发展潜力竞争力(20)		10.92	4
	边境旅游竞争力总分(100)		62.11	1

具体来看，在15个中朝边境县域中，旅游竞争力很强的边境县域有3个，占中朝边境县域的20%；旅游竞争力较强的边境县域有7个，占中朝边境县域的46.7%；旅游竞争力一般的边境县域各有4个，占中朝边境县域的26.7%；旅游竞争力较弱的边

境县域有1个，占中朝边境县域的6.7%(表5-9)。在边境旅游发展基础条件竞争力方面，政府作用、社会经济条件、旅游服务设施条件排名首位；旅游区位交通条件、旅游自然环境基础、旅游资源条件排名前列；边境开放度居中上游水平。在边境旅游发展现状竞争力方面，旅游经济影响排名首位；旅游市场竞争力排名第4位，居上游水平。在旅游发展潜力竞争力方面，经济发展潜力和旅游业发展速度居于上游；潜在旅游资源排名较后，处于下游水平。

表5-9 中国与朝鲜边境县域旅游竞争力情况

旅游竞争力等级	边境县域
竞争力很强(20%)	珲春市、丹东市振兴区、东港市(3个)
竞争力较强(46.7%)	宽甸满族自治县、丹东市元宝区、安图县、丹东市振安区、集安市、抚松县、长白朝鲜族自治县(7个)
竞争力一般(26.7%)	临江市、和龙市、图们市、龙井市(4个)
竞争力较弱(6.7%)	白山市八道江区(1个)

2. 中国与老挝边境旅游竞争力分析

2011年，中国与老挝边境旅游竞争力平均得分为55.89分，在12个边境段落中排名第2位。具体指标得分及排名情况见表5-11。2011年中国老挝边境旅游竞争力的基本特点是，边境旅游发展基础条件竞争力和边境旅游发展现状竞争力居12个边境段落的上游水平，边境旅游发展潜力竞争力最弱，居12个边境段落下游水平(表5-10)。

表5-10 中国与老挝边境旅游竞争力各指标评价平均得分及排名

<table>
<tr><th>目标</th><th>一级指标</th><th>二级指标</th><th>得分</th><th>排名</th></tr>
<tr><td rowspan="15">边境旅游竞争力(100)</td><td rowspan="7">边境旅游发展基础条件竞争力(45)</td><td>旅游自然环境基础(4)</td><td>3.00</td><td>2</td></tr>
<tr><td>旅游区位交通条件(9)</td><td>5.96</td><td>1</td></tr>
<tr><td>旅游资源条件(16)</td><td>8.00</td><td>4</td></tr>
<tr><td>边境开放度(3.5)</td><td>2.27</td><td>3</td></tr>
<tr><td>政府作用(4.5)</td><td>4.05</td><td>2</td></tr>
<tr><td>社会经济条件(3)</td><td>1.20</td><td>7</td></tr>
<tr><td>旅游服务设施条件(5)</td><td>2.90</td><td>2</td></tr>
<tr><td colspan="2">边境旅游发展基础条件竞争力总分(45)</td><td>27.38</td><td>2</td></tr>
<tr><td rowspan="2">边境旅游发展现状竞争力(35)</td><td>旅游市场竞争力(20)</td><td>10.11</td><td>5</td></tr>
<tr><td>旅游经济影响(15)</td><td>10.50</td><td>3</td></tr>
<tr><td colspan="2">边境旅游发展现状竞争力总分(45)</td><td>20.61</td><td>4</td></tr>
<tr><td rowspan="3">边境旅游发展潜力竞争力(20)</td><td>经济发展潜力(3)</td><td>1.52</td><td>5</td></tr>
<tr><td>潜在旅游资源(5)</td><td>2.08</td><td>5</td></tr>
<tr><td>旅游业发展速度(12)</td><td>4.30</td><td>12</td></tr>
<tr><td colspan="2">边境旅游发展潜力竞争力(20)</td><td>7.90</td><td>12</td></tr>
<tr><td></td><td colspan="2">边境旅游竞争力总分(100)</td><td>55.89</td><td>2</td></tr>
</table>

具体来看，中老边境县域有 2 个，旅游竞争力很强和旅游竞争力一般的边境县域各有 1 个，无旅游竞争力较强和旅游竞争力较弱的边境县域(表 5-11)。在边境旅游发展基础条件竞争力方面，旅游自然环境基础、旅游区位交通条件、旅游资源条件、边境开放度、政府作用、旅游服务设施条件均居上游水平；社会经济条件居中下游水平。在边境旅游发展现状竞争力方面，旅游市场竞争力排名第 5，居中上游水平；旅游经济影响均排名第 3 位，居上游水平。在旅游发展潜力竞争力方面，经济发展潜力和潜在旅游资源均居中上游水平；边境旅游业发展速度居下游水平。

表 5-11　中国与老挝边境县域旅游竞争力情况

旅游竞争力等级	边境县域
竞争力很强(50%)	勐腊县(1 个)
竞争力较强(0%)	无
竞争力一般(50%)	江城哈尼族彝族自治县(1 个)
竞争力较弱(0%)	无

3. 中国与缅甸边境旅游竞争力分析

2011 年，中国与缅甸边境旅游竞争力平均得分为 55.87 分，在 12 个边境段落中排名第 3 位。具体指标得分及排名情况见表 5-12。2011 年中国与缅甸边境旅游竞争力的基本特点是，边境旅游发展基础条件竞争力和边境旅游发展现状竞争力居 12 个边境段落上游水平，边境旅游发展潜力竞争力均居中游水平。

表 5-12　中国与缅甸边境旅游竞争力各指标评价平均得分及排名

目标	一级指标	二级指标	得分	排名
边境旅游竞争力(100)	边境旅游发展基础条件竞争力(45)	旅游自然环境基础(4)	2.55	5
		旅游区位交通条件(9)	5.53	3
		旅游资源条件(16)	5.89	9
		边境开放度(3.5)	2.69	2
		政府作用(4.5)	3.88	3
		社会经济条件(3)	1.23	5
		旅游服务设施条件(5)	2.87	3
	边境旅游发展基础条件竞争力总分(45)		24.64	4
	边境旅游发展现状竞争力(35)	旅游市场竞争力(20)	11.00	2
		旅游经济影响(15)	10.11	2
	边境旅游发展现状竞争力总分(45)		21.11	3
	边境旅游发展潜力竞争力(20)	经济发展潜力(3)	1.48	7
		潜在旅游资源(5)	2.05	7
		旅游业发展速度(12)	6.59	6
	边境旅游发展潜力竞争力(20)		10.12	6
	边境旅游竞争力总分(100)		55.87	3

具体来看，在19个中缅边境县域中，旅游竞争力很强的边境县域有4个，占中缅边境县域的21.1%；旅游竞争力较强的边境县域有1个，占中缅边境县域的5.2%；竞争力一般的边境县域有11个，占中缅边境县域的57.9%；旅游竞争力较弱的边境县域有3个，占中缅边境县域的15.8%(表5-13)。在边境旅游发展基础条件竞争力方面，旅游区位交通条件、边境开放度、政府作用、旅游服务设施条件居上游水平；旅游自然环境基础、社会经济条件居中游水平；旅游资源条件居下游水平。在边境旅游发展现状竞争力方面，旅游市场竞争力和旅游经济影响均排名第2位，居上游水平。在旅游发展潜力竞争力方面，经济发展潜力、潜在旅游资源和边境旅游业发展速度均居中游水平。

表5-13 中国与缅甸边境县域旅游竞争力情况

旅游竞争力等级	边境县域
竞争力很强(21.1%)	景洪市、腾冲县、瑞丽市、勐腊县(4个)
竞争力较强(5.2%)	勐海县(1个)
竞争力一般(57.9%)	沧源佤族自治县、龙陵县、芒市、澜沧拉祜族自治县、盈江市、孟连傣族拉祜族佤族自治县、耿马傣族佤族自治县、陇川县、泸水县、贡山独龙族怒族自治县、镇康县(11个)
竞争力较弱(15.8%)	西盟佤族自治县、福贡县、察隅县(3个)

4. 中国与越南边境旅游竞争力分析

2011年，中国与越南边境旅游竞争力平均得分为55.73分，在12个边境段落中排名第4位。具体指标得分及排名情况见表5-14。2011年中国与越南边境旅游竞争力的基本特点是，边境旅游发展基础条件竞争力居12个边境段落的中上游，边境旅游发展现状竞争力居6个边境段落前列，边境旅游发展潜力竞争力稍弱，居下游。

表5-14 中国与越南边境旅游竞争力各指标评价平均得分及排名

目标	一级指标	二级指标	得分	排名
边境旅游竞争力(100)	边境旅游发展基础条件竞争力(45)	旅游自然环境基础(4)	3.23	1
		旅游区位交通条件(9)	4.98	6
		旅游资源条件(16)	6.19	8
		边境开放度(3.5)	2.81	1
		政府作用(4.5)	3.51	4
		社会经济条件(3)	1.36	4
		旅游服务设施条件(5)	2.40	5
	边境旅游发展基础条件竞争力总分(45)		24.48	5
	边境旅游发展现状竞争力(35)	旅游市场竞争力(20)	11.78	1
		旅游经济影响(15)	10.40	4
	边境旅游发展现状竞争力总分(45)		22.18	1
	边境旅游发展潜力竞争力(20)	经济发展潜力(3)	1.56	4
		潜在旅游资源(5)	2.40	2
		旅游业发展速度(12)	5.11	10
	边境旅游发展潜力竞争力(20)		9.07	10
	边境旅游竞争力总分(100)		55.73	4

具体来看，在 15 个中越边境县域中，旅游竞争力很强的边境县域有 2 个，占中越边境县域的 13.3%；旅游竞争力较强和竞争力一般的边境县域各有 5 个，均占中越边境县域的 33.3%；旅游竞争力较弱的边境县域有 3 个，占中越边境县域的 20%(表 5-15)。在边境旅游发展基础条件竞争力方面，旅游自然环境基础和边境开放度的得分分别为 3.23 分和 2.81 分，排名首位；政府作用和社会经济条件居上游水平；旅游区位交通条件、旅游资源条件、旅游服务设施条件居中游水平。在边境旅游发展现状竞争力方面，旅游市场竞争力排名首位；旅游经济影响排名第 4 位，居上游水平。在旅游发展潜力竞争力方面，潜在旅游资源排名前列；经济发展潜力居上游水平；边境旅游业发展速度居下游水平。

表 5-15　中国与越南边境县域旅游竞争力情况

旅游竞争力等级	边境县域
竞争力很强(13.3%)	东兴市、凭祥市(2 个)
竞争力较强(33.3%)	大新县、防城港市防城区、靖西县、河口瑶族自治县、麻栗坡县(5 个)
竞争力一般(33.3%)	龙州县、富宁县、金平苗族瑶族傣族自治县、江城哈尼族彝族自治县、宁明县(5 个)
竞争力较弱(20%)	那坡县、绿春县、马关县(3 个)

5. 中国与俄罗斯边境旅游竞争力分析

2011 年，中国与俄罗斯边境旅游竞争力平均得分为 55.66 分，在 12 个边境段落中排名第 5 位。具体指标得分及排名情况见表 5-16。2011 年中国与俄罗斯边境旅游竞争力的基本特点是，边境旅游发展基础条件竞争力居 12 个边境段落的上游，边境旅游发展现状竞争力和边境旅游发展潜力竞争力居 12 个边境段落中游水平。

表 5-16　中国与俄罗斯边境旅游竞争力各指标评价平均得分及排名

目标	一级指标	二级指标	得分	排名
边境旅游竞争力(100)	边境旅游发展基础条件竞争力(45)	旅游自然环境基础(4)	2.62	4
		旅游区位交通条件(9)	4.89	8
		旅游资源条件(16)	10.34	1
		边境开放度(3.5)	2.13	4
		政府作用(4.5)	3.39	5
		社会经济条件(3)	1.50	3
		旅游服务设施条件(5)	2.45	4
	边境旅游发展基础条件竞争力总分(45)		27.32	3
	边境旅游发展现状竞争力(35)	旅游市场竞争力(20)	9.65	6
		旅游经济影响(15)	9.23	5
	边境旅游发展现状竞争力总分(45)		18.88	5
	边境旅游发展潜力竞争力(20)	经济发展潜力(3)	1.68	2
		潜在旅游资源(5)	2.10	4
		旅游业发展速度(12)	5.68	8
	边境旅游发展潜力竞争力(20)		9.46	7
	边境旅游竞争力总分(100)		55.66	5

具体来看，在 26 个中俄边境县域中，旅游竞争力很强的边境县域有 3 个，占中俄边境县域的 11.5%；旅游竞争力较强的边境县域有 7 个，占中俄边境县域的 26.9%；竞争力一般的边境县域有 13 个，占中俄边境县域的 50%；旅游竞争力较弱的边境县域有 3 个，占中俄边境县域的 11.5%（表 5-17）。在边境旅游发展基础条件竞争力方面，旅游资源条件得分为 10.34 分，排名首位；旅游自然环境基础、边境开放度、社会经济条件、旅游服务设施条件居上游水平；旅游区位交通条件、政府作用居中游水平。在边境旅游发展现状竞争力方面，旅游市场竞争力和旅游经济影响分别排名第 6 位和第 5 位，居中游水平。在旅游发展潜力竞争力方面，经济发展潜力排名前列；潜在旅游资源居上游水平；边境旅游业发展速度居中下游水平。

表 5-17　中国与俄罗斯边境县域旅游竞争力情况

旅游竞争力等级	边境县域
竞争力很强(11.5%)	漠河县、珲春市、满洲里市(3 个)
竞争力较强(26.9%)	密山市、布尔津县、黑河市爱辉区、绥芬河市、虎林市、抚远县、萝北县(7 个)
竞争力一般(50%)	额尔古纳市、东宁县、嘉荫县、哈巴河县、陈巴尔虎旗、同江市、饶河县、穆棱市、绥滨县、新巴尔虎左旗、塔河县、新巴尔虎右旗、鸡东县(13 个)
竞争力较弱(11.5%)	孙吴县、呼玛县、逊克县(3 个)

6. 中国与蒙古国边境旅游竞争力分析

2011 年，中国与蒙古国边境旅游竞争力平均得分为 50.59 分，在 12 个边境段落中排名第 6 位。具体指标得分及排名情况见表 5-18。2011 年中国与蒙古国边境旅游竞争力的基本特点是，边境旅游发展基础条件竞争力、边境旅游发展现状竞争力和边境旅游发展潜力竞争力均居 12 个边境段落中游水平。

表 5-18　中国与蒙古边境旅游竞争力各指标评价平均得分及排名

目标	一级指标	二级指标	得分	排名
边境旅游竞争力(100)	边境旅游发展基础条件竞争力(45)	旅游自然环境基础(4)	1.53	10
		旅游区位交通条件(9)	4.73	9
		旅游资源条件(16)	9.24	3
		边境开放度(3.5)	1.71	8
		政府作用(4.5)	1.50	9
		社会经济条件(3)	1.56	2
		旅游服务设施条件(5)	1.91	7
	边境旅游发展基础条件竞争力总分(45)		22.18	6
	边境旅游发展现状竞争力(35)	旅游市场竞争力(20)	9.63	7
		旅游经济影响(15)	8.11	6
	边境旅游发展现状竞争力总分(45)		17.74	6
	边境旅游发展潜力竞争力(20)	经济发展潜力(3)	1.64	3
		潜在旅游资源(5)	1.90	11
		旅游业发展速度(12)	7.13	5
	边境旅游发展潜力竞争力(20)		10.67	5
	边境旅游竞争力总分(100)		50.59	6

具体来看，在 27 个中蒙边境县域中，旅游竞争力较强的边境县域有 8 个，占中蒙边境县域的 29.6%；旅游竞争力一般的边境县域有 13 个，占中蒙边境县域的 48.1%；旅游竞争力较弱的边境县域有 6 个，占中蒙边境县域的 22.2%；无旅游竞争力很强的边境县域(表 5-19)。在边境旅游发展基础条件竞争力方面，旅游社会经济条件居 12 个边境段落前列；旅游资源条件居上游水平；边境开放度、旅游服务设施条件居中游水平；旅游自然环境基础、旅游区位交通条件、政府作用居下游水平。在边境旅游发展现状竞争力方面，旅游市场竞争力和旅游经济影响分别排名第 7 位和第 6 位，居中游水平。在旅游发展潜力竞争力方面，经济发展潜力居上游水平；潜在旅游资源居下游水平；边境旅游业发展速度居中上游水平。

表 5-19　中国与蒙古边境县域旅游竞争力情况

旅游竞争力等级	边境县域
竞争力很强(0%)	无
竞争力较强(29.6%)	哈密市、二连浩特市、阿尔山市、阿拉善左旗、布尔津县、阿勒泰市、奇台县、达尔罕茂明安联合旗(8 个)
竞争力一般(48.1%)	富蕴县、额济纳旗、巴里坤哈萨克自治县、四子王旗、伊吾县、阿拉善右旗、东乌珠穆沁旗、新巴尔虎左旗、福海县、新巴尔虎右旗、青河县、阿巴嘎旗、木垒哈萨克自治县(13 个)
竞争力较弱(22.2%)	乌拉特中旗、苏尼特右旗、科尔沁右翼前旗、苏尼特左旗、乌拉特后旗、肃北蒙古族自治县(6 个)

7. 中国与阿富汗边境旅游竞争力分析

2011 年，中国与阿富汗边境旅游竞争力平均得分为 49.81 分，在 12 个边境段落中排名第 7 位。具体指标得分及排名情况见表 5-20。2011 年中国与阿富汗边境旅游竞争力的基本特点是，边境旅游发展基础条件竞争力和边境旅游发展现状竞争力居 12 个边境段落的中游水平，边境旅游发展潜力竞争力居 12 个边境段落上游水平。

具体来看，中阿边境县域只有 1 个，边境旅游竞争力一般(表 5-21)。在边境旅游发展基础条件竞争力方面，旅游自然环境基础、旅游区位交通条件、旅游资源条件、政府作用居中游水平；边境开放度、社会经济条件、旅游服务设施居下游水平。在边境旅游发展现状竞争力方面，旅游市场竞争力居上游水平；旅游经济影响均排名第 7 位，居中下游水平。在旅游发展潜力竞争力方面，经济发展潜力居下游水平；潜在旅游资源居中下游水平；边境旅游业发展速度居前列。

8. 中国与中亚三国边境旅游竞争力分析

2011 年，中国与中亚三国边境旅游竞争力平均得分为 46.53 分，在 12 个边境段落中排名第 8 位。具体指标得分及排名情况见表 5-22。2011 年中国与中亚各国边境旅游竞争力的基本特点是，边境旅游发展基础条件竞争力居 12 个边境段落中下游，边境旅游发展现状竞争力居 12 个边境段落的下游水平，边境旅游发展潜力竞争力居 12 个边境段落前列。

表 5-20　中国与阿富汗边境旅游竞争力各指标评价平均得分及排名

目标	一级指标	二级指标	得分	排名
边境旅游竞争力(100)	边境旅游发展基础条件竞争力(45)	旅游自然环境基础(4)	2.40	6
		旅游区位交通条件(9)	5.40	5
		旅游资源条件(16)	7.80	5
		边境开放度(3.5)	1.63	9
		政府作用(4.5)	1.80	7
		社会经济条件(3)	0.64	9
		旅游服务设施条件(5)	1.70	9
	边境旅游发展基础条件竞争力总分(45)		21.37	8
	边境旅游发展现状竞争力(35)	旅游市场竞争力(20)	10.80	3
		旅游经济影响(15)	6.00	7
	边境旅游发展现状竞争力总分(45)		16.80	7
	边境旅游发展潜力竞争力(20)	经济发展潜力(3)	0.60	12
		潜在旅游资源(5)	2.04	8
		旅游业发展速度(12)	9.00	1
	边境旅游发展潜力竞争力(20)		11.64	3
	边境旅游竞争力总分(100)		49.81	7

表 5-21　中国与阿富汗边境县域旅游竞争力情况

旅游竞争力等级	边境县域
竞争力很强(0%)	无
竞争力较强(0%)	无
竞争力一般(100%)	塔什库尔干塔吉克自治县(1个)
竞争力较弱(0%)	无

具体来看，在18个中亚边境县域中，旅游竞争力很强的边境线与有1个，占中亚边境县域的5.6%；旅游竞争力较强的边境县域有2个，占中亚边境县域的11.1%；旅游竞争力一般的边境县域有9个，占中亚边境县域的50%；旅游竞争力较弱的边境县域有6个，占中亚边境县域的33.3%(表5-23)。在边境旅游发展基础条件竞争力方面，旅游区位交通条件居上游水平；旅游资源条件、边境开放度、政府作用、旅游社会经济条件居中游水平；旅游自然环境基础和旅游服务设施条件居下游水平。在边境旅游发展现状竞争力方面，旅游市场竞争力排名第9位，居下游水平；旅游经济影响排名第8位，居中下游水平。在旅游发展潜力竞争力方面，经济发展潜力居中下游水平；潜在旅游资源和边境旅游业发展速度居上游水平。

表 5-22　中国与中亚边境旅游竞争力各指标评价平均得分及排名

目标	一级指标	二级指标	得分	排名
边境旅游竞争力(100)	边境旅游发展基础条件竞争力(45)	旅游自然环境基础(4)	1.35	11
		旅游区位交通条件(9)	5.45	4
		旅游资源条件(16)	7.58	7
		边境开放度(3.5)	2.11	5
		政府作用(4.5)	2.25	6
		社会经济条件(3)	1.11	8
		旅游服务设施条件(5)	1.55	11
	边境旅游发展基础条件竞争力总分(45)		21.4	7
	边境旅游发展现状竞争力(35)	旅游市场竞争力(20)	8.61	9
		旅游经济影响(15)	4.74	8
	边境旅游发展现状竞争力总分(45)		13.35	9
	边境旅游发展潜力竞争力(20)	经济发展潜力(3)	1.39	8
		潜在旅游资源(5)	2.21	3
		旅游业发展速度(12)	8.18	2
	边境旅游发展潜力竞争力(20)		11.78	1
	边境旅游竞争力总分(100)		46.53	8

表 5-23　中国与中亚边境县域旅游竞争力情况

旅游竞争力等级	边境县域
竞争力很强(5.6%)	霍城县(1 个)
竞争力较强(11.1%)	塔城市、察布查尔锡伯自治县(2 个)
竞争力一般(50%)	博乐市、昭苏县、温泉县、和布克赛尔蒙古自治县、吉木乃县、温宿县、阿克陶县、乌什县、塔什库尔干塔吉克自治县(9 个)
竞争力较弱(33.3%)	额敏县、裕民县、托里县、阿图什市、乌恰县、阿合奇县(6 个)

9. 中国与巴基斯坦边境旅游竞争力分析

2011 年，中国与巴基斯坦边境旅游竞争力平均得分为 45.06 分，在 12 个边境段落中排名第 9 位。具体指标得分及排名情况见表 5-24。2011 年中国与巴基斯坦边境旅游竞争力的基本特点是，边境旅游发展基础条件竞争力居 12 个边境段落的下游水平，边境旅游发展现状竞争力居 12 个边境段落的中下游水平，边境旅游发展潜力竞争力居 12 个边境段落前列。

表 5-24 中国与巴基斯坦边境旅游竞争力各指标评价平均得分及排名

目标	一级指标	二级指标	得分	排名
边境旅游竞争力(100)	边境旅游发展基础条件竞争力(45)	旅游自然环境基础(4)	1.60	8
		旅游区位交通条件(9)	4.40	10
		旅游资源条件(16)	7.60	6
		边境开放度(3.5)	1.75	7
		政府作用(4.5)	1.35	10
		社会经济条件(3)	1.21	6
		旅游服务设施条件(5)	1.89	8
	边境旅游发展基础条件竞争力总分(45)		19.8	9
	边境旅游发展现状竞争力(35)	旅游市场竞争力(20)	9.10	8
		旅游经济影响(15)	4.50	9
	边境旅游发展现状竞争力总分(45)		13.60	8
	边境旅游发展潜力竞争力(20)	经济发展潜力(3)	1.50	6
		潜在旅游资源(5)	2.06	6
		旅游业发展速度(12)	8.10	3
	边境旅游发展潜力竞争力(20)		11.66	2
	边境旅游竞争力总分(100)		45.06	9

具体来看，中巴边境县域只有 2 个，旅游竞争力一般和旅游竞争力较弱的边境县域各有 1 个(表 5-25)。在边境旅游发展基础条件竞争力方面，旅游自然环境基础、旅游资源条件、边境开放度、社会经济条件、旅游服务设施条件居 12 个边境段落的中游水平；旅游区位交通条件、政府作用居下游水平。在边境旅游发展现状竞争力方面，旅游市场竞争力排名第 8 位，居中下游水平；旅游经济影响均排名第 9 位，居下游水平。在旅游发展潜力竞争力方面，经济发展潜力和潜在旅游资源居中上游水平；边境旅游业发展速度居上游水平。

表 5-25 中国与巴基斯坦边境县域旅游竞争力情况

旅游竞争力等级	边境县域
竞争力很强(0%)	无
竞争力较强(0%)	无
竞争力一般(50%)	塔什库尔干塔吉克自治县(1 个)
竞争力较弱(50%)	叶城县(1 个)

10. 中国与尼泊尔边境旅游竞争力分析

2011 年，中国与尼泊尔边境旅游竞争力平均得分为 34.71 分，在 12 个边境段落中排名第 10 位。具体指标得分及排名情况见表 5-26。2011 年中国与尼泊尔边境旅游竞争力的基本特点是，边境旅游发展基础条件竞争力和边境旅游发展现状竞争力居 12 个边境段落的下游水平，边境旅游发展潜力竞争力居12个边境段落中下游水平。

具体来看，在7个中尼边境县域中，旅游竞争力一般的边境县域有3个，占中尼边境县域的42.9%；旅游竞争力较弱的边境县域有4个，占中亚边境县域的57.1%，无旅游竞争力很强和旅游竞争力较强的边境县域(表5-27)。在边境旅游发展基础条件竞争力方面，旅游自然环境基础和政府作用居12个边境段落的中下游；旅游区位交通条件、旅游资源条件、边境开放度、旅游社会经济条件、旅游服务设施条件均居下游水平。在边境旅游发展现状竞争力方面，旅游市场竞争力和旅游经济影响均排名第10位，居下游水平。在旅游发展潜力竞争力方面，经济发展潜力和旅游业发展速度居下游水平；潜在旅游资源居前列。

表5-26　中国与尼泊尔边境旅游竞争力各指标评价平均得分及排名

目标	一级指标	二级指标	得分	排名
边境旅游竞争力(100)	边境旅游发展基础条件竞争力(45)	旅游自然环境基础(4)	1.66	7
		旅游区位交通条件(9)	3.90	12
		旅游资源条件(16)	4.11	12
		边境开放度(3.5)	1.60	10
		政府作用(4.5)	1.67	8
		社会经济条件(3)	0.63	10
		旅游服务设施条件(5)	1.29	12
	边境旅游发展基础条件竞争力总分(45)		14.86	11
	边境旅游发展现状竞争力(35)	旅游市场竞争力(20)	6.80	10
		旅游经济影响(15)	3.86	10
	边境旅游发展现状竞争力总分(45)		10.66	10
	边境旅游发展潜力竞争力(20)	经济发展潜力(3)	1.22	10
		潜在旅游资源(5)	2.43	1
		旅游业发展速度(12)	5.54	9
	边境旅游发展潜力竞争力(20)		9.19	8
	边境旅游竞争力总分(100)		34.71	10

表5-27　中国与尼泊尔边境县域旅游竞争力情况

旅游竞争力等级	边境县域
竞争力很强(0%)	无
竞争力较强(0%)	无
竞争力一般(42.9%)	聂拉木县、定日县、普兰县(3个)
竞争力较弱(57.1%)	吉隆县、仲巴县、定结县、萨嘎县(4个)

11. 中国与印度边境旅游竞争力分析

2011年，中国与印度边境旅游竞争力平均得分为33.75分，在12个边境段落中排名第 11 位。具体指标得分及排名情况见表 5-28。2011 年中国与印度边境旅游竞争力的基本特点是，边境旅游发展基础条件竞争力和边境旅游发展现状竞争力和边境旅游发展潜力竞争力均居 12 个边境段落下游水平。

具体来看，在 10 个中印边境县域中，旅游竞争力一般的边境县域有 2 个，占中印边境县域的 20%；旅游竞争力较弱的边境县域有 8 个，占中印边境县域的 80%，无旅游竞争力很强和较强的边境县域(表 5-29)。在边境旅游发展基础条件竞争力方面，旅游自然环境基础、旅游区位交通条件、旅游资源条件、边境开放度、政府作用、旅游社会经济条件均居下游水平；旅游服务设施条件居中下游水平。在边境旅游发展现状竞争力方面，旅游市场竞争力和旅游经济影响分别排名第 11 位和第 12 位，居下游水平。在旅游发展潜力竞争力方面，经济发展潜力和潜在旅游资源居下游水平；边境旅游业发展速度居中下游水平。

表 5-28　中国与印度边境旅游竞争力各指标评价平均得分及排名

目标	一级指标	二级指标	得分	排名
边境旅游竞争力(100)	边境旅游发展基础条件竞争力(45)	旅游自然环境基础(4)	1.56	9
		旅游区位交通条件(9)	4.24	11
		旅游资源条件(16)	5.44	10
		边境开放度(3.5)	0.91	11
		政府作用(4.5)	0.99	12
		社会经济条件(3)	0.62	11
		旅游服务设施条件(5)	1.92	6
	边境旅游发展基础条件竞争力总分(45)		15.68	10
	边境旅游发展现状竞争力(35)	旅游市场竞争力(20)	6.08	11
		旅游经济影响(15)	2.90	12
	边境旅游发展现状竞争力总分(45)		8.98	11
	边境旅游发展潜力竞争力(20)	经济发展潜力(3)	1.26	9
		潜在旅游资源(5)	2.03	9
		旅游业发展速度(12)	5.80	7
	边境旅游发展潜力竞争力(20)		9.09	9
	边境旅游竞争力总分(100)		33.75	11

表 5-29　中国与印度边境县域旅游竞争力情况

旅游竞争力等级	边境县域
竞争力很强(0%)	无
竞争力较强(0%)	无
竞争力一般(20%)	和田县、普兰县(2 个)
竞争力较弱(80%)	日土县、札达县、错那县、察隅县、墨脱县、噶尔县、皮山县、岗巴县(8 个)

12. 中国与不丹边境旅游竞争力分析

2011 年，中国与不丹边境旅游竞争力平均得分为 31.30 分，在 12 个边境段落中排名第 12 位。具体指标得分及排名情况见表 5-30。2011 年中国与不丹边境旅游竞争力的基本特点是，边境旅游发展基础条件竞争力、边境旅游发展现状竞争力和边境旅游发展潜力竞争力均居 12 个边境段落的下游水平。

具体来看，5 个中不边境县域均为旅游竞争力较弱的边境县域，无旅游竞争力很强、旅游竞争较强和旅游竞争力一般的边境县域(表 5-31)。在边境旅游发展基础条件竞争力方面，旅游自然环境基础、旅游资源条件、边境开放度、政府作用、旅游社会经济条件、旅游服务设施条件均居下游水平，旅游区位交通条件居中下游水平。在边境旅游发展现状竞争力方面，旅游市场竞争力和旅游经济影响分别排名第 12 位和第 11 位，均居下游水平。在旅游发展潜力竞争力方面，经济发展潜力、潜在旅游资源和边境旅游业发展速度均居下游水平。

表 5-30　中国与不丹边境旅游竞争力各指标评价平均得分及排名

目标	一级指标	二级指标	得分	排名
边境旅游竞争力(100)	边境旅游发展基础条件竞争力(45)	旅游自然环境基础(4)	0.96	12
		旅游区位交通条件(9)	4.92	7
		旅游资源条件(16)	4.48	11
		边境开放度(3.5)	0.84	12
		政府作用(4.5)	1.08	11
		社会经济条件(3)	0.60	12
		旅游服务设施条件(5)	1.56	10
	边境旅游发展基础条件竞争力总分(45)		14.44	12
	边境旅游发展现状竞争力(35)	旅游市场竞争力(20)	5.84	12
		旅游经济影响(15)	3.00	11
	边境旅游发展现状竞争力总分(45)		8.84	12
	边境旅游发展潜力竞争力(20)	经济发展潜力(3)	1.20	11
		潜在旅游资源(5)	2.02	10
		旅游业发展速度(12)	4.80	11
	边境旅游发展潜力竞争力(20)		8.02	11
	边境旅游竞争力总分(100)		31.30	12

表 5-31　中国与不丹边境县域旅游竞争力情况

旅游竞争力等级	边境县域
竞争力很强(0%)	无
竞争力较强(0%)	无
竞争力一般(0%)	无
竞争力较弱(100%)	浪卡子县、错那县、康马县、洛札县、亚东县(5 个)

四、基本结论

从全国范围看，我国边境县域旅游竞争力水平仍有较大差距，最高分为云南省景洪市(89.02)，最低分为西藏自治区萨嘎县(22.70)。旅游竞争力很强的边境县域有 12 个，占边境县域总数的 8.82%；旅游竞争力较强的边境县域有 29 个，占边境县域总数的 21.32%；旅游竞争力一般的边境县域有 57 个，占边境县域总数的 41.91%；旅游竞争力较弱的边境县域有 38 个，占边境县域总数的 27.95%。

从不同边境段落的角度看，与朝鲜接壤的边境县域旅游竞争力评价得分最高；其次为与老挝、缅甸、越南、俄罗斯、蒙古国接壤的边境县域；再次为与阿富汗、中亚三国和巴基斯坦接壤的边境县域；最后为与尼泊尔、印度、不丹接壤的边境县域。

从各边境段落的二级指标评价结果来看，旅游发展基础条件竞争力主要考察旅游自然环境基础、旅游区位交通条件、旅游资源条件、边境开放度、政府作用、社会经济条件和旅游服务设施条件 7 个指标，中朝和中老边境县域旅游发展基础条件具有明显优势，中尼和中不边境县域旅游发展基础条件较弱；旅游发展现状竞争力主要考察旅游市场竞争力和旅游经济影响 2 个指标，中越和中朝边境县域旅游发展现状居于前列，中印和中不边境县域旅游发展现状不甚乐观；旅游发展潜力竞争力主要考察经济发展潜力、潜在旅游资源状况、旅游业发展速度 3 个指标，中亚三国和中巴边境县域旅游发展潜力较高，中不和中老边境县域旅游发展潜力较低。

总体来说，极具旅游竞争力的边境县域是目前边境旅游主要的开展地区，较有旅游竞争力的边境县域是未来边境旅游的重点发展区域，旅游竞争力一般的边境县域是边境旅游发展须尽力提升的地区，旅游竞争力较弱的边境县域暂不具备发展边境旅游的条件。

第六章　边境旅游政策解析

第一节　边境旅游政策的界定与影响因素

一、边境旅游政策的定义及特征

1. 边境旅游政策的定义

旅游政策指的是政府部门根据特定时期旅游业发展的需要，为实现相应的旅游发展目标，而制定的一系列行动准则，既包括宏观性的指导思想以及发展方向，也包括对某一具体问题的明确意见(邵琪伟，2013)。相应地，边境旅游政策是指国家和地方旅游行政管理部门为实现一定时期内的边境旅游发展目标，基于旅游政策的基本理论，依据国家有关政策、法规，结合边境地区经济发展水平及当地旅游业发展现状，在充分研究和掌握边境地区经济、政治、文化对旅游业产生影响的各种因素以及这些因素产生、变化和发展的特点和规律的基础上，制定出的相应的行动准则。边境旅游政策是旅游政策的一种类型，它指导并服务于边境旅游业发展的全过程，同时也是衡量边境旅游业取得成效的尺度。

近些年来，边境旅游业蓬勃发展，这与边境旅游政策的制定与实施密不可分。由于我国政府对旅游业的宏观调控大多是以政策性调节为主，这种"政府主导"的旅游发展战略同样体现在边境旅游发展过程中，政府制定出边境旅游政策，然后围绕这些政策目标加以实施。由此可见，边境旅游政策直接影响到边境旅游目的地及边境旅游活动的发展，其正确与否直接关系到边境地区旅游业的兴衰成败。对边境旅游政策的研究，为我们更好地了解边境旅游的发展方针，把握边境旅游的发展动向，进而规范从事边境旅游活动有着极其重要的意义。

2. 边境旅游政策的特征

1）特殊性

边境旅游政策是以边境地区的旅游问题为着眼点进行研究和制定的，由于边境地区所特有的社会现象和社会矛盾，使当地的旅游文化有其自己的特殊性。具体而言，其特殊性主要表现在以下两个方面：一是边境旅游政策研究的地域范围是国家边境地区，该地区在划定、居住、通行、安保、生产、文化教育，以及其他相关事务的管理上，具有明显的不同与内地的特殊性，因此在旅游上表现的形式也必然与内地旅游有着极大的不同；二是边境旅游政策所涉及的研究内容除了与旅游学的相关知识外，还包括国家安全学、公安学、治安学、犯罪学、国际法学、管理学等多种学科领域，这种多学科的交叉也是一种特殊性的表现。

2）重要性

通过边境政策的制定与实施，能充分发挥边境地区的旅游优势，促进边境地区的经济繁荣。这主要表现在两方面：一是吸引大批旅游者从我国四面八方到边境地区，加强内地对边境地区的了解和信息的交流，促使当地人民观念的转变与更新，开辟内地与边疆的多方面合作；二是加强边境地区与相邻国家的联系与交流，开创更多的经济合作和贸易往来机会，带动边境地区相关行业的发展。通过宣传和开展边境旅游活动，是使边境地区贫困的少数民族利用自己的旅游资源优势和区位优势脱贫致富的重要途径，对振兴边境地区有着重要的意义。

3）复杂性

边境旅游政策的制定受到多方面因素的影响，有政治的、经济的、文化的、行政的、法律的、境内的、境外的、公开的和隐蔽的等，这些影响因素相当广泛，而其产生变化的过程也极其复杂。边境旅游人员间的交往往往是双向的、广泛的，因此边境两国间的关系极大地影响了国家合作和人员交往。边境旅游在相邻的国家公民间架起了一座桥梁，怎样创造出更多的条件来拓宽这座桥梁，加强相邻国家间的交流与合作，这在很大程度上依赖国家关系，因而边境旅游政策基于这些因素如何制定、运用和操作相关策略则变得较为复杂。

二、边境旅游政策的影响因素

1. 外交因素

外交因素在制定旅游政策中起着非常重要的作用，是维系一个国家政治稳定的必要手段。在很多情况下，旅游发展中外交因素的政治影响更受关注。对边境旅游来说，重要政策的确定都是围绕着政治目标而制定的，没有正常、良好的国家关系，就不可能有正常旅游者的跨境流动。因此，为了促进边境旅游的发展首先就要改善国家和地区之间的政治和外交关系。我国边境旅游政策的制定方向，往往反映出与邻国的外交关系。这一点在通关政策中表现得尤为明显，一个国家国民享有国际旅行的自由度，不但是相关国家国力强弱的体现，也显现了一个国家或地区经济发达程度和国际政治关系的水平。外交政策是体现一个国家政府最突出的政治倾向，也是国家关系的风向标和晴雨表。在当今世界上，有些事情表面上看是经济关系，实际上更是政治关系，正如边境旅游业的发展，表面上看是国家经济发展到一定程度的跨境合作，实际上也从另一个层面体现出国家间外交关系的合作与稳定。中国与周边国家外交关系的正常化，尤其是与邻国关系的正常化，成为中国边境旅游市场格局重大变化的关键。目前，除不丹以外，我国与其他 13 个陆地毗邻国家都建立了外交关系，这种稳定的外交关系也是我国同这些周边国家发展边境旅游业的基础。

2. 经济因素

经济因素在边境旅游政策制定中起着决定性作用。边境旅游政策往往都是在结合边境地区经济发展水平及当地旅游业发展现状的基础上制定的。长期以来，大多数边境地区的商品经济处在欠发达水平，长期处于封闭和半封闭状态，人们缺乏商品经济观念和开放意识，而边境旅游的过程就是促进边境地区贸易与文化交流的过程。因而边境旅游政策的制定则是以有助于增强边境地区各族人民的开放意识和商品经济观念，有助于促进边境地区经济由封闭式向开放式、由自然经济向商品经济的转变为目标进行的。1997年10月15日，由国家旅游局、外交部、公安部、海关总署联合发布实施《边境旅游暂行管理办法》，第一条就明确规定了边境旅游的目的，即"为进一步扩大我国旅游业的对外开放，促进边境地区的经济繁荣和社会稳定，增进同毗邻国家人民的交往和友谊，完善边境旅游管理，制定本办法"。边境旅游政策的制定和实施，使边境地区的人们逐步学会自觉地以市场为导向，开发各种商品性的产业，打破过去那种自我封闭、自我循环、自我温饱的局面，不断推动边境地区对外交流，促进边境地区科技、文化、教育的发展从而带动当地经济的发展，改善边境地区经济结构，有利于边民脱贫致富，增加边境地区的财政收入。

3. 安全因素

安全因素也是边境旅游政策制定需考虑的重要因素之一。因为边境地区是国家关系和安全的敏感地区，在跨境的过程中，各国不同的法律制度和社会文化背景，导致旅游管理方面存在一定的漏洞，区域内存在的赌博、毒品、走私等活动会给旅游业的健康发展带来较大的影响，也给旅游者的安全带来较大的冲击。同时，边境地区人员流动大，背景复杂，也对旅游安全保障工作造成一定的影响。这些都是在制定旅游政策中不得不考虑的问题。考虑到旅游安全因素，2005年公安部等13部委采取措施，在全国集中开展打击边境地区赌博和违法犯罪活动，停止了办理异地人员的边境旅游申请，使我国边境省(区)的入境旅游受到极大冲击，旅游收入急剧下滑。近几年边境安全发展势态好转，2009年逐渐恢复异地办证的政策，复苏边境旅游业。可见，政策的制定对边境旅游发展具有决定性的影响，而安全因素是制定政策的重要导向。

第二节　我国边境旅游政策回顾

随着我国改革开放的不断深入，国际文化交流日渐密切，边境旅游作为一种新型的旅游形式越来越多地受到各国政府和旅游组织的关注。我国边境旅游不同发展阶段(具体划分见本书第二章)其政策有所不同。

一、缓慢起步期(1978～1991年)的边境旅游政策

1. 制定背景

1978年的改革开放，尤其是党的十一届三中全会开启了中国历史上具有深远意义的伟大转折，重新确立了马克思主义实事求是的思想路线，决定把全党工作的重点转移到社会主义现代化建设上来，这一重大举措推动了经济的全面建设，包括旅游业的起

步。这个阶段的旅游政策体现为根据我国旅游业战略发展的需要，由中央政府部门制定与旅游业相关的各项政策法规，特别是完善旅游接待政策，以此推动入境旅游事业的发展。这一时期我国对边境旅游发展没有专门的政策导向。但此时在边境地区，改革开放的大环境开启了旅游产业的复苏。虽然我国与一些相邻国家此时还存在战事或争端，边境关系也较为紧张，但随着改革开放政策的颁布与实施，也有些相对稳定的边境地区开始有一些小型的贸易往来和人员流动。到了 20 世纪 80 年代后期，国际格局发生了巨大变化，“求同存异，和平发展”成为这一时期的主流。我国开始与一些周边国家恢复了建交，随着中俄、中越、中韩，以及中国和东盟外交关系的确立和恢复，我国与相邻国家边境地区的紧张局势慢慢得到了改善，与邻国经济贸易、文化往来的需求日渐增多，边境地区人民相互接触、相互了解、相互合作的愿望也越来越强烈。与此同时，边境旅游政策也在酝酿当中。

2. 相关政策

这一时期，我国边境旅游刚刚起步，主要政策见表 6-1。这个时期的边境旅游政策主要呈现出以下几个特点：①虽然对边境旅游的出游限制较多，但是对出游人数、出游时间、结算方式、出入境手续办理等方面做出明确规定，如 1988 年 8 月，国家旅游局同意吉林省试办延吉至朝鲜稳城的自费旅游活动，根据国家旅游局文件的要求，丹东与新义州的自费一日游活动头两年全年总共为 210 人，延吉与稳城的自费一日游活动头两年全年总共为 750 人，出游者的对象及其活动的范围有严格的限制；②国家统一组织管理，出于政治目的或带有明显的奖励旅游的倾向；③政策出台较少，主要是政府间积极磋商为主，以暂行办法的形式颁布；④这一时期政策多属首创，为以后的边境旅游政策制定提供了重要借鉴。

表 6-1　1978～1990 年我国边境旅游主要政策

时间	制定单位	政策名称	政策(或活动)内容
1987 年 11 月 4 日	国家旅游局和对外经贸部	关于拟同意辽宁省试办丹东至新义州自费旅游事	强调旅游形式为“一日游”，对旅游组织领导、出境纪律教育、旅游人数、旅游对象、旅游费用等提出了详细的要求
1988 年 8 月	吉林省旅游局	延吉至朝鲜稳城的自费旅游活动	对出游者的人数、对象和活动范围有严格的限制，在活动内容安排、出入境手续、结算办法等方面做出了有益的探索
1988 年 9 月	新疆维吾尔自治区旅游局		与巴基斯坦旅游发展公司联合拍摄丝绸之路旅游电视片
1989 年 9 月 23 日	国家旅游局	关于中苏边境地区开展自费旅游业务的暂行管理办法	对中苏边境地区开展自费旅游业务的范围、审批权限、申报程序、结算方法等做了明确的规定
1990 年 3 月，6 月	内蒙古自治区旅游局		与蒙古人民共和国国家旅游局进行互访，探讨中蒙之间开展边境旅游事宜

续表

时间	制定单位	政策名称	政策(或活动)内容
1991年5月11日	辽宁省旅游局	辽宁省中朝边境自费旅游业务暂行管理办法	该办法规定仅适用辽宁省境内居民自费到朝鲜民主主义共和国平安北道的旅游业务
1991年6月14日	吉林省旅游局	与朝鲜稳城、赛别尔郡开展中朝边境一日游	提出：组织中朝边境自费一日游属于试办，全年不超过3 000人，且“采取切实措施严禁公费旅游或变相公费旅游”
1991年9月18日	内蒙古自治区旅游局	与蒙古人民共和国札门乌德市开展中蒙边境对等交换一日游	提出：中蒙边境一日游暂试办两年，每年双方交换旅游人员不得超过3 000人
1991年12月14日	吉林省旅游局	与朝鲜满蒲市开展中朝边境三日游	提出：集安四日游的费用结算采用双方对等互惠的方式，不动用货币，差额部分我方可用国家不实行进口限制的商品偿付

二、初步发展期(1992～1998年)的边境旅游政策

1. 制定背景

这一时期随着中国经济迅速发展，我国经济生活水平的提高，国内旅游需求呈现不断增长，整个社会对旅游业的不断深入认识，作为“朝阳产业”的旅游业也逐步受到各个地区的重视。这个阶段的旅游政策出台较多，包括星级酒店建设评定、旅行社投资成立、旅游景区规划发展等涉及的相关政策，它们的制定与实施服务于当时各个地区的旅游业，极大程度上促进了我国旅游业的快速发展。

与此同时，沿边地区的进一步开放，促进了边境地区的经济发展。特别是1992年6月，国务院做出进一步开放沿边城市的决定，中国边境贸易和边境旅游进入了大发展时期，我国各个边境省份都相继开展了边境旅游，在这段时间里，中国边境旅游达到高潮，以国务院办公厅或国家旅游局的名义下发的大量有关边境旅游的文件也陆续颁布，先后批准了黑龙江、辽宁、吉林和内蒙古等省(区)的部分边境城市开展边境旅游活动。这一时期，由于我国经济发展过热，导致1992～1993年边贸活动大发展时期出现的假冒伪劣、欺诈蒙骗逐步增多，相应的行政管理弱化，出现无序竞争的局面，使得边境旅游的发展蒙上了一层阴影(张广瑞，1997)。

为了整顿和规范边境旅游市场，国家先后出台了30余个与边境旅游有关的文件，其中由国家旅游局、外交部、公安部、海关总署共同制定的《边境旅游暂行管理办法》，经国务院批准，已于1997年10月15日发布实施，从此边境旅游在我国形成了基本统一的管理制度。在实施细则方面，除《中俄边境旅游暂行管理实施细则》已于1998年6月3日发布实施外，与其他对象国的边境旅游管理实施细则都在陆续的制定当中。《边境旅游暂行管理办法》及实施细则的发布实施，使边境旅游的经营和管理有了依据，促进了边境旅游的健康、持续发展。在这一时期，国务院陆续批准中俄、中朝、中蒙、中

越、中缅等多条线路开展三到七日游，边境旅游线路逐步增多。

2. 相关政策

这个阶段出台的边境旅游政策见表6-2，主要特点有：①不动用外汇，双方采取对等交换团队、提供对等服务的方式，即中国公民在他国境内的旅游活动所需费用由中方直接带团出境的旅行社代收，专门记账，并通知对方，对方在一定时间内提出一份所需物品清单，由中方代收费用的旅行社代为采购，其费用在应付对方旅游款项中扣除。这样做，实际上等于对方用旅游服务换取中国的商品，而中国公民出国旅游无需支付外汇。同理，我方也按同等的方式为对方提供服务。这种记账方式的中国边境旅游结算模式简单易行，旅游费用受国际货币汇率变化影响较小，受到普通公众的欢迎。②政策更加宽松。主要表现为参游人数逐年扩大和允许旅游的时间加长，即明确提出"除《中华人民共和国公民出境入境管理法》第八条所列人员外，凡身体健康、适应境外旅游的中国公民，均可申请参加中俄边境旅游。"这一改变，对活跃当地经济，增进两国友谊，促进双方交流都起着积极意义。与此同时，允许参游时间也从一日游向多日游转变。这些使得边境旅游逐步演化为内地游，即不局限为边境地区观光购物，还可延伸到内地，变成国际旅游。③严厉杜绝公费旅游。这一阶段有关边境旅游的相关文件，基本上都明确指明了"不得以任何借口搞公费旅游"。④经济目的逐步加强，即边境旅游政策更多地强调经济效益和对当地经济的促进作用。进入20世纪90年代以后，边境旅游的开展更强调经济意义，开展边境旅游与开展边境贸易和促进边境地区的开放紧密结合，更加强调边境旅游对当地经济发展的促进作用。⑤边境旅游政策更加统一化、规范化，《边境旅游暂行管理办法》成为规范边境旅游活动的主要准则。

表6-2　1992～1998年我国边境旅游主要政策

时间	制定单位	政策名称	政策(或活动)内容
1992年4月8日	内蒙古自治区外事办公室、旅游局、公安厅	中蒙多日游暂行管理办法 中俄边境旅游暂行管理办法	《中蒙多日游暂行管理办法》规定了中蒙三至七日旅游路线四条，同时规定：经营单位只能办理自费旅游，直接向个人收费，不得以任何形式开展公费旅游；《中俄边境旅游暂行管理办法》则规定：中俄边境旅游属不动汇旅游，双方采取对等交换旅游团组、提供对等服务的形式；严格禁止公费旅游。旅行社开具的发票上必须印有"自费旅游，不作报销"凭证字样等
1992年5月29日	国家旅游局	关于广西壮族自治区开展中越边境旅游业务的复函	规定了广西壮族自治区与越南一日或多日边境旅游线路四条，同时规定：中越边境旅游以对等交换为主，不动用外汇，收费标准须经自治区物价部门审核；中越边境旅游的双方参游人员必须持有各自国家颁发的证件，并按规定向对方办妥签证(包括团体签证)，且我方参游人员必须是具有广西壮族自治区常驻户口的公民等

续表

时间	制定单位	政策名称	政策(或活动)内容
1992年9月5日	吉林省旅游局	吉林省边境旅游暂行管理办法	规定：旅游团队必须按照批准的口岸出入境，按照规定的旅游线路和时间进行活动，按时返回
1992年9月16日	广西壮族自治区旅游局、公安厅	关于开展中越边境旅游业务的暂行管理办法	规定了中国公民赴中越边境旅游的一些细则
1992年12月26日	黑龙江省旅游局	与俄罗斯哈巴罗夫斯克开展中俄边境五日游	指出：我方参游人员必须是在黑龙江省有常住户口的居民，不得组织异地人员参游，双方承办单位必须将各自参游人员组成团队，集体出入境。入出境手续按照两国互免团体旅游签证协议办理
1992年年底	国家旅游局	关于重申加强边境旅游工作管理的通知	第一、边境旅游政策性强，任何非旅游部门或未经指定的旅游企业均不得承办此业务；第二、办理边境旅游业务，应严格遵守《中华人民共和国公民出境入境管理法》及其细则；第三、对参加边境旅游的国家干部，要严格按照干部分级管理的权限进行审批；第四、开展边境旅游严防公费旅游；第五、各边境旅游承办单位必须做好我旅游团在境外期间的组织和接待工作
1992年	新疆维吾尔自治区人民政府	关于我区与哈萨克斯坦共和国等周边国家开展两日至七日游活动的实施细则	规定：我方参游人员必须是在新疆维吾尔自治区有常驻户口的居民；双方参加七日游人员应持用本国护照或代替护照的国际旅行证件，对方人员不能持用身份证加附页；参加两日游的我方人员可持用一次有效入出境通行证，返回时由边防检查部门收回；我方参加七日游人员应按规定以外汇或外汇人民币购买机票；其他有关问题参照《关于中苏边境地区开展自费旅游业务的暂行管理办法》办理等
1992年	云南省人民政府	云南省中缅边境地区中方人员入境管理暂行规定	对边境地区中方人员和内地中方人员因公、因私出境做了不同的限定
1993年2月25日	云南省旅游局、公安厅	关于云南省中越、中老、中缅边境旅游管理有关问题的通知	通知中，将边境旅游所需证件统一为《中华人民共和国入出境通行证》；并新增“昆明地区旅游部门组团参加出境边境旅游的人员，可在省公安厅出入境管理处申请办理《中华人民共和国入出境通行证》。凭该证通过一、二线公安边防检查站出境旅游”条款，开辟了一条新的签证办理渠道
1994年下半年	广西公安边防部门	允许旅行社统一办理《中华人民共和国中越边境地区出入境通行证》	在防城港东兴和凭祥两个口岸，允许有权开展中越边境“一日游”业务的旅行社为出境旅游的中国内地公民统一办理《中华人民共和国中越边境地区出入境通行证》

续表

时间	制定单位	政策名称	政策(或活动)内容
1997年10月15日	国家旅游局、外交部、公安部、海关总署	边境旅游暂行管理办法	在开展边境旅游业务的具体条件、旅游的具体形式、活动范围、结算方式、双方参游人员使用的出入证件、处罚性条款等方面做了详细规定。该办法是我国第一部全国范围内的边境旅游管理办法
1998年6月3日	国家旅游局、外交部、公安部、海关总署	中俄边境旅游暂行管理实施细则	促进中俄边境旅游沿着健康、有序的方向进一步发展

三、快速发展期(1999～2009年)的边境旅游政策

1. 制定背景

为了推动我国经济的整体发展，国家对边境地区不断加大扶持力度，从1999年开始，国家民委联合国家发展改革委、财政部等部门发起了兴边富民行动，该行动惠及我国所有陆地县域。该行动提出要加大对边境地区的投入和对广大边民的帮扶，使边境地区尽快发展起来，边民尽早富裕起来，在发展中进一步增强爱国主义感情和加强各民族大团结，最终达到富民、兴边、强国、睦邻的目的。这一时期的政策使边境地区的基础设施得到了极大地改善，从而有效地推动了边境旅游业的全面发展。

然而，一方面边境旅游业的蓬勃发展促进了我国经济的繁荣，另一方面，过热的发展使边境旅游市场中出现一些负面情况，如旅行社涉嫌非法经营边境旅游业务，涉嫌变相转让经营权等违法违规行为，团款纠纷、服务质量投诉、边境赌博滋生等情况。为了进一步规范边境旅游经营和管理秩序，2005年公安部等13部委停止了全国所有边境地区异地办证业务，这一举措对于边境旅游来说是个打击。经过四年的整顿，公安部、监察部、国家旅游局于2009年再次启动异地办证业务，由此我国进入了整顿边境旅游市场、规范边境旅游经营、调整边境旅游政策的发展完善阶段。

2. 相关政策

这一时期的边境旅游政策具体见表6-3，主要特点有：①从国家层面加大重视力度，将边境旅游政策融入到国家战略的高度，如兴边富民工程、西部大开发战略都为边境地区旅游发展带来新的契机，并成为我国边境旅游政策的重要部分；②注重政策调整，积极对边境旅游政策进行调整，以适应边境旅游的整体发展需求，按着边境旅游活动的发展状况积极调整通关政策，如异地办证业务的调整；③虽然针对边境旅游活动的政策有所减少，但是在金融、交通、通关等领域出台了许多有利于边境旅游的相关规定，如2004年中国人民银行发布公告，自2005年1月1日起中国公民出入境、外国人入出境每人每次携带的人民币限额由原来的6 000元调整为20 000元。2005年中俄双方签署的关于修改和补充《互免团体旅游签证的协定》的议定书，我国旅游团队赴俄罗斯旅游可通过中俄互免团体旅游签证渠道进行。这些措施极大地促进了我国边境旅游业的发展。

表 6-3　1999～2009 年我国边境旅游主要政策

时间	制定单位	政策名称	政策(或活动)内容
1999 年	国家民委联合发展改革委、财政部等部门	兴边富民行动边境建设工程	加大边境帮扶力度，促进边境地区经济发展
2005 年 9 月	公安部	暂停全国边境异地办证业务	要求各地公安机关要严格边境游证件办理工作，对境外有赌场的边境地区坚决停止边境游异地办证，坚决遏制我国公民出境参赌活动
自 2005 开始	内蒙古自治区旅游局	边境旅游协调会议制度	内蒙古自治区旅游局与蒙古国自然环保旅游部约定双方每年召开一次年度会议，及时交流信息，充分表达双方意愿，切实解决存在问题，积极开辟新的边境旅游线路、拓展旅游业务往来、扩大双边旅游合作
2007 年	国务院办公厅	《兴边富民行动“十一五”规划》	提出“提升沿边开放水平”
2008 年 3 月	中共中央办公厅、国务院办公厅	《中共中央办公厅、国务院办公厅印发〈关于进一步加强因公出国(境)管理的若干规定〉的通知》	特别强调公款出国(境)旅游不仅造成巨大浪费，而且严重损害党和政府形象，必须坚决制止
2009 年年初	公安部、监察部、国家旅游局		边境异地办证业务再次启动
2009 年	新疆维吾尔自治区人民政府	关于进一步加快新疆旅游业发展的决定	指出：要进一步简化出入境手续和旅游购物通关检验手续

四、全面发展期(2010 年～至今)的边境旅游政策

1. 制定背景

经过多年的努力，边境旅游的发展已经进入了一个有序、正常的轨道。近些年来随着人们对旅游这种休闲方式的不断认可，国内旅游业进入转型升级阶段，为边境旅游业提供了新的发展契机。入境、国内、出境三大旅游形式在我国有序开展，我国旅游政策也越加稳健完善。面对市场的变化，边境地区的管理和经营部门认真总结在过去几年中开展边境旅游的经验和教训，根据当地的实际情况，和邻国有关部门合作，制定了新的边境旅游战略，开发出新的产品，寻求新的合作方式，积极开拓新的市场。目前，我国边境旅游进入完善、有序的新的发展时期。

2. 相关政策

这一阶段，我国边境旅游产业模式有了极大提升，边境旅游业进入一个全新的飞速发展时期，有关边境旅游的政策种类繁多，涉及商贸、金融、交通、安全等各个方面（表6-4）。其主要特点有：①政策的制定更加“人性化”、“灵活化”。按照旅游者日益增长的边境旅游需求，制定出相应的适合当地情况的旅游政策，涉及的领域也更加广泛。2011年6月5日，国务院办公厅在印发的《兴边富民行动规划(2011～2015年)》中明确提出：“大力培育开发具有边境特色的重点旅游景区和线路，鼓励发展边境旅游、民族特色村寨旅游、休闲度假旅游、生态旅游、探险旅游、农业旅游等特色旅游。”2013年年初，国务院正式发布了《国民旅游休闲纲要(2013～2020年)》，为边境旅游的大力发展和体验“美丽中国”的旅游梦想带来重大机遇。②开放开发程度更高。异地办证业务重新启动，不仅带来了人流，还有物流和信息流，极大地促进边境地区发展，而且还将促进中国与周边国家之间的民间交流。在国家层面，2011年3月，《我国国民经济和社会发展第十二个五年规划纲要》中明确表示，要发挥沿边地缘优势，制定和实行特殊开放政策，加快重点口岸、边境城市、边境(跨境)经济合作区和重点开发开放试验区建设。在边境省份方面，2013年年初，《云南省加快建设面向西南开放重要桥头堡的意见》正式公布，提出云南将在2020年基本完成桥头堡建设目标任务，全方位、多层次、宽领域的对外开放格局基本形成，形成交通、信息、物流等国际大通道。③重视与周边国家的交往，共同开发、开放边境旅游。2012年，广西壮族自治区政府在《广西壮族自治区人民政府关于加快建设旅游强区的决定》明确提出“把崇左、防城港、百色等建设成边境旅游名城”，“积极推进广西—东盟旅游服务中心、南宁环大明山、北海涠洲岛、钦州茅尾海、梧州苍海、百色大石围天坑、巴马寿乡等重大旅游项目建设”。吉林省旅游局在新近制定的《2013年吉林省旅游产业壮大工作安排意见》等文件中提到，2013年扩大中朝自驾游、中俄朝环线游、图们至朝鲜七宝山专列游、延吉至平壤包机游等旅游产品规模。

表6-4　2010年以后我国边境旅游主要政策

时间	制定单位	政策名称	政策(或活动)内容
2011年3月	全国人民代表大会	我国国民经济和社会发展第十二个五年规划纲要	明确表示，要发挥沿边地缘优势，制定和实行特殊开放政策，加快重点口岸、边境城市、边境(跨境)经济合作区和重点开发开放试验区建设
2011年6月5日	国务院办公厅	兴边富民行动规划(2011～2015年)	明确提出：大力培育开发具有边境特色的重点旅游景区和线路，鼓励发展边境旅游、民族特色村寨旅游、休闲度假旅游、生态旅游、探险旅游、农业旅游等特色旅游
2012年	广西壮族自治区政府	广西壮族自治区人民政府关于加快建设旅游强区的决定	明确提出：把崇左、防城港、百色等建设成边境旅游名城；积极推进广西—东盟旅游服务中心、南宁环大明山、北海涠洲岛、钦州茅尾海、梧州苍海、百色大石围天坑、巴马寿乡等重大旅游项目建设等

续表

时间	制定单位	政策名称	政策(或活动)内容
2013年年初	国务院	国民旅游休闲纲要(2013～2020年)	提出：大力发展边境旅游，体验“美丽中国”
2013年年初	云南省政府	云南省加快建设面向西南开放重要桥头堡的意见	提出云南将在2020年基本完成桥头堡建设目标任务，全方位、多层次、宽领域的对外开放格局基本形成，形成交通、信息、物流等国际大通道
2013年	公安部、监察部和国家旅游局等14部委	关于规范边境地区边境旅游异地办证工作的意见	要求有获批边境旅游线路的黑龙江、吉林、辽宁、广西、海南、云南等6个省(区)按照相关达标条件逐级申报验收，最终通过国务院验收后可恢复边境旅游异地办证
2013年	吉林省旅游局	2013年吉林省旅游产业壮大工作安排意见	提出2013年扩大中朝自驾游、中俄朝环线游、图们至朝鲜七宝山专列游、延吉至平壤包机游等旅游产品规模

第三节　我国边境旅游政策现状与问题

1. 重视发展边境旅游，国家政策导向明确

近些年来，我国边境旅游业蓬勃发展，边境旅游在国际旅游中发挥的作用也越来越大，因而国家十分重视开发邻国的市场，政府积极出台有利于发展边境旅游的政策。2011年6月5日，国务院办公厅在印发的《兴边富民行动规划》中明确提出：“大力培育开发具有边境特色的重点旅游景区和线路，鼓励发展边境旅游、民族特色村寨旅游、休闲度假旅游、生态旅游、探险旅游、农业旅游等特色旅游。”该规划不仅为我国边境旅游的发展提供了强有力的政策指导，更预示着边境旅游在我国即将面临一次跨越式的大发展。《兴边富民行动规划》标志着边境旅游产业已经上升为国家战略，成为国民经济的重要组成部分，这一规划为我国边境旅游的发展提供了重要的政策导向，同时也为边境旅游走向指明了前进方向。此外，根据《国务院关于加快发展旅游业的意见》(国发〔2009〕41号)，制定的《国民旅游休闲纲要(2013～2020年)》已于2013年年初由国务院正式发布。该纲要提出，“积极创造开展旅游休闲活动的便利条件，不断促进国民旅游休闲的规模扩大和品质提升，促进社会和谐，提高国民生活质量。”《国民旅游休闲纲要》的出台将进一步促进大众旅游消费，增强国民旅游休闲意识，提高国民休闲参与度，同时为边境旅游的大力发展和体验“美丽中国”的梦想带来重大机遇。

2. 简化出入境手续，重新启用异地办证

2005年，为了禁止游客出境参赌活动，公安部等13部委停止了全国所有边境地区异地办证业务。公安部发出通知要求各地公安机关要严格边境游证件办理工作，对境外有赌场的边境地区坚决停止边境游异地办证，坚决遏制我国公民出境参赌活动。受此政

策的限制，边境旅游由“一证通关”变成了必须先在户口所在地办理因私护照，这一要求，对于绝大多数游客来说，旅游过程变得复杂起来，因而使得我国边境旅游业就此受到一定影响。2009 年年初，经公安部、监察部、国家旅游局联合考察评估，我国边境异地办证业务再次启动，辽宁丹东、黑龙江黑河和牡丹江、广西崇左等四座边境城市成为首批试点城市。也就是说中国公民无需护照就可以赴俄罗斯、朝鲜、越南等地的边境城市旅游。这一举措，为边境旅游业带来利益。2013 年，公安部、监察部和国家旅游局等 14 部委下发了《关于规范边境地区边境旅游异地办证工作的意见》，要求有获批边境旅游线路的黑龙江、吉林、辽宁、广西、海南、云南等 6 个省(区)按照相关达标条件逐级申报验收，最终通过国务院验收后可恢复边境旅游异地办证。根据该意见，内蒙古自治区呼伦贝尔市、锡林郭勒盟，黑龙江省牡丹江市、佳木斯市、鸡西市、双鸭山市、伊春市、鹤岗市、黑河市、绥芬河市、抚远县，广西壮族自治区崇左市、防城港市、北海市、百色市，吉林省延边朝鲜族自治州、白山市、通化市等 18 个地区符合实施边境旅游异地办证工作条件，此后，上述地区公安机关出入境管理部门可为参加边境旅游的非边境地区人员签发边境旅游出入境证件。同时，在公安部、国家旅游局发布的同意通过异地办证工作通知中，还强调了异地办证需加强指导监督，确保边境旅游出入境证件签发便民规范、边境旅游活动健康有序。这一政策，加快了办理边境旅游通行证的速度，对促进边境旅游业的发展具有积极意义，随着签证手续的简化，旅游便捷度的提高，旅游效益也因此有所上升，打通和周边地区的无障碍旅游，将是未来的重要趋势。

3. 推动口岸建设，加快沿边地区开发开放

截至 2011 年 12 月，全国共有经国务院批准对外开放口岸 283 个，其中，边境口岸 73 个，占全国口岸 1/4(邓莎，2011 年)。这些边境口岸作为联结我国与毗邻国家的桥梁纽带，为促进边境地区的开放开发，以及推动我与周边国家的睦邻友好发挥了作用。由于边境地区远离内地，交通不便，经济欠发达，相对处于劣势，国家相继推出了西部大开发、振兴东北老工业基地、推进新疆跨越式发展和长治久安、建设云南向西南开放桥头堡、兴边富民行动等一系列国家战略，为边境地区带来了发展机遇。《我国国民经济和社会发展第十二个五年规划纲要》中明确表示，要发挥沿边地缘优势，制定和实行特殊开放政策，加快重点口岸、边境城市、边境(跨境)经济合作区和重点开发开放试验区建设，加强基础设施与周边国家互联互通，发展面向周边的特色外向型产业群和产业基地，把黑龙江、吉林、辽宁、内蒙古建成向东北亚开放的重要枢纽，把新疆建成向西开放的重要基地，把广西建成与东盟合作的新高地，把云南建成向西南开放的重要桥头堡，不断提升沿边地区对外开放的水平。即围绕打造“向东北亚开放重要枢纽，向西开放重要基地、与东盟合作新高地、向西南开放重要桥头堡”的战略布局，以国际大通道为轴线，以沿边重要城镇为支点，充分利用两种资源、两个市场，开展与周边国家全方位、多层次、宽领域的经贸技术合作，并通过积极探索开发开放新机制、努力打造陆路开放经济带、加快建设连接周边的国际大通道、加快培育沿边经济增长极、着力改善群众生产生活条件等措施，不断提升沿边地区开发开放水平。

4. 严厉禁止公费旅游，加强边境旅游管理

我国边境旅游政策制定中，三令五申，反复强调要禁止公费旅游，加强边境旅游市场监管。到目前为止，每一部涉及出国(境)旅游的管理政策都会涉及这一规定。2008年3月，《中共中央办公厅、国务院办公厅印发〈关于进一步加强因公出国(境)管理的若干规定〉的通知》特别强调公款出国(境)旅游不仅造成巨大浪费，而且严重损害党和政府形象，必须坚决制止。要从严掌握因公出国(境)任务安排，不得将因公出国(境)作为福利待遇，不得以任何方式影响因公出国(境)审核审批工作。要按照财政部等部门下发的《加强党政干部因公出国(境)经费管理暂行办法》，将因公出国(境)经费全部纳入专项预算管理，实行经费先行审核。党政干部因公出国(境)不得挪用其他公共资金，不得由企事业单位出资或补助，不得向下属机构和地方摊派，不得用公款报销违反规定持因私证件出国(境)的费用。除严肃追究有关人员的责任外，公款出国(境)旅游的费用，一律由团组成员个人承担。我国边境旅游政策中反复多次强调禁止公费出游。而1992年年底国家旅游局发布的《关于重申加强边境旅游工作管理的通知》一直作为我国各个边境省份制定边境旅游政策的参照，它主要有五点构成：①边境旅游政策性很强，任何非旅游部门或未经指定的旅游企业均不得承办此业务；②办理边境旅游业务，应严格遵守《中华人民共和国公民出境入境管理法》及其实施细则，各承办单位不得为本省(区)以外的人员申办出游护照；③对参加边境旅游的国家干部，要严格按照干部分级管理权限进行审批，不得弄虚作假；④开展边境旅游，要坚持不开报销单据的做法，严防公费旅游；⑤各边境旅游承办单位必须做好我旅游团在境外期间的组织和接待工作。这说明边境旅游作为一种特殊的旅游形式，政策性很强，必须严格加大管理。

5. 存在不足

改革开放以来，我国边境旅游事业得到了蓬勃发展，这与我国边境旅游政策的有效制定与实施密切相关。但是仍然存在如下4个问题。

(1)《边境旅游暂行管理办法》有待不断完善，以适应新时期边境旅游发展需求。1997年10月颁布实施的《边境旅游暂行管理办法》，至今已17年了。在新形势下，我国边境旅游有了新的发展及变化，很多新情况、新问题也随之而来，现行办法大多针对出入境旅游进行规范管理，在政策具体实施方面提及较少。由此应加快《边境旅游暂行管理办法》的修订，以适应我国边境旅游的发展。使《边境旅游暂行管理办法》成为真正意义上的我国的边境旅游产业统一的法律规范。在细则方面，目前只有《中俄边境旅游暂行管理实施细则》，于1998年6月3日，由国家旅游局、外交部、公安部、海关总署发布联合发布，而与其他国家的边境旅游管理细则都尚未出台。盼望尽快制定与各边境国家的旅游管理细则，以推动我国边境旅游加速发展。

(2) 亟待协调相关部门，共同关注边境旅游发展。正如之前所说，边境旅游政策具有一定特殊性，它不但涉及旅游学的相关知识，而且包括国家安全学、公安学、治安学、犯罪学、国际法学、管理学等多种学科领域。由此，在制定政策过程中，它所涉及的部门比较繁多，这就需要各部门紧密协调，从旅游入手，加大对边境地区的扶持力度，发布相关政策，切实为边境地区提供实惠，如建立口岸经济区、简化通关手续、便捷金融服务、增强法律保障、加强治安管理等，以促进我国边境地区旅游业的发展。

(3) 边境地区开放政策有待加强，吸引外国游客力度不够。总的说来我国边境旅游政策的制定，大多偏向于将国内旅游者“送出去”，极少的着眼于吸引更多的外国游客“走进来”。因而在制定政策方面应多考虑边境地区的自身状况，给予相应的扶持和帮助，如加大税收倾斜、资金投入等，增长外国旅游者在边境地区的逗留时间，增加他们在边境地区的消费，进而借助边境旅游促进边境地区经济的发展。尤其在通关方面，应给予更多便利，尽早统一通关证件，简化通关程序，为外国游客来我国边境地区旅游提供更大帮助。

(4) 地方边境旅游政策制定方面，各边境省区做得不够。我国边境旅游业现有的可参照的管理规定主要有《边境旅游暂行管理办法》和《中俄边境旅游暂行管理实施细则》。各边境省份制定的相关边境旅游政策，大多还停留在 20 世纪 90 年代初期，近些年来尚未修订和更新。目前，我国国内政治稳定、外交和平，睦邻友好的外交政策为边境旅游业发展带来新的契机。在新时期下，边境旅游活动出现许多新情况、新机遇，如果没有政策保障，则会失去很多发展良机。各边境省市应结合现有省情制定符合自身需求的边境旅游政策以推动各省边境旅游业的发展。

第四节　中国与陆地毗邻国家边境旅游政策分析

目前，除不丹外，我国已经与其他 13 个陆地毗邻国家建立了正式外交关系，并且开展了一定的边境旅游活动。其中，我国与印度和阿富汗等国的边境旅游活动由于种种原因开展极少，针对性政策不多。故本书仅对我国与越南、俄罗斯、朝鲜、缅甸、蒙古国、老挝、哈萨克斯坦、吉尔吉斯斯坦、塔吉克斯坦、巴基斯坦、尼泊尔等 11 个陆地毗邻国家边境旅游相关政策进行介绍与分析。

1. 中国与越南边境旅游政策分析

中国与越南的边境旅游起步相对较晚。1992 年，随着国家旅游局《关于广西壮族自治区开展中越边境旅游业务的复函》的批复，中越边境旅游正式开始。但是边境旅游开始的前两年，即 1993 年和 1994 年，中越两国公民的边境游人数极少，这主要是因为越南与我国接壤的边境地区经济比较落后，交通欠发达。随后几年中越边境旅游一直呈现出多进少的局面。越方来我国主要以购物或售货为主，而参加旅游的人数很少，大多为我国游客去越南参加一日游活动或者观光旅游。近些年来，随着我国出入境、经济及签证等政策的不断完善，中越边境跨国旅游业迅猛发展。

一直以来，我国政府都很重视中越边境旅游的发展，2009 年，国务院下发了《关于进一步促进广西经济社会发展的若干意见》(以下简称《意见》)。《意见》中明确指出“推进中越边境跨境运输和口岸通关便利化”，同时提出“依托崇左大新跨国瀑布景区和凭祥友谊关景区设立中越国际旅游合作区”。合作区的建成，标志着我国和东盟国家的游客可实现在区内免签证旅游，这标志着中国-东盟旅游合作迈出了实质步伐。随后，2010 年，中国-东盟自贸区正式建成，中越乃至中国-东盟的通关政策进一步宽松。2012 年，广西壮族自治区政府在《广西壮族自治区人民政府关于加快建设旅游强区的决定》明确提出“积极推进广西-东盟旅游服务中心”，并指出要“加强区内旅游合作与互动，推动北部湾经济区、西江(桂东)、桂西、中越边境等区域旅游联盟的建设，建立协调联动机制，共同开发国内旅游市场”，此外，还要“实行快捷便利的出入境管理措施。……允许越南边境地区人员换领外国人出入境证前往广西及周边省份旅游”。这些政策体现了中共中央“深化文化体制改革，建设社会主义文化强国”的新思路，为中越边境旅游发展提供了有利的政策指导。

越南方面也非常重视与中国开展边境旅游活动，除了积极配合整合两国旅游资源，推动两国边境地区区域合作以外，还陆续颁布了相关政策。具体包括：1992 年发布的《部长会议主席关于在新形势下组织和管理越中边境地区市场的第 94 号指示》、1996 年越南总理吴文杰签署的《关于在芒街口岸实施部分优惠政策的第 675 号决定》、1998 年《中越边境市场的组织和管理制度》(陈沧，2008)。这些边境地区的商贸政策对开展两国的边境旅游有着积极的意义。尤其是，2009 年 6 月，广西壮族自治区旅游局就与越南国家旅游局在河内进行了会谈，并达成共识，中越双方积极推动“中越跨国自驾游”线路的开通。越南政府还专门为此召开了会议，讨论自驾游的问题，并且授权越南国家旅游局对入境自驾旅游团进行审批。2010 年年底中越边境自驾跨国游开通。但是自驾活动审批比较严格，必须提前 45 天向旅行社报名，并提交 6 个月有效期以上的有效护照等相关资料，而且参加自驾活动的车辆必须有经交通管理部门年检合格的行驶证，驾车人员须持有效驾驶证，车辆必须购买了交强险。这些规定在一定程度上限制了跨国自驾游的人数。

2. 中国与俄罗斯边境旅游政策分析

中俄边境地区是中国政府批准开展边境旅游最早的地区之一，作为中苏边境地区的延伸，早在 1989 年 9 月 23 日，国家旅游局就颁发了《关于中苏边境地区开展自费旅游业务的暂行管理办法》，规范两国间的边境旅游活动，对中苏边境地区开展自费旅游业务的范围、审批权限、申报程序、结算方法等做了明确的规定。1992 年 4 月 8 日发布的《中俄边境旅游暂行管理办法》沿用了这些规定。同时期，我国与俄罗斯接壤的四个省份——黑龙江、内蒙古、吉林和新疆也非常重视边境，并出台了一系列相关政策。1992 年国务院批复国家旅游局《关于扩大边境旅游，促进边疆繁荣的意见》，同年依照《中俄边境旅游暂行管理办法》，黑龙江省旅游局制定了《绥芬河-符拉迪沃斯托克“三日游”管理暂行办法》，内蒙古旅游局和公安厅发布《内蒙古自治区关于加强边境旅游管理的通知》，吉林省旅游局制定了《吉林省边境旅游暂行管理办法》，新疆人民政府印发《关于我区与哈萨克斯坦共和国等周边国家开展两日至七日游活动的实施细则》。

随后，根据国家旅游局、外交部、公安部、海关总署《关于发布施行“边境旅游暂行管理办法”的通知》(旅办发〔1997〕153 号)中关于“考虑到边境旅游所涉及的不同对象国和不同地区的不同情况，国家旅游局将按照《管理办法》的规定，会同有关部门，组织有关地区，分别制定实施细则”的要求，国家旅游局会同外交部、公安部、海关总署，对开展中俄边境旅游的地区进行了实地考察，在广泛听取意见、认真研究有关问题的基础上，制定了《中俄边境旅游暂行管理实施细则》，并于 1998 年 6 月 3 日颁布实施。《中俄边境旅游暂行管理实施细则》是第一部针对边境旅游方面提出的实施细则，它的颁布为我国与其他国家边境旅游细则的制定提供了借鉴。

此外，中俄政府对两国间的边境旅游合作一直比较重视。2010 年 9 月 27 日，时任国家主席与俄罗斯总统梅德韦杰夫在北京签署《中华人民共和国和俄罗斯联邦关于全面深化战略协作伙伴关系的联合声明》，声明中说："双方商定互办旅游年，责成两国有关部门制定具体活动清单并确定举办日期。"与此同时，中俄两国间边境旅游方面的经济文化交流更为密切。中国政府多次在旅游会议中明确指出要将旅游合作培育成中俄战略合作的新亮点，保证俄来华旅游市场的稳定增长，要求对俄口岸城市加大在俄宣传推广力度，做好广告投放和旅游推介，并且提高对俄边境旅游的奖励力度，特别是对中俄从事边境旅游的旅行商进行奖励，在扩大中俄旅游便利化程度，如入境、边检、保险、签证等方面中俄两国都给予对方提供更多便利化服务。此外，2013 年 7 月，中俄边境线上首家中俄旅游自驾车营地建成，这标志着中俄边境旅游活动取得了突破性的进展，投用后将接待来自俄罗斯和国内各地的自驾游客。

在金融政策方面，中俄边境地区也做了相关努力。2002 年 8 月 22 日，中俄两国中央银行签署了《中国人民银行与俄罗斯联邦中央银行关于边境地区贸易银行结算协定》，根据该协定，双方政府承认人民币、卢布在两国边境地区是合法的流通货币。除此之外，中俄边境地区在货币兑换方面也正在做一些尝试，2013 年下半年，地处中俄交界的吉林省珲春市的农村信用合作联社与俄罗斯滨海边疆区商业银行合作，在卢布兑换的基础上，开展卢布汇兑业务。这一业务开展后，中俄客户在本国存入人民币或卢布后，到对方国家便可直接取卢布或人民币，减少了中间折算环节，方便中俄客户在异国购物消费。

此外，在通关政策方面，根据 2005 年中俄双方签署的关于修改和补充《互免团体旅游签证的协定》的议定书，我国旅游团队赴俄罗斯旅游可通过中俄互免团体旅游签证渠道进行。按照这一政策，免签证团队游客 5 人起成行，旅行社只需填妥一式五联的"中国公民赴俄罗斯旅游团队名单表"并由相关部门盖章后，一至四联分别由中方边防检查站和俄方边防检查站出入境验收，另一联由中方旅游行政部门留存即可。新的俄罗斯旅游免签政策将办理免签的旅行社范围扩大，游客节省了办理签证的时间，这意味着中国游客赴俄边境旅游更加方便了。

3. 中国与朝鲜边境旅游政策分析

中朝边境旅游始于 1987 年，至今已经历时 25 年。1987 年 11 月 4 日，国家旅游局和对外经贸部联合发文《关于拟同意辽宁省试办丹东至新义州自费旅游事》，虽然开始阶段参加这项活动的人员很少——根据国家旅游局文件的要求，丹东与新义州的自费一日游活动头两年全年总共为 210 人，延吉与稳城的自费一日游活动头两年全年总共为 750 人，出游者的对象及其活动的范围有严格的限制，但确实在活动内容安排、出入境手续、结算办法等方面做出了有益的探索，成为后来其他地方开展边境旅游的重要借鉴。1990 年，在中朝双方的共同努力下，赴朝边境旅游又开通了 3 日游，旅游地延伸到妙香山、平壤等地。

1991 年 5 月 11 日，辽宁省旅游局发布了《辽宁省中朝边境自费旅游业务暂行管理办法》(以下简称《管理办法》)，对辽宁省境内居民自费到朝鲜民主主义共和国平安北道的旅游业务进行了规定。《管理办法》规定："我付朝方的旅游费用，按经贸部门规定，由辽宁省边贸公司用国家计划外的地方自产的轻、纺工业品及其他小商品偿付，不以货币方式结算"，"旅行社收取综合服务费只能收取现金，不得采用收取支票和付款委托书等结算方式，并在收据上加盖'不予报销'印章"。1991 年 6 月 14 日，国家旅游局批复了同意吉林省珲春市与朝鲜民主主义人民共和国稳城、赛别尔郡开展中朝边境一日游。批复中明确了中朝边境自费一日游的性质并对自费旅游的总规模进行了限定——组织中朝边境自费一日游属于试办，全年不超过 3 000 人。1991 年 12 月 14 日，国家旅游局又批复同意吉林省集安市与朝鲜民主主义人民共和国满浦市开展中朝边境三日游，并在国家旅游局的复函中提出了边境旅游结算方式，指出"集安四日游的费用结算采用双方对等互惠的方式，不动用货币，差额部分我方可用国家不实行进口限制的商品偿付"。中朝边境旅游这种记账易货的方式在一定时期内成为中国边境旅游结算的模式。

中朝边境旅游的开展并非一直顺利。1990～1997 年，由于行政管理一度弱化和市场的不断开放，边境旅游出现了无序竞争现象，继而，1998 年 9 月，国家有关部门以超出人数限制和异地办证等理由，宣布暂停赴朝旅游。直到 1999 年，国家旅游局、公安部联合下发了《关于辽宁省丹东市对朝旅游有关问题处理意见的通知》，取消了原来旅游人数的限制，并将旅游时间延长到 6 日内，赴朝边境旅游才恢复开通。此后，2001 年，经辽宁省旅游局同意，成立了"辽宁省丹东边境旅游管理办公室"，对赴朝边境旅游实行统一管理。2002 年 4 月，经国家旅游局批准，赴朝旅游业务由原来的中国国际旅行社 1 家发展到了 5 家。

我国政府一直积极推动中朝旅游的发展。吉林省旅游局在新制定的《2013 年吉林省旅游产业壮大工作安排意见》等文件中提到，2013 年将扩大中朝自驾游、中俄朝环线游、图们至朝鲜七宝山专列游、延吉至平壤包机游等旅游产品规模；文件同时提到，吉林省将与朝方合作，推进双目峰口岸中朝边境旅游业务的开通，扩大长白口岸对朝边境旅游规模，同时重点开发东北亚陆海联运环海邮轮的高端旅游产品；2010 年 2 月 25 日中国外交部和朝鲜外务省在辽宁省丹东市签署了《中华人民共和国政府和朝鲜民主主义人民共和国政府关于共同建设、管理和维护鸭绿江界河公路大桥的协定》，新大桥将是对朝和对东北亚开放的重要新窗口，也是中朝边境地区最大的亮点、最大的优势，这必将成为中朝边境旅游搭建和谐的桥梁。

4. 中国与缅甸边境旅游政策分析

中缅两国都有较为丰富的旅游资源，但各有特点，旅游合作条件优越，前景广阔。中缅已经建交长达 63 年，中缅两国长期稳固的友好关系是两国合作的基础。特别是在近几年，两国在各个领域的交流与合作日益密切，将有力地促进两国在旅游业的合作与发展。加之两国旅游合作互补性强，潜力巨大，将为两国合作提供实质内容。我国为了优化滇西火山热海边境旅游结构、整合云南省芒市、瑞丽、陇川、盈江、梁河、腾冲、龙陵等滇西七个中缅边境县级行政区的旅游资源，建立"无障碍"旅游发展的新机制，于 2009 年 10 月打造的中缅边境首条自驾车环线，这更加方便游客驾车前往神秘的滇西南，感受自驾车环线沿途绝妙的风光和曼妙的少数民族风情。

1992 年，云南省人民政府发布了《云南省中缅边境地区中方人员入境管理暂行规定》。1993年，云南省旅游局和省公安厅联合印发了《关于云南省中越、中老、中缅边境旅游管理有关问题的通知》。近些年来，我国政府更加重视西南地区的开发开放。2011年5月，国务院下发了《国务院关于支持云南省加快建设面向西南开放重要桥头堡的意见》(以下简称《意见》)提出了五个方面的发展战略定位：一是我国向西南开放的重要门户；二是我国沿边开放的试验区和西部地区实施"走出去"战略的先行区；三是西部地区重要的外向型特色优势产业基地；四是我国重要的生物多样性宝库和西南生态安全屏障；五是我国民族团结进步、边疆繁荣稳定的示范区。这就为进一步促进中缅边境旅游的大发展提供了明确的政策指导。

在签证方面，随着1998年中缅两国外交部签署《中缅两国政府关于互免持外交和公务护照者签证协定》，中缅旅游通关政策进入了一条高速发展的道路。此外，原来只有持护照或红色的缅甸边境通行证才能到中国旅游，但要办理这两种证件比较麻烦，现在缅甸政府对出境游的政策进一步放宽，如今入境的缅甸游客大部分持缅甸联邦共和国临时边境通行证，签发对象是缅甸边境地区以外的缅籍公民，有效期为七天。2010年5月1日起，缅甸全面实施落地签证政策，中国公民从航空港口搭乘国际航班赴缅可在缅入境口岸办理落地签证。虽然这一落地签证政策并不适用于从中缅陆地口岸入境缅甸的中方公民，但是随着中缅政治、经贸合作的不断加深，预示着中缅的通关政策会越来越宽松，越来越灵活。此外，2013年2月4日，公安部、监察部和国家旅游局等14部委下发了《关于规范边境地区边境旅游异地办证工作的意见》。云南省涉及文山、红河、西双版纳、保山、德宏等5个州(市)，以及麻栗坡、河口、勐腊、景洪、勐海、瑞丽、腾冲等7个县(市)，同年，经云南省人民政府验收组验收通过，认为以上5州(市)的7县(市)已经具备了恢复边境旅游异地办证的各种条件，并报请国务院验收组实施验收。通过国务院组织相关部门的验收后，云南边境旅游也将由过去省内游客可以办理通行证出境游，变为全国各省(市、区)凡是已经开展按需申领护照的州(市)和地区的游客，均可通过当地旅行社组团代办旅游专用的出入境通行证。

在金融方面，2004年中国人民银行发布公告，自2005年1月1日起中国公民出入境、外国人入出境每人每次携带的人民币限额由原来的6 000元调整为20 000元。在中缅边境地区，边民互市、小额贸易发展的势头很旺，尤其是与缅甸的交易金额和数量都在逐年上升，由于人民币汇率稳定、币值坚挺，边民互市中90%以上的交易都是以人民币现金进行的。因此，人民币出入境限额的上调，将更加有力地带动云南省与缅甸的边贸发展。在中缅边境旅游层面上看，一方面缅甸边境地区愿意接受人民币，并且旅游者也有在当地大量购物的偏好，另一方面外国旅游者在中国境内的花费也呈现出较快增长趋势，所以携带人民币出入境限额的提高将更加促进旅游行业的发展。同时，提高人民币出入境限额会大大增加人民币在周边国家和地区的流动数额，这也将在某种程度上巩固和加强人民币的地区性国际货币的地位，为人民币日后走向可自由兑换的道路奠定基础。

近些年来，我国政府加大力度治理中缅边境旅游安全问题。由于20世纪90年代初期中缅边境旅游异常火爆，缅方一侧陆续出现赌场，并且逐年增多，规模加大，引诱了大量中国公民出境参与赌博，带来了严重的社会治安问题。非法拘禁、绑架、偷越国边境等恶性案件频频发生，给中缅边境社会治安带来不安定因素，严重威胁了中缅边境正常旅游。鉴于这一情况，云南边境地区认真组织开展了边境禁赌工作，态度坚决，措施有力，陆续颁布了《中缅边境旅游异地办证工作实施方案》、《开展边境地区境内外禁赌工作方案》、《禁赌目标责任书》、《边境旅游管理工作机制》、《瑞丽市跨境旅游专项实施方案》、《中缅边境旅游车辆安全管理制度》等一系列工作制度；重新修订了中缅边境一日游的旅游路线、旅游景点和价格等；进一步建立和完善中缅双方边境旅游的长效监管机制，草拟完成《中缅边境旅游友好合作协议书》。此外，积极推进中方旅行社与缅方旅行社签订《中缅边境旅游合同书》。合同书中明确了双方旅行社开展边境游业务时应履行的职责和提供的服务，共同树立中缅边境旅游的良好声誉。缅方旅行社应严格按照附件四《中缅边境旅游安全协议》执行，确保旅游者的安全。双方都应对旅游者的人身意外伤害保险及赔偿负责，中方旅行社负责中国境内旅游者人身意外伤害保险及赔偿，缅方旅行社负责旅游者在缅甸期间人身意外伤害保险及赔偿。

5. 中国与蒙古国边境旅游政策分析

1960 年中蒙双方签订了《中蒙友好互助条约》，1962 年又签订了《中华人民共和国和蒙古人民共和国边界条约》。然而，20 世纪 60 年代中后期，受中苏关系的影响，中蒙关系经历了一些曲折。1989 年，两国关系实现正常化。1994 年，中蒙两国签署了《中蒙友好合作关系条约》。一直以来，保持睦邻友好是中蒙共同的心愿。1990 年 3 月，蒙古人民共和国国家旅游局局长格·吉山率旅游代表团到我国内蒙古自治区考察旅游资源，并与内蒙古旅游局共同探讨开展旅游合作事宜。同年 6 月，内蒙古自治区旅游局组团对蒙古人民共和国进行了回访，双方探讨中蒙之间开展边境旅游事宜。1991 年 9 月 18 日，国家旅游局批准同意内蒙古自治区二连浩特市与蒙古人民共和国扎门乌德市开展中蒙边境对等交换一日游活动。1992 年 4 月，内蒙古自治区外事办公室、旅游局和公安厅联合颁布《中蒙多日游暂行管理办法》。2005 年 5 月，中蒙两国政府签署了《关于中国旅游团队赴蒙古国旅游实施方案的谅解备忘录》，标志着中蒙两国在旅游领域的合作进入了一个新阶段。2006 年 3 月，蒙古国正式成为中国公民自费旅游的目的地，中蒙两国在旅游行业的合作前景十分广阔。近 10 年来，中蒙两国领导人互访频繁，两国关系发展迅速，中蒙两国政治互信逐年加深。两国签署的一系列文件为双边关系健康、稳定发展奠定了政治和法律基础，尤其使中蒙在政治、经济、文化、教育和军事等各个领域的合作不断巩固和发展，所有这一切将为中蒙旅游合作发展奠定基础。中蒙双方一直继续落实中国内蒙古、蒙古国、俄罗斯布里亚特旅游局关于合作开发"茶叶之路"旅游协议，共同勘查旅游线路，策划包装区域性旅游产品，打造"茶叶之路"国际旅游品牌。

从 2005 年开始，我国内蒙古自治区旅游局与蒙古国自然环保旅游部建立了边境旅游协调会议制度。约定双方每年召开一次年度会议，及时交流信息，充分表达双方意愿，切实解决存在的问题，积极开辟新的边境旅游线路、拓展旅游业务往来、扩大双边旅游合作。近几年来，该会议就启用《中华人民共和国出入境通行证》、中国旅游团队签证优惠、扎门乌德口岸设立旅游客人专用通道和争取开通策克、甘其毛都、珠恩嘎达布其、阿尔哈沙特和松布尔口岸中蒙边境旅游业务进行了深入的交流。中蒙双方对积极参加对方组织的旅游宣传促销活动，印制中蒙文旅游宣传资料，建立两种文字旅游网站，促进双方旅游客源的互动和共同旅游目的地形象的塑造形成统一的共识。近些年来，中蒙边境旅游不断取得新进展，有力地促进了双方边境地区社会经济的发展。中蒙双方边境旅游协调会议的持续召开，对改善中蒙双方旅游环境，加强旅游景区建设，稳定旅游价格，提高旅游服务质量，创造舒适安全的旅游环境都有极其重大的意义。

在口岸建设上，中蒙根据双方于1991年签订的《中华人民共和国政府和蒙古人民共和国政府关于边境口岸及其管理制度的协定》，开放了二连浩特等12个边境口岸。2009年4月，中国国务院批准建立满都拉口岸。截至目前，在中蒙边境线上，两国已开设了13对常年和季节性开放口岸。值得一提的是，蒙古国扎门乌德和中国二连浩特两个口岸城市之间有着传统的友谊。一方面，二连浩特市是中国距离首都北京最近的边境陆路口岸，也是蒙古国目前走向出海口的唯一通道，蒙古国有70%以上的商品经二连浩特口岸运输。另一方面，新疆塔克什肯口岸，是国家一类对蒙开放陆路口岸，这里历史上就是中蒙贸易的重要通道，也是丝绸之路所经之路。2009年5月新疆塔克什肯口岸正式开通边境旅游以来，中蒙两国边境旅游人员激增，双方购物数量回升。至同年9月，两国政府协商举办的"首届中蒙塔克什肯口岸—雅仁特口岸国际边境旅游节"和"国际边境旅游节研讨会"，使中蒙两国旅游企业纷纷热推中蒙边境旅游线路，大大激活了两国口岸经济。中国游客在蒙古国旅游的同时，购买蒙方化妆品、皮革制品和巧克力等食品，为蒙古国带来了商机；大量的蒙方旅客也来到中国，他们积极购置日用百货，加快了口岸地区及辐射区域经济的发展。

在签证方面，中蒙边境旅游以"一日游"为主，曾经于2009年因证件原因一度被暂停。经过中蒙双方共同努力，二连浩特—扎门乌德的"一日游"证件从2012年5月17日起恢复使用《中华人民共和国出入境通行证》，持有该证件的游客可进入蒙古国旅游。除此之外，2009年新疆首条中蒙边境旅游线路在新疆青河县开通，该线路成为新疆首条对蒙开通的边境旅游线路。新疆阿勒泰青河县塔克什肯口岸至蒙古国布尔干县边境旅游线路，通过双方政府正式协商，允许双方游客持边境通行证在固定县域内旅游，但是可以承办此类边境旅游的旅行社较少，只指定青河县喀纳斯国际旅行社和新疆海外旅行社两家旅行社为指定承办社，全面办理赴蒙古国布尔干县旅游业务，发团有人数限定，每团发16人，散客则可以拼团出行，并且须在赴蒙古国布尔干县前一天，持照片和身份证在喀纳斯国际旅行社报名办理。

蒙古国政府非常重视旅游业的发展，先后出台了一些优惠政策，蒙古国在《2007～2021年国家整体发展战略》中，要求大力发展旅游业和加快国内矿产资源开采，并将旅游业和矿产资源开采业列为带动蒙古国经济发展的重要支柱产业，号召全国民众和政府部门一道，通过努力发展旅游产业，增加外汇收入，减少失业人数，提高蒙古国的知名度，促进外国企业来蒙古国投资(张秀杰，2011)。

6. 中国与老挝边境旅游政策分析

中国与老挝的边境地区比较稳定，边民互市来往频繁，但与中国交往的老挝北方地区交通不发达，经济相对落后、生活相对贫困，老方来我国边境主要以购物、售货为主，参加边境旅游活动的人很少。相对而言，我方去老方旅游的人数则较多一些。

中老边境旅游发展早期，为维护中越、中老边境地区的社会秩序，方便边境地区人民的生活和往来，促进边境地区经济建设和社会发展，1992 年 8 月 31 日，云南省人民政府发布《云南省中越、中老边境地区人员出入境管理规定》。1993 年 2 月 25 日，云南省旅游局、公安厅又发布了《关于云南省中越、中老、中缅边境旅游管理有关问题的通知》，规范中国与老挝边境地区旅游活动。

近些年来，中老边境旅游发展迅速，早在 2004 年，西双版纳旅游局就开始申请开通澜沧江—湄公河边境旅游专线，2007 年，国家旅游局批准开通西双版纳至老挝琅勃拉邦边境旅游专线四晚五日游，中国公民只需凭身份证，而不需要护照，就能乘船参加跨国游。2010 年 4 月 30 日，西双版纳恢复开通了西双版纳至老挝万象和琅勃拉邦的航空线路，2012 年国家旅游局等有关部门批准开通了西双版纳至老挝琅勃拉邦的水陆空 4 条跨境旅游线路，云南省的昆明、玉溪等 8 个州(市)团队游客不需办理护照、通过异地办理边境通行证就可前往。2013 年年底，根据国家公安部、国家旅游局《关于同意云南省西双版纳州等五州市开展旅游异地办证工作的通知》(公境〔2013〕3056 号)精神，公安部授权西双版纳州公安机关出入境管理部门为参加边境旅游的游客办理出入境通行证，西双版纳州现已正式开展办理异地居民赴缅甸、老挝边境旅游工作。该规定适用于参加西双版纳州有边境旅游经营资质旅行社组织的边境出境旅游团队的中国游客(包括台湾居民)，且规定指出边境旅游只许整团出整团进，不允许办理个人出游并配备领队人员。政治环境的稳定、异地办证的便捷，加速推动了中国同老挝边境旅游的发展。

7. 中国与中亚三国边境旅游政策分析

我国与中亚国家的边境旅游，始于 20 世纪 80 年代，这一时间的边境旅游主要是从周边国家来新疆购物旅游开始的。哈萨克斯坦、吉尔吉斯斯坦、塔吉克斯坦是我国西北友好邻邦和重要合作伙伴。近年来，随着双边关系的不断提升，中国与上述中亚国家旅游合作也逐渐兴起，发展前景十分广阔。1989 年 3 月，苏联哈萨克斯坦和吉尔吉斯斯坦两个加盟共和国旅游委员会代表团访问新疆，双方表示愿意组织第三国旅游者跨国旅游以及联合促销宣传等方面的合作。次年，双方就积极开展第三国旅游达成共识，并签署了会谈纪要。1992 年，新疆维吾尔自治区人民政府印发《关于我区与哈萨克斯坦共和国等周边国家开展两日至七日游活动的实施细则》。

中亚五国与我国以睦邻友好为主要内容的边境政策的制定奠定了基础。从 1995 年开始，中亚各国和中国建立了元首定期会晤制度，1998 年，中亚各国与中国高层会晤不断，各个领域的交流、合作积极推进。1999 年 8 月 25 日，中、俄、吉、哈、塔五国元首在吉尔吉斯斯坦首都比什凯克会晤并签署有关协定，组建了“上海五国合作组织”，使中亚诸国与中国间的友好合作关系进一步发展，也为 2004 年 7 月国际旅游城市市长大会在新疆维吾尔自治区的召开，与会的中亚国家代表呼吁加强旅游领域的合作奠定了基础。在 2006 年召开的欧亚经济论坛上，如何开发中国西北地区与中亚各国的旅游资源成为主要议题之一。此外，中国与中亚各国政府高度重视发展旅游合作，愿深入挖掘双方旅游合作潜力，密切人文往来，哈萨克斯坦、塔吉克斯坦、吉尔吉斯斯坦等国也正积极申请成为中国旅游目的地国(与及，2013)。同时，各中亚国家政府也非常重视旅游业的发展，推出了较长时间的旅游业发展战略，通过修建系列政策和法律规范了行业秩序，加大了对旅游业基础设施的投入，并以各种优惠政策吸引外资对本国旅游业的投资。近年来，这些国家旅游业有了较大的发展。

中国同中亚国家的旅游主要是以贸易为动机开始的，边境旅游是为了从边境贸易中获得利润，故而我国针对这些国家颁布的边贸政策较多，1990 年 11 月 19 日，新疆维吾尔自治区旅游局、乌鲁木齐海关、新疆维吾尔自治区经贸厅、国家外汇管理局新疆分局联合发布《关于国外旅游者在我区购买商品的暂行规定》(以下简称《规定》)。《规定》中指出："随着我国旅游事业的发展和国际市场的变化，近些年来国外(主要是东欧国家)来我区专事或主要从事购物的旅游团(者)不断增加，这对推动我区旅游商品的产供销、改变我区商品销售疲软现状产生经济作用"。《规定》中规定："根据国务院、经贸部、海关总署和国家旅游局的有关文件精神，考虑自治区经济建设的需要，允许国外旅游者携带自已用外汇券直接从我区购买的、价值在一万美元以内的物品出境"。2002 年 6 月，新疆自治区政府新政办发[2002]78 号文件进一步规范了旅游购物贸易行为，将旅游购物贸易纳入边境小额贸易管理中，扩大了新疆边贸出口，促进了旅游购物贸易健康、持续发展。2009 年，阿拉山口口岸边民互市开通，哈萨克斯坦国共和国公民可"一日免签证"进入阿拉山口口岸边民互市贸易区开展边境贸易、旅游购物和边民互市活动。2013 年，新疆维吾尔自治区人民政府办公厅下发了乌鲁木齐海关和自治区商务厅制定的《新疆维吾尔自治区边民互市贸易管理办法》。该办法第九条规定"边民通过边民互市贸易进口的生活用品(列入边民互市进口商品不予免税清单的除外)，每人每日价值在人民币 8 000元以下的，免征进口关税和进口环节税。超过人民币 8 000 元的，对超出部分按照规定征收进口关税和进口环节税。"2011 年 9 月，由中哈两国元首达成共识的国家战略项目霍尔果斯国际边境合作中心封关运营，它是世界上第一个跨境经济贸易区和投资合作中心，中哈两国及第三国公民将可以在开发区内的跨国大市场内自由进行商贸洽谈和商品交易，只要凭借身份证，在合作中心入口处换取一张边境通行证，就可以在中心内停留 1～30 天，通行证不受次数限制，每天可以换证进入。也就是说，一年如果换 12 次通行证，就可以在中心停留一年(林庆霞，2011)。

在通关政策方面，2009 年新疆维吾尔自治区人民政府《关于进一步加快新疆旅游业发展的决定》中指出，要进一步简化出入境手续和旅游购物通关检验手续。要利用新疆与哈萨克斯坦国口岸边民互市免签证的便利条件，不断扩大旅游购物贸易，并在税费征收上予以优惠。外汇管理部门要组织有关商业银行在定点旅游购物市场、边境口岸设立外汇兑换点，为游客提供方便，防止外汇流失或进入黑市进行非法交易。新疆维吾尔自治区外办、公安等部门要继续向国家有关部门争取我方人员赴哈方边境地区进行"一日游"或"多日游"，以及在新疆主要城市和重点边境口岸对境外游客实行 72 小时免签证和落地签证的有关政策。对于赴海外旅游促销人员的审批，实行一次申请、一年有效的办法。同时，抓紧新增 131 县(市)的有关报批工作。

中国与毗邻新疆的所有邻国都建立了正常的外交关系，成功地解决了历史遗留的边界领土问题，签订了一系列的边界条约和协定，并签订了多种领域的经济技术合作协议。从总体上说，中国西部边疆是和平稳定的，这为中国同中亚边境旅游的发展创造了极为重要的条件。但是恐怖活动、三股势力的威胁在一定范围内仍然存在。这对出入境手续的简化、无签证旅游合作的开展有很大的负面作用和阻力。

8. 中国与巴基斯坦边境旅游政策分析

中国与巴基斯坦边境旅游起步较早，1988 年 9 月，新疆维吾尔自治区旅游局与以巴基斯坦旅游发展公司总裁帕维斯·巴特为团长的巴基斯坦旅游代表团在乌鲁木齐举行会谈，就红其拉甫口岸开放期间的旅游合作事宜、双方进一步发展旅游合作等方面广泛交换了意见，双方商定联合拍摄丝绸之路旅游电视片。受安全因素的影响，中国与巴基斯坦的边境旅游发展一直比较缓慢。2006 年 8 月，巴基斯坦等国家的旅游城市的市长聚首新疆喀什，就如何发展旅游经济、合作开发新市场展开研讨，与会者均希望通过区域的合作与发展，探求国际旅游合作的新空间。2009 年 5 月 1 日新疆喀什开通了中国-巴基斯坦边境六日游旅游线路，我国游客可经帕米尔高原进入中巴边境地区和巴基斯坦北部地区旅游。

9. 中国与尼泊尔边境旅游政策分析

1955 年建交以来，两国在政治、经济及文化等各个领域里的友好合作取得了显著的成就。自 1998 年双方本着“平等自愿、方便交往”的原则进行友好商谈，重新达成协议，并在贾南德拉国王即位后的首次访华期间得以签署。协议规定，双方同意在对等的基础上，充分利用拉萨至加德满都的公路，开展旅客运输和货物运输，促进两国之间贸易、旅游等方面的合作。双方鼓励和支持中国西藏自治区和尼泊尔之间发展经贸关系，有关当局应保护对方商人在其境内从事商业活动的合法权益并提供便利。双方应促进传统的边境贸易，有关地方当局应给从事易货贸易、现汇贸易等为基础的边境贸易的对方边民和商人提供方便和保护。双方同意对在各自境内的对方国民的生命、财产和合法权益予以保护；同意维护中国西藏自治区和尼泊尔之间的朝圣往来，有关地方当局为朝圣香客提供出入境便利。此外，协定还就维护边境贸易往来秩序、保护野生动植物等做出详细规定。

近些年来，两国高层领导人不断互访更加促进了两国关系进一步向前发展，随着交通条件的改善，特别是中尼公路大规模道路改造工程以及中尼增开新航线开展后，中尼边境旅游业更是呈现出方兴未艾之势。2002 年在中尼两国元首的共同主持下，两国政府代表在北京签署了《中华人民共和国政府与尼泊尔国王陛下政府关于中国西藏自治区和尼泊尔之间的通商和其他有关问题的协定》。2002 年 6 月，中国公民赴尼旅游正式启动，尼泊尔成为第 16 个中国公民自费出国旅游目的地国家。目前，中国与尼泊尔之间的樟木口岸也已开通。中尼边境旅游是两国互惠互利、共同发展合作的桥梁，随着中尼边贸经济的持续增长，两国人民之间友好的旅游交往一定会更加频繁。

第七章　中国边境旅游发展趋势与展望

第一节　中国旅游业发展态势

1. 中国旅游业的法制化态势

2013 年 4 月 25 日，全国人大十二届常委会第二次会议表决通过了《中华人民共和国旅游法》。这既是十二届全国人大常委会通过的第一部法律，又是我国第一部与旅游相关的法律。从我国旅游业发展实践来看，旅游业作为现代服务业的龙头，涉及范围广，消耗资源少，带动系数大，创造就业多、综合效益好，发展旅游业已经成为各地转变经济发展方式、调整产业结构、实现社会经济可持续发展的主要途径。从中央到地方都非常重视旅游业的发展。1998 年 12 月召开的中央经济工作会议明确地将旅游业列为国民经济新的增长点，全国有 27 个省(市、区)都把旅游业确定为支柱产业或主导产业；2009 年 12 月，国务院发布了《关于加快发展旅游业的意见》[国发 41 号文件](以下简称 41 号文件)，提出把旅游业列为国民经济的战略性支柱产业和人民群众更加满意的现代服务业。随着我国经济持续稳定增长，居民的可自由支配收入不断提高、闲暇时间的稳步增加和带薪假期的试行，中国旅游业将进入新一轮的快速发展期。《旅游法》的颁布和实施，将使中国旅游业发展进入法制化的轨道，对于未来中国旅游业依法发展和依法管理具有重要而深远的影响。

改革开放以来，我国旅游业从小到大，由弱变强，已呈现出出境旅游、国内旅游、入境旅游三足鼎立的发展阶段。目前，国内旅游市场规模已经居世界第一，接待入境旅游和公民出境旅游规模居全球第三，旅游外汇收入居全球第四位。《旅游法》的出台和实施，非常有利于中国旅游业在未来的发展过程中，依法转变旅游发展模式，合理调整产业结构，促进产业转型和升级。《旅游法》为规范旅游市场秩序，保护旅游者、旅游投资商、旅游社区和旅游经营者的合法权益提供了坚强有力的法律保障。特别是重视了对处在旅游合同关系中的弱势群体——旅游者权益的保护，这对于规范未来中国旅游市场的经营行为和经营模式来说，是一个良好的开端。旅游业是一个综合性很强的产业，与之相关的产业和部门多达 84 个(吴必虎，2009)，协调其相互之间的关系，使旅游业能够和谐运行则是一件非常困难的事情。而《旅游法》还为协调旅游业所涉各行业之间的关系，促进旅游业与相关产业和部门融合发展提供了法律保障和规范。

2. 中国旅游业的国际化态势

从空间格局来看，国际旅游发展的区域重心正向亚太地区转移。20 世纪 80 年代以前，西方发达国家几乎垄断了整个国际旅游市场，旅游人数和旅游收入都占到世界总量的 90%左右。进入 20 世纪 90 年代，国际旅游市场出现了由欧洲、美洲、亚太地区、非洲、中东、南亚组成的六大市场体系，这一市场格局体系的形成标志着国际旅游多极化时代的到来。特别是东亚和太平洋地区的国际旅游增长率年均达到7.5%，远远高于欧美地区。随着旅游重心由传统市场向新兴市场转移速度的加快，欧美地区国际旅游市场份额不断缩小，亚太地区成为国际旅游的热点区域。

中国是亚太地区的新兴旅游大国，中国旅游业发展的国际化趋势越来越显著。首先表现为旅游市场的国际化：中国入境旅游接待人数从1978年的181万人次，增长到2012年的1.324亿人次，增长近73倍，年平均增长率13.46%。我国旅游外汇收入从1978年的2.6亿美元，增长到2012年的500.28亿美元，增长近192倍，年平均增长率16.73%。我国接待过夜旅游者人次数和入境旅游外汇收入的世界排名分别从1980年的第18位和第34位上升至2012年的第2位和第4位。

中国已成为世界主要旅游目的地。同时，中国已成为日本、韩国和部分东南亚国家居民出境旅游的首选目的地，也是俄罗斯国民出境旅游的第三大目的地；中国接待美国游客数量占美国赴亚太地区游客总数的20%左右；中国接待德国游客数量占德国赴亚太地区游客总数的20%左右；中国接待英国游客数量占英国赴亚太地区和美洲地区游客总数的10%左右；中国是法国在亚洲的第一大旅游目的地。在欧美日等国出境旅游持续萎靡的情况下，我国出境游以高增长率成为全球跨境旅游的领跑者。

3. 中国旅游业的智慧化态势

由于网络信息技术的飞速发展及对旅游业的不断渗透，加之政府大力推进旅游业与信息产业的融合发展，智慧旅游成为当前中国旅游业界和学界最为关注的话题之一，并成为各级政府推动旅游产业转型升级的重要抓手。中国国家旅游局将2014年旅游宣传主题确定为"美丽中国之旅——2014智慧旅游年"。并发布2014年国内、境外市场旅游宣传主题和口号，国内市场宣传主题和口号分别是"美丽中国之旅——2014智慧旅游年""美丽中国，智慧旅游""智慧旅游，让生活更精彩""新科技，旅游新体验"；境外市场的宣传主题和口号分别是"Beautiful China，2014——Year of Smart Travel"(美丽中国——2014智慧旅游年)，"Beautiful China，easier to visit"(畅游美丽中国)。智慧旅游是基于新一代信息技术，为满足游客个性化需求，提供高品质、高满意度服务，而实现旅游资源及社会资源的共享与有效利用的系统化、集约化的管理变革，其本质是指包括信息通信技术在内的智能技术在旅游业中的应用，是以提升旅游服务、改善旅游体验、创新旅游管理、优化旅游资源利用为目标，增强旅游企业竞争力、提高旅游行业管理水平、扩大行业规模的现代化工程(张凌云等，2012)。

智慧旅游让中国旅游服务更加人性化。智慧旅游从满足游客的需求为根本出发点，通过信息技术提升游客的旅游体验和旅游品质。使游客在旅游信息获取、旅游计划决策、旅游产品预订支付、享受旅游和回顾评价旅游的整个过程中都能感受到智慧旅游带来的全新服务体验。智慧旅游会进一步提升中国旅游业管理水平。智慧旅游将实现传统旅游管理方式向现代管理方式转变。通过信息技术，可以及时准确地掌握游客的旅游活动信息和旅游企业的经营信息，实现旅游行业监管从传统的被动处理、事后管理向过程管理和实时管理转变。智慧旅游使中国旅游业营销效果更加明显。智慧旅游通过旅游舆情监控和数据分析，挖掘旅游热点和游客兴趣点，引导旅游企业策划对应的旅游产品，制定对应的营销主题，从而推动旅游行业的产品创新和营销创新。

智慧旅游是旅游信息化高级阶段的产物。当今世界，信息技术已深入到人们生活的各个方面，同时也是推动经济和社会进步的重要力量。在中国旅游发展过程中，信息被看做是重要的基础性资源，是旅游产业运行的重要支撑。因而，有学者认为旅游产业属于信息资源密集型和信息技术依赖型的产业，对信息处理有根本性的需求，对信息技术的应用有较高的要求，因此在对信息技术的应用方面，旅游产业一直走在其他产业的前面，是信息技术应用的直接受益者和促进者(任瀚，2013)。当前，信息技术已应用到了中国旅游产业的各个层面和各个环节中，信息技术发展的每一步都影响到中国旅游产业服务质量和服务水平的提高，信息化水平的日益提高极大地推动了旅游产业的快速发展。

未来旅游产业转型升级的基础是旅游企业的转型升级。传统旅游业为游客提供的是直接、面对面的旅游产品和旅游服务，而智慧旅游建设一方面将逐步改变旅游业的经营模式，由于在线营销系统大大节约了旅游业的经营成本，因此，中国旅游业的传统经营模式将被引导至全新的智慧旅游系统平台之上，由线下服务转为线上线下相结合、相辅相成的经营模式；另一方面，智慧旅游平台也是旅游业充分展示形象和提供旅游产品的平台，信息产业与旅游业的结合可以促进企业加快对旅游资源的深度开发，打造新型的智慧旅游产品，进一步提升信息网络技术和旅游业的融合程度，提高现代旅游业发展的综合效益。

4. 中国旅游业的创意化态势

旅游业一贯关注产业本身的可持续发展问题，随着创意产业经济、社会影响力的持续扩大，发展创意旅游已经成为旅游业可持续发展的必然选择(崔国等，2011)。创意或者拥有创意被当今社会看得比过去任何时候都重要(Ante，2008)，它被看作是人类生存和进步不可或缺的要素(Bohm and Nichol，2004)，甚至被看作是创造资本新的途径(Gates，2008)。在全球相继进入后现代化发展阶段，大力发展知识经济、重点关注文化经济的过程中，如何利用国内外旅游、文化和创意结合的经验和案例，对照创意旅游的本质和实践规律，找出一条适合中国国情的创意旅游发展模式是具有建设性意义的。创意与旅游业的成功结合，拉开了中国创意旅游产业发展的帷幕。创意旅游是指专门为了经历真实性体验，而参与学习艺术、传统或者地方特色活动的旅行活动，这为游客与在此地创造了这种独特文化的居民间架起了沟通的桥梁(UNESCO，2006)，是文化旅游发展的新阶段。

一般而言，创意具有稀缺性，一般认为创意是相对少数人所拥有的特质，然而文化却具有宽泛性，传统文化产品普遍存在。基于创意的旅游产品既能满足旅游的众性需求，也能满足旅游者个性化的体验需求，从而增加中国旅游业的潜在价值。中国旅游业的创意化发展趋势和创意旅游的特点有着密不可分的关系。首先，创意旅游与传统旅游产品相比，更具高流动性和移动性。传统的旅游资源，如地貌景观、人类活动遗迹、建筑和人工设施，其开发和消费依托于其在地域范围内的集聚和旅游者的空间移动。然而，创意却可以脱离旅游资源的空间固定性，如艺术表演以及艺术品的生产等无需大量的实体建筑。因此，创意旅游受空间局限较小，属于流动性较强的旅游产品。再者，创意旅游可以增强旅游产业的竞争力。从旅游供给角度来看，创意能够使目的地相对迅速地创造新的产品，从而形成超越其他目的地的竞争优势，从旅游需求角度看，创意还能够充分满足市场的多样化需求，提升游客的满意度。最后，创意旅游具有高价值创造性。创意旅游的价值创造过程不仅是经济价值的创造，也是社会价值、生态价值和文化价值观的塑造。创意旅游被认为比传统文化旅游更适于全球化时代的流动资本集聚机制，为旅游目的地和旅游者所接受。

5. 中国旅游业的低碳化态势

据世界旅游组织 2008 年的研究报告显示，以 2005 年为例，整个旅游发展中的 CO_2 排放量达到 13 亿 t，占人类活动所有 CO_2 排放量的 4.9%，而在人为因素引起的全球气候变暖贡献率上，整个旅游部门占到 5%～14%(Scott et al.，2008)。因此，控制旅游业的温室气体排放量势在必行。低碳旅游作为一种新型的可持续旅游发展形式，强调尽量减少旅游活动产生碳排放量。发展低碳旅游有助于促进我国旅游业节能减排和带动其关联产业低碳化发展，从而推动社会经济体系的低碳化建设，有助于提升我国应对全球气候变化与能源环境等问题的综合国力。

低碳旅游以可持续发展与低碳发展理念为指导，采用低碳技术，合理利用资源，实现旅游业的节能减排与社会、生态、经济综合效益最大化的可持续旅游发展形式(唐承财等，2011)。发展低碳旅游将积极推动中国旅游业的可持续发展。旅游业是一个十分敏感和脆弱的综合性产业，各种生态和环境问题对旅游地的持续发展带来了严重挑战。转变发展方式，积极发展低碳旅游，对于应对当前我国旅游发展所面临的各种挑战，实现旅游可持续发展具有重要的现实意义。

中国政府向国际社会承诺，力争到 2020 年单位 GDP 中 CO_2 的排放比 2005 年下降 40%～45%，非化石能源占一次能源消费的比例达到 15%左右，森林面积比 2005 年增加 4000 万 hm^2，森林蓄积量增加 13 亿 m^3。一方面是加快发展旅游业，另一方面是加快推进节能减排与绿色经济发展，这两个看似不相关的决定，却标志着中国旅游业发展跨入了转变发展方式、调整经济结构、改善民生质量的战略性攻坚阶段。因此，发展低碳旅游，对实现我国旅游业发展方式的转型具有极其重要的意义。

在中国大力推进生态文明建设时代，随着低碳技术和碳汇机制的日益成熟及其在社会经济领域的广泛渗透和普遍推进，以及低碳生活方式在全社会的广泛倡导，低碳旅游作为一种全新的旅游发展方式，必将展示其强大的发展趋势(蔡萌和汪宇明，2010)。发展低碳旅游必须依托有效的空间载体，建设低碳旅游目的地是中国未来旅游发展方式转型战略的重要选择。低碳旅游目的地涉及不同的空间尺度，既包括低碳旅游国家、低碳旅游城市，也包括低碳旅游景区景点。在中国未来旅游业发展过程中，低碳旅游发展方式成为重要的战略竞争高地，将是转变中国旅游发展方式、提升旅游目的地竞争力的重要抓手。因此，发展低碳旅游既是中国政策响应国际气候变化公约，彰显大国责任的重要体现，也是践行科学发展观，建设生态文明的重要途径。

6. 中国旅游业的品牌化态势

旅游品牌是建立在旅游资源或区域地域独特性基础之上，整合旅游产品的品质、特色、名称、标识、个性形象及市场影响力等要素后形成的一个综合性概念。它是一个地区旅游开发成果和旅游业发展水平的集中体现，是进一步巩固和拓展旅游市场，增强市场竞争力，提升旅游整体形象，促进旅游健康、快速发展的重要因素。

21世纪是品牌经济的时代，品牌越来越显示出其强大的影响力，品牌竞争也涉及社会生活的诸多方面，使现代社会生活呈现出品牌化的特征。作为一种系统性、整体性和综合性的竞争战略，作为市场经济发展到一定阶段、一个时代的总体特征，品牌竞争已由经济领域燃烧到社会文化诸多领域，其中也包括旅游行业。目前，中国的旅游消费者越来越重视生活方式的完善和完美旅游体验的获取，因此，品牌在当代旅游目的地形象的传播推广活动中扮演了重要角色。旅游消费者在众多的旅游目的地中进行比较和选择时，需要一个指导他们做出决定的依据。然而，旅游目的地品牌的一种整体感觉，即品牌认知，可以帮助旅游者减少所花费的时间和精力。因此，未来中国旅游品牌的打造能够构建目的地在旅游消费者心目中代表此目的地的品质和特色的标志，是更有效沟通的代码。

旅游目的地产品具有服务性，而服务性产品具有较少的可搜寻属性，这是由服务性所具有的无形性和不可分割性特征所决定的。旅游目的地的产品具有无形性，旅游者在决定购买某一旅游产品之前很难对该产品进行检查和客观评价，旅游者只能依赖旅游目的地的宣传和其他途径的信息，以及旅游目的地的品牌形象来对其做出评判。旅游目的地明确的品牌形象给予消费者区分不同旅游目的地服务内容的感性认识，使得消费者在选择出游目的地时做出有效的判断。对于旅游者来讲，品牌所具有的特殊含义，能改变他们对旅游目的地的看法和经验。依靠对品牌的识别或是对赋予品牌的特质的理解，旅游者做出选择决策。旅游目的地品牌还是旅游者精神价值的载体，成为旅游者情感归属的重要组成部分，从而有利于旅游者形成对旅游地的情感性忠诚。随着旅游者旅游消费意识的深入，品牌意识逐渐渗透到游客的消费观念中，在很大程度上影响其出行前目的地的选择和最终决策。知名的旅游目的地品牌很容易将该旅游地与其他同类目的地相区别，可以减少游客搜寻信息花费的时间，降低其搜寻成本和购买风险，无品牌的旅游地则无法承载旅游者的精神价值。

7. 中国旅游业的复合化态势

首先，在世界贸易组织的分类里，旅游业划分在传统服务业里，但旅游业已经出现了由传统服务业向现代服务业转型的趋势。从理论上看，旅游业要培育成为现代服务业，归根结底就是使“为生产生活服务”和“使用现代生产方式”等基本特征更加突出，其发展的总体思路应是转变旅游业发展方式，全面提升旅游业发展质量。实现中国旅游业从服务消费为主到服务生产和消费的转变，从需求管理为主到供求结合管理的转变，从落后生产方式到先进生产方式的转变，从扩大产业规模为主到提升发展内涵的转变，最终实现中国旅游业从传统旅游业到现代旅游业的转变。

其次，中国旅游业正从标准化转向个性化方向转变。旅游产品最终提供给消费者的大多只是一种体验，即精神层面的审美和愉悦，可以说，旅游的本质就是寻求完美的人生体验。人们进行旅游活动的动机，就是出于对另类自然和文化的好奇；旅游企业提供的产品与服务，就在于如何让游客获得美好的经历和愉快的体验。面对旅游消费多样化的趋势，旅游业正在改变传统的标准化、规模化和流水线式的经营模式，根据自身掌握的不同资源、信息，结合经验、团队、管理模式等，针对不同消费群，设计、生产或采购不同的产品组成个性化产品，如设立高端客户部、建设智慧旅游设施，来应对创意旅游和休闲旅游时代的来临。

最后，旅游业从经济产业转向社会产业。旅游是一种生活方式，一种文化表现形式。能使旅游者开阔眼界、愉悦和调节身心、获取新的文化营养，促使旅游者能够以更饱满的精神状态，给社会带来和谐与活力，甚至使社会文化结构产生很大程度的变化。自从改革开放以来，社会、政府和企业三个层面对旅游业的经济功能日益重视，旅游业也被定位为新的经济增长点和国民经济的战略性支柱产业。然而，旅游业的社会功能和生态功能正在日益增强，旅游业在吸纳就业、保障和改善民生、保护生态环境、强化环境教育，以及促进和谐社会发展等方面的贡献正推动着旅游业由单纯的经济产业向社会产业的转型。

8. 中国旅游业的内涵化发展态势

当前，追求文化内涵体验正在成为一种中国社会的新时尚，在中国旅游业的巨大潜力正在逐步爆发的背景之下，如何把文化产业和旅游产业有机融合，大力提升中国旅游业的发展内涵已经成为一个十分重要的科学命题。2011 年 10 月 18 日中国共产党第十七届中央委员会第六次全体会议通过的《中共中央推动文化大发展大繁荣的决定》指出，要构建现代文化产业体系……推动文化产业与旅游、体育、信息、物流、建筑等产业融合发展，积极发展文化旅游，促进非物质文化遗产保护传承与旅游相结合，发挥旅游对文化消费的促进作用。国务院《关于加快发展旅游业的意见》明确提出，大力推进旅游与文化……等相关产业和行业的融合发展。国务院《文化产业振兴规划》也提出，要扩大文化消费，开发与文化结合的教育培训、健身、旅游、休闲等服务性消费，带动相关产业发展。《文化部、国家旅游局关于促进文化与旅游结合发展的指导意见》指出，文化是旅游的灵魂，旅游是文化的重要载体，要加强文化和旅游的深度结合。

旅游产业与文化产业的融合使之更具创造力和生命力。旅游产业和文化产业的融合发展，可以使旅游产品更具文化底蕴和内涵。在当前的中国旅游业发展过程中，单一的旅游产品很难满足游客日益增长的个性化文化消费需求，只有不断地进行创新，才能与时俱进地推动中国旅游业向前发展。中国是一个具有五千年悠久历史的文明古国，各地区在其历史发展过程中，形成了独具特色的文化。在未来的旅游产品开发中，须将这些具有地域特色的文化融合进来，让游客体验与众不同的旅游乐趣，进一步提升旅游产品的竞争力。与此同时，文化产业与旅游产业的有机融合，在实现旅游业物质经济效益价值的同时，可以促进中国旅游业发展内涵的提升，同时还在继续弘扬和创造着特色的文化。

文化旅游产业作为文化产业与旅游产业的融合，在物质经济效益价值实现的同时，促进旅游业的进一步发展，又继续弘扬和创造着特定的文化。文化旅游产业是为满足人们的文化旅游消费需求而产生的一部分旅游产业，它的目的就是提高人们的旅游活动质量。促进旅游业与休闲娱乐业的融合，促进旅游业与演艺业的融合，促进旅游业与餐饮业的融合，也就是促进旅游产业与文化产业的融合，是旅游业深度开发的一个基本趋向。也就是说，促进旅游业的结构调整，要在旅游业中注入更多的文化内容，特别是民族文化内涵，使游客在旅游过程中获得更为生动和丰富的文化休闲娱乐。

第二节 中国边境旅游前景预测

1. 政府对边境旅游的重视程度将进一步增强

中国边界线长，周边邻国多。周边国家的对外开放和经济的发展，为中国的边境旅游提供了重要的客源。随着中国对外开放政策的深入贯彻执行，其将成为周边国家边境旅游的重要市场，一个十分具有潜力的市场。中国和周边国家一起又构成能够吸引欧美等国家旅游者的、具有巨大吸引力的旅游目的地。边境旅游的发展，将是中国与周边国家加强联系、增进合作的新途径，是中国旅游业新的增长点，也是巩固边疆、振兴边境地区经济的重要措施，是实现外拓内联经济发展战略的重要一环。因此，从中央到各边境省(区)对边境旅游的重视程度将进一步增强。中共中央十八届三中全会通过的《中共中央关于全面深化改革若干重大问题的决定》要求“加快沿边开放步伐，允许沿边重点口岸、边境城市、经济合作区在人员往来、加工物流、旅游等方面实行特殊方式和政策”。中国旅游业发展十二五规划提出：“确定重点地区，有序推进边境旅游的发展。重点发展中国和朝鲜、俄罗斯交界的图们江地区，中国和老挝、缅甸、越南交界的湄公河地区，以丝绸之路为纽带的中国新疆和周边国家接壤地区。放宽人员的地域限制、简化入出境手续，进一步减少障碍，使边境旅游活动更加方便、快捷。对有组织的旅游团队和当日往返的边境游客，探索实行免于签证的优惠。”

在我国的很多边境省(区)，边境旅游也受到政府部门的高度重视，将其作为重要的战略性产业发展。例如，云南省旅游业十二五规划中提出：“做优滇西火山热海边境旅游区。加快沿边旅游资源开发、边境口岸设施建设和区域合作，进一步发展边境旅游产品。鼓励边境州(市)通过中越、中老、中缅边交会等多种形式，积极开展与周边国家的区域性国际旅游交流与合作”。边境旅游是新疆维吾尔自治区重点打造的九大旅游产品之一。新疆维吾尔自治区旅游业十二五规划提出：“完善边境口岸的接待设施及边境旅游市场环境，争取中央与对方国家联合开办边境自由贸易区的特惠政策，建设旅游吸引物和服务体系，积极推进边境旅游发展，使旅游业成为新疆打造西部区域增长极和向西开放桥头堡的重要推动力”。内蒙古自治区将边境旅游作为其在十二五期间重点打造的八大专项旅游产品之一，并指出：“发挥边境口岸优势，大力发展边境旅游、跨国旅游，建设成为中国向北开放的旅游集散地。利用内蒙古独特的沿边区位优势，加快沿边旅游资源开发和边境口岸设施建设，加强区域合作，简化跨境旅游手续，大力发展跨境旅游并向纵深推进，增强内蒙古旅游经济的外向型功能，把跨境旅游产品打造成内蒙古最有影响力的旅游产品之一。积极推进边境旅游发展，使旅游业成为边境地区的经济增长极和向北开放桥头堡的重要推动力。”

2. 边境旅游将成为边境经济的战略性支柱产业

随着我国旅游市场的日益发展和完善，旅游业在国民经济中的地位越来越重要。据世界旅游组织预测，到 2015 年中国将成为世界第一大旅游目的地国，到 2020 年将成为世界第四大旅游客源地国。旅游业在国民经济中的地位和对国民经济的影响将会越来越重要，因此提升旅游产业地位和质量，成为国民经济发展的一个重要课题。中央提出要把旅游业培育成国民经济的战略性支柱产业和人民群众更加满意的现代服务业。这定位了旅游业的经济属性，将战略性和支柱产业作为关键词来定位旅游业，可以说是目前对各类产业部门中最高定位之一，这也为边境旅游在边境地区经济发展中的目标、地位与作用做出了明确的定位。

某个行业要成为支柱型产业需要具备四个条件：一是具有非常广阔的市场；二是具有很高的增长速度；三是很强的相关产业关联度；四是在新增产值中占有较大份额(于思远，1998)。从中国未来边境旅游发展前景来看，边境地区凭借资源、生态环境、口岸、区位或者交通优势，凭借已经形成的产业规模，旅游业必将成为边境地区经济的支柱产业。

战略产业是在一定时期内对一个国家经济和社会发展具有重要战略意义的支柱产业，其具有成长和发展为国民经济支柱产业的可能性。通常，在一个国家经济社会发展中，确定一个产业是否为战略产业，主要看其是否符合国家整体发展战略和方针，是否具有稳定和发展潜力的市场需求，是否具有带动一批关联产业发展的能力，是否具有良好的经济、社会和环境效益，是否能够促进经济社会的可持续发展等(邢宝学和李亮，2010)。随着边境地区第三产业的发展，特别是国民休闲计划的出台，边境旅游作为第三产业的重要组成部分，其战略性产业特征越来越明显，符合国家边境整体发展战略和方针要求，从边境旅游的经济和社会功能看，也具有良好的经济、社会和环境效益。

3. 边境旅游将为边境稳定提供可靠的政治保障

但近 20 年来，我国陆地边界问题基本得到解决，由于奉行了安邻、睦邻、富邻政策，与周边国家关系相对稳定，通过沿边开放战略和兴边富民行动，使陆地边境地区的社会、经济得到发展，已使边境安全形势处在新中国成立以来最好的水平。与此同时，我国边境地区世居着众多少数民族。全国 55 个少数民族在边境省(区)中都有分布，边境 9 个省(区)居住着全国近 60%的少数民族人口，全国 2.2 万多千米陆地边界线中的 1.9 万 km 在民族地区。

边境旅游可为边境的稳定提供可靠的政治保障。积极开展边境旅游，加强民族团结，为边境少数民族地区的和谐构建良好的内部环境。边境旅游的发展，促进了边境地区社会经济的发展和人民生活水平的提高，使边境地区的人民切实感受到改革开放给他们带来的、国家宪法和法律给予的各项自由平等权利，消除边境民族地区的不稳定因素，从而更好地团结各族人民，稳定边境；边境旅游的发展，增加了地方财政收入，使地方有能力进一步加强中国国防建设，更好地维护边境地区内部及与其毗邻国家间的和平稳定，为少数民族地区的和谐构建稳定的政治环境。

积极开展边境旅游，增进睦邻友好，稳定边境。发展边境旅游，可以通过毗邻两国边境地区资源和产品优势的互补，促进双方经济的共同发展和人民生产、生活必需品的调剂，这种经济上互惠互利、互通有无的交流与合作，为中国与周边国家建立和巩固外交关系创造有利条件。通过出入境旅游的发展，可以有效增进中国同周边国家人民和政府之间的了解和信任，加强同周边国家广大工商界人士的联系与合作，并使双方都获得较好的经济利益，促进了双边关系的广泛发展，使中国同周边国家的友好关系得到巩固，构建边境地区和谐的环境，保障边境地区实现政治稳定、社会和谐和国家安全。

4. 边境旅游将成为促进边境地区社会发展的重要力量

发展边境旅游是促进我国边境地区社会发展的重要抓手。首先，发展边境旅游，有利于增加财政收入，为经济发展积累资金。从边境旅游产生的直接经济效益来看，边境旅游不仅使企业从中获取利润，国家和地方政府也可以对边贸口岸征收营业税、所得税和调节税，从而充实国家和地方财源。从边境旅游的间接经济效益来看，通过开展边境旅游，邻国开展旅游经济合作，都可以促进边境地区的技术进步和创新，加强传统产业的技术改造，从而促进经济更好地发展，创造更大的产值，实现更多的利润，给国家和地方财政带来更多的利税收入。

发展边境旅游可促进边境地区产业结构优化升级。中国边境地区工业基础十分薄弱，第三产业相对落后，边境地区的经济本来就处于国内经济循环系统的边缘地带，再加上交通通信条件的限制，使得这个循环系统不是很畅通，严重阻碍边境地区的经济发展，同时也妨碍了产业结构和经济结构的合理调整。只有以边境旅游为突破口，带动相关产业的发展和优化组合，实现产业结构升级。在边境旅游的推动下，边境地区的第三产业也得到了迅速发展，一大批为边贸服务的旅馆、饭店、商店等迅速涌现，交通运输、邮电通信和金融保险等第三产业也得到很大发展，从而促进边境地区产业结构的优化。

发展边境旅游，有助于解决就业问题。旅游业是一个劳动密集型、以提供劳务服务为主的产业，具有很强的吸收劳动力增强就业的功能。大量边民转入旅游业减少了边境剩余劳动力，有利于增加边民收入，提高边民生活水平，继而减少了许多社会矛盾，减轻了就业压力，节约了边境管理成本，使剩余劳动力的转移更加稳定。这些产业的发展无疑将会为沿边地区提供更多的就业机会。就业问题的有效解决，一是增加了家庭经济收入；二是减少了边境地区社会无业人员，失去了制造不稳定因素的主体。

发展边境旅游可促进边境城市文化教育事业的发展。积极开展边境旅游，把边境地区变成开放的前沿，可在较短的时期内得到较高的经济效益，使地方政府有足够的实力和精力投资于边境城市建设和文化教育等各项社会事业中，使边境地区人民充分享受到改革与发展带来的平等的社会经济利益，促进民族和谐的实现。

5. 边境旅游将成为边境地区生态文明建设的抓手

生态文明是人类在改造客观世界的同时改善和优化人与自然的关系，建设科学有序的生态运行机制，体现了人类尊重自然，利用自然，保护自然，与自然和谐相处的文明理念，是一种更高级的人类文明形态。中国共产党第十八次全国代表大会提出：“建设生态文明，是关系人民福祉、关乎民族未来的长远大计。面对资源约束趋紧、环境污染严重、生态系统退化的严峻形势，必须树立尊重自然、顺应自然、保护自然的生态文明理念，把生态文明建设放在突出地位，融入经济建设、政治建设、文化建设、社会建设各方面和全过程，努力建设美丽中国，实现中华民族永续发展。”中华人民共和国国民经济和社会发展第十二个五年规划纲要再次明确提出：加快构建资源节约、环境友好的生产方式和消费模式，增强可持续发展能力，提高生态文明水平。因此，坚持可持续发展，进一步推进生态文明建设，树立生态文明观念，是推动科学发展、促进社会和谐的必然要求。

边境是我国现代化进程中的后发地区，目前处于农业文明与工业文明交替的不发达状态，一些地区刚步入工业文明的边缘。随着边境地区人口增多和工业进展的速度加快，其面临着环境污染日益加剧、生态环境不断恶化、环境修复能力日趋衰退的危险，如何处理环境保护和社会发展之间的矛盾已被政府提上议事日程，同时边境民族地区的生态状况甚至已危及全国的生态安全与经济安全。现代旅游业具有关联度高、产业链长、资源利用率高、资源消耗少、环境污染小等特点，是典型的资源节约型、环境友好型产业，是在全世界范围内被公认的绿色产业。与传统产业相比，由于旅游业基本没有生产活动，主要是直接再生性地利用自然资源和人文资源，旅游业应该是与环境保护、生态文明建设冲突最小的产业之一；旅游是人们追求更高生活质量的体现，因此需要美化环境、优化环境，旅游与环境、旅游发展与生态文明共建设在本质上应是和谐的关系，因而能够达成一个互惠互利的良性循环。

把生态文明建设始终放在突出地位，将其自觉地融入到边境旅游开发建设的各个方面和全过程中，优化边境旅游空间开发格局，加大自然生态系统和环境保护力度。在边境旅游未来的开发过程中应充分尊重自然、顺应自然、保护自然。将大自然视为人类社会的本源和根本，因地制宜，合理利用自然条件，追求边境地区人与自然的高度和谐。旅游是一项人与自然相和谐的活动，旅游业是一个人与自然共存的事业，环境质量是旅游业可持续发展的基石。要大力提高社会对发展边境旅游业促进环境保护、生态保护、实现资源可持续利用的认识，重视边境旅游的生态效益、社会效益，大力发展生态旅游、低碳旅游、健康旅游和旅游业循环经济，把边境旅游打造成为边境地区生态文明建设的抓手。

第三节 中国边境旅游发展趋势

1. 边境旅游经济总量持续增加

维护世界和平，促进共同发展，是我国外交政策的宗旨；和平共处五项原则是我国外交政策的基本准则；独立自主是我国外交的基本立场；维护我国的独立与主权，促进世界的和平与发展是我国外交的基本目标。

近年来，随着中国与周边国家睦邻友好的深入，在当前中国边境经济发展蓬勃和强劲的趋势带动下，不难看到边境旅游的关联带动作用已经从国内的基本层面上升到国际层面，并带动了我国边境地区农业、工业、服务业的发展，边境旅游产业也逐渐呈扩大趋势，并且日益创新。

在中国边境经济的发展和实力增强的推动下，边境旅游经济总量在国内生产总值中所占的比例会越来越大，作用越来越显著。而边境旅游的蓬勃发展，也一定会促进中国边境经济的快速发展。依此展望未来，边境旅游的发展必将对边境地区国民经济和社会发展起到巨大推动作用乃至变革性影响。边境旅游的快速发展起到了很大的经济拉动作用，旅游产业不但成为第三产业的经济支柱，更是我国边境经济不可或缺的重要部分。展望未来，我国与邻国的多方面、全方位合作，可带动边境旅游的发展机遇，并且为其提供更多地市场空间，其经济总量会持续增加。

2. 边境旅游产品日趋个性

实践表明，成功的旅游目的地具有非常鲜明的个性旅游产品，个性化旅游产品可以使其区别于其他目的地，可以减少一个目的地的替代性，创造一个与细分目标市场感知相一致的品牌形象。面对激烈的市场竞争和个性化、体验化的旅游需求，传统的大众打包式旅游向个性旅游、小众旅游的方向发展，边境旅游产品的开发日益凸显出其精细化和特色化，旅游服务强调个性化和亲情化。随着我国边境经济的快速发展及人们收入水平的不断提高，人们的需求层次还会进一步的升华，标配产品和服务作为提供品已不能满足人们消费愿望，人们需要更有特色、高质量、人性化的消费来实现自我需求。边境旅游消费方式从大众的简单划一(标准化消费)转向旨在让人性获得全面发展的(一对一服务甚至多对一服务)基础上的(个性化消费)精细化服务。

与其他类型旅游产品比较而言，边境旅游产品是以边境自然景观、边境历史遗迹遗址、边境口岸、边境民族风情、边境城市风貌等因素为主题设计开发的。就具体的边境旅游产品而言，可能是以上述一种或多种因素复合为主题进行产品开发的。对于一个具体边境旅游产品中边境主题的突出要充分抓住构筑因素的资源特色，并充分调研分析市场中供给需求状况及供给与需求关系，进行有针对性的产品边境主题中心设计，并通过产品的开发建设将中心突出(吴鸿，2011)。

另外，对于处于社会文化背景不尽相同的发展中国家而言，边境城市是旅游者了解对方国家民众的生产、生活方式和社会文化最直接的途径。边境城市作为另外一个国家物质文明和精神文明的最集中的载体，在旅游者是了解对方国家中的窗口和门户。新阶段边境城市则成为边境旅游最大和最核心的旅游产品。因此，边境城市须以完善城市功能，提升城市品位，建设特色城市为重点。

3. 边境旅游政策更加开放

进入21世纪，随着旅游发展模式向市场导向型和效益型的转变，我国旅游市场呈现出四个主要特征：市场主体细分化；旅游需求多元化；旅游促销经常化；旅游方式多样化。旅游市场的新特征促进了我国边境旅游市场的开放化特征更加明显：首先，2009年5月1日修订后的《旅行社条例》实施，降低了行业准入门槛，逐步实现企业旅游市场竞争自由化。旅行社的设立，最大瓶颈就是巨额的注册资金和质量保证金。而目前，旅行社注册资金大幅度减少或取消，质量保证金降低，同时，旅行社的缴纳方式由原来的现金形式调整为银行担保形式，旅行社通过财产抵押，无需更多的现金负担，缓解了旅行社资金周转的压力，这无疑为旅行社的进入敞开了大门。其次，41号文件的出台，减少了政府的行政干预，放宽了旅游市场准入，打破行业、地区壁垒，简化审批手续，鼓励社会资本公平参与旅游业发展，鼓励各种所有制企业依法投资旅游产业。同时，政府积极引进外资旅游企业，这些举措无疑加大了我国旅游市场的开放程度和自由竞争程度。最后，从2007年7月1日起，我国已取消了外资投资旅行社设立分支机构的限制，并对外资旅行社的注册资本实行国民待遇。这意味着外资在注册资本上与国内旅行社享受同等待遇，外资旅游企业进入我国市场的准入门槛大幅降低。

4. 边境旅游基础设施更加完善

基础设施是社会赖以生存和发展的基本条件，发展旅游业尤其要重视基础设施建设。纵观旅游业发展比较快的地方，基础设施建设都比较好。可以这样说，基础设施水平决定着一个地区旅游业的发展水平。大力完善基础设施建设，可以为发展旅游业创造环境、增加后劲，反之，则会成为制约旅游业发展的瓶颈。旅游基础设施是指为适应旅游者在旅行游览中的需要而建设的各项物质设施的总称，是发展旅游业不可缺少的物质基础。主要包括旅游饭店(宾馆)、旅游交通，以及各种文化娱乐、体育、疗养等物质设备。旅游基础设施的建设随着旅游业的发展日趋完善和多样化；同时，各种服务设施的增加会进一步推动旅游业的发展。

41 号文件提出："加快旅游基础设施建设；重点建设旅游道路、景区停车场、游客服务中心、旅游安全以及资源环境保护等基础设施。"随着边境经济的发展以及边境地区开放程度的进一步加大，边境旅游基础设施将进一步完善。边境旅游发展必备的基础设施，直接关系到游客到达边境目的地的环境与质量。

我国边境省份旅游公路建设步伐明显加快，交通条件得以充分改善，旅游景区与各县市之间、城乡之间、旅游区与旅游区之间的公路等级较高，通行能力较强，行车条件令人满意，旅游车辆均能直抵景区，不少公交车辆也通达景区，极大地方便了游客。部分边境旅游地旅游专线车的开通，对游客带来了不少便利，但大部分边境省(区)的旅游基础设施还有待进一步优化。随着国家对边境地区投资力度加大以及边境地区经济社会的持续发展，通过高水平规划设计和高质量、高标准建设，增加文化品位和科技含量，旅游交通、旅游标识系统、旅游厕所、景区停车场、游客集散中心等边境地区旅游基础设施将会更加完善，为边境旅游业又快又好发展提供强劲动力。

5. 边境旅游营销手段更为多样

旅游业本身的全球化和我国加入 WTO，使我国边境旅游市场融入了世界旅游市场竞争当中。因而在竞争的压力下，边境旅游企业为求得生存和发展，必然会努力提高自身的经营管理水平和服务质量，不断开拓旅游新产品，强化边境旅游市场营销。

在旅游发展过程中，旅游市场营销作为提高知名度、扩大市场占有率的重要手段，在整个旅游经济中的作用和地位日益突出。随着社会经济的进一步发展，旅游业作为政府主导型产业地位的确定，政府旅游营销活动在全球已成为一种新趋势，是后工业社会行政管理中的一个新现象，在旅游营销中充当着重要的角色。

随着中国边境旅游业的快速蓬勃发展，旅游市场营销在多层次、多角度、全方位展开，营销模式网络化、立体化。从营销参与主体看，政府、企业、居民、民间组织、行业协会同时参与；从营销信息刺激对象看，视觉、听觉、触觉、味觉与嗅觉全面启动，声音、色彩、意境充分展现；从营销传递手段看，除广告、价格、活动、文化、服务、大篷车等传统方式外，计算机、互联网、无线通信、数字电视等多元媒体技术广泛应用，边境旅游企业和旅游目的地将旅游信息服务的触角伸入人们生活的每一个角落，并且紧紧追随境内外旅游者的脚步，为其提供随时随地地便利，打破了营销的时空限制。边境旅游企业也积极尝试跨行业的深入合作，开拓多方市场。利用双方服务平台，开通民生一易网通商旅预订中心，打造中国领先的融实时查询、实时预订、实时支付、便捷出行为一体的一站式旅行服务平台。未来中国边境旅游营销还将实现物理网络和虚拟平台的无缝对接，进一步提升营销效能。

6. 边境旅游行业管理逐渐高效

以信息化为核心的旅游管理现代化将成为21世纪边境旅游管理创新的着力点。边境旅游综合性强、关联度高，涵盖了行、住、食、游、购、娱六大要素，以及众多的相关产业和部门，边境旅游产品所具有的不可储存性、不可试用性和不可异地消费的特点，决定了边境旅游是典型的信息依赖型产品，更是信息密集型产业，信息是其生命力的源泉。随着高新技术特别是信息技术的发展，旅游管理信息系统的建立，计算机和互联网在旅游产品开发、旅游综合管理、旅游市场营销、旅游交通、旅游服务及教育培训等方面的广泛推广和应用，会大大提高边境旅游的经济效益、工作效率、服务质量和旅游者的旅游体验水平。旅游业与信息技术的紧密结合具有内在的必然性，信息技术已逐渐渗透到旅游业的各个环节。尤其是互联网的应用，使边境旅游能够根据旅游者的需求，有针对性地提供个性化的服务，这样就推动了旅游业从一个以产品质量为中心的商务管理模式，向以游客满意度为中心的商务管理模式转变。例如，网络旅游产品运营商的出现，可以按照游客需求随时定制产品；通过旅游电子地图，需求者不仅可以准确查找目的地地理信息，还可以查询周边的其他旅游要素信息；通过旅游搜索引擎、车载GPS、PDA、手机等方式都可以方便智能的查找相关信息，获取及时、准确的边境旅游信息服务。

7. 边境旅游企业经营逐步集约

旅游企业经营的集约化发展战略是我国旅游业发展到一定历史阶段的产物，是旅游国际化、多元化、专业化、信息化、连锁化服务的必然趋势，是国内外市场竞争的必然结果。进入21世纪，随着经济全球化步伐的加快，世界各国旅游集约化的规模更加宏大。在国际旅游市场竞争日益激烈的情况下，为了提高边境旅游企业的综合竞争力，为企业赢得规模经济和范围经济，实现交易成本的节约，获取多元化经营和垄断经营的优势，我国的旅行社也走上了集约化发展的道路。41号文件提出，进一步强调推进国有旅游企业改组改制，支持民营和中小旅游企业发展，支持各类企业跨行业、跨地区、跨所有制兼并重组，培育一批具有竞争力的大型旅游企业集团。由此可见，对集约化发展的机遇和挑战，中国边境旅游企业当务之急是顺应世界旅游业的发展潮流，准确把握旅游业发展趋势，调整产业发展结构，制定集约化、规模化、多元化发展战略，实现跨国、跨境经营，更好地适应国际竞争，赢得更大的生存和发展空间。

8. 边境旅游区域合作日趋深化

区域旅游合作是指不同区域旅游主体(政府、旅游企业)为适应旅游经济全球化的发展需要，以旅游资源有效整合为主要手段的合作关系，这是一种新型的区域旅游发展模式，其合作关系的基础是不同区域间旅游资源的优势互补。目前，由于区域旅游合作的管理政出多门、事权不分，区域旅游合作缺乏总体规划与分工，多数区域旅游合作仅具有旅游协作的性质，缺少跨区域的行政管理权责，导致行业协调与监督的职能无法充分发挥(乌兰，2007)。因此，在边境地区大发展的背景下，实现边境旅游主体协调管理，进而推动边境区域旅游合作，就成为中国边境旅游业发展的必然选择。

2013 年 9 月 7 日，国家主席习近平在哈萨克斯坦纳扎尔巴耶夫大学演讲中提出，用创新的合作模式，共同建设地跨欧亚的“丝绸之路经济带”，从加强政策沟通、道路联通、贸易畅通、货币流通、民心相通入手，形成跨区域大合作格局。“新丝路经济带”提出在全球一体化和区域合作日趋深化的背景下，促进国家社会经济发展开放提升的重大战略举措。联系到近年来东北亚地区吉林省“珲春国际合作示范区”的建立及东南边境地区广西，以及云南省东兴、凭祥、瑞丽等边境开发开放试验区的建立，中国三边地区的发展和区域合作进入了一个新的阶段，以合作促发展的大合作与大格局将成为未来发展重点。在过去 20 多年里，边境旅游合作一直是中国-东盟、东北亚合作及中亚合作的先导产业和国家经济合作的重要内容，边境旅游已成为边境地区“兴边富民”的重要战略性支柱产业和次区域合作重要先导产业。在新的发展阶段，如何通过边境旅游发展提升，推进边境社会经济发展和区域合作深化，已成为新阶段边境旅游发展迫切需要关注的问题。

在协调发展背景下实现中国未来边境区域旅游合作，就是要统筹解决边境各地区和有关各方在旅游合作中的问题，在整合不同地区资源优势的基础上，促成相关参与者的互动、沟通和协作，通过多种合作途径，既可以寻求客源发生地与旅游目的地，以及不同旅游目的地之间在时空上的合作，也可以由区域内外旅游经济主体与政府职能部门之间、不同旅游经济主体之间形成全方位、多层次的合作关系，保证旅游经营活动的高效运行和规模经济效益，达到多方共赢的目的。

我国边境地域辽阔，边境旅游资源具有明显的多样性和地区差异性，由此形成的资源互补性为边境旅游合作提供了客观基础和现实条件。随着我国边境旅游的不断发展，我国边境旅游经济规模的逐渐扩大，边境旅游领域不断拓展，旅游区域合作与旅游业内外整体的联系愈加紧密。传统的经营模式已不能适应大旅游、大市场、大产业的发展要求，区域联合是旅游业发展的必由之路。各地区只有坚持优势互补、平等互利，遵守规则、协调发展的原则，合理划分边境旅游功能区域，实施边境旅游营销战略与旅游营销策略的优化组合，积极开拓旅游市场，才能不断提高各地区旅游知名度和市场竞争力，促进边境旅游业快速、持续、健康的发展，并带动相关产业和区域整体实力的提高。

第八章　中国边境旅游发展战略目标与对策建议

第一节　中国边境旅游发展目标与战略

1. 发展目标

基于发展现状及面临的客观问题，我国边境旅游的发展须以边境口岸城市为依托，充分利用边境地区丰富的旅游资源和地缘优势，积极开发多元化旅游产品，培育知名边境旅游品牌，提升边境旅游业产业素质，通过建立高效的区域合作机制，深化边境地区旅游业发展的跨国合作，从而将我国边境地区打造成为旅游产业体系完善、发展模式创新，集边境观光、生态休闲、边境商贸、文化体验、养生度假、冰雪或森林旅游于一体，具有影响力、吸引力和竞争力的黄金旅游带，把旅游产业培育成为带动边境地区经济发展和社会经济的战略性支柱产业，成为中国旅游业发展新的增长极，并为国家兴边富民战略实施作出贡献。

1）通过发展边境旅游带动边境地区和平稳定与国际合作

边境旅游特别是跨国旅游的发展能增加毗邻国家人民之间的直接接触、交往，为了共同的利益而合作，这将有助于推进中外跨国交流与合作，进一步增强跨国间的贸易往来和文化交流，展示软实力，加深中外人民的友谊，增进邻国间的政治互信与睦邻友好，促进了边境地区的和平稳定，进而巩固邻国战略协作伙伴关系。

2）通过发展边境旅游加强我国各民族团结与文化交融

我国边境地区是我国少数民族的主要聚居区，除了土家族、羌族等少数几个民族外，我国的少数民族大多聚居于边疆省(区)，有107个边境县域属于民族自治地方，边境县域的人口约47%为少数民族。边境旅游能吸引大批旅游者从祖国四面八方到边境地区，加强了内地对边境地区的了解和联系，不仅有利于边境地区人们观念的转变和更新，促进信息的交流，也有利于相互发现对方的长处，促进我国各民族的团结合作与文化交融，强化全民族的国家认同感和民族自豪感。

3）通过发展边境旅游带动边境地区经济发展

我国边境地区多为经济欠发达地区，经济发展缺乏动力，产业链条无法形成，人民生活水平低下，边境地区与我国发达地区尤其是东部地区的差距逐年增大。我国边境旅游的全面发展将地方经济发展提供契机，通过旅游的发展带动边境商贸等其他产业的发展，拉动边境沿线县(市)的经济发展，通过政策的支持充分发挥边境旅游业的扶贫效应

(李玉虹和马勇，2002)。

4) 通过发展边境旅游改善边境地区人居环境

充分发挥旅游业在规划区社会经济中的带动作用，通过旅游业的发展促进边境沿线县(市)和谐社会建设，实现扩大就业、提高居民生活质量、带动城镇发展和社会主义新农村建设等目标(陈桂秋，2004)。使沿边居民特别是少数民族同胞和从事旅游的开发商以及经营者的财富实现有效增长，促进当地农村的“生产发展、生活宽裕、乡风文明、村容整洁和管理民主”。

5) 通过发展边境旅游提升边境地区生态环境质量

积极发挥旅游业在建设资源节约型和环境友好型社会中的独特作用，通过发展旅游业，促进边境地区的生态环境保护，通过促进植被的恢复、培植和保育，自然生态环境的改善与提升，促进生态经济的繁荣，促进生态人居的和谐，实现经济的低碳发展。

2. 发展战略

旅游业本身是一个综合性强、关联度大的产业，而边境旅游涉及的要素更为复杂。为了更好地促进边境旅游的发展，并展现其旅游特色吸引力，将其培育成带动边境地区经济发展和社会进步的支柱型产业，须从大局和整体上把握旅游发展的方向，由此形成决定边境旅游发展前景的六大发展战略：

1) “政策创新”发展战略

按照我国边境旅游业发展的新特点和新规律，以新思维、新方式推动边境旅游业的政策创新。首先，边境旅游发展要和国家边境战略和区域略相协调，拓展政府在边境旅游发展方面的管理空间。从提升边境旅游业发展与国家对外战略融合度的角度出发，改变边境旅游发展中的政府职能，通过服务国家对外战略，开辟边境旅游业发展新的空间，全面发挥边境旅游业在国家对外战略方面的综合功能。在此基础上，要充分旅游市场在边境旅游资源配置中的决定性作用，打破边境旅游运营的行业壁垒和区域壁垒，消除地方保护主义，实现边境旅游的跨地区经营。此外，要重视边境旅游发展的社会效益和文化效益，重视边境旅游的公共服务功能的形成。

2) “贸旅一体”发展战略

边境贸易与边境旅游的发展是相互促进、相互带动的。我国边境贸易一直处于快速发展之中，边境贸易的增长促进了与邻国的经济的联系，推动了人员的交流，从而推动了商务旅游的繁荣；而商务旅游又促进了边境贸易的发展，边境旅游与边境贸易间存在明显同步性与相关性。要推动边境地区旅游的发展，首先，要注重边境贸易的发展，边境贸易是推动边境旅游发展的直接动力；其次，在边境贸易获得快速发展的同时注重对旅游业的发哺，通过建立国外友好城市关系、健全会议会展硬件设施、提升地区服务业整体素质水平等方式驱动旅游业的发展与成熟。要将我国的边境贸易与边境旅游发展紧密结合起来，在发展边贸的同时，注重旅游设施的建设，尤其是在满洲里等重要的边贸口岸，要实现边贸与旅游一体化发展。

3）“产业关联”发展战略

我国对边境地区的产业布局与空间规划是基于我国国内产业发展的实情和需要，而边境地区作为“承内接外”的过渡地区，肩负将邻国产业链引申进来、将我国产业链延伸出去的重要使命，所以边境旅游业及其他产业的发展也要考虑到邻国特别是其边境地区的产业布局和规划。例如，黑龙江边境旅游的发展要注重俄罗斯远东地区产业规划，将边境旅游的发展与其产业布局相结合，以规避恶性竞争，而获得互补优势。

4）“跨国合作”发展战略

重点加强与俄罗斯、蒙古国、朝鲜等国以及国际友好城市的合作，将边境地区发展成为邻国入境旅游者重要的通关口岸，由此全面开拓入境旅游市场。在国内，积极加强与一级客源市场范围内的大中城市合作，大力拓展国内旅游市场。在边境及周边地区，加强区域合作，尤其是口岸城市的合作，实施边境旅游一体化战略(赵多平等，2012)，并同时注重边境线的联动，构建东北“漠河—黑河—抚远—兴凯湖”、西北“喀纳斯湖、伊犁、阿图什、喀什”、西南“西双版纳、景洪、澜沧江、腾冲”等黄金旅游线路，形成全方位、多类型的区域旅游合作格局。

5）“精品特色”发展战略

要从产品、服务、管理、营销角度努力共同打造东北、西北、西南旅游精品，塑造边境旅游品牌。通过提供特色化、差异化的产品与国际化、标准化的服务，并通过增加科技含量，整体提高边境旅游产品的质量与服务水平，建立现代化的旅游公共服务体系，在更高层次和更高起点满足旅游者的需求，采用多种营销手段，主要市场上确立产品品牌和增强市场知名度和美誉度，从而引领中外边境旅游新时尚，推进现代化国际商务旅游的发展。

6）“文化融合”发展战略

国界线和边境标志物如国门、界桩、界碑、界河，以及神秘的边关、边民互市贸易区等风貌特色构成了边境地区独特的边关景观，为开展边境旅游提供了有利条件。边境贸易的开放，中外边关节所展现的边贸产品、边贸市场与边贸节庆交融的特有景象，以及边境旅游观光的日益活跃，构成了一道领略边关及中外山水风光与特色风情的旅游风景线。边陲小镇、边关地区的民风、语言、服饰、建筑风格、景观等的过渡性、混杂性，以及中外边民的各种民俗节庆活动等，成为别具一格的旅游资源。深度发掘顺应旅游发展需要的优秀地域文化，重点提升民族文化、历史文化、知青文化和红色文化四大特色文化，通过对这些文化的时尚化、产品化、市场化重组，通过物境、情境、意境设计，充分释放旅游业特殊的产业关联力度，最大化发掘边境地区旅游所蕴涵的本体价值及附加值，全面提升边境旅游的品位与内涵，塑造边境旅游鲜明的特色。

第二节　中国边境旅游发展对策建议

针对我国边境旅游发展面临的问题，并实现知名边境旅游品牌的培育，提升边境旅游产业组织水平，促进边境旅游协调发展，实现经济效益、社会效益和生态效益多赢的宏伟蓝图，在中国边境旅游的发展目标与战略选择的基础上，制定出符合边境旅游发展规律的对策建议。

1. 统筹规划管理，创新管理体制

中国陆地边境情况错综复杂，且边境旅游发展的资源、市场等诸多要素存在较鲜明的特色，在边境旅游发展初期亟须统筹规划管理，以促进中国边境旅游产业的健康、持续发展。中国边境旅游发展规划需以国民经济和社会发展计划为依据，边境旅游的发展需与经济增长和相关产业的发展相适应，面对中国社会经济的发展及各产业市场管理体制的革新，具备后发优势的中国边境旅游也需寻求切合边境地区实际条件的管理体制。

1）建立边境旅游发展协调机构

为提高决策效率，快速、高效的解决各类旅游发展疑难问题，有必要在国家旅游局建立边境旅游管理机构。同时，建议国家旅游局、国家发展改革委、外交部等国家部委牵头，建立由旅游、交通、外办、文化、环保等相关部门领导组成的边境旅游发展委员会，从国家层面处理边境旅游开发及边境旅游活动中涉及的重大问题，协调各边境地区及边境地区各部门之间的关系，建立旅游联合执法机制。边境各省(区)旅游局设立专门的边境旅游发展处，具体落实国家边境旅游发展委员会的各项决策(张广瑞，1997)。

2）把边境旅游纳入国家区域发展战略

结合区域经济一体化进程，把边境旅游纳入到国家对外合作和区域社会经济发展战略体系中；要重点考虑跨境旅游发展战略(包含边境地区国与国、内陆与边境以及边境与边境)，提升边境旅游的发展定位；把边境旅游发展与实现“政策沟通、道路联通、贸易畅通、货币流通、民心相通”发展目标联系起来，促进跨境大合作格局的形成。

3）制订中国陆地边境旅游发展规划

全面考量中国边境地区地理环境、社会经济条件、资源及客源市场情况，制订具有超前性与预见性的中国陆地边境旅游发展规划，并保障边境旅游的发展在规划的指导下进行。中国陆地边境旅游发展规划的制定首先应把握因地制宜性原则，边境地区地理环境与地缘区位存在明显差异，社会经济发展水平相对滞后，旅游市场客源成分较为复杂，旅游资源中也将重点涉及边境购物等资源组成，由此边境旅游发展规划应建立适合自身实际情况的旅游发展模式、发展速度、旅游功能分区与产品结构等。边境旅游发展规划的制定还需注重与邻国的统筹协调，共同协调旅游发展目标、旅游产业空间等问题。旅游发展规划将有效保障旅游发展的有序性，避免发展中的盲目性，有助于实现边境旅游业的可持续发展。

4）创新边境旅游市场管理体制

创新旅游管理体制要遵循社会主义市场经济规律和旅游产业发展规律，适应旅游产业迅速发展的需要，整合、优化、重组各类旅游资源与旅游要素，加强旅游产业宏观调控，推进旅游管理体制从行业管理向产业管理、从监管型管理向服务型管理、从分散管理向统筹管理转型，构建有利于旅游产业发展的体制环境。创新边境旅游管理体制改革，对边境线沿途景区所有权、保护权、经营权、开发权进行分离，引入市场化的现代经营管理体制，广泛吸纳社会资金和专业的开发管理方式，以促进景区质的转变与提升。加快边境地区现有旅游开发集团/公司进行股份制改革，拓宽融资渠道，吸收企业、当地居民入股，保持国有股份占最大股；引入专业化旅游景区投资开发公司，提高经营管理水平。

5）发挥旅游行业组织协同治理职能

政府与企业之间跨度较大，需要一个中间层次来承上启下（王辉和杨兆萍，2011），行业组织的协同治理职能恰好弥补了这一缺陷，需建立边境旅游行业组织。其重要作用是构建信息交互机制，为政府之间、政企之间、旅游企业之间提供旅游信息沟通平台，并与区域政府、旅游企业密切协调，建立旅游联合营销长效机制。通过广告策划、节事营销、网络媒介营销和内部互助营销等联合模式，推动边境旅游整体优势的发挥和区域旅游形象的塑造。

2. 全面贯彻法规，实施扶持政策

法律法规是解决边境旅游发展过程中产生的新问题、新矛盾的有利依据，更是保障边境旅游业可持续发展的有力支撑。边境旅游发展首先应以中国颁布实施的《旅游法》为准绳，严格保护边境地区各类旅游资源，各边境地区也可根据地域民族文化特征对部分法规进行调适。而边境旅游发展相对滞后，有必要针对性制定、实施扶持政策。

1）全面贯彻旅游法及相关法律、标准

全面贯彻《旅游法》和国家旅游局已发布实施的《边境旅游管理办法》、《星级饭店客房客用品质量与配备要求》、《旅行社条例实施细则》、《旅行社国内旅游服务质量要求》、《旅行社出境旅游服务质量》、《旅游服务质量提升纲要》、《旅游质量发展纲要》，以及边境各省、地方相关法律等。严格执行国家和边境各地方政府制定的有关保护珍贵鱼类、珍稀动植物和水污染防治等方面的法律、法规，依法实施生态保护和环境监管，把经济建设和社会发展严格控制在生态环境可承载的范围内。另外，各边境地区也可根据地域民族文化特征对部分法规进行调适，制定符合地区文化特征的法规条文。

2）边境旅游发展的政策性支持

根据新形势与新情况，在《边境旅游暂行管理办法》的基础上制定《边境旅游管理条例》，依法规范管理旅游市场；制定产业联动政策（商业、渔业、对外贸易）；享受服务业的相关优惠政策，将旅游业纳入到服务业的管理体系中，享受国务院《关于加快发展服务业的若干意见》中给予的各项优惠政策。

出入境政策方面，放松出入境政策，简化手续，构建快捷的边境，跨境旅游通道（杨丽，2001）；落地签证和免签证政策，允许我国公民在边境沿线口岸办理落地签证，可参照中越边境护照办理经验，允许外籍公民持普通护照入境旅游 5～7 天的免办入境签证。

土地政策方面，根据旅游项目和旅游区建设的需要，划定旅游用地范围，禁止其他不相关项目特别是污染项目的进入，确保重大旅游项目与重要旅游区的用地供给和环境保障。对符合土地利用总体规划的旅游资源开发项目所占土地、森林，按项目实际占用面积收缴土地出让金和森林资源补偿费。

财税政策方面，设立边境旅游发展专项资金，用于补助重点旅游项目和投入产出效益好的旅游经营项目，建立政府、企业、个人投资机制，调动各方面的积极性，并起到良好的导向和示范作用；加大对旅游基础设施建设的投入，且主要由政府财政负责，如旅游交通通信、旅游资源保护、重点旅游景区开发等；加大对旅游宣传的投入，增加旅游促销经费，不断增强地区旅游业在目标市场上的吸引力和竞争力。

设立免税商店，创造条件实施境外游客购物退税制度。享受外贸出口企业的出口退税政策，旅游业是国际服务贸易中的重要组成部分。大力主张旅游服务贸易，并给予其其他服务贸易享有的出口退税等相关政策。对重点旅游建设项目贷款实行财政贴息；对聘用一定数量本地居民就业的旅游景区、旅游企业、采用环保设施、引用高科技的旅游企业予以税收优惠政策；对优秀旅游企业、旅游商品开发户、导游人员给予奖励。

3）构建执法、监督和反馈一体化体系

边境旅游的发展需注重执法、监督与反馈一体化机制的应用。建立旅游联合执法机制。由边境旅游发展委员会牵头，公安、工商、交通、质检等与旅游市场相关的政府各部门参与，组成旅游联合执法队，密切配合，齐抓共管；加强各级旅游质量监督队伍的建设。鼓励各级行业协会的参与，并通过各种形式的培训，提高质监人员的执法能力与政策水平；建立健全旅游消费者保护机制。完善旅游投诉受理和处理机制，建立投诉公示制度，有效监管旅游市场秩序。充分发挥社会监督和新闻监督的力量。

3. 提升产业地位，积极培育市场

随着旅游者需求的多样化与个性化发展以及国内外居民收入的不断提升，边境旅游未来将得到旅游者的广泛关注，市场潜力巨大。作为边境地区为数不多的具备较大潜力的产业，边境旅游的产业地位需得到提升，以迎合未来边境旅游业发展的需要。可通过倾向性政策、招商引资、寻求组织合作等方式提升产业地位，培育旅游市场。

1）提升边境旅游产业地位

科学定位旅游产业是政府保障工作的首要任务，根据边境地区的政治条件、地理特点、资源优势、支撑条件、发展潜力和对地方经济的拉动作用而确定其产业发展地位，将边境旅游发展为边境地区的战略支柱产业和优先发展产业。应结合实际，根据旅游资源空间配置、旅游市场条件以及旅游项目建设，因地制宜地发展各相关旅游产业，有效控制产业要素的空间布局，实现旅游产业结构的最优化。同时要转变旅游发展方式，优化旅游产业结构，构建现代旅游产业新格局，不断推进旅游产业转型升级。

2）培育边境市场与企业

要加大旅游领域国有资产改革重组力度，行政手段与市场机制相结合，培育出全国和区域性的大型旅游企业和服务品牌。鼓励和支持民营经济对旅游产业的介入，大力发展要素市场，促进大中小企业协调发展，推动旅游传统业的现代化改造和新型旅游业的创新发展。推动各种所有制企业公平竞争和优胜劣汰，加大金融支持力度，加强企业品牌建设，积极参与国际竞争，持续提升企业竞争力。逐步对外商投资旅行社开放经营中国公民出境旅游业务。

3）深化开发力度以推进国际化发展

边境沿线旅游业的对外开放要本着“走出去”和“引进来”相结合的原则，进一步探索对外开发的新形态，以深化与扩展政府及国际组织之间的合作内涵与外延，以加大扶持、提升公共服务以及强化人才等要素投入促进旅游产业的国际化发展，构建旅游产业的可持续发展能力与核心竞争能力，以有序发展出境市场推动出入境市场互换机制的建立。

4. 加强科学研究，完善基础设施

边境旅游发展与基础设施建设过程中需加强各环节科学与技术的应用，要充分运用与旅游规划、旅游设施建设、旅游资源环境管理、旅游市场营销等相关的新技术，提高边境旅游产品与服务的科技含量，科学完善基础设施。

1）建立边境旅游基础数据库

边境旅游基础数据库建设是实现边境旅游信息化的关键，将为边境旅游行业信息资源开发以及产品服务创新提供重要的数据基础。边境旅游基础数据库所涉及的相关数据可通过传统以及现代的数据收集方法进行收集，传统方法主要有现场考察、监测、遥感、实验等，而现代互联网、数据挖掘、模拟等方法也需充分应用，旅游基础数据库主要包含旅游目的地、景区(点)、旅游商品、美食等旅游资源信息；也须包括交通、宾馆(酒店)、旅行社、口岸通径等旅游服务信息。

2）提升边境旅游旅游规划的科学性

应该根据环境特点和资源特点，选择科学合理的开发方式，引入较为系统的旅游规划理念和规划技术方法，采用 GIS 和 RS 等先进空间技术手段建立边境沿线旅游资源数据库，实时跟踪旅游资源保护与开发状况；重要景区景点旅游开发规划，应该聘请和组织较强实力的，包括高等院校、科研院所等单位组成的高素质的旅游研究队伍，确保旅游规划科学性。

3）加快边境旅游城市建设

结合国家新型城镇化进程，创新边境城镇发展模式。以完善城市功能，提升城市品位，建设特色城市为重点。要加快城市建设发展，不断完善城市功能和规划布局；要完善城市市政配套设施和旅游服务基础设施，提高城市旅游接待水平；建设边境跨境旅游目的地和旅游集散地；提升城市文化内涵，塑造城市个性；提高边境双语或者多语种教育和应用水平，建设宜商、宜旅、宜居的边境国际化口岸城市。

4）提升边境旅游景区建设水平

景区建设是旅游业发展的关键，也是旅游环境影响相对集中的场所。必须采用现代声、光、电技术来展示旅游资源，同时还要采用了先进的方法和技术来开发利用旅游资源，主要技术有：①生态交通技术，采用无污染汽车燃料技术，并进行燃料动力交通、电动力交通、顺水航运交通、人力交通等交通方式的合理搭配，使旅游交通的综合能耗达到最小，以实现旅游的低碳化发展；②生态厕所技术，主要包括循环水生物处理技术、免水冲生物堆肥处理技术、生物药水循环处理技术、人性化智能控制及管理系统等，主要适用于旅游公路管理部门、旅游企业及景区(点)；③安全救援技术，主要包括国际搜寻与救援卫星系统、基于空间信息技术的城市应急救援联动系统、旅游景区紧急救援技术等，主要适用于旅游安全、行政管理部门和景区(点)；④“智慧景区”建设技术，主要由门禁票务系统、多媒体展示系统、电子商务系统、办公自动化系统、GPS车辆调度系统、智能化环境监控系统等六大系统组成；⑤旅游目的地信息系统建设，装备于各大宾馆、旅行社、主要停车场、旅游景点、长途汽车站和游客信息中心，为国内外游客提供旅游信息。

5）实现边境旅游管理的信息化

政府旅游信息建设技术，在建立市、县旅游网的基础上，引入边境统一信息服务UMS、Web GIS技术、防火墙技术、数据库技术等。政府主导和投资建设边境旅游信息库，将来条件成熟时考虑和俄方景区实现信息共享。

企业信息化管理，旅游企业管理突出以财务管理、统计分析和信息检索等系统为代表的信息化建设，确保以计算机为主的现代科技得到了迅速普及。特别是高星级的酒店和重要景区的管理应该首先实现企业信息化管理。做好边境旅游企业上网工程，旅行社、饭店、旅游景点和旅游交通企业可以单独设立网站，也可以在边境省旅游信息网上设立。

游客服务中心建设技术，主要包括手机加油站、LED显示屏、语音合成技术、信息查询电脑、无线上网技术、环保厕所技术等的应用。

6）建立边境旅游市场营销信息平台

建设专业的信息网络系统以实现现代旅游功能，并结合形象策划，全方位突出边境作为中外边境重要的旅游枢纽地的数字化区域旅游形象。边境旅游信息网是面向所有互联网用户和各旅游企业的综合服务系统，主要提供旅游信息发布、宣传促销、咨询服务、统计以及调度功能，同时提供在线旅游线路预定、饭店客房预定和招商引资、电子结算和出售旅游商品等功能。通过边境旅游信息网，构建一个公众参与式信息平台，不但向游客提供便捷的旅游信息服务和游客间交流的平台，而且能向旅游主管单位和旅游企业及时反映游客的需求和边境旅游业发展的动态。边境旅游信息网应该具备远程上传功能，便于各旅游企业上报统计数据、文字资料和商务信息。并通过旅游质监所处理在线旅游投诉和相关法律咨询。

5. 优化投资环境，拓宽融资渠道

目前我国旅游业投融资仍存在不少困难，主要表现在投融资体制不顺、机制不活、资金投入不足、渠道狭窄、投融资方式单一和滞后，而边境地区生活环境相对较差，城市化水平较低，其投融资将面临更大的困难，为此有必要优化旅游投资环境，并争取国家政策支持性融资，通过基金等形式打破起步期旅游投融资"冰点"，在此基础上鼓励企业进驻。

1）优化旅游投资环境

良好的投资环境是旅游地招商引资的基础条件，对于拓展融资渠道、广泛吸收外来资金用于旅游开发建设至关重要。旅游投资环境按照内涵分硬环境、软环境两大部分。以道路交通、通信以及水、电、能源等基础设施构成投资的硬环境条件；以各种政策法规、社会文化环境、劳动力素质、居民的价值观念、道德标准以及治安状况等构成投资的软环境条件。软、硬环境条件的质量成为投资者实施投资决策的重要影响因素。边境旅游开发，应由政府提供硬环境建设资金，保障道路交通、通信等基础设施的建设和完善并实施相应的管理措施，创建良好的社会环境和法治环境，由此吸引外来资金的投资建设。

2）拓宽旅游融资渠道

边境地区经济发展水平相对滞后，各产业难以形成规模效应，因而导致地方资金获取相对困难，在国家对边境地区施行倾向性政策之际，边境地区应争取国家投资、招商引资、民间投资等多种方法为边境旅游的发展融资，同时地方政府须对获取资金进行合理配置，充分发挥旅游资源价值在资金分配中的杠杆作用。

国家政策支持性融资。通过扶贫基金支持、生态保护项目、国防建设资金、流域治理资金、文物保护项目、世界旅游组织规划支持、国家及省市旅游产业结构调整基金等进行信贷融资，协调这些项目或资金优先向旅游相关领域投入。

地方政府投资。边境沿线各级政府应增加对旅游业财政性资金投入，把旅游业专项发展资金纳入本级财政预算中，并根据旅游产业发展需要，对于需要重点扶持的旅游企业和项目提供资金支持。具体包括：必要的基础设施项目建设资金；规划和管理资金；宣传及市场营销资金；公共的便民设施建设资金；其他非营利性投资。

民间社会资金。加快落实国家旅游局2012年6月发布的《关于鼓励和引导民间资本投资旅游业的实施意见》，特别是鼓励民间资本投资游船业的有关规定，大力吸引民间资本，使之成为促进边境旅游发展的生力军。可引导社会资金持有者投资旅游经营性旅游项目建设，也可引导部分社会资金参与具有潜在收益的政府部门投资领域(如收费公路、公用设施等)。

招商引资。尽快组建具有区域竞争力的大型旅游企业，策划、包装、推出一批景区、宾馆、餐饮、交通等商业性的旅游投资项目，以项目为载体，吸引国内外知名的大企业、大财团参与边境旅游产业发展。为招商引资制定措施，加强对企业的服务，改善投资环境。招商引资制定措施，改革管理体制，加强对企业的服务，改善投资环境(杨洪等，2001)。推进有竞争力的企业在境内外上市，鼓励符合条件的企业上市融资。支持符合条件的企业发行企业债券。

6. 加强人才保障，积极培养人才

旅游人才是一个产业大军，规模大，涉及面广，旅游业发展对旅游人才需求量极大，旅游人才素质不仅关系到旅游产业自身的发展与质量，而且具有深远的战略性影响。在边境旅游发展伊始就需注重对旅游人才的培养，可通过建立健全边境旅游人才培训体系、积极引进边境旅游专业人才、搭建旅游人才交流平台等措施培育和储备边境旅游发展所需人才。

1) 健全边境旅游人才培训体系

根据市场发展需要，建立边境旅游发展委员会、旅游企业、旅游行业协会、旅游院校、域外教育培训机构等多方面参与人才培养与开发的组织和工作机制，形成联合培养、互助合作、海外深造等多渠道人才开发模式。对于进入旅游行业的工作人员，要在全行业开展比较全面系统的岗位职务培训，特别是注重毗邻国语言方面的培训，以全面提升旅游管理人员的综合素质和管理水平，以及旅游服务人员的旅游接待能力。

2) 积极引进边境旅游专业人才

旅游人才的培养是一个长期的过程，应优化用人环境，抓住各种机会，积极吸引部分旅游中、高层旅游开发、旅游管理和旅游服务人才。引进人才的数量上既要保证旅游发展的需要，又要保持结构上的合理，既能使旅游发展充满活力，又不会由于外来人员的增加而导致旅游管理和旅游服务特色的丧失。建议根据边境旅游发展的需要，引进急需的旅游景区规划和经营管理、宾馆饭店管理等人才，确保重点旅游景区和星级宾馆具备高层次的专业管理人才；以公开招聘、优惠政策吸引旅游高级人才和高校毕业生到边境市(县)工作；聘请国内外知名旅游专家担任边境旅游发展顾问，为边境旅游发展出谋划策；引进毗邻国旅游从业人员，提供边境特色的旅游服务。

3) 搭建旅游人才交流平台

旅游行业不仅要引进人才，也要把当地人才推向市场，接受市场的考验。要把边境沿线的导游人员、星级宾馆厨师、管理人员和服务人员的基本情况全部纳入人才数据库，并及时更新。通过网络信息的共享，适时选派当地旅游各行业相关人员参与到外地旅游部门的工作实践中，加大不同地区旅游人才工作经验的交流强度，以更好地服务于旅游业的发展。构筑旅游人力资本优势，使人才供应在数量、结构和素质等方面适应产

业发展需要，搭建旅游人才交流平台。加强区内外旅游管理与服务技术交流，采用挂职及岗位交流等形式，与旅游业发达地区进行人才交流，引进智力资源，学习旅游业发达地区的经验。

7. 推动区域合作，发挥整合效应

中国陆地边境虽然旅游资源禀赋条件较好，但与内地相比，旅游资源开发程度较低，旅游服务水平较差，旅游整体竞争力不强，在旅游市场中不具备竞争优势。边境旅游的发展必须注重与邻国的跨国性旅游合作，并同时实现境内边境地域的有效合作，以突出旅游产品特色，实现旅游产品互补与市场资源共享，从而实现边境旅游整体竞争力的提升。

1）加强区域性跨国旅游合作

根据当前边境旅游发展的实际需要，国家旅游局等部门应与毗邻国对应旅游机构加强联系，定期举行工作会议，协调解决有关边境旅游的问题；打好边境旅游的品牌，与毗邻国深入合作，根据特色旅游资源和市场需求特点，开拓精品跨国旅游线路，同时充分考虑各项旅游消费项目和环节的设计安排，提高旅游经营效益。此外，中方还可在毗邻国有关地区设立边境旅游办事机构，其主要任务是及时协调解决边境旅游出现的问题，通报边境旅游人员的数量、流向和通关情况，研究边境旅游市场的开发。积极促进沿边县域的政府间合作，通过政府间合作实现旅游联动，主要实现在整体营销、整体形象塑造、官方文化交流活动和相关政策联动等方面(谢莉，2005)。加强与毗邻国政府间的互惠政策的建设，以期促进边贸互市的发展，从而达到旅游业飞速发展的目的。

2）强化境内地域间合作

边境地区应注意和周边省(市)的跨区域联动，在旅游产品开发、旅游线路组织和旅游宣传促销等方面的互补合作，达到资源共享，客源互流，促销互助，产品互补的目的。通过内联外拓，促进边境旅游和贸易进一步发展。要加强沿江县(市)的合作，特别是要充分依托省(市)层面旅游集散中心和客源地，联合当地旅行社，做好边境旅游的精品线路。

8. 保障社区参与，带动脱贫致富

边境旅游社区与边境旅游发展密切相关，关注社区原生态文化、实现社区居民增益是边境旅游需要着重考虑的发展目标，保障社区居民全方位参与边境旅游的发展将有助于促进边境旅游的可持续发展。一方面，社区及居民作为地域文化的传承者与传承载体，社区扮演着旅游资源角色；另一方面，社区居民参与旅游服务，属于旅游人才中的重要分支。边境旅游发展过程中，可通过提升社区居民旅游发展意识、拓宽社区居民旅游参与渠道、实现社区居民增权等措施保障社区参与，并带动居民脱贫致富。

1）提升边境地区社区居民旅游发展意识

做好旅游观念培训、旅游规划参与能力与监督能力培训、旅游从业知识和技能培训，旅游培训教育的方式可以多种多样，包括：与当地的科教扶贫和生态移民就业指导培训相结合；政府与非政府组织(NGO)组织的专题培训；示范户交流；企业技能培训；村民参与交流；社区板报、墙报；广播、电视、报纸等媒体宣传教育；知识竞赛、技能大赛；考察、学习、进修；中小学教育等。社区参与生态旅游开发的培训教育是一个长期性的工作，旅游培训的方式也要灵活、综合的运用，尽量采用居民们通俗易懂、喜闻乐见的方法。

2）建立边境地区社区参与边境旅游发展的渠道

为保证居民参与的权利得到切实有效的保障，地方政府或人大以及社区还应该建立专门的执法和监督机构。在社区内部，由居民组成旅游发展协会，对本社区的旅游开发和经营行为以及旅游管理部门的行为等进行监督，确保他们的行为符合社区居民的普遍利益。此外，一方面应成立一个由专家、经营管理者、当地环保职能部门代表、社区居民代表等组成的环境监督小组，对社区的环境质量进行评价，防止旅游开发导致的环境恶化，提出预防和改进措施。积极发展非政府组织(NGO)，作为政府和企业之间的纽带，来贯彻政府关于发展社区的相关规定；另一方面可以通过制定行业公约、规范制度把边境旅游宏观管理和企业微观管理的目标融入到行业管理之中，在维护行业整体利益的同时支持生态旅游中的社区参与，维护社区发展。

3）重视社区参与边境旅游权力的法律保障

由于社区居民本身的力量比较薄弱，单凭社区自身力量，很难保障其自身的利益不受侵害，也很难对旅游经营管理进行有效监督。因此，应以法律或法规的形式对他们的参与权利和合法利益加以保障，明确社区参与旅游发展的目标、性质、内容、权限、程序、途径、机构、组织、职能以及处罚办法等。相关的规范还可以在旅游行政管理部门或立法机构制定的旅游规划招标办法及旅游规划实施细则中加以详细说明，以保证社区居民参与旅游发展有法可依、有章可循。建立居民申诉机制，对于那些违反社区参与法律规定的部门和个人给予处罚。总之，通过法律法规来保障社区居民参与生态旅游、参与社区发展的权利，并有足够的代表性去影响决策，将社区参与的权利合法化、制度化。

第三节　不同陆疆段落边境旅游发展对策建议

一、中朝边境旅游发展对策

1. 中朝边境旅游发展条件

中朝边境旅游有其自身的特殊性。一是朝鲜的国情特殊。朝鲜还是一个不开放的传统社会主义国家，实行计划经济，在经济管理上采取二种封闭的态度，尚未同国际接轨，我国与朝方开展经济合作还有许多体制上不相适应的困难。二是朝鲜半岛局势尽管总体上趋于缓和，但形势仍然复杂，对边境旅游产生较大影响。朝鲜国内战备任务紧张，出于对国内安全的考虑，对游客出入境要求严。三是中朝两国贸易滞后，影响边境旅游的发展，边境旅游缺少边贸的拉动。朝鲜与辽宁丹东、吉林的延边、白山、通化四地接壤，但辽宁丹东地理位置最为优越，其与平壤距离较近，因而丹东地区的出入境人数较多。

据赵爱华(2004)总结，中朝边境(特别是辽宁丹东)旅游存在的问题主要有四个方面。一是中朝边境主要的出入境口岸为丹东—新义州、图们—南阳、圈河—元汀 3 处，这 3 处口岸具有公路、铁路两种交通方式类型，但朝方列车经常误点且编组有限，等待时间也长，三日和五日团一次不超过 100 人不能出游，这给旅行社组团带来较大困难。二是朝方办理签证所需天数较多，一日游为 2 天，三日游以上为 7 天，这主要源于朝方国旅总社方面手续过于繁杂，效率低下。三是受朝方政治、经济、军事、外交、意识形态等多种因素的影响，入朝旅游市场缺乏稳定性，“停团”事件时有发生，由此也导致入朝旅游价格的高幅度波动。四是朝方电力和生活用水不足，导致行途中生活条件过差，旅游舒适度较低。

2. 中朝边境旅游发展对策

1）简化出入境手续

建议参照中俄、中越、中缅等地区边境旅游的现行做法，简化出入境手续，以满足事先没有准备的游客来丹东市后能立即成行的愿望。例如，开设礼遇窗口，为公务、商务、旅游团队提供预检录服务，优先验收；对参加中朝边境一日游的旅游团队中同一地区的游客持《户口簿》、《驾驶证》、《学生证》等能证明本人身份，组团社能保证其随团返回的可随团出入境(赵爱华，2004)。

2）改善边境旅游发展条件

在继续巩固传统的边境旅游形式的同时，应注意开辟新的旅游形式。例如，允许第三国旅游者加人当地组织的跨国旅游团队；开辟以鸭绿江这条界河为特色的水上旅游；开辟赴朝旅游登岸游、半日游等新的旅游项目和新的旅游线路，拓宽赴朝旅游市场。

一方面，改善口岸的基础设施建设，特别是辽宁丹东—朝鲜新义州口岸，解决赴朝旅游交通设施瓶颈问题，开通丹东至平壤的国际航空线，解决朝方铁路、公路运输不畅的问题，大力发展边境旅游区的通信设施，改善陆路口岸通关环境。另一方面，要规范边境旅游的管理程序。确定统一的边境旅游文件和证件，制定标准化的边境旅游管理程序，实现赴朝旅游的管理规范化。

3）提升中朝边境城市旅游发展环境

中朝边境旅游要把发展的重点放到发展中朝边境地区的国内旅游上，改变依靠赴朝旅游单条腿走路的做法，把发展国内旅游作为旅游业的主战场、主阵地、主要目标(满海峰，2010)。这样，既可以使游客更多地在中国本地消费，从而提高旅游业对中国边境地区经济的贡献，又可以使我们在对朝旅游谈判上争取主动权，改变价格偏高以及各项工作受制于人的被动局面。

二、中俄边境旅游发展对策

1. 中俄边境旅游发展条件

我国与俄罗斯之间有 4 335km 的漫长边境线，与我国黑龙江、内蒙古、吉林和新疆 4 个省(区)接壤。中俄边境线中，黑龙江段最长，新疆段最短，地缘关系十分密切，中俄边境部分对外开放口岸已成为中俄出入境旅游的主要通道。

中俄空运口岸主要有哈尔滨、牡丹江、满洲里；公路口岸有绥芬河、东宁、满洲里、珲春、圈河；铁路口岸绥芬河、满洲里；水运口岸为黑河、同江。随着中俄边境贸易需求的日益旺盛，在国际旅游蓬勃发展、俄罗斯旅游大国地位的巩固提升，以及我国国内旅游需求的膨胀等诸多外部趋势和环境下，中俄边境旅游呈现快速发展态势。

虽然中俄边境旅游快速发展，但是仍存在诸多问题和挑战：①由于自然环境和气候条件的限制，我国东北地区边境旅游淡旺季分明，旺季持续时间短促；②俄罗斯入境游客需求的日益多样化，而针对俄罗斯入境游客，东北地区仍以购物旅游产品为主导，产品类型过于单一，无法满足边境旅游发展的需要；③由于旅游环境不佳、旅游安全得不到保障导致我国游客出境旅游发展缓慢，从而也使中俄边境地区旅游发展得到限制(李明，2006)；另外，中俄边境旅游服务设施陈旧、旅游服务水平较低以及中俄边境通关环境的恶劣等都是亟待解决的问题。

尽管目前中俄边境旅游仍然存在一些问题，但中俄边境旅游发展仍然存在着极大的优势，其市场前景也很可观。中俄边境旅游的发展必须改变旧有的“边境购物＋观光”的固定模式，探索适应新形势、新需求、新变化的新模式，以期能进一步巩固和促进中俄边境旅游的发展。

2. 中俄边境旅游发展对策

1) 强化中俄边境重点旅游口岸城市建设

随着俄罗斯成为中国公民出境旅游目的地后，中国游客赴俄旅游将更加方便，从全国主要航空口岸城市直接出入境的游客将大量增加，从黑龙江或内蒙古走陆路口岸出入境的流量必将大量减少，因此，国内航空口岸需进一步完善，可通过增设中俄边境旅游专线、为出入境游客提供旅游咨询等旅游服务等提升航空口岸的硬件、软件环境，如哈尔滨机场、满洲里机场(梁振民和陈才，2012)。而公路、铁路口岸应重点发展满洲里、绥芬河两处口岸，这两处口岸地理位置优越，且周边地区旅游资源禀赋条件优越，如呼伦贝尔大草原等。

与此同时，口岸通关政策也须作出相应调整，虽然自 2005 年 9 月 20 日起，中俄已开通互免团体旅游签证渠道，但团队旅游还不能够与日益多样化的旅游需求相适应，且限期 5 日，这也使得度假旅游等旅游产品形式难以得到发展，因此进一步放松出入境政策，简化手续，构建快捷的边境。

2）打造中俄边境旅游产品特色品牌

现阶段，俄来华进行“穿梭贸易”的游客虽然还占很大比例，但“购物＋观光、购物＋度假”的游客比例明显加大，休闲度假的需求明显增多，消遣性消费占总开支的比例增大。总体看来，俄来华边境旅游市场需求呈多样化发展趋势，边贸人员固定在一定比例，具有其他旅游目的的游客比例逐渐增加，旅游需求层次逐渐分明。由此，我国应针对性的开发相应的旅游产品，我国在旅游季节、价格上占有优势，非常适合于俄罗斯大部分中等收入人群旅游消费，市场潜力巨大，发展趋势很好(王超和李冒宇，2007)。因此要加大边境旅游产品开发力度，针对不同层次和不同消费需求的游客，提供不同的旅游产品，形成“购物游、观光游、度假游”交互错次的旅游产品体系。从总体上说，一方面，要全力打造绥芬河、东宁、黑河、同江、抚远、满洲里等边境旅游区域品牌，巩固质量，提高水平，晋档升级，使之成为独具特色，在国内外市场有较大影响力的知名旅游精品。另一方面，饶河、密山、萝北、虎林、逊克、嘉荫、漠河等地要不断完善旅游要素功能，加强基础设施配套建设，加快景区景点开发，改善交通通信条件，实现中俄边境旅游的全面发展(孙晓谦，2011)。同时，还需注重“内联外拓”战略的运用，将黑龙江省与国内邻近地区，如吉林、辽宁等进行联合对外营销，以形成组合性优势。

突出中俄边境地区独有的旅游资源优势，形成具有竞争力的旅游产品体系。将冰雪、界江、森林、边境漂流探险、生态旅游等优势旅游产品作为旅游产品建设的重点方向，针对不同的市场，开发适应市场需求的旅游产品。面向俄罗斯市场大力开发度假疗养、商贸购物旅游产品。面向东南亚各国、港澳台地区及日本、韩国旅游市场，开发火山与矿泉疗养度假、冰雪观光、民俗风情旅游产品。向国内市场，重点开发冰雪休闲、自然生态、民俗文化、漂流探险、界江风光观光等特色旅游产品。

三、中蒙边境旅游发展对策

1. 中蒙边境旅游发展条件

中蒙两国边境线长 4 677km，自 20 世纪 90 年代以来一直睦邻友好，在国际事务中两国在很多问题上看法相同，相互支持，共同合作，这也成为两国边境地区贸易密切来往，边境旅游稳步发展的重要保障，两国旅游资源差异突出，在中蒙两国的共同努力下，中蒙互为客源市场的格局已基本形成，商务旅游和度假旅游的市场潜力非常广阔。目前，中蒙两国都致力于改革开放，处于从传统的计划经济向市场经济转变的过渡期。作为转型国家，双方都需要通过发展国际旅游获得外汇收入，以增加财富、促进经济发展。同时，中蒙双方加强旅游合作也能满足日益增长的国民旅游需求，提高公民的生活质量，增进两国人民之间的相互了解。

近年来，中蒙两国政府不断调整和明确旅游业在国民经济和国民生活中的地位，采取扩大开放、消除障碍和完善法律等措施，积极发展旅游产业。例如，蒙古国在《2007～2021 年国家整体发展战略》中，要求大力发展旅游业和加快国内矿产资源开采，并将旅游业和矿产资源开发业列为带动蒙古国经济发展的重要支柱产业(张秀杰，2011)。上述举措为旅游产业发展提供了强有力的支持，促进了旅游产业的良性发展，也为中蒙旅游合作奠定了基础、提供了保障。

2. 中蒙边境旅游发展对策

1）改善边境旅游口岸通关条件

重点建设内蒙古二连浩特、阿尔山、东乌珠穆沁旗三大旅游口岸。二连浩特口岸具有公路、铁路两种交通方式类型，且蒙古国在二连浩特设立领事馆，可办理落地签证，足见蒙古国对二连浩特口岸的重视。二连浩特大致位于北京与乌兰巴托的中点上，地理位置独特，未来应将其建设成为中蒙边境旅游和中蒙出入境旅游的重要节点。阿尔山作为内蒙古重点边境旅游城市，旅游业发展条件优良，重点改善内蒙古阿尔山市口岸的基础设施条件和通关条件，打造至蒙古国东方省哈拉哈高勒县、阿尔山市至蒙古国东方省乔巴山市、阿尔山市至蒙古国肯特省温都尔汗市的旅游线路。东乌珠穆沁旗是内蒙古重要的草原旅游区，珠恩嘎达布其出入境口岸是对蒙古国的重要口岸，打造东乌珠穆沁旗至蒙古国苏赫巴托尔省额尔德尼查干县、苏赫巴托尔省达里甘嘎县、苏赫巴托尔省西乌尔特县等跨境旅游线路。

2）建立边境旅游合作机制

利用中蒙边境自由贸易区的推进，依托中蒙旅游主管部门，双方探索建立中蒙旅游合作机制，共同寻求中蒙旅游通道建设及跨国旅游合作的最佳方案(可推进二连浩特的重点旅游口岸建设工程)，促成在旅游基础设施建设、旅游市场营销、旅游信息交流及旅游人力资源开发等方面的合作。双方应加强旅游合作领域的交流与磋商，制定发展旅游合作的重大政策，建立针对跨国旅游突发事件的应急协调机制，为两国公民相互间公(商)务旅游和度假旅游等活动创造条件(如减少障碍、提供方便等)，确保双方旅游合作的顺利开展。

3）实行旅游合作营销

双方应整合各自特色旅游资源，把各方的旅游景点串联起来，共同设计旅游线路，共同开展旅游宣传，共同开拓客源市场，实行资源共享、客源互流，并将两国文化游、自然风光游与民族风情游结合在一起，作为旅游产品向东北亚、欧美及大洋洲推销。可以"中国内蒙古＋蒙古国""俄罗斯＋蒙古国"联运线游为主，还可发挥亚欧大陆桥优势，设计连接中、蒙、俄三国的铁路沿线游。促进旅游产品结构由相对单一的观光产品向休闲度假、会展商务、康体娱乐、探险探奇和科普教育等多种产品形式转化(张秀杰，2011)。开发共同受益的旅游产品，提高总体吸引力。开辟更多的旅游通道，实现中蒙两国旅行社和旅游线路对接。

4）加强旅游合作研究

旅游业的发展涉及政治、经济、社会、文化、环境和安全等诸多方面。为了更好地合作并使之取得成效，中蒙双方除了政府相关部门经常沟通、协调政策外，更需要加强研究机构的合作。对此，中蒙双方应构建一个交流与合作的平台：一方面，通过固定的媒介定期交流信息和研究成果；另一方面，根据中蒙两国旅游业发展中存在或可能发生的问题，开展旅游合作项目研究。在中蒙边境协调会议的基础上，举办中蒙旅游合作论坛，为两国政府制定相关政策和业界制定旅游策略提供参考意见。

5）重视与蒙古国的人才交流

发挥中国旅游业在旅游交通、酒店管理和人员培训等方面的相对优势，通过联合办学及旅游管理人员的高级研讨会，交流管理经验和人员培训方式，为旅游行业高级管理人员学习国外先进的旅游服务理念和管理手段创造条件，为发展两国旅游合作提供智力支持。

四、新疆边境旅游发展对策

1. 新疆边境旅游发展条件

我国新疆与俄罗斯、哈萨克斯坦、吉尔吉斯斯坦、塔吉克斯坦、巴基斯坦、蒙古、印度、阿富汗8个国家接壤，边境线长达5 600多千米。

新疆曾是古丝绸之路的交通要道，现在也是亚欧大陆桥核心区。南疆铁路的西延工程中吉乌铁路也将为中亚旅游合作提供便利的交通条件。从社会文化层面来看，中亚国家现行的是资本主义制度，但苏联解体前长期处于社会主义制度之下，所以社会主义制度对社会和居民留下的影响还是比较深刻，再加上历史地理等原因，中国西北地区与中亚人民社会文化相近(荀中林，2005)。另外，跨境分布的自然景观和古丝绸之路文化历史遗迹作为一个整体的旅游吸引物具有很强的互补性；新疆与中亚国家旅游资源还具有明显的差异性。

但同时，西北边境旅游的发展也存在经济欠发达、旅游基础设施不足、非传统安全问题等不利因素。经济方面，除了哈萨克斯坦外，其他中亚国家都属于经济欠发达国家。世界银行常将塔吉克斯坦归为最不发达国家之列，经济的不发达不仅制约该国居民的国内及出境旅游活动，还影响该国游客的旅游消费支出。旅游基础设施方面，虽然中亚国家对旅游业的重视程度不断提高，在旅游业法律法规的建立和增加基础设施投入等方面不懈努力，但旅游设施整体水平还是比较低，已成为中亚国家旅游业的一个瓶颈。旅游安全方面，虽然我国西北边境及中亚国家的政治稳定，但恐怖活动、三股势力的威胁在一定范围内仍然存在(热米拉·阿布拉江和帕尔哈提·艾孜木，2010)。这对出入境手续的简便化甚至无签证旅游合作的开展有很大的负面作用和阻力。

2. 新疆边境旅游发展对策

中国新疆与中亚国家在旅游业的跨国合作方面既有较强的现实和潜力优势，也有现存的不利因素。为了发展区域旅游合作，要根据各方社会经济和旅游业的发展状况，选择合适的合作模式的同时，要做好以下工作，以保证跨国合作的健康稳定发展。

1）强化重点旅游口岸建设

新疆口岸众多，未来随着旅游需求的增长，应首先做好航空口岸建设，从乌鲁木齐与喀什两处口岸的地理区位来看，乌鲁木齐口岸位于北疆，新疆北疆地区环境优良，经济较繁荣，旅游资源富存，在资源方面与邻国具有较好的互补性，因此应重点建设乌鲁木齐航空口岸。而从陆路口岸来看，应将霍尔果斯口岸打造为边境旅游重点通径口岸，霍尔果斯面向哈萨克斯坦这一中高收入国家，且霍尔果斯口岸交通条件优越，国内312国道从霍尔果斯国道直抵乌鲁木齐市。

2）建设边境旅游中心城市

在新疆与中亚国家的旅游合作中，首先要在新疆和中亚国家选择有一定基础的旅游城市，作为实质性推动城市之间结对的有组织的往来交换，并在此基础上逐步推广。例如，新疆要以伊犁和喀什等边境旅游明星城市为依托，将首府乌鲁木齐作为主体城市来辐射全疆，甚至内地城市(刘滨谊和刘琴，2006)。

3）大力发展边境贸易购物旅游

新疆边境贸易旅游是新疆边境旅游的重要组成部分，是新疆边境旅游的优势所在。发挥新疆边境旅游购物旅游发展的产业优势，塑造新疆边境旅游购物旅游产品的品牌形象，制定促进新疆旅游购物的政策。以霍尔果斯边境中哈边境独特的中亚风情和特色旅游产品为优势，完善霍尔果斯边境口岸商贸旅游设施，形成集边境观光与商务购物于一体的边境旅游线路品牌。依托新疆最大的对蒙口岸塔克什肯口岸，发展以中蒙边境贸易、旅游购物为主要特色的旅游产品。

4）建立健全旅游合作机制

跨国旅游合作不仅内容复杂，而且表现形式也会相对特殊。它涉及不同国家的政府、旅游组织、旅游企业，以及各国旅游产业结构和有关政策法规。所以跨国区域旅游合作需要一个或几个国际性协调机构来总体指挥合作进程并协调合作中的矛盾。所以在上海合作组织框架下，设立一个世界旅游组织等相关国际性组织协调的旅游合作委员会，而它的主要职能将为：协调中国新疆，甚至中国西部与中亚国家旅游合作开发的相关事宜；开展合作国家、地区和城市的旅游双边及多边谈判；排除旅游合作中的物理和非物理障碍；推动旅游合作谈判、项目、计划等的落实；促进中亚旅游研究的进展；加强合作国家或地区旅游联合促销；制定旅游合作相关准则；定期召开旅游合作论坛等(王辉和杨兆萍，2011)。

5）加强与中亚国家旅游合作

根据当今世界旅游合作的趋势，政府仍是区域合作的主导力量。各合作国政府首脑和旅游主管部门的官员会议及互访是区域旅游协调的一种重要形式。各国中央政府和地方政府要加强旅游交流，在制定相关旅游业政策时，要遵循旅游合作委员会有关旅游业的规定，根据各自的利益和实际情况，有倾向性地向区域旅游合作倾斜。

推动新疆与周边国家间旅游市场一体化进程。首先推动新疆与哈萨克斯坦之间旅游合作关系的建立。中哈边境线长达1 700多千米，沿线拥有我国第二大铁路口岸、新疆最大公路口岸等7个对接口岸，这些口岸形成一条中哈边境旅游廊道。随着霍尔果斯口岸国际边境合作中心的正式运营，中哈边境旅游业的发展条件基本成熟。利用已有条件，把哈萨克斯坦作为发展新疆边境旅游的战略重点，优先发展中哈边境旅游合作，联合进行旅游目的地促销、旅游产品开发、旅游人才的培训。设立中哈旅游市场一体化规划，成立旅游合作协调机构，推动中国公民赴哈旅游，优先发展双边商贸购物旅游。

6）发展跨国经营的旅行社和中介组织

各国之间的企业和行业协作，是区域旅游合作的必要基础。实现旅游企业的跨国合作，纵横向联盟，从而获得规模效应并有力推动跨国区域旅游合作。

五、西南地区与东南亚各国边境旅游发展对策

1. 西南地区与东南亚各国边境旅游发展条件

西南边境地区主要涉及云南、广西两省(区)，地缘优势优越，通关条件良好，已形成海、路、空出入境通道网络格局，为旅游的发展奠定了良好基础，但口岸设施较陈旧，工作效率仍有待提高。

从文化价值观层面来看，中国与东南亚文化同根，东南亚旅游始终受到中国游客的青睐，东南亚旅游产品既有热带、海洋风情，又有历史遗迹、民俗风情、宗教文化等人文旅游资源，了解和体验东南亚地区复杂多样的文化将成为中国游客的首要目标。中国文化也由于和东南亚文化的同根同源而始终吸引东南亚的游客。再加上东南亚华侨华人众多，探亲访友一直是中国与东南亚边境旅游的重要形式之一(闫红霞，2012)。在地缘上，中国与东南亚地理相连、历史相通和文化交融，使中国与东南亚有着先天的地缘文化共性。

东南亚地区正成为世界日益兴起的旅游热点区域，而中国旅游产业也蒸蒸日上，中国和东南亚各国的旅游产业要想真正做大做强，必须树立大旅游观，大力加强与东盟各国的区域合作，借助外力，扬长避短，使各地旅游业尽快从“一枝独秀”向“百花齐放”目标迈进。而且，为促进中国旅游业与东南亚旅游业的发展，需要全面推进相互的合作，建立中国与东盟的跨国无障碍旅游区——泛东南亚国际旅游协作区(王建军和李水凤，2007)。

2. 西南地区与东南亚各国边境旅游发展对策

1）强化重点旅游口岸城市建设

首先，重点建设昆明、西双版纳两处航空口岸，可通过增设边境旅游专线、为出入境游客提供旅游咨询等旅游服务提升航空口岸的硬件、软件环境。其次，瑞丽、磨憨、河口口岸交通条件优越，已有国道可抵，且这三处口岸分别面向缅甸、老挝、越南三国，从未来边境旅游的发展前景来看，这三处都可作为重要的旅游口岸进行建设。

2)尝试建立多条跨国型边境旅游专线产品

中国云南已与云南老街省等地区建立边境旅游专线型产品，通关手续简便，为促进边境旅游的发展开辟了新的渠道，但出于边境管理的便捷性考虑，目前仅限组团旅游，

旅游线路也仅有长线与短线两条(国内长线也仅到云南昆明市)，然而总体而言这类旅游专线产品的运营是成功的。中国西南地区的云南、广西等省区应充分借鉴这一成功经验，密切与邻国省份沟通交流，并努力尝试建立更多的跨国型边境旅游专线，以符合国内及邻国游客出行的需要，满足其旅游需求。同时，已建立的边境旅游专线可争取旅游线路的延长，从而串联更多的旅游景点和目的地，并提供多样化的旅游服务和产品。

3) 强化与东南亚邻国的旅游发展合作

东南亚各国深受中国传统文化影响，东南亚的历史和民族文化资源旅游地是中国人喜爱的旅游胜地，也可以与东南亚各国在民族工艺品加工方面合作开发更多文化旅游产品。随着中国与东盟国家经济和贸易往来越来越频繁，中国和东南亚国家之间可以着力于市场需求，进行区域整体性旅游产品开发和一体化营销宣传，最终形成开放的旅游开发与投资机制。云南省在中国-东盟旅游合作中具有较好区位优势，应引导云南的旅游企业将东盟国家作为首选的海外投资地，同时也欢迎东盟各国的旅游企业到云南投资兴业，在不断推进大湄公河次区域签证便利化的过程中，简化旅游手续，和东南亚国家共同开发旅游资源和产品线路，加强相互投资和市场拓展(王建军和李水凤，2007)。云南可利用东南亚、南亚桥头堡建设新机遇，充分发挥与东南亚国家在文化资源上的相似性，全力拓展东南亚文化产品，共同开发旅游黄金线路。

4) 构建民族文化旅游圈

中国广西、云南与东南亚国家山水相连、民族同根、文化同源，建成与东南亚一体化的国际旅游目的地，是发展中国与周边国家民族文化旅游的基本途径。可以与东南亚国家共建文化走廊，形成跨界旅游圈。例如，"横断走廊"纵贯我国川滇广大区域以及与之相毗连的东南亚北部地区，是历史上重要的民族文化通道和汇集地。共建昆明—河内、昆明—曼谷、昆明—仰光、昆明—加尔各答文化走廊，快速推动山水相连的中、老、缅、泰"四国旅游圈"的形成(王路平和宋太庆，1994)。根据越、柬、老、泰、缅 5 个国家和广西 12 个世居民族所拥有的民族文化旅游资源及风景名胜，可以开发把广西与周边国家连接起来的跨国民族文化旅游线路，开辟广西与新加坡、马来西亚、菲律宾、印度尼西亚和文莱之间的五条民族文化之旅。

5) 共同建立旅游危机管理机制

旅游安全问题是云南、东南亚等地区旅游发展面临的重大问题，从自然灾害来看，云南与东南亚地区都属于自然灾害频繁发生的地区，如洪涝灾害、海啸、台风、地震、泥石流、山体滑坡等，这些自然灾害会导致当地社会危机、居民流离失所、社会秩序混乱、交通阻断，直接危害到旅游业。从人为灾害来看，日益猖獗的恐怖活动给东南亚地区的安全造成了极大的威胁。东南亚国家与云南山水相连，其恐怖活动不可避免地波及云南地区政治、经济和社会等方面。从疫情方面分析，近年来出现的各种疫情，如 SARS、禽流感、口蹄疫、艾滋病危机等，对东南亚地区的旅游业也带来了强烈的冲击(薛群慧，2006)。为此，应强化旅游危机管理，通过建立旅游危机管理机制以实现旅游危机影响的最小化。

六、西藏边境旅游发展对策

1. 西藏边境旅游发展条件

目前西藏有边境县 21 个，边境乡 104 个，人口 40 余万。西藏同邻国及地区接壤的陆地边境线长 3 842km。从西藏地区边境口岸的分布及开放程度可以看出，西藏地区与尼泊尔交流密切，关系良好，这也为中尼边境旅游的发展奠定了基础，而中印方面，政治关系的不稳定因素成为旅游发展的重要制约。

从旅游业发展情况来看，喜马拉雅山南北麓风景差异明显，我国西藏多为冰川、湖泊类冷峻景观，很多旅游资源都是世界级的，而位于尼泊尔境内的另一边则草木葱茏、风景秀丽，漂流、徒步、探险等为尼泊尔优势旅游项目，起步早，双方在资源方面具有互补优势。而尼泊尔和我国西藏也均将旅游业置于较高的地位，已经成为双方各自的支柱产业。尼泊尔与我国西藏的旅游淡旺季正好相反，尼泊尔方面希望中国大量游客在来藏旅游的同时，也分流部分游客到尼泊尔旅游；而西藏也希望大量游客通过尼泊尔来藏旅游，使西藏冬季旅游很快火起来(图登克珠和刘雅静，2010)。

2. 西藏边境旅游发展对策

1) 建立中尼跨境旅游合作开发特区

一定的组织系统和组织机构是区域经济合作的重要保证，通过建立一定的组织系统，使区域内各国经济资源和生产要素得到合理配置，使各种合作内容有序进行。在国际上，区域合作的组织系统有制度性和非制度性两种。中尼边境旅游合作只是中尼两国双边合作，涉及国家少，且两国政治经济制度不同，宜采用制度性的组织模式，以规范并协调两国间的经济交往与合作。

2) 强化与尼泊尔等国家在特色旅游产品开发方面的合作

基于西藏边境地区旅游资源与文化的特殊性，在资源贸易、人才培训、环境、交通等领域设立专门的委员会考察当前合作状况，协调政府机构决策。对某一领域也可作制度性的安排，如“签订合作区域环境保护协定”“负责任旅游规划协定”等，要求合作双方共同遵守，统一合作。加强与尼泊尔等国家在登山、探险等特色旅游领域的合作。

3) 重视西藏边境地区休闲旅游度假产品开发

目前西藏地区的旅游产品中还缺乏旅游度假类产品，但是随着两国交往的频繁和深入，随着边境局势的逐渐安定，度假游产品必将成为西藏地区着力打造的项目。西藏、尼泊尔边境的部分地区(如樟木地区)气候宜人，环境优美，食物种类丰富，而尼泊尔边境有温泉等地热旅游资源，很适合疗养及度假(图登克珠和刘雅静，2010)。因此，两地应联手打造樟木等口岸度假及休闲保健的度假旅游产品，使该地区成为周边游客的度假胜地。

参考文献

白光润. 2000. 中国边境城市. 北京：商务出版社.

蔡萌，汪宇明. 2010. 低碳旅游：一种新的旅游发展方式. 旅游学刊，25(1)：13-17.

藏德霞，黄洁. 2006. 关于“旅游目的地竞争力”内涵的辨析与认识. 旅游学刊，(12).

常亦殊，高春霄等. 中俄边境旅游升温. http://news. china. com. cn/rollnews/2012-06/18/content _ 14741129. htm.

常亦殊. 2000. 新闻分析：多国旅游界代表研讨“东北亚无障碍国际旅游区”.

陈沧. 2008. 中越边境旅游互动研究. 产业与科技论坛，7(4)：74-75.

陈桂秋. 2004. 论中国边境旅游发展的战略意义. 华东经济管理，18(2)：36-38.

陈俊安. 2011. 云南旅游开发与跨国旅游合作战略. 中国商贸，(20).

陈其钢. 2007. 中国新疆与哈萨克斯坦区域经济合作战略研究. 新疆农业大学博士学位论文.

陈世和. 2013. 不丹—守护藏文化的香格里拉. 贵阳文史，(3)：86-87.

崔国，褚劲风，王倩倩，等. 2011. 国外创意旅游内涵研究. 人文地理，(6)：24-28.

邓常春. 2002. 试析印度旅游业的发展. 南亚研究季刊，02：23-26.

邓莎. 2011. 第五届中国边境口岸城市市长论坛开幕. 人民网. http://gx. people. com. cn/GB/n/2011/1215/c179464-16608127. html.

地力毛拉提，依布拉音. 2012. 皇冠明珠——美丽的塔什库尔干. 科技创新与品牌，02：50-54.

董锁成，李雪，张广海，等. 2009. 城市群旅游竞争力评价指标体系与测度方法探讨. 旅游学刊，(2).

窦开龙. 2008. 新疆民族旅游资源特色与开发定位研究. 开发研究，(2)：157-160.

杜氏椰. 2012. 越南产品对中国游客的市场营销策略研究 . 湖南大学硕士学位论文.

段光达. 2005. 关于东北亚区域旅游发展的几点思考. 湘潭大学学报(哲学社会科学版)，29(16)：133-135.

范佳. 2012. 独立以来印度旅游业的发展与印度现代化. 山西大学硕士学位论文.

方开燕. 2012. 中缅边境将新增 5 条跨境游线路. http://www. rl. yn. gov. cn/contents/2/4142. html. 2012-12-17.

苟中林. 2005. 浅谈周边各国与新疆相邻边境旅游发展前景. 乌鲁木齐成人教育学院学报，13(3)：21-25.

顾凡. 2006. 哈萨克斯坦的旅游资源. 中亚信息，04：27-28.

官忠明. 2001. 巴基斯坦旅游业现状. 南亚研究季刊，01：36-38.

贺友桂. 2006. 缅甸旅游业发展探讨. 东南亚纵横，(6)：20-23.

黑龙江省统计局. 2012. 黑龙江省统计年鉴 2012. 北京：中国统计出版社.

黄爱莲. 2011. 基于游客感知的国家边界旅游障碍研究. 商业研究，(02)：180-184.

黄华. 2012. 边境省区旅游空间结构的形成与演进研究——以云南省为例 . 华东师范大学博士学位论文.

黄华. 2012. 边疆省区旅游空间结构的形成与演进研究. 华东师范大学博士学位论文.

黄云娥. 2008. 越南旅游业对中国旅游客源市场开发研究. 北京第二外国语大学硕士学位论文.

李明. 2006. 中俄边境旅游发展研究——以黑龙江省为例. 上海师范大学硕士学位论文.

李宁. 2013. 近年来吉尔吉斯斯坦旅游业研究. 衡水学院学报，04：108-110.

李伟山，孙大英. 2012. 论中越边境跨境民族文化旅游带的开发. 广西民族大学学报(哲学社会科学版)，34(05)：117-121.
李燕. 2010. 中国与尼泊尔旅游合作探析. 南亚研究季刊，(003)：72-76.
李玉虹，马勇. 2002. 边境旅游业在沿边地区扶贫中的作用. 黑龙江民族丛刊，(2)：67-73.
李悦铮. 2005. 区域旅游市场发展演化机理及开发. 北京：旅游教育出版社.
梁振民，陈才. 2012. 中俄边境城市满洲里口岸经济发展战略研究. 世界地理研究，21(2)：97-103.
廖国一. 2005. 东兴京族海洋文化资源开发——环北部湾地区边境旅游研究系列论文之一. 西南民族大学学报(人文社科版)，1：027.
林庆霞. 2011. 中哈霍尔果斯国际边境合作中心 9 月启幕. http://finance. sina. com. cn/world/yzjj/20110823/070710360954. shtml. 2011-08-23.
刘滨谊，刘琴. 2006. 西部边境旅游规划的特性、原则和程序——以新疆“四地州”边境旅游规划为例. 北京林业大学学报(社会科学版)，5(1)：40-44.
刘来吉. 2001. 西部边境旅游发展的战略选择和政策选择. 经济问题探索，(02)：44-46.
刘小蓓. 2004. 广西边境旅游发展及客源市场开拓. 四川大学学报(哲学社会科学版)，(S1)：244-247.
卢卫. 2012. 广西边境地区旅游特征分析及其发展对策研究. 广西师范学院.
鲁刚. 2006. 中缅边境沿线地区的跨国人口流动. 云南民族大学学报：哲学社会科学版，23(6)：5-10.
吕兢. 2012. 中越边境旅游发展的 PEST 分析. 东南亚纵横，(7)：18-22.
罗明义. 2002. 国际旅游发展导论 . 天津：南开大学出版社，112-115.
罗文标. 2009. 中越旅游合作的现状和前景. 暨南大学博士学位论文.
马志福. 2000. 中国陆疆地区建设与经济发展研究. 中国科学院地理科学与资源研究所博士后出站论文.
满海峰. 2010. 辽宁省“北黄海经济带”开放开发与中朝边境旅游经济发展. 东北亚论坛，19(3)：25-33.
孟和其其格齐木德赫希格. 2008. 蒙古国旅游产业发展研究. 华东师范大学硕士学位论文.
钮仲勋，王守春，谢天滔. 1991. 中国边疆地理. 北京：人民教育出版社.
热米拉·阿布拉江，帕尔哈提·艾孜木. 2010. 新疆阿拉山口边境旅游发展. SWOT 分析，(9)：13-14.
任瀚. 2013. 智慧旅游定位论析. 生态经济，(4)：142-145.
邵琪伟. 2013. 中国旅游大辞典(简明版). 上海：上海辞书出版社.
宋氏，黎黄. 2012. 越南入境旅游市场开发研究. 西南大学博士学位论文.
孙美玉. 2013. 吉林省中朝边境旅游合作现状及对策. 经营管理者，21：92.
孙晓谦. 2002. 中俄边境地区旅游开发潜力分析. 西伯利亚研究，01：27-31.
孙晓谦. 2005. 关于黑龙江省与俄罗斯边境旅游合作的思考. 学习与探索，(06)：247-248.
孙晓谦. 2005. 浅析俄罗斯东部地区的旅游资源. 俄罗斯中亚东欧市场，5：11-15.
孙晓谦. 2011. 中俄界江旅游协作新领域探索. 学术交流，(3)：142-145.
塔商. 2002. 塔吉克斯坦旅游资源及旅游市场. 东欧中亚市场研究，(12)：29-33.
汤一亮. 光明网. 2012. 中国俄罗斯旅游年启动 200 余项活动促了解交流. http://www. chinanews. com/gn/2012/03-22/3764287. shtml.
唐承财，钟林生，成升魁. 2011. 我国低碳旅游的内涵及可持续发展策略研究. 经济地理，31(5)：862-867.
图登克珠，刘雅静. 2010. 中尼边境负责任旅游合作开发与展望——以西藏日喀则地区樟木镇为例. 西藏大学学报(社会科学版)，25(1)：12-17.
汪德根，陆林等，2004. 我国边境省区入境客源市场结构及开发战略研究——以内蒙古自治区为例. 干旱区地理，27(04)：615-621.
王炳坤. 2012. 东北跨国边境游助推东北亚经济合作一体化.
王超，李昌宇. 2007. 中俄边境出入境旅游发展推进对策. 科技与经济，(1)：27-28.
王超，郑向敏. 2012. 文化软实力：印度旅游全球竞争战略模式及其启示. 软科学，26(7)：23-26.

王辉，杨兆萍. 2011. 边境口岸跨国旅游合作机理研究——以新疆为例. 经济地理，31(8)：1387-1391.
王建军，李水凤. 2007. 关于泛东南亚旅游协作区建设的构想. 昆明理工大学学报(社会科学版)，7(4)：28-32.
王路平，宋太庆. 1994. 论南海国际文化旅游圈——中国大西南-东南亚文化旅游圈的开发和建设. 西南民族学院学报(哲学社会科学版)，(4)：46-52.
王雪芳. 2005. 环北部湾滨海跨国旅游圈的构想——环北部湾地区边境旅游研究系列论文之四. 西南民族大学学报(人文社科版)，(12)：053.
乌兰. 2007. 协调发展背景下的区域旅游合作. 山东社会科学，5：81-83.
吴必虎. 2009. 旅游研究与旅游发展. 天津：南开大学出版社.
吴鸿. 2011. 旅游目的地品牌个性塑造探析——以海南为例. 湖南财政经济学院学报，27(3)：97-100.
贤淑. 2011. 老挝旅游业发展研究. 天津大学硕士论文.
谢莉. 2005. 西部边境旅游开发的策略研究. 热带地理，25(2)：181-184.
谢婷，钟林生，张宪玉. 2006. 基于空间竞争关系的中越边境旅游产品开发研究. 社会科学家，2006(5)：123-127.
谢婷，钟林生. 2009. 边境旅游目的地的国内游客特征及感知研究——以广西壮族自治区崇左市为例. 资源与产业，11(06)：139-142.
邢宝学，李亮. 2010. 战略性支柱产业视角下区域旅游经济发展策略研究. 天津商业大学学报，30(4)：28-31.
熊礼明. 2005. 中越边境旅游系统管理研究. 广西大学硕士学位论文.
徐淑梅，李圆慧. 2012. 中国东北东部边境地区旅游业发展研究. 地理科学，32(03)：336-341.
许梅. 2001. 发展中的越南旅游业. 当代亚太，2001(9)：33-37.
薛群慧. 2006. 东南亚旅游区域合作背景下的云南旅游危机管理应对策略. 东南亚纵横，(11)：16-22.
闫红霞. 2012. 跨界旅游：文化共生视野下的中国与东南亚. 社会科学家，(8)：72-75.
杨飞. 2008. 中韩边境旅游开发研究——以辽宁省为例. 辽宁大学硕士学位论文，11-12.
杨海燕. 2003. 越南旅游业快速发展的基本现状分析. 旅游学刊，18(2)：77-80.
杨洪，陈长春，袁开国. 2001. 我国西部边境旅游开发研究. 世界地理研究，10(3)：64-69.
杨丽. 2001. 边境旅游市场分析与开发战略. 思想战线，27(5)：63-66.
杨效忠，彭敏. 2012. 边境旅游研究综述及展望. 人文地理，126(4)：19-24.
姚素英. 1998. 试谈边境旅游及其作用. 北京第二外国语学院学报，(3)：16-20.
殷大业. 2012. 老挝入境游客市场研究. 江南大学博士学位论文.
银淑华. 2010. 俄罗斯旅华市场独特性分析及其开发策略选择. 北京工商大学学报(社会科学版)，25(06)：95-102.
油顺禄. 2011. 西藏山南地区旅游现状分析及发展对策研究. 西北农林科技大学博士学位论文.
于国政. 2005. 中国边境贸易地理. 北京：商务印书馆.
于思远. 1998. 房地产——住房改革运作全书. 北京：中国建筑工业出版社，567.
余夫. 2004. 旅游业——朝鲜未来开放的窗口. 世界知识，04：62-63.
与及. 2013. 中国与中亚旅游合作方兴未艾. 新华网. http://news. hexun. com/2013-03-04/151689789. html. 2013-03-04.
张广瑞. 1997. 中国边境旅游发展的战略选择. 北京：经济管理出版社.
张广瑞. 1997. 中国边境旅游发展的战略与政策选择. 财贸经济，(3)：55-58.
张凌云，黎巎，刘敏. 2012. 智慧旅游的基本概念与理论体系. 旅游学刊，27(5)：66-73.
张秀杰. 2011. 中蒙旅游合作及其发展策略研究. 东北亚，(6)：32-36.
张玉良. 2012. 珲春市旅游资源评价与开发研究. 延边大学博士学位论文.

赵爱华. 2004. 丹东中朝边境旅游的发展、问题及对策. 牡丹江教育学院学报，(2)：120-121.

赵多平，孙根年，苏建军. 2012. 中国边境入境旅游的客流演化态势及其动因分析——新疆内蒙云南三省区的比较研究. 人文地理，(5)：134-139.

赵婷. 2009. 中国新闻网. 新疆积极尝试与中亚国家开展边境旅游. http://news. 163. com/09/0111/01/4VBDBTCM000120GU. html. 2009. 01-11 .

赵媛. 1995. 俄罗斯旅游地理研究. 世界地理研究，01：88-92.

赵志江. 2009. 河北省太行山区旅游资源数量特征分析. 河北农业大学博士学位论文.

郑辽吉. 2009. 丹东边境旅游产品创新与联合开发——基于行动者-网络理论观点. 世界地理研究，18(02)：128-134.

郑一省. 2000. 发展中的缅甸旅游业. 东南亚纵横，S1：111-113.

中国旅游报. 2013. 尼泊尔旅游业概况. http://ctnews. toptour. cn/zglyb/html/2013-09/13/content _ 78487. htm? div=-1. 2013-09-13.

中华人民共和国国家旅游局. 2013. 中国旅游统计年鉴 2013. 北京：中国旅游出版社.

中华人民共和国国家民族事务委员会. 2010. 与中国陆地边境线接壤国家基本情况. http://www. seac. gov. cn/art/2010/11/21/art _ 2645 _ 64815. htm. 2010-11-21.

中华人民共和国商务部. 中缅加强边境旅游合作. http://search. mofcom. gov. cn/swb/searchList. jsp#.

中华人民共和国外交部. 亚洲. http://www. fmprc. gov. cn/mfa _ chn/gjhdq _ 603914/gj _ 603916/yz _ 603918/

朱庆珍. 2004. 复苏中的尼泊尔旅游业. 南亚研究，2004(1)：31-33.

Anderson J B, Dimon D. 1999. Anderson Formal sector job growth and women's labor sector participation——The case of Mexico. The Quarterly Review of Economics and Finance, 39: 169-191.

Anderson J B, Dimon D. 1995. The impact of opening markets on Mexican male-female wage and occupational differentials. The Social Science Journal, 32(4): 309-326.

Andrew J P, Deo Kujirakwinja, Adrian T, et al. 2007. Transboundary conservation in the greater Virunga landscape: Its importance for landscape species. Biological Conservation, 134(2), 279 - 287.

Ante S. 2008. Creative capital: Georges Doriot and the birth of venture capital. Massachusetts: Harvard Business School Press, 12-38.

Armaitien? Au? rin?, Boldyrev Vadim L. . et al. 2007. Integrated shoreline management and tourism development on the cross-border world heritage site: a case study from the curonian spit (Lithuania/Russia). Journal of Coastal Conservation, 11(1): 13-22.

Arrington A L. 2009. Competitive labor: divisions between zambian and zimbabwean workers. African Studies, 68(1): 163-183.

Barrera E, Trejo M. 2000. Pancho Villa raids again: representations of aliens in heterotopia. International Journal of Intercultural Relations, 24(5): 707-722.

Bas S, Martin van der. 2013. European planning studies: cross-border mobility. Unfamiliarity and Development Policy in Europe, 21(1), 1-4.

Bas Spierings, Martin van der velde. 2008. Shopping , border and unfamiliarity : consumer mobility in Europe. Joural of Economic and Social Geography, 99(4): 497-505.

Bergmark R, Barr D, et al. 2010. Mexican Immigrants in the US Living Far from the Border may Return to Mexico for Health Services. Journal of Immigrant and Minority Health, 12(4): 610-614.

Bohm D, Nichol L. 2004. On creativity. Psychology Press, 41-43.

Bradbury S L. 2012. The impact of security on travelers across the Canada - US border. Journal of

Transport Geography, 26: 139-146.

Canally C, Timothy D J. 2007. Perceived constraints to travel across the US-Mexico border among American university students. International Journal of Tourism Research, 9(6): 423-437.

Crouch G I, Ritchie J R B. 1999. Tourism, competitiveness, and societal prosperity. Journal of Business Research, 44: 137-152.

Deepak R G, Zubair A D. 2011. Rehabilitating Borderland Destinations: A Strategic Framework Towards Cross-Border Tourism Collaboration. The Journal of Tourism and Peace Research, 2(1): 38-54.

Ferreira S. 2004. Problems associated with tourism development in Southern Africa: The case of Transfrontier Conservation Areas. Geo-Journal, 60(3): 301 - 310.

Gates B. 2008. Making capitalism more creative. Time, August 11.

Gelbman A, Maoz D. 2012. Island of Peace or Island of War: Tourist Guiding. Annals of Tourism Research, 39(1): 108-133.

Gelbman A, Timothy D J. 2010. From hostile boundaries to tourist attractions. Current Issues in Tourism, 13(3): 239-259.

Gelbman A. 2008. Border tourism in Israel: conflict, peace, fear and hope. Tourism Geographies: An International Journal of Tourism Space, Place and Environment, 10(2): 193-213.

Gibbons D J, Mary F. 1987. Market Sensitivity of U S And Mexican Border Travel. Journal of Travel Research, 26(1): 2-6.

Greer J. 2002. Developing trans-jurisdictional tourism partnerships—insights from the Island of Ireland. Tourism Management, 23: 355-366.

Gruber G, et al. 1979. Tourism and Borders: Proceedings of the Meeting of the IGU Working Group-Geography of Tourism and Recreation. Institut für Wirtschafts- und Sozialgeographie der Johann Wolfgang Goethe-University Frankfurt/Main.

Gunjan S, Brian I. 2010. Developing integrated rural tourism: actor practices in the English/Welsh border. Journal of Rural Studies, 26(3), 260-271.

Hampton M P. 2010. Enclaves and ethnic ties: the local impacts of Singaporean cross-border tourism in Malaysia and Indonesia. Singapore Journal of Tropical Geography, 31(2): 239-253.

Hartmann K. 2006. Tourism and Borders, Destination management in cross-border regions. 90-108.

Helleiner J. 2009. Young Borderlanders, Tourism Work, and Anti-Americanism in Canadian Niagara. Identities-Global Studies in Culture and Power, 16(4): 438-462.

http:// news. xinhuanet. com/local/2012-06/28/c _ 112312565. htm. 2012-06-28.

http://news. hexun. com/2012-09-08/145631720. html. 2012-09-08.

http://www. ruili. gov. cn/News/RLnews/2012-4/6/RuiLi@12461731111. html. 2012-04-06.

Izotov A, Laine J. 2013. Constructing (Un)familiarity: Role of Tourism in Identity and Region Building at the Finnish-Russian Border. European Planning Studies, 21(1): 93-111.

Jakosuo K. 2011. Russia and the Russian tourist in Finnish tourism strategies - the case of the Karelian region. Procedia - Social and Behavioral Sciences, 24: 1003-1013.

JD Fitzgerald, et al. 1988. An Analysis of Cross-Border Shopping. The Economic and Social Research Institute. Dublin.

Kristina, Pivac Tatjana, et al. 2011. Characteristics of thermal - mineral waters in Backa region (Vojvodina) and their exploitation in spa tourism. Renewable and Sustainable Energy Reviews, 15(1): 801-807.

Kenneth R L, Putrevu S, et al. 2007. Cultural influences on cross-border vacationing. Journal of Business

Research, 61: 183-190.

Leimgruber W. 1988. Border trade: the boundary as an incentive and an obstacle to shopping trips'. Nordia, 22(1): 53-60.

Leimgruber W. 1988. The perception of boundaries: Barriers or invitation to interaction. Regio Basiliensis, 30 (1989): 49 - 59.

Livio M D, Rosanna D M. 1996. An analysis of Canadian cross border travel. Annals of Tourism Research, 23(1): 103-122.

Lovelock B, Boyd S. 2006. Impediments to a cross-border collaborative model of destination management in the Catlins, New Zealand. Tourism Geographies, 8(2): 143-161.

Marcet J E, Altamira A L, et al. 2007. Evaluating accessibility of high-altitude valleys-application to Andean region of San Juan, Argentina. Transportation Research Record, 1: 20-33.

Martin E, Vigne L. 2012. Successful rhino conservation continues in West Bengal, India. Pachyderm, 51: 27-37.

Matznetter J. 1979. Border and tourism: fundamental relations. In Gruber G, Lamping H, Lutz W, et al. Tourism and Borders: Proceedings of the Meeting of the IGU Working Group-Geography of Tourism and Recreation. Institut für Wirtschafts-und Sozialgeographie der Johann Wolfgang Goethe-Universityt Frankfurt/Main.

Michael C H. 2005. Bio-security and wine tourism. Tourism Management, 26(6): 931-938.

Milenkoviü M M. 2012. Eco-regionalism-factor cross-border cooperation and tourism development. Procedia - Social and Behavioral Sciences, 44: 236-240.

O'Connor, No? lle; Bolan, Peter. 2008. Tourism Culture & Communication, Creating a Sustainable Brand for Northern Ireland Through Film-Induced Tourism, 8 (3): 147-158.

Patterson T L, Semple S J, et al. 2006. Comparison of sexual and drug use behaviors between female sex workers in Tijuana and Ciudad Juarez, Mexico. Substance Use & Misuse, 41(10-12): 1535-1549.

Prescott J R V. 1987. Political Frontier and Boundaries. London: Allen&Unwin, 194-195.

Prokkola E K. 2007. Cross-border regionalization and tourism development at the Swedish-Finnish border: "Destination Arctic Circle". Scandinavian Journal of Hospitality and Tourism, 7(2): 120-138.

Prokkola E K. 2010. Borders in tourism: the transformation of the Swedish-Finnish border landscape. Current Issues in Tourism, 13(3): 223-238.

Ritchie J R B, Crouch G I. 2000. The competitive destination: a sustainability perspective. Tourism Management, 21(1): 1-7.

Romero J D, Garcia I M J, et al. 2013. The impact of fuel tourism on retailers' diesel price in Spanish neighboring regions. Applied Economics, 45(4): 407-413.

Sarah H, Stephanie C. 2011. Medical returns: Seeking health care in Mexico. Social Science & Medicine, 72(11): 1846-1852.

Saxena G, Clark G, Oliver T, et al. 2007. Conceptualizing integrated rural tourism. Tourism Geographies, 9(4): 347-370.

Saxena G, Ilbery B. 2010. Developing integrated rural tourism: Actor practices in the English/Welsh border. Journal of Rural Studies, 26(3): 260-271.

Schernewski G, Julich W D. 2001. Risk assessment of virus infections in the Oder estuary (southern Baltic) on the basis of spatial transport and virus decay simulations. International Journal of Hygiene and Environmental Health, 203(4): 317-325.

Schindler S, Curado N, et al. 2011. From research to implementation: Nature conservation in the

Eastern Rhodopes mountains (Greece and Bulgaria), European Green Belt. Journal for Nature Conservation, 19(4): 193-201.

Scott J. 1995. Sexual-and-national-boundaries-in-tourism. Annals of Tourism Research, 22(2): 385-403.

Silvia B, Massimo F, et al. 2005. Fuel tourism in border regions: the case of Switzerland. Energy Economics, 27(5): 689-707.

Smith S L J, Xie P F. 2003. Estimating the distance equivalence of the Canada-U. S. border on US-to-Canada visitor flows. Journal of Travel Research, 42(2): 191-194.

Smith. 1984. A method for estimating the distance equivalence of international boundaries. Journal of Travel Research, 22 (3) : 37 - 39.

Sofield T H B. 2006. Border tourism and border communities: An overview. Tourism Geographies, 8 (2): 102-121.

Spierenburg M. 2011. The politics of the luminal and the limuloid in trans-frontier conservation in southern Africa. Anthropology Southern Africa, 34(2): 81-88.

Sullivan P, Bonn M A, et al. 2012. Mexican national cross-border shopping: Exploration of retail tourism. Journal of Retailing and Consumer Services, 19(6): 596-604.

Tigu G, Andreeva M, et al. 2010. Education and training needs in the field of visitors receiving structures and tourism services in the lower Danube region. Amfiteatru Economic, 12: 735-760.

Timothy D J, Tosun C. 2003. Tourists' perceptions of the Canada - USA border as a barrier to tourism at the International Peace Garden. Tourism Management, 24(4): 411-421.

Timothy D J. 1995. Political boundaries and tourism borders as tourist attractions. Tourism Management, 16(7): 525-532.

Timothy D J. 1999. Cross-border partnership in tourism resource management: inter-national parks along the US-Canada border. Journal of Sustainable Tourism, 7(3-4): 182-205.

Timothy D J. 1999. Cross-border partnership in tourism resource management: inter-national parks along the US-Canada border. Journal of Sustainable Tourism, 7(3-4): 182-205.

UNESCO. 2006. Towards sustainable strategies for creative tourism. Discussion Report of the Planning Meeting for 2008 International Conference on Creative Tourism. Santa Fe, New Mexico, USA, 1-7.

UNWTO, UNEP. 2008. Climate Change and Tourism: Responding to Global Challenges. Madrid.

Valdez A, Sifaneck S J. 1997. Drug tourists and drug policy on the US-Mexican border: An ethnographic investigation of the acquisition of prescription drugs. Journal of Drug Issues, 27(4): 879-897.

Webster C, Timothy D J. 2006. Travelling to 'the other side': the Occupied Zone and Greek Cypriot Views of crossing the green line. Tourism Geographies: An International Journal of Tourism Space, Place and Environment, 8(2): 162-181.

附表一　中国陆地边境县(旗)、市(市辖区)一览表

中国陆地边境县(旗)、市(市辖区)分布			
省、区、市	个数	自治州（盟、地、市）	县、旗、市(市辖区)
内蒙古自治区	4 市 15 旗	包头市	达尔罕茂明安联合旗
		乌兰察布市	四子王旗
		锡林郭勒盟	二连浩特市、阿巴嘎旗、东乌珠穆沁旗、苏尼特左旗、苏尼特右旗
		呼伦贝尔市	满洲里市、额尔古纳市、陈巴尔虎旗、新巴尔虎左旗新巴尔虎右旗
		巴彦淖尔市	乌拉特中旗、乌拉特后旗
		阿拉善盟	阿拉善左旗、阿拉善右旗、额济纳旗
		兴安盟	阿尔山市、科尔沁右翼前旗
辽宁省	1 市 3 市辖区 1 自治县	丹东市	振安区、元宝区、振兴区、东港市、宽甸满族自治县
吉林省	6 市 1 市辖区 2 县 1 自治县	通化市	集安市
		白山市	八道江区、临江市、抚松县、长白朝鲜族自治县
		延边朝鲜族自治州	图们市、龙井市、珲春市、和龙市、安图县
黑龙江省	5 市 1 市辖区 12 县	鹤岗市	萝北县、绥滨县
		双鸭山市	饶河县
		鸡西市	密山市、虎林市、鸡东县
		伊春市	嘉荫县
		牡丹江市	穆棱市、绥芬河市、东宁县
		佳木斯市	同江市、抚远县
		黑河市	爱辉区、逊克县、孙吴县
		大兴安岭地区	呼玛县、塔河县、漠河县
广西壮族自治区	2 市 1 市辖区 5 县	防城港市	防城区、东兴市
		崇左市	凭祥市、大新县、宁明县、龙州县
		百色市	靖西县、那坡县

续表

中国陆地边境县(旗)、市(市辖区)分布			
省、区、市	个数	自治州（盟、地、市）	县、旗、市(市辖区)
云南省	4 市 12 县 9 自治县	普洱市	澜沧拉祜族自治县、江城哈尼族彝族自治县、西盟佤族自治县、孟连傣族拉祜族佤族自治县
		临沧市	镇康县、沧源佤族自治县、耿马傣族佤族自治县
		保山市	龙陵县、腾冲县
		文山壮族苗族自治州	麻栗坡县、马关县、富宁县
		红河哈尼族彝族自治州	绿春县、金平苗族瑶族傣族自治县、河口瑶族自治县
		西双版纳傣族自治州	景洪市、勐海县、勐腊县
		德宏傣族景颇族自治州	芒市、瑞丽市、盈江县、陇川县
		怒江傈僳族自治州	泸水县、福贡县、贡山独龙族怒族自治县
西藏自治区	18 县	山南地区	洛扎县、错那县、浪卡子县
		日喀则地区	定结县、定日县、康马县、聂拉木县、吉隆县、亚东县、岗巴县、仲巴县、萨嘎县
		阿里地区	噶尔县、普兰县、日土县、札达县
		林芝地区	墨脱县、察隅县
甘肃省	1 自治县	酒泉市	肃北蒙古族自治县
新疆维吾尔自治区	5 市 22 县 5 自治县	哈密地区	哈密市、伊吾县、巴里坤哈萨克自治县
		和田地区	和田县、皮山县
		阿克苏地区	温宿县、乌什县
		喀什地区	叶城县、塔什库尔干塔吉克自治县
		克孜勒苏柯尔克孜自治州	阿图什市、阿合奇县、乌恰县、阿克陶县
		昌吉回族自治州	奇台县、木垒哈萨克自治县
		博尔塔拉蒙古自治州	博乐市、温泉县
		伊犁哈萨克自治州	昭苏县、霍城县、察布查尔锡伯自治县
		塔城地区	塔城市、额敏县、裕民县、托里县、和布克赛尔蒙古自治县
		阿勒泰地区	阿勒泰市、青河县、吉木乃县、富蕴县、布尔津县、福海县、哈巴河县

注：1. 名单顺序按民政部编《中华人民共和国行政区划简册》排列。

2. 统计口径以沿陆地国境线的县级行政区划为单位。

3. 资料截止到时间为 2013 年 12 月 31 日。

4. 新疆生产建设兵团 56 个边境团场暂未列入本表。

附表二　中国陆地边境县域接壤国家与口岸一览表

省、区、市	边境地区	边境县市	接壤国家	口岸情况
内蒙古自治区	包头市	达尔罕茂明安联合旗	蒙	一类，公路口岸——满都拉口岸
	呼伦贝尔市	陈巴尔虎旗	俄	
		新巴尔虎左旗	俄、蒙	一类，公路口岸——额布都格口岸
		新巴尔虎右旗	俄、蒙	一类，公路口岸——阿日哈沙特口岸
		满洲里市	俄	一类，航空口岸、铁路口岸——满洲里口岸
		额尔古纳市	俄	一类，公路口岸——黑山头口岸 一类，公路口岸——室韦口岸
	巴彦淖尔市	乌拉特中旗	蒙	一类，公路口岸——甘其毛都口岸
		乌拉特后旗	蒙	
	乌兰察布市	四子王旗	蒙	
	兴安盟	阿尔山市	蒙	
		科尔沁右翼前旗	蒙	
	锡林郭勒盟	二连浩特市	蒙	一类，铁路口岸——二连浩特口岸
		阿巴嘎旗	蒙	
		苏尼特左旗	蒙	
		苏尼特右旗	蒙	
		东乌珠穆沁旗	蒙	一类，公路口岸——珠恩嘎达布其口岸
	阿拉善盟	阿拉善左旗	蒙	
		阿拉善右旗	蒙	
		额济纳旗	蒙	一类，公路口岸——策克口岸
辽宁省	丹东市	振安区	朝	
		元宝区	朝	
		振兴区	朝	一类，铁路口岸、水运口岸——丹东口岸
		宽甸满族自治县	朝	
		东港市	朝	

续表

省、区、市	边境地区	边境县市	接壤国家	口岸情况
吉林省	通化市	集安市	朝	一类，铁路口岸——集安口岸
	白山市	八道江区	朝	
		抚松县	朝	
		长白朝鲜族自治县	朝	一类，公路口岸——长白口岸
		临江市	朝	一类，公路口岸——临江公路口岸
	延边朝鲜族自治州	图们市	朝	一类，铁路口岸——图们口岸
		珲春市	朝、俄	一类，铁路口岸、公路口岸——珲春口岸 一类，公路口岸——圈河口岸 一类，公路口岸——沙坨子口岸
		龙井市	朝	一类，公路口岸——开山屯口岸 一类，公路口岸——三合口岸
		和龙市	朝	一类，公路口岸——南坪口岸 一类，公路口岸——古城里口岸
		安图县	朝	
黑龙江省	鸡西市	鸡东县	俄	
		虎林市	俄	一类，公路口岸——虎林口岸
		密山市	俄	一类，公路口岸——密山口岸
	鹤岗市	萝北县	俄	一类，水运口岸——萝北口岸
		绥滨县	俄	
	双鸭山市	饶河县	俄	一类，水运口岸——饶河口岸
	伊春市	嘉荫县	俄	一类，水运口岸——嘉荫口岸
	佳木斯市	抚远县	俄	一类，水运口岸——抚远口岸
		同江市	俄	一类，水运口岸——同江口岸
	牡丹江市	东宁县	俄	一类，公路口岸——东宁口岸
		绥芬河市	俄	一类，铁路口岸、公路口岸——绥芬河口岸
		穆棱市	俄	
	黑河市	爱辉区	俄	一类，水运口岸——黑河口岸
		逊克县	俄	一类，水运口岸——逊克口岸
		孙吴县	俄	
	大兴安岭地区	呼玛县	俄	
		塔河县	俄	
		漠河县	俄	一类，水运口岸——漠河口岸

续表

省、区、市	边境地区	边境县市	接壤国家	口岸情况
广西壮族自治区	防城港市	防城区	越	
		东兴市	越	一类，公路口岸——东兴口岸
	百色市	靖西县	越	一类，公路口岸——龙邦口岸
		那坡县	越	
	崇左市	宁明县	越	
		龙州县	越	一类，公路口岸——水口口岸
		大新县	越	
		凭祥市	越	一类，铁路口岸——凭祥口岸 一类，公路口岸——友谊关口岸
云南省	保山市	腾冲县	缅	一类，公路口岸——猴桥口岸
		龙陵县	缅	
	普洱市	江城哈尼族彝族自治县	老、越	一类，公路口岸——勐康口岸
		孟连傣族拉古族佤族自治县	缅	二类，公路口岸——孟连口岸
		澜沧拉祜族自治县	缅	
		西盟佤族自治县	缅	
	临沧市	镇康县	缅	二类，公路口岸——南伞口岸
		沧源佤族自治县	缅	二类，公路口岸——沧源口岸
		耿马傣族佤族自治县	缅	一类，公路口岸——清水河口岸
	红河哈尼族彝族自治州	绿春县	越	
		金平苗族瑶族傣族自治县	越	一类，公路口岸——金水河口岸
		河口瑶族自治县	越	一类，铁路口岸、公路口岸——河口口岸
	文山壮族苗族自治州	麻栗坡县	越	一类，公路口岸——天保口岸、清水河口岸
		马关县	越	
		富宁县	越	二类，公路口岸——田蓬口岸
	西双版纳傣族自治州	景洪市	缅	一类，水运口岸——景洪口岸
		勐海县	缅	一类，公路口岸——打洛口岸
		勐腊县	缅、老	一类，公路口岸——磨憨口岸
	德宏傣族景颇族自治州	潞西市	缅	
		瑞丽市	缅	一类，公路口岸——瑞丽口岸 一类，公路口岸——畹町口岸
		盈江县	缅	二类，公路口岸——盈江口岸
		陇川县	缅	二类，公路口岸——章凤口岸
	怒江傈僳族自治州	泸水县	缅	二类，公路口岸——片马口岸
		福贡县	缅	
		贡山独龙族怒族自治县	缅	

续表

省、区、市	边境地区	边境县市	接壤国家	口岸情况
西藏自治区	山南地区	洛扎县	不	—
		错那县	不、印	—
		浪卡子县	不	—
	日喀则地区	定日县	尼	—
		康马县	不	—
		定结县	尼、锡	二类，公路口岸——月屋口岸
		仲巴县	尼	—
		亚东县	不、锡	一类，公路口岸——亚东口岸
		吉隆县	尼	一类，公路口岸——吉隆口岸
		聂拉木县	尼	一类，公路口岸——樟木口岸
		萨嘎县	尼	—
		岗巴县		—
	阿里地区	普兰县	印、尼	一类，公路口岸——普兰口岸
		札达县	印	—
		噶尔县	印	—
		日土县	印	—
	林芝地区	墨脱县	印	—
		察隅县	印、缅	—
甘肃省	酒泉市	肃北蒙古族自治县	蒙	—
新疆维吾尔自治区	哈密地区	哈密市	蒙	—
		伊吾县	蒙	—
		巴里坤哈萨克自治县	蒙	一类，公路口岸——老爷庙口岸
	和田地区	和田县	印	—
		皮山县	印	—
	阿克苏地区	温宿县	吉	—
		乌什县	吉	—
	喀什地区	叶城县	巴	—
		塔什库尔干塔吉克自治县	塔、阿、巴	一类，公路口岸——红其拉甫口岸
	克孜勒苏柯尔克孜自治州	阿图什市	吉	—
		阿合奇县	吉	—
		乌恰县	吉	一类，公路口岸——伊尔克什坦口岸 一类，公路口岸——吐尔尕特口岸
		阿克陶县	吉、塔	—

续表

省、区、市	边境地区	边境县市	接壤国家	口岸情况
新疆维吾尔自治区	昌吉回族自治州	奇台县	蒙	—
		木垒哈萨克自治县	蒙	—
	博尔塔拉蒙古自治州	博乐市	哈	一类，铁路口岸——阿拉山口口岸
		温泉县	哈	
	伊犁哈萨克自治州	昭苏县	哈	
		霍城县	哈	一类，公路口岸——霍尔果斯口岸
		察布查尔锡伯自治县	哈	一类，公路口岸——都拉塔口岸
	塔城地区	塔城市	哈	一类，公路口岸——巴克图口岸
		额敏县	哈	—
		裕民县	哈	—
		托里县	哈	—
		和布克赛尔蒙古自治县	哈	—
	阿勒泰地区	阿勒泰市	蒙	—
		青河县	蒙	一类，公路口岸——塔克什肯口岸
		吉木乃县	哈	一类，公路口岸——吉木乃口岸
		富蕴县	蒙	—
		布尔津县	蒙、俄	—
		福海县	蒙	一类，公路口岸——红山嘴口岸
		哈巴河县	俄、哈	—

注：数据主要来源于《中国口岸年鉴》2012 版。

附表三　与中国陆地接壤国家一览表

国名	面积/km^2	人口、语言、主要宗教	首都	主要贸易伙伴	与我国接壤边境线长/km	和我国接壤省份
朝鲜民主主义人民共和国	12.3	2405万，单一民族，通用朝鲜语	平壤	主要贸易伙伴为中国、韩国、俄罗斯等	1334	辽宁、吉林
俄罗斯联邦	1 707.54	1.43亿，官方语言为俄语，主要宗教为东正教，其次为伊斯兰教	莫斯科	2012年俄罗斯的前十大贸易伙伴：中国、荷兰、德国、意大利、乌克兰、白俄罗斯、土耳其、日本、美国、波兰	4335	内蒙古、吉林、黑龙江、新疆
蒙古国	156.65	286万，主要语言为喀尔喀蒙古语。居民主要信奉喇嘛教	乌兰巴托	同146个国家和地区有贸易关系。实行经济开放政策。主要贸易伙伴为中国、俄罗斯、欧盟、加拿大、美国、日本、韩国等	4677	内蒙古、甘肃、新疆
哈萨克斯坦共和国	272.49	1699万，哈萨克语为国语，哈萨克语和俄语为官方语言。50%以上居民信奉伊斯兰教	阿斯塔纳	2012年，哈萨克斯坦主要出口对象国前三位分别是：中国、意大利、荷兰；进口对象国前三位分别是：俄罗斯、中国和乌克兰	1753	新疆
吉尔吉斯共和国	19.99	566.3万，国语为吉尔吉斯语，俄语为官方语言。70%以上居民信仰伊斯兰教	比什凯克	吉主要贸易伙伴有：俄罗斯、中国、哈萨克斯坦、瑞士、美国	1096	新疆
塔吉克斯坦共和国	14.31	798.48万，塔吉克语(属印欧语系伊朗语族)为国语，俄语为族际交流语言。居民多信奉伊斯兰教	杜尚别	主要贸易伙伴国是俄罗斯、哈萨克斯坦、中国、土耳其和阿富汗	453	新疆
阿富汗伊斯兰共和国	64.75	2900万，普什图语和达里语是官方语言，逊尼派穆斯林占80%，什叶派穆斯林占19%，其他占1%	喀布尔	同60多个国家和地区有贸易往来。主要出口对象为巴基斯坦、美国、英国、德国、印度等，主要进口国为中国、巴基斯坦、美国、日本、韩国、土库曼斯坦、印度等	92.45	新疆

续表

国名	面积/km²	人口、语言、主要宗教	首都	主要贸易伙伴	与我国接壤边境线长/km	和我国接壤省份
巴基斯坦伊斯兰共和国	79.6095（不包括巴控克什米尔地区）	1.97亿，乌尔都语为国语，英语为官方语言。95%以上的居民信奉伊斯兰教(国教)	伊斯兰堡	与90多个国家和地区有贸易关系。前十大贸易伙伴分别为沙特、中国、阿联酋、科威特、美国、日本、印度、马来西亚、德国、印尼	599	新疆
印度共和国	298(不包括中印边境印占区和克什米尔印度实际控制区等)	12.1亿，官方语言为英语和印地语。约有80.5%的居民信奉印度教	新德里	主要贸易伙伴国有美国、中国、德国、阿联酋、沙特、新加坡、英国、瑞士、法国、伊朗、日本	1700	新疆、西藏
尼泊尔联邦民主共和国	14.7181	2660万，尼泊尔语为国语，上层社会通用英语。居民86.2%信奉印度教	加德满都	主要贸易伙伴有印度、美国、中国、欧盟等	1414.88	西藏
不丹王国	3.8	736453人，不丹语“宗卡”为官方语言。藏传佛教(噶举派)为国教，尼泊尔族居民信奉印度教	廷布	对外贸易主要在南盟成员间进行。印度是最大贸易伙伴，与不丹签有自由贸易协定。其他主要贸易伙伴有韩国、泰国、新加坡、日本、中国等。其中，不丹与孟加拉国之间签有优惠贸易协定	550	西藏
缅甸联邦共和国	67.6578	6112万，华人华侨约250万。各少数民族均有自己的语言，全国85%以上的人信奉佛教，约8%的人信奉伊斯兰教	内比都	主要贸易伙伴：中国、泰国、新加坡和印度	2186	云南
老挝人民民主共和国	23.68	638万，通用老挝语。居民多信奉佛教	万象	老挝同50多个国家和地区有贸易关系，与19个国家签署了贸易协定，主要外贸对象为泰国、越南、中国、日本、欧盟、美国、加拿大和其他东盟国家	505	云南
越南社会主义共和国	32.9556	8878万，主要语言为越南语(官方语言、通用语言、主要民族语言)。主要宗教：佛教、天主教、和好教与高台教	河内	越南主要贸易对象为中国、美国、欧盟、东盟、日本、韩国。主要出口市场为欧盟、美国、东盟、日本、中国。主要进口市场为中国、东盟、韩国、日本、欧盟、美国	1347	广西、云南

附录一　中华人民共和国公民出境入境管理法

（1985 年 11 月 22 日第六届全国人民代表大会常务委员会第十三次会议通过
1985 年 11 月 22 日中华人民共和国主席令第三十二号公布
自 1986 年 2 月 1 日起施行）

第一章　总则

第一条　为保障中国公民出入中国国境的正当权利和利益，促进国际交往，特制定本法

第二条　中国公民凭国务院主管机关及其授权的机关签发的有效护照或者其他有效证件出境、入境，无需办理签证。

第三条　中国公民出境、入境，从对外开放的或者指定的口岸通行，接受边防检查机关的检查。

第四条　中国公民出境后，不得有危害祖国安全、荣誉和利益的行为。

第二章　出境

第五条　中国公民因私事出境，向户口所在地的市、县公安机关提出申请，除本法第八条规定的情形外，都可以得到批准。

公安机关对中国公民因私事出境的申请，应当在规定的时间内作出批准或者不批准的决定，通知申请人。

第六条　中国公民因公务出境，由派遣部门向外交部或者外交部授权的地方外事部门申请办理出境证件。

第七条　海员因执行任务出境，由港务监督局或者港务监督局授权的港务监督办理出境证件。

第八条　有下列情形之一的，不批准出境：

（一）刑事案件的被告人和公安机关或者人民检察院或者人民法院认定的犯罪嫌疑人；

（二）人民法院通知有未了结民事案件不能离境的；

（三）被判处刑罚正在服刑的；

（四）正在被劳动教养的；

（五）国务院有关主管机关认为出境后将对国家安全造成危害或者对国家利益造成重大损失的。

第九条　有下列情形之一的，边防检查机关有权阻止出境，并依法处理：

（一）持用无效出境证件的；

（二）持用他人出境证件的；

（三）持用伪造或者涂改的出境证件的。

第三章　入境

第十条　定居国外的中国公民要求回国定居的，应当向中国驻外国的外交代表机关、领事机关或者外交部授权的其他驻外机关办理手续，也可以向有关省、自治区、直辖市的公安机关办理手续。

第十一条　入境定居或者工作的中国公民，入境后应当按照户口管理规定，办理常住户口登记。入境暂住的，应当按照户口管理规定办理暂住登记。

第四章　管理机关

第十二条　因公务出境的中国公民所使用的护照由外交部或者外交部授权的地方外事部门颁发，海员证由港务监督局或者港务监督局授权的港务监督颁发，因私事出境的中国公民所使用的护照由公安部或者公安部授权的地方公安机关颁发。

中国公民在国外申请护照、证件，由中国驻外国的外交代表机关、领事机关或者外交部授权的其他驻外机关颁发。

第十三条　公安部、外交部、港务监督局和原发证机关，各自对其发出的或者其授权的机关发出的护照和证件，有权吊销或者宣布作废。

第五章　处罚

第十四条　对违反本法规定，非法出境、入境，伪造、涂改、冒用、转让出境、入境证件的，公安机关可以处以警告或者十日以下的拘留处罚；情节严重，构成犯罪的，依法追究刑事责任。

第十五条　受公安机关拘留处罚的公民对处罚不服的，在接到通知之日起十五日内，可以向上一级公安机关提出申诉，由上一级公安机关作出最后的裁决，也可以直接向当地人民法院提起诉讼。

第十六条　执行本法的国家工作人员，利用职权索取、收受贿赂的，依照《中华人民共和国刑法》和全国人民代表大会常务委员会《关于严惩严重破坏经济的罪犯的决定》处罚；有其他违法失职行为，情节严重，构成犯罪的，依照《中华人民共和国刑法》有关规定追究刑事责任。

第六章　附则

第十七条　中国公民往来香港地区或者澳门地区的管理办法，由国务院有关部门另行制订。

第十八条　在同中国毗邻国家接壤边境地区居住的中国公民临时出境、入境，有两国之间协议的，按照协议执行，没有协议的按照中国政府的规定执行。

国际列车和民航国际航班乘务人员、国境铁路工作人员的出境、入境，按照协议和有关规定执行。

第十九条　公安部、外交部、交通部根据本法制定实施细则，报国务院批准施行。

第二十条　本法自 1986 年 2 月 1 日起施行。

附录二　中华人民共和国公民出境入境管理法实施细则

（1986 年 12 月 3 日国务院批准，1986 年 12 月 26 日公安部、
外交部、交通部发布，1994 年 7 月 13 日国务院批准修订，
1994 年 7 月 15 日公安部、外交部、交通部发布）

第一章　总则

第一条　根据《中华人民共和国公民出境入境管理法》第十九条的规定，制定本实施细则。

第二条　本实施细则适用于中国公民因私事出境、入境。所称"私事"，是指定居、探亲 、访友、继承财产、留学、就业、旅游和其他非公务活动。

第二章　出境

第三条　居住国内的公民因私事出境，须向户口所在地的市，县公安局出入境管理部门提出申请，回答有关的询问后履行下列手续：

（一）交验户口簿或者其他户籍证明；

（二）填写出境申请表；

（三）提交所在工作单位对申请人出境的意见；

（四）提交与出境事由相应的证明。

第四条　本实施细则第三条第四项所称的证明是指：

（一）出境定居，须提交拟定居地亲友同意去定居的证明或者前往国家的定居许可证明；

（二）出境探亲访友，须提交亲友邀请证明；

（三）出境继承财产，须提交有合法继承权的证明；

（四）出境留学，须提交接受学校入学许可证和必需的经济保证证明；

（五）出境就业，须提交聘请，雇用单位或者雇主的聘用，雇用证明；

（六）出境旅游，须提交旅行所需外汇费用证明。

第五条　市、县公安局对出境申请应当在 30 天内，地处偏僻、交通不便的应当在 60 天内作出批准或者不批准的决定，通知申请人。申请人在规定时间内没有接到审批结果通知的，有权查询，受理部门应当作出答复；申请人认为不批准出境不符合《中华人民共和国公民出境入境管理法》的，有权向上一级公安机关提出申诉，受理机关应当作出处理和答复。

第六条　居住国内的公民经批准出境的，由公安机关出入境管理部门发给中华人民共和国护照，附发出境登记卡。

第七条　居住国内的公民办妥前往国家的签证或者入境许可证件后，应当在出境前办理户口手续，出境定居的，须到当地公安派出所或者户籍办公室注销户口。短期出境的，办理临时外出的户口登记，返回此凭证护照在原居住地恢复常住户口。

第八条　中国公民回国后再出境，凭有效的中华人民共和国护照或者有效的中华人民共和国旅行证或者其他有效出境入境证件。

第三章　入境

第九条　在境外的中国公民短期回国，凭有效的中华人民共和国护照或者有效的中华人民共和国旅行证或者其他有效入境出境证件入境。

第十条　定居国外的中国公民要求回国定居的，应当在入境前向中国驻外国的外交代表机关，领事机关或者外交部授权的其他驻外机关提出申请，也可由本人或者经由国内亲属向拟定居地的市，县公安局提出申请，由省、自治区、直辖市公安厅(局)审核发回国定居证明。

第十一条　定居国外的中国公民要求回国工作的，应当向中国劳动、人事部门或者聘请、雇用单位提出申请。

第十二条　定居国外的中国公民回国定居或者回国工作抵达目的地后，应当在30天内凭回国定居证明或者经中国劳动、人事部门核准的聘请、雇用证明到当地公安局办理常住户口登记。

第十三条　定居国外的中国公民短期回国，要按照户口管理规定，办理暂住登记，在宾馆、饭店、旅店、招待所、学校等企业事业单位、机关团体及其他机构内住宿的，应当填写临时 住宿登记表；住在亲友家的，由本人或者亲友在24小时内(农村可在72小时内）到住地公安派出所或者户籍办公室办理暂住登记。

第四章　出境入境检查

第十四条　中国公民应当从对外开放的或者指定的口岸出境、入境，向边防检查站出示中华人民共和国护照或者其他出境入境证件，填交出境、入境登记卡，接受查验。

第十五条　有下列情形之一的，边防检查站有权阻止出境、入境：

（一）未持有中华人民共和国护照或、者其他出境、入境证件的；

（二）持用无效护照或者其他无效出境入境证件的；

（三）持用伪造、涂改的护照，证件或者冒用他人护照、证件的；

（四）拒绝交验证件的。具有前款第二、三项规定的情形的，可依照本实施细则第二十三条的规定处理。

第五章　证件管理

第十六条　中国公民出境入境的主要证件——中华人民共和国护照和中华人民共和国旅行证由持证人保存、使用。除公安机关和原发证机关有权依法吊销，收缴证件以及人民检察院，人民法院有权依法扣留证件外，其他任何机关、团体和企业、事业单位或者个人不得扣留证件。第十七条　中华人民共和国护照有效期5年，可以延期二次，每次不超过 5 年，申请延期应在护照有效期满前提出。在国外，护照延期，由中国驻外国的外交代表机关，领事机关或者外交部授权的其他 驻外机关办理。在国内，定居国外的中国公民的护照延期，由省、自治区、直辖市公安厅（局）及其授权的公安机关出入境管理部门办理；居住国内的公民在出境前的护照延期，由原发证的或者户口所在地的公安机关出入境管理部门办理。

第十八条　中华人民共和国旅行证分一年一次有效和两年多次有效两种，由中国驻外国的外交代表机关、领事机关或者外交部授权的其他驻外机关颁发。

第十九条　中华人民共和国入出境通行证，是入出中国国(边）境的通行证件，由省、自治区、直辖市公安厅(局）及其授权的公安机关签发，这种证件在有效期内一次或者多次入出境 有效。一次有效的，在出境时由边检查站收缴。

第二十条　中华人民共和国护照和其他出境入境证件的持有人，如因情况变化，护照、证件上的记载事项需要变更或者加注时，应当分别向市，县公安局有出入境管理部门或者中国驻外国的外交代表机关，领事机关或者外交部授权的其他驻外机关提出申请，提交变更，加注事项的证明或者说明材料。

第二十一条　中国公民持有的中华人民共和国护照和其他出境入境证件因即将期满或者签页用完不能再延长有效期限，证件损坏不能继续使用的，可以申请换发，同时交回原持有的护照、证件；要求保留原护照的，可以与新护照合订使用。护照出境入境证件遗失的，应当报告中国主管机关，在登报声明或者挂失声明申请补发。换发和补发护照、出境入境证件，在国外，由中国驻外国的外交代表机关，领事机关或者外交部授权的其他驻外机关处理；在国内，由省、自治区、直辖市公安厅(局）及其授权的公安机关出入境管理部门办理。

第二十二条　中华人民共和国护照和其他出境入境证件的持有人有下列情况之一的，其护发照出境、入境证件应予以吊销或者宣布作废：

（一）持证人因非法进入前往国或者非法居留被送回国内的；

（二）公民持护照，证件招摇撞骗的；

（三）从事危害国家安全，荣誉和利益的活动的。护照和其他出境入境证件的吊销和宣布作废，由原发证机关或者其上级机关作出。

第六章　处罚

第二十三条　持用伪造、涂改等无效证件或者冒用他人证件出境、入境的，除收缴证件外，处以警告或者 5 日以下拘留；情节严重，构成犯罪的，依照《全国人民代表大会常务委员会关于严惩组织，运送他人偷越国(边）境犯罪的补充规定》的有关条款的规定追究刑事责任 。第二十四条　伪造、涂改、转让、买卖出境入境证件的，处 10 日以下拘留；情节严重，构成犯罪的，依照《中华人民共和国刑法》和《全国人民代表大会常务委员关于严惩组织，运送他人偷越国(边）境犯罪的补充规定》的有关条款的规定追究刑事责任。

第二十五条　编造情况，提供假证明，或者以行贿等手段，获取出境、入境证件，情节较轻的，处以警告或者 5 日以下拘留；情节严重，构成犯罪的，依照《中华人民共和国刑法》和《 全国人民代表大会常务委员会关于严惩组织，运送他人偷越国(边）境的犯罪的补充规定》的有关条款的规定追究刑事责任。

第二十六条　公安机关的工作人员在执行《中华人民共和国公民出境入境管理法》和本实施细则时，如有利用职权索取，收受贿赂或者有其他违法失职行为，情节轻微的，由主管部门酌情予以行政处分；情节严重，构成犯罪的，依照《中华人民共和国刑法》和《全国人民代表大会常务委员会关于严惩组织，运送他人偷越国(边)境犯罪的补充规定》的有关条款的规定追究刑事责任。

第七章　附则

第二十七条　中国公民因公务出境和中国海员因执行任务出境管理办法，另行制定。

第二十八条　本实施细则自发布之日起施行。

附录三　边境旅游暂行管理办法

（一九九六年三月八日国务院批准，一九九七年十月十五日国家旅游局发布施行）

第一条　为进一步扩大我国旅游业的对外开放，促进边境地区的经济繁荣和社会稳定，增进同毗邻国家人民的交往和友谊，完善边境旅游管理，制定本办法

第二条　本规定所称边境旅游，是指经批准的旅行社组织和接待我国及毗邻国家的公民，集体从指定的边境口岸出入境，在双方政府商定的区域和期限内进行的旅游活动。

第三条　国家旅游局是边境旅游的主管部门，负责制定边境旅游有关政策和管理办法，对边境旅游进行宏观管理，批准承办边境旅游的旅行社。

第四条　边境省、自治区旅游局负责对本行政区内的边境旅游业务的管理、监督、指导和协调，依据有关法规制定边境旅游管理的实施细则，定期向国家旅游局报告开展边境旅游情况。

第五条　边境市、县旅游局在上级旅游主管部门的指导下，负责协调管理本地区的边境旅游活动。

第六条　申请开办边境旅游业务的必备条件：

（一）经国务院批准对外国人开放的边境市、县；

（二）有国家正式批准对外开放的国家一、二类口岸，口岸联检设施基本齐全；

（三）有旅游行政管理部门批准可接待外国旅游者的旅行社；

（四）具备就近办理参游人员出入境证件的条件；

（五）具备交通条件和接待设施；

（六）同对方国家边境地区旅游部门签订了意向性协议。

第七条　同对方国家边境地区旅游部门签订意向性协议的主要内容：

（一）双方组织边境旅游的具体形式、向对方旅游团提供的服务项目、活动范围以及结算方式；

（二）双方参游人员使用的出入境证件；

（三）双方组团单位负责教育本国参游人员遵守对方国家的法律法规，不携带双方国家禁止进出口的物品出入境；

（四）双方组团单位保障参游人员的合法权益，为参游人员办理人身意外保险；

（五）双方旅游部门维护边境地区的出入境秩序，保证旅游团按期返回本国，承担将对方滞留人员遣送回国的义务。

第八条　申请开办边境旅游业务的程序：

边境地区开办边境旅游业务，必须具备本规定第六条所列条件，做好可行性研究，拟定的实施方案，由省、自治区旅游局征求外事、公安、海关等有关部门的意见，并报

省、自治区人民政府审核后，由省、自治区人民政府转国家旅游局审批。

所申办的边境旅游业务，如涉及同我已开展边境旅游的国家或地区，由国家旅游局商外交部、公安部、海关总署等部门审批；如涉及尚未同我开展边境旅游的国家或地区，由国家旅游局商外交部、公安部、海关总署后报国务院审批。经批准后，有关地方可对外签订正式协议或合同。

第九条　我国公民参加边境旅游的办法：

（一）除《中华人民共和国公民出境管理法》第八条规定的人员外，我国公民均可参加边境旅游。

（二）边境省、自治区公民参加本地区的边境旅游，应当向本地区有关承办旅行社申请，旅行社统一向公安机关出入境管理部门申办出境证件。

（三）非边境省、自治区的公民参加边境旅游，应当向其户口所在地授权经营出国旅游业务的一类旅行社申请，按规定向户口所在地公安机关出入境管理部门申办出境证件，并由边境地区有关旅行社统一办理出入境手续和安排境外旅游活动。

第十条　双方参游人员应持用本国有效护照或代替护照的有效国际旅行证件，或两国中央政府协议规定的有效证件。

第十一条　边境旅游的出入境手续：

（一）双方旅游团出入国境的手续按各自国家有关规定办理，签有互免签证协议的，按协议办理；未签有互免签证协议的，须事先办妥对方国家的入境签证。

（二）双方旅游团应集体出入国境，并交验旅游团名单，由边防检查机关规定验证放行。

（三）对双方参游人员携带的进出境行李物品，海关按《中华人民共和国海关对进出境旅客行李物品监管办法》及有关规定办理验放手续。

第十二条　严禁公费参游，不准异地申办出境证件，严禁滞留不归或从事非法移民活动，严禁携带违禁物品出入境。

旅游团成员如在境外滞留，有关承办旅行社须及时报告边防检查站和颁发出境证件的公安机关，并承担有关遣返费用。

第十三条　未经批准，任何单位和个人不得经营边境旅游业务或任意扩大边境旅游范围。对违反本办法开展边境旅游业务的单位或个人，各级旅游行政主管部门应会同有关部门给予罚款、追究有关负责人责任、勒令停业整顿、终止其边境旅游业务等处罚。

对违反国家其他有关法律、法规的，由各有关部门依法予以处理。

第十四条　外国旅游团成员非法进入我内地或非法滞留的，有关承办旅行社须及时报告公安机关，协助公安机关进行处理，并承担有关费用。

外国旅游团成员在华期间有其他违法行为的，有关旅行社须协助有关主管部门进行处理。

第十五条　本办法由国家旅游局负责解释。

第十六条　本办法自发布之日起施行。以往有关边境旅游的规定，凡与本办法不一致的，均以本办法为准。

附录四　国家旅游局、外交部、公安部、海关总署关于发布施行《中俄边境旅游暂行管理实施细则》的通知

（1998年6月3日）

各省、自治区、直辖市人民政府：

经国务院批准的《边境旅游暂行管理办法》已于1997年10月15日发布施行。根据国家旅游局、外交部、公安部、海关总署《关于发布施行“边境旅游暂行管理办法”的通知》(旅办发〔1997〕153号）中关于“考虑到边境旅游所涉及的不同对象国和不同地区的不同情况，国家旅游局将按照《管理办法》的规定，会同有关部门，组织有关地区，分别制定实施细则”的要求，国家旅游局会同外交部、公安部、海关总署，对开展中俄边境旅游的地区进行了实地考虑，在广泛听取意见、认真研究有关问题的基础上，制定了《中俄边境旅游暂行管理实施细则》(以下简称《实施细则》)，现予发布，并从即日起施行。

中俄边境旅游是政治性、政策性很强的业务。有关省、自治区和有关地(市）县政府要切实加强对这项业务的领导和指导，有关地方的旅游行政管理部门要会同公安、外事及海关部门严格履行本《实施细则》明确的管理职责，有关旅行社要严格按照本《实施细则》的要求规范经营，确保本《实施细则》得到贯彻落实，促进中俄边境旅游沿着健康、有序的方向进一步发展。

第一章　总 则

第一条　根据国务院批准的《边境旅游暂行管理办法》及有关法律、法规，结合中俄边境旅游管理的实际，制定本实施细则(以下简称细则）。

第二条　制定和实施本细则，旨在促进中俄边境旅游健康有序发展，促进中俄两国人民的友好交往和中俄边境地区的繁荣稳定。

第三条　本细则所称的中俄边境旅游，是指经国家批准，由特许经营中俄边境旅游业务的国际旅行社组织和接待中俄公民，集体从指定的边境口岸出入境，在中俄双方商定并由国家主管机关批准的区域和期限内进行的旅游活动。

第四条　开展中俄边境旅游业务活动，必须遵守国家有关法律、法规。

第二章　管理部门及其职责

第五条　国家旅游局是中俄边境旅游业务的主管部门；有关省、自治区旅游局和开办中俄边境旅游项目的地(市）、县旅游行政管理部门，依法管理本辖区内的中俄边境旅游业务。

第六条 国家旅游局的职责为：

（一）研究制定中俄边境旅游政策；

（二）协调中央有关部门处理中俄边境旅游中的政策性问题；

（三）指导有关省、自治区旅游局管理中俄边境旅游业务；

（四）审批中俄边境旅游项目和特许经营中俄边境旅游业务的国际旅行社；

（五）监督检查中俄边境旅游业务开展情况；

（六）查处擅自开办中俄边境旅游项目、延长线路和停留时间以及增加承办旅行社等重大事件；

（七）处理其他应由国家旅游局负责处理的重大问题。

第七条 中俄边境地区有关省、自治区旅游局的职责为：

（一）管理本地区的中俄边境旅游业务，督促、检查并保障中俄边境旅游政策、法规在本地区的贯彻执行；

（二）审核并向国家旅游局上报本地区有关口岸地(市)、县推荐的特许经营中俄边境旅游业务的旅行社；

（三）印制、发放本地区边境旅游团名单表；

（四）负责边境旅游领队的培训、考核、发证工作；

（五）会同有关部门对边境旅游经营活动中的违法、违规行为进行查处；

（六）每年 7 月底前和下一年 1 月底前，向国家旅游局书面报告本地区上半年和全年中俄边境旅游统计数字和开展中俄边境旅游的情况；

（七）及时向国家旅游局(国际联络司)、外交部(领事司)、公安部(出入境管理局)及海关总署(监管局)报告本地区边境旅游业务中出现的重大问题或突发事件。

第八条 开办中俄边境旅游项目的地(市)、县旅游行政管理部门的职责为：

（一）在当地政府的直接领导下，按照国家有关政策、法规，具体组织实施和管理本地区的中俄边境旅游业务；

（二）推荐本地区特许经营中俄边境旅游业务的旅行社；

（三）会同当地公安、外事、海关及工商等部门，及时查处中俄边境旅游经营活动中的违法违规行为和事件；

（四）按月向所在省、自治区旅游局报告本地区中俄边境旅游统计数字；

（五）及时向所在省、自治区政府外办、旅游局报告本地区中俄边境旅游中出现的重大事件或突发事件。

第三章 中俄边境旅游项目的设立

第九条 开办中俄边境旅游项目的地(市)、县，必须具备以下条件：

（一）是国家批准的对外国人开放的地区；

（二）有国家正式批准对外开放的一、二类口岸，且设施完备，运行正常；俄方亦有条件相应的口岸；

（三）有可以承办边境旅游业务的旅行社；

（四）具有接待外国旅游者的餐饮、住宿、交通、游览、购物、娱乐设施；

（五）具备就近办理参游人员出入境证件的条件；

（六）中俄双方有关地方政府均同意开办边境旅游项目，双方旅游部门签订有意向性协议；

意向性协议应包括以下内容：1、双方同意开办边境旅游项目；2、双方组织边境旅游拟采用的方式及边境旅游的活动范围、线路、停留时间；3、列明双方参游人员使用的出入境证件及旅游团名单式样；4、双方承办单位；5、双方承诺教育本国旅游遵守对方国家法律、法规；6、双方保证平等对待对方游客，维护其合法权益。

（七）双方拟经营此项业务的旅行社已就合作事宜签订合同草案。

合同草案内容应包括：1、合作方式；2、旅游团接待标准（含住宿、用餐、用车、参观游览等）、质量；3、为游客办理旅游意外保险的约定；4、对旅游过程中可能出现的问题（如游客滞留、意外事件等）的处理办法和各自应承担的义务与责任的约定。

第十条　申办中俄边境旅游项目的审批程序为：

（一）有关地（市）、县拟开办对俄边境旅游项目且符合第九条所列各项条件者，由当地人民政府做好可行性研究，拟定实施方案，然后向所在省、自治区旅游局提出申请报告；

（二）有关省、自治区旅游局接到申请报告后，应认真审查其立项资格、可行性研究报告及实施方案，并征求本省、自治区外事、公安、海关等部门的意见，取得一致后报省、自治区人民政府核审，并以省、自治区人民政府的名义行文报国家旅游局；

（三）国家旅游局接到有关省、自治区的报告后，会商外交部、公安部、海关总署，以国家旅游局的名义批复有关省、自治区人民政府。

第四章　中俄边境旅游业务的经营

第十一条　中俄边境旅游业务由国家旅游局批准的中俄边境地区特许经营中俄边境旅游业务的国际旅行社（下称组团社）经营，由中俄边境省、自治区的国际旅行社和非中俄边境省、自治区经国家旅游局批准的特许经营中国公民自费出国旅游业务的国际旅行社及其代办点（下称代办社）代办招徕客源业务。组团社或代办社不得以任何形式委托或变相委托其他旅行社或个人经营、代办中俄边境旅游业务。

第十二条　组团社由获得国家批准开办中俄边境旅游项目的有关地（市）、县旅游局推荐，经所在省、自治区旅游局审核后，报国家旅游局审批，批准文件抄送公安部、外交部、海关总署。

对新批准开办中俄边境旅游项目的有关地（市）、县，国家旅游局在函复有关省、自治区的同时，相应批准其筹办一家组团社，给为期一年的试运营期限，期满后，由所在省、自治区旅游局进行考核，对合格者，按程序报国家旅游局正式批准为特许经营中俄边境旅游业务的国际旅行社；对考核不合格者，再给半年的整改期，到期后如仍不合格，则暂停有关地（市）、县开办中俄边境旅游业务。

经国家旅游局批准的组团社，由国家旅游局在颁发的《旅行社业务经营许可证》的“许可经营业务”项目中列明“中俄边境旅游业务”。有关组团社凭此许可证到当地工商行政管理部门办理经营范围登记手续，并向当地公安出入境管理部门备案。

第十三条　中俄边境旅游属特许经营业务，根据《旅行社管理条例》和旅行社质量保证金收取、理赔和管理的原则，组团社在交纳一般国际旅行社应交纳的60万元人民币质量保证金外，需另交纳10万人民币作为特许经营边境旅游业务的质量保证金，统一由所在省、自治区旅游局负责收取、理赔和管理。拒绝或无力全额交纳质量保证金的组团社，国家旅游局不发给《旅行社业务经营许可证》。

第十四条　组团社负责组织和接待中俄双方的旅游团在中俄双方指定边境地区的旅游活动；代办社负责接受本地区居民报名参加中俄边境旅游，并委托给组团社安排中俄边境旅游。代办社和组团社之间应签订协议。代办社不得直接将游客带往境外从事中俄边境旅游。

第十五条　赴俄旅游团队应不得少于三人。旅游团必须配备领队，并在领队的带领下从指定口岸出入境。领队应向边防检查站出示由国家旅游局统一制发的《出国旅游领队证》(式样见附件一)。对未派领队的旅游团，边防检查站不予放行。

第十六条　中俄边境旅游团必须在规定时间内整团出入境，并按预定时间返回。如发生因不可抗力而逾期返回的情况，领队应积极督促俄方接待社妥善作出安排，并在返回后及时向当地旅游局和所在省、自治区旅游局报告；入境时，领队应向边防检查站说明情况，并提供俄方接待社或所在地内务警察部门出具的证明。离团人员入境时，应向边防检查站出示组团社领队出具的由组团社统一印制的证明(式样见附件二)。非经所在地、市县旅游行政管理部门批准，旅行社不得擅自派人到俄方寻找滞留游客。

第十七条　组团社必须对出境旅游团进行出国教育，内容应包括有关法律法规、爱国主义、保密、安全、卫生、友好交往以及尊重对方礼仪习俗等。旅游团领队不得向双方游客介绍有损国家利益和民族尊严的项目，不得组织游客参加危险性活动及毒、赌、黄等国家禁止的活动。

第十八条　严格禁止公费旅游。旅行社开具的发票上必须印有“自费旅游，不作报销凭证”字样。

第五章　出入境证件和边防检查管理

第十九条　公安机关负责参游人员的出境审批、证件发放管理及出入境边防检查管理。

第二十条　除《中华人民共和国公民出境入境管理法》第八条所列人员外，凡身体健康、适应境外旅游的中国公民，均可申请参加中俄边境旅游。

第二十一条　参游人员一律使用护照或代替护照的有效国际旅行证件出入国境。

第二十二条　经批准开办有中俄边境旅游项目的边境省、自治区的居民或在中俄边境地区已经暂住一年以上、长期从事中俄边境经贸活动的人员参加中俄边境旅游，可向当地组团社或代办社报名，由本人向户口所在地市、县公安局出入境管理部门申请出境，回答有关的询问，交验户口簿(或暂住证明)、身份证，填写出境申请表，提交所在单位或派出所对申请人出境的意见和组团社(或代办社)出具的全额旅游费用的发票。

公安机关出入境管理部门审查申请人的有关证明材料，确认其合法资格后，在规定的时间内批准颁发护照。

第二十三条　其他省、自治区、直辖市居民参加中俄边境旅游，应当向其户口所在地的代办社报名，由本人直接向户口所在地公安机关申请，交验户口本、身份证，填写出境申请表，提交所在单位或派出所对申请人出境的意见和代办社出具的全额旅游费用发票。公安出入境管理部门审查申请人的有关证明材料，确认其合法资格后，在规定的时间内批准颁发护照，由边境地区的组团社统一办理出入境手续。

第二十四条　持有效因私护照且已有出入境记录的人员，可直接向组团社或代办社报名参加中俄边境旅游。

第二十五条　中国台湾居民参加中俄边境旅游，需向组团社或代办社报名交费，然后由本人到该地市、县公安机关出入境管理部门申请办理旅行证件。公安机关签发给一次旅游有效的护照，由边境地区的组团社统一办理出境手续。中国台湾居民持有的台湾居民来往大陆通行证件仍由个人保存。

第二十六条　组织赴俄旅游的组团社应根据与俄方旅游部门(或旅行社）及国内代办社签订的协议或合同，定期制定详细的发团计划，内容包括代办社名称、旅游路线、出入境时间、参游人数等，并提前向边防检查站通报。边防检查站根据计划对旅游团查验放行。

第二十七条　中方旅游团出境时，由边防检查站查验护照、旅游团名单、领队证和俄方接待社的邀请函电。旅游团名单一式三份，边防检查站在查验护照证件、核对名单及人数后，在旅游团名单上加注实有人数并加盖验讫章，留存一份，其余的交由领队保管。入境时，领队应将供入境使用的名单向边防检查站交验，边防检查站检查护照证件、实际入境人数，注销未随团入境者名单，盖章并收存，同时对参游人员所持一次旅游有效的护照作注销处理(剪去右上角）。

第二十八条　俄方旅游团入境时，由边防检查站查验护照、旅游团名单和我方接待社的邀请函电。旅游团名单一式两份，边防检查站在查验护照核对名单及人数后，在旅游团名单上加注实有人数并注销未随团入境人员名单后，加盖验讫章，留存一份名单及邀请函电；另一份名单交俄方领队保管，出境时交边防检查站查验并盖章留存。

第二十九条　俄方旅游团入境后因不可抗拒的原因确需分团的，中方接待社应提前向当地公安机关提出书面申请，办理分团手续。被批准分团的人员出境时，需持有效护照和签证。对确因伤病等特殊原因来不及到公安机关办理分团手续的，边防检查站可凭中方接待社出具的信函和有关部门证明材料办理分团。分团按规定收取签证费。

第三十条　口岸海关依照《中华人民共和国海关对进出境旅客行李物品监管办法》及有关规定，对参游人员携带进出境的物品进行监管。

第三十一条　俄方旅游团入出境和在我边境地区旅行、停留，须遵守中国政府的法律、法规和有关规定。俄方旅游团成员非法进入我内地或入境后非法滞留的，有关接待社须及时报告公安机关，协助公安机关依法处理，对非法滞留需作遣返处理的，有关接待社应负责与俄方组团社交涉，并需先行负担遣返费用。

俄方旅游团成员在华期间有其他违法行为的，有关接待社须协助主管部门进行处理。

第六章　罚则

第三十二条　违反本细则第十条规定，未经国家旅游局批准擅自开办对俄边境旅游项目、扩大边境旅游范围、延长境外停留时间的地区，由国家旅游局责令其限期改正，逾期不改的，分别责任，作出通报批评的处理。对此类问题严重的地区，还将暂停受理其开办中俄边境旅游项目的申请。

第三十三条　违反本细则第十一条规定，擅自经营或变相经营中俄边境旅游业务的旅行社或个人，按照《旅行社管理条例》第三十二条进行处罚，即由旅游行政管理部门责令其停止非法经营，没收违法所得，并处人民币1万元以上5万元以下的罚款。

第三十四条　接待社在接待俄方边境旅游团时因管理措施不力，致使俄国游客在我境内非法居留，公安机关出入境管理部门按《中华人民共和国外国人入境出境管理法》，对旅客进行处罚，同时追究组团社的责任。

来华参加边境旅游的俄罗斯游客如欲到指定区域以外旅游，由我方接待的国际旅行社组织；需要分团的，边境地区接待社须事先到当地公安机关出入境管理部门为其办理好分团手续。对违反以上规定的旅行社，旅游行政管理部门将按照《旅行社管理条例》第三十三条、《旅行社管理条例实施细则》第五十二条的规定，对有关旅行社予以处罚。

第三十五条　有下列违规行为的，参照《旅行社管理条例》第三十三条进行处罚，即由旅游行政管理部门责令限期改正；有违法所得的，没收违法所得；逾期不改正的，责令停业整顿15天至20天，可以并处人民币5 000元以上2万元以下的罚款，还可以吊销《旅行社业务经营许可证》：

（一）组团社或代办社违反本细则第十一条规定，委托或变相委托其他旅行社或个人经营、代办中俄边境旅游业务的；

（二）组团社违反本细则第十五条规定，无故在境外解散旅游团或擅自延长在外停留时间的(三）组团社因管理措施不力，致使游客在俄境内离团出走、滞留，造成不良影响的。

第三十六条　对于组团社在境外无故散团或擅自延长停留时间，以及参游人员在境外离团出走或滞留的，公安机关出入境管理部门和边防检查站按照《中华人民共和国公民出境入境管理法》、《中华人民共和国出境入境边防检查条例》等法律法规，对组团社及参游人员做如下处罚：

（一）对旅游团入境时无领队的，边防检查站依据《中华人民共和国出境入境边防检查条例》第33条规定，对组团社按协助他人非法出入境处以2 000元以上10 000元以下罚款。

（二）旅游团成员擅自离团单独入境的，边防检查站依据《中华人民共和国出境入境边防检查条例》第32条规定，按持无效证件处以500元以上2 000元以下罚款。

（三）旅游团在境外散团或发生旅游团成员擅自离团的，边防检查站对组团社及有关责任人依据《中华人民共和国出境入境边防检查条例》第33条规定，按协助他人非法出入境处以2 000元以上10 000元以下的罚款。

（四）对情节严重的，边防检查站报请上一级主管部门商同级旅游局批准，暂停其组团出境；或报公安部出入境管理局商国家旅游局批准，取消其中俄边境旅游业务经营资格。公安机关出入境管理部门停止为该组团社组织的参游人员签发证件。对触犯刑法的，由边防检查站移交公安机关追究刑事责任。

第三十七条　旅行社工作人员和参游人员携带国家限制和禁止出入境的物品，未向海关申报的，海关按照《中华人民共和国海关对进出境旅客行李物品监管办法》及有关规定予以处罚；对多次发生此类问题的组团社，海关将提请旅游行政管理部门给予相应的行政处罚。

第三十八条　各有关部门的管理人员在执行与中俄边境旅游有关的公务时违法、违规、违纪，由有关部门依照有关法律、法规处罚。

第七章　附 则

第三十九条　本细则由国家旅游局负责解释。

第四十条　本细则自发布之日起开始实施。

附录五 兴边富民行动规划(2011～2015年)

（国办发〔2011〕28号）

兴边富民行动实施以来，边境地区经济社会快速发展，人民生活水平明显提高，民族团结、社会稳定、边防稳固，为“富民、兴边、强国、睦邻”作出了重要贡献。

“十二五”时期是边境地区全面建设小康社会的关键时期。为贯彻落实党中央、国务院关于深入实施兴边富民行动的战略部署，促进边境地区经济社会又好又快发展和社会和谐稳定，国家民委、发展改革委和财政部组织编制了本规划。

本规划实施范围为内蒙古、辽宁、吉林、黑龙江、广西、云南、西藏、甘肃、新疆等9个省、自治区的136个陆地边境县、旗、市、市辖区，新疆生产建设兵团的58个边境团场。

一、指导思想和基本原则

（一）指导思想。

高举中国特色社会主义伟大旗帜，以邓小平理论和“三个代表”重要思想为指导，深入贯彻落实科学发展观，紧紧围绕各民族“共同团结奋斗，共同繁荣发展”的主题，着眼捍卫国家主权和领土完整，着力深化改革开放，着力加快转变经济发展方式，着力保障和改善民生，着力提升发展保障能力，着力维护民族团结和社会稳定，为边境地区与全国同步全面建成小康社会奠定坚实基础。

（二）基本原则。

因地制宜、分类指导。从边境地区自然生态条件、经济社会发展水平和文化形态及毗邻国家状况差异较大的实际出发，根据边民和地方政府的需求，确定主要任务和重点工程，加强分类指导并重点解决突出问题。

突出重点、统筹兼顾。在统筹考虑边境地区发展的基础上，把民生放在突出位置，采取特殊政策和措施解决边民在生产生活、就业、就医、就学和社会保障等方面的特殊困难和问题。

整合资源、强化投入。在稳定增加国家投入基础上，通过有效机制整合资源，用特殊政策引导市场资源向边境地区配置，确保生产要素集中投入边境地区。

政策优惠、优先安排。在边境地区基础设施建设和提供基本公共服务方面实行更加优惠的政策，优先安排支持边境地区基本公共服务发展，有关新政策、新举措在边境地区先行先试。

二、发展目标

“十二五”期间的主要目标是：

——基础设施进一步完善。边境地区具备条件的乡镇通沥青（水泥）路、建制村通公路，建制村通沥青（水泥）路的比例显著提高。沿边境地区以及通主要口岸、边民互市贸易点、边防派出所、边防哨所、旅游点的交通状况显著改善。农村饮水安全、无电人口用电问题得到解决。清洁能源普及率明显提高。信息基础设施进一步改善。生态环境保护和建设取得重要进展。

——边民生活质量明显提高。贫困人口明显减少，城乡居民收入大幅提高，社会就业更加充分。农村危房数量显著下降。社会保障制度进一步健全，实现城乡社会救助全覆盖。

——社会事业长足进步。教育、卫生事业发展水平全面提高，边民上学难、看病难的问题基本得到解决。边民文化需求基本得到满足，边境文化安全得到加强。

——民族团结、边防巩固、睦邻友好。民族团结进步事业深入发展，边民的国家意识、国民意识、国防意识进一步增强。爱民固边系列创建活动深入推进，维稳控边能力进一步增强。与邻国友好往来更加密切。

——沿边开发开放水平显著提升。口岸功能更加完备，边境贸易稳步发展，边境经济合作区辐射和示范作用增强，吸引境内外投资大幅增长，合作层次和水平提高。

——特色优势产业较快发展。经济结构调整步伐加快，产业布局趋于合理，特色优势产业初步形成，县域经济得到较快发展，自我发展能力进一步提高。

三、主要任务

(一) 加强基础设施建设。

加强边境地区公路建设，重点推进建制村通沥青(水泥) 路建设，加大国省干线建设改造力度，加强口岸公路、边民互市贸易点公路、边防公路、旅游点公路建设。加快牧道及边境巡逻道路建设。

大力加强农牧业基础设施建设，着力改善农田、物质装备、支撑体系等。加强民生水利基础设施建设，加快防洪抗旱减灾工程建设，全面推进农田水利建设，开展水土保持生态建设，推进跨界河流国土防护与整治。加强农村电网建设与改造，在保护生态前提下，合理稳妥开发建设水电，因地制宜发展小水电、太阳能光伏发电和风力发电。

支持农村邮政、电信和互联网基础设施建设，推动农村中小学及农村党员干部现代远程教育系统建设。完善边防边控通信设施，加快网络信息安全、无线电监测系统建设，支持边防覆盖和应急通信工程。

加强生态保护和建设，巩固退耕还林成果，继续实施防护林体系建设，加强草原保护与建设，进一步探索完善草原生态补偿机制，加强石漠化综合治理，发展经济林。加强土地开发整理。加强易灾、多灾地区防灾减灾体制机制和设施建设。

专栏1　基础设施重点工程

边境村寨便民工程：解决边境地区农村群众生产生活突出困难，改善群众基本生产生活条件。重点建设与群众切身利益相关的中小微型基础设施，用以解决群众基本出行、用电、清洁能源使用、安全饮水、村容村貌改善等问题，方便群众防洪抗旱、轮牧转场。

沿边(境) 等级公路建设工程：加强现有沿边(境) 等级公路的串连、贯通，提高国边防交通保障能力。

边境水利建设工程：充分考虑边境地区水利建设的特殊性，统筹边境地区防洪、灌溉、农村供水、水电开发、水土保持等各类水利建设任务，做好边境地区大江大河治理、控制性枢纽工程、病险水库除险加固、界河治理、节水灌溉、小水电及农村电气化等工程建设。

（二）着力改善和保障民生。

加大扶贫开发力度，优先支持边境贫困地区脱贫，帮助边境群众增收致富。加强边民职业技能和创业培训。大力推进边境地区社会保障体系建设和农村综合服务设施建设，促进各项公共服务向边境地区延伸。

加大农村饮水安全工程建设力度。加快推进村庄内外道路硬化。继续推进农村沼气建设。加快推进农村危房改造，继续实施游牧民定居工程，加快农村教师周转宿舍、边防单位营房建设。继续实施农村社区建设创建活动，加快农村社区便民、利民网点建设。继续建设城镇道路、供水、燃气、集中供热及生活垃圾和污水处理等市政公共设施。完善边境重点地段的监控设施和执勤点配套设施。

巩固“普九”成果，改善义务教育学校办学条件，继续加强远程教育工程建设，大力推进双语教育，进一步办好职业学校和高中学校，加快普及高中阶段教育，进一步加强教育对口支援力度。加强农村三级医疗卫生服务网络和公共卫生体系建设，充分利用现有资源，提高卫生院（室）服务能力。加快推进广播电视村村通、农村电影放映、少数民族广播影视节目译制和制作，加强广播电视传输覆盖和电影放映、村级文化活动室等基层公共文化设施建设，加强文物和非物质文化遗产保护工作，加强文化市场有效监管。建立多元化、社会化新型农村科技服务体系，大力推广先进适用技术，加大科学技术普及力度。实施全民健身计划，推进乡村体育设施建设。

专栏 2　改善和保障民生重点工程

扩大农村危房改造试点工程：继续加快推进农村危房改造，逐步解决边境农村困难家庭的住房安全问题。

边境信息下乡工程：针对边境地区的实际情况，重点建设涉边、涉农信息服务平台，加强边境贸易、边境文化交流、气象服务、科技等方面的信息服务，提高边境地区农业生产和农产品销售的信息化水平。

边境农村五保供养服务设施建设：多渠道筹措资金，在边境地区修建改建一批敬老院等农村五保供养服务机构以及散居五保对象的集中居住点，集中解决边境地区农村五保供养设施滞后的问题。

边境文化固边工程：丰富边民的文化生活，扩大对周边的影响，抵御境外文化渗透，筑成健康、坚实、深厚的文化安全屏障和精神桥头堡。重点支持少数民族语言文字普遍使用的边境地区，大力开展国产优秀影视作品、科普作品的翻译发行，并提高市场投放的时效性和普及性。丰富民族语广播电视节目内容，加强广播电视在边境农村、口岸等地区的传输覆盖，加强边境地州（市）、县广播电视基础设施和农村广播建设。支持和鼓励优秀民间歌手、民族音乐家传唱和创作内容健康、富有时代内涵的民歌，并出版发行予以推广。鼓励成立民间团体，推动本民族文化遗产的保护和传承，加强边境地区文化生态保护。开展面向少数民族青少年的文学作品、科普作品、音像作品的创编翻译和出版发行，培养他们的审美能力、健康情趣、对民族文化和家乡的深厚情感。

边境农村实用人才队伍建设：加强对农村基础教育、职业教育、科技培训和农民教育培训的投入，创新农村教师补充机制，加强农村教师队伍建设。整合教育培训资源，拓宽教育培训途径，扩大教育培训规模，提高教育培训水平，基本建立与边境地区经济社会发展相适应的农村人力资源开发体系。扩大边境地区农村实用人才规模，提高人才素质，优化结构，使人才总量大幅度增加，农村人力资源整体实力不断增强，农村实用人才运用先进技术和经营管理知识带头致富、带领群众致富的能力显著提高。

基层公共文化保障工程：加强以基层为重点的公共文化设施建设，构建公共文化服务体系运行和经费保障机制，加强大型文化活动和精品剧目等文化内容建设，加强艺术人才培养和文化队伍建设。继续实施广播电视村村通工程、西新工程、农村电影放映工程等公共文化重点工程。

边境卫生院(室)能力建设：大力改善边境地区乡镇、农村医疗卫生机构基础设施条件。大力提高农村卫生室人员业务素质，有效防治传染病、寄生虫病、地方病、慢性病、口腔疾病，妥善应对突发公共卫生事件。

(三)促进民族团结和边防稳固。

加强民族理论、民族政策、民族基本知识和民族法律法规宣传教育，及时妥善处理影响民族团结的问题，依法打击民族分裂犯罪活动，形成维护民族团结的社会氛围。以增进民族团结、共建和谐边疆为目标，广泛深入开展民族团结进步创建活动，扎实推进爱民固边模范村(社区)、乡镇、县市创建，探索建立边疆内地、军地、警民、各民族间团结和境内外友好共建机制。

以民族团结进步先进集体和爱民固边模范村(社区)为基地，以民族团结进步和爱民固边先进个人为榜样，巩固扩大民族团结进步和爱民固边先进典型的影响力和号召力，构筑边境地区民族团结、边防巩固的屏障。贯彻党的宗教工作基本方针，深入开展创建“和谐寺观教堂”活动，引导宗教团体、宗教活动场所、宗教院校和广大信教群众为稳边固边和边境地区发展服务。

专栏3 民族团结和边防稳固重点工程

边境民族团结进步示范村建设工程：在边境地区特别是边境乡镇，建设一批民族团结进步示范村，使之成为维护民族团结、巩固祖国边防的战斗堡垒。示范村建设内容包括：帮助村民发展生产，增收致富；帮助村民改善生活条件，保障基本公共服务；丰富村民精神文化生活，抵御境内外不良文化侵害和宗教渗透；广泛开展民族理论、民族政策、民族基本知识和民族法律法规宣传教育；开展村内民族团结进步先进个人和模范家庭创建活动。

爱民固边模范村创建活动：结合社会主义新农村建设，推动开展“维护治安、民族和谐、经济合作、服务民生”等凸显特色的爱民固边模范村创建活动，维护民族团结和边疆稳定。

高校心系边境产学研用活动：鼓励国家“211 工程”“985 工程”建设高校面向边境地区开展产学研用活动，帮助边境地区转变发展方式，促进与边疆各族人民的交流，提高维护民族团结的自觉性和责任感。

（四）提升沿边开发开放水平。

支持海关特殊监管区域、边境和跨境经济合作区建设，提高跨境经济技术合作水平，逐步建成一批以能源、原材料、特色农产品、粮食、棉花等资源性产品为主的国际物流集散中心。选择一批重点口岸和城市，发展外向型产业，完善配套产业链，充分发挥技术、人才、资金聚集效应，探索与周边国家建立产业发展协调机制，推动人民币在周边与当地货币共同流通，促进形成国际经济走廊和经济合作带。支持边境地区和周边国家的城市建立“友好城市”。

加强边境口岸基础设施及其检查检验配套设施建设，合理配备口岸管理和进出境检查检验设备，提高口岸运行效率，提升通行能力和水平。推动基础设施与周边国家互联互通。加强边民互市贸易点基础设施建设，积极创造促进边民参与边境贸易和发展外向型经济的条件和环境。

加快边境经济合作区发展，支持符合条件的边境经济合作区扩大规模和调整区位，支持符合条件的边境经济合作区按现有程序向国务院申请设立综合保税区等海关特殊监管区域，建立东部沿海开发区与边境经济合作区对口协作机制。

按照市场导向、因地制宜、优势互补、生态环保原则，结合调整自身产业结构、建立现代产业体系，积极承接国内外产业转移。着力引进具有市场前景的产业和技术装备先进的企业，开展承接产业示范区建设。

专栏 4　沿边开放重点工程

边民互市贸易点建设：优化边民互市点布局，规范管理，完善基础设施和配套条件，提高服务水平，促进边民互市贸易发展。

承接产业示范区建设：以开发区、边境及跨境经济合作区为平台，着力引进具有市场前景的产业和技术装备先进的企业，积极承接国内外产业转移。

跨境经济合作区建设：紧密跟踪跨境经济合作区发展态势，推动亚行等国际机构加大投入，引导其对建立跨境经济合作区范围划定、合作模式、编制战略规划和分步实施方案等相关问题的研究，争取以多边合作的方式，为边境地区引进更多项目。

（五）促进特色优势产业发展。

扶持特色农牧产品加工，着力延长农业产业链条，大力发展品种优良、特色明显、附加值高的优势农产品，积极培育一批知名品牌，重点扶持一批带动力强的龙头企业。

加强边境地区地质矿产勘查开发，推进优势资源富集地区科学有序开发，深入实施以市场为导向的优势资源转化战略。积极稳妥发展以水电为主的清洁能源产业，加快边境资源枯竭城市(地区)转型，积极开展跨境资源开发利用合作。

充分挖掘丰富的民族传统文化资源，打造特色文化品牌，推动非物质文化遗产生产性保护和利用，发展文化产业。依托旅游资源优势，推动文化与旅游的深度融合。大力培育开发具有边境特色的重点旅游景区和线路，鼓励发展边境旅游、民族特色村寨旅游、休闲度假旅游、生态旅游、探险旅游、农业旅游等特色旅游。

大力推进劳务经济产业化发展，建设一批集制作、培训、销售、展示为一体，体现民族地域特点的特色劳务基地，树立、宣传、推介一批劳务品牌，促进农牧区富余劳动力就地就近就业。

支持中小企业技术创新、结构调整、节能减排、开拓市场、扩大就业、人员培训。扶持少数民族特需商品定点生产企业和民族手工艺品生产企业发展。

专栏5 特色优势产业重点工程

特色优势产业发展工程：继续扩大兴边富民特色优势产业发展试点，重点选择具备一定规模、带动性强、辐射面广、市场竞争力强的特色优势产业予以支持，带动边民增收致富，推动县域经济发展。

四、政策措施

(一)加大对边境地区的资金投入。

陆地边境地区享有西部开发政策。国家加大对边境地区农村公路、农村危房改造、中小微型水利设施、清洁能源推广使用、村镇建设、社区综合服务设施、社会事业等基础设施建设支持力度。对边境县中央安排的公益性建设项目，取消县级并逐步减少市级配套资金。

充分考虑边境地区支出成本高的特殊因素，中央财政加大对边境地区均衡性转移支付力度。加大边境地区专项转移支付力度，支持边境地区加快社会事业发展。边境省区相应加大对边境地区的资金投入。

鼓励各类金融机构在边境地区设立服务网点，开发适合边民、特色优势产业、农牧业产业化龙头企业需求的金融产品和服务方式。

(二)加大民生保障力度。

支持边境县义务教育学校标准化建设。加大寄宿制学校建设力度。支持边境县农村教师周转宿舍建设。落实好农村义务教育阶段家庭经济困难寄宿生生活费补助政策。加大边境县农牧区高中阶段教育助学力度。支持化解农村义务教育债务。加大双语教学支持力度。

加强边境地区基层医疗卫生机构服务能力建设。完善新型农村合作医疗制度，逐步提高财政补助标准和个人缴费标准。完善农村医疗救助制度，进一步加大政府资金投入，资助农村困难人员参加新型农村合作医疗，并对个人难以负担的自付医疗费用给予补助。

加大对边境地区文化事业支持力度。建立健全文化设施运行经费保障机制。对广播影视设施维护进行补助，支持增加广播电台、电视台少数民族语言节目的数量。支持边境地区少数民族语言文字新闻出版业发展。

加大科技投入，加快科技基础设施和条件建设，促进边境地区科技进步。

扩大边境地区新型农村社会养老保险试点范围。建立和完善边境贫困地区农村最低生活保障制度和扶贫开发政策有效衔接机制。支持边境地区根据实际情况逐步建立和完善对承担守边任务边民的补助制度。支持边境地区社会保障和社会服务设施建设，建立和完善救灾应急体系。支持边境地区公共就业服务体系建设。

加大边境农村危房改造力度，继续给予补助标准倾斜。

（三）实行积极的产业扶持政策。

扶持边境地区特色优势产业发展，对符合产业政策、对边境地区经济发展带动作用强的项目，在项目核准、备案等方面加大支持力度。

完善边境地区中小企业扶持体系。加大中小企业技术改造和产业结构调整等专项资金对边境地区中小企业发展的支持力度，支持中小企业科技成果转化。有关中小企业专项资金对融资性担保机构开展的符合条件的边境地区中小企业融资担保业务给予支持。

充分考虑边境地区经济发展用地需求，重点予以倾斜。支持边境地区少数民族特需商品生产企业技术改造和大型商品市场升级改造，扶持民族特色手工艺品开发和生产

（四）加大扶贫开发支持力度。

加大财政扶贫开发投入力度，并向边境贫困地区倾斜，重点支持国家扶贫开发工作重点县、集中连片分布的贫困区域加快减贫步伐，支持边境贫困地区部分村优先实施整村推进，改善边境群众生产生活状况。

（五）进一步扩大对内对外开放。

支持边境地区吸引外资，创新利用外资方式，提高基础设施、教育卫生、生态环保等领域利用外资质量和水平。贯彻落实现行税收优惠政策，鼓励边境地区的企业发展。

进一步加大国家对口岸建设的投资力度。加大中央财政对边境地区经济技术合作区基础设施建设项目贷款的贴息支持力度。适时调整边民互市进口免税生活用品范围。

鼓励、引导和支持内地企业与边境地区企业联合参与对外投资、对外承包工程和对外劳务合作，支持发达地区外商投资企业向边境地区转移。

（六）加强各类人才队伍建设。

加大对边境地区企业经营管理人才、专业技术人才、高技能人才、农村实用人才及带头人培养力度，建立吸引人才、培养人才、留住人才的机制。加大国家重点建设高校、民族院校、职业院校和各级党校、行政学院、干部学院以及其他各级各类干部人才培训机构对边境地区人才培养培训力度，采取定向培养、专项培训等措施，大力培养边境地区急需的各类人才。

提高边境县村委会干部补助标准，落实对县乡基层医生、教师的工资待遇倾斜政策。

（七）加大对口帮扶支援力度。

国家鼓励经济较发达省市、大中城市、国有大中型企业支援边境地区加快发展。鼓励、引导、争取各类私营企业、社会团体及个人援助、捐助资金投向边境地区。支持教科文卫机构对口帮扶边境地区发展。边境省区组织开展省区内的对口帮扶。

五、组织保障

按照“国家支持，省负总责，地州配合，县市落实”的方针，加强领导，明确分工，落实责任，密切合作，确保如期完成规划确立的发展目标、主要任务和重点工程。

建立兴边富民行动部际协调机制，统筹协调兴边富民行动重大问题，研究部署兴边富民行动重点工作和重点任务。各成员单位要按照要求，把规划主要任务和重点工程纳入本部门“十二五”专项规划、年度计划并给予优先安排。国家民委、发展改革委、财政部要适时督查规划实施情况，协调解决规划实施过程中的问题，定期向国务院报告。

边境省区要切实履行职责，全面负责本省区的规划组织实施工作，制订配套规划或实施意见，明确责任分工，确保规划落到实处。地方各级政府民族工作、发展改革和财政部门要加强综合协调，监督检查规划的实施和进展情况，及时研究规划实施过程中出现的新情况新问题，定期向本级政府报告规划实施情况。

附录六　辽宁省中朝边境自费旅游业务暂行管理办法

（1991年5月11日 辽宁省旅游局制定）

第一章　总 则

第一条　为贯彻中央对外开放的方针，增进中朝两国边境人民的传统友谊和相互了解，促进辽宁省旅游业的发展，确保中朝边境自费旅游业务的顺利开展，根据国家旅游局、外交部、经贸部、公安部等部门有关规定，和《中华人民共和国公民出境入境管理法》及其“实施细则”的规定，特制定本办法。

第二条　辽宁省中朝边境自费旅游系指辽宁省境内居民自费到朝鲜民主主义人民共和国平安北道旅游。

本办法仅适用辽宁省境内居民自费到朝鲜平安北道旅游业务。

第二章　管理机关及经营单位

第三条　根据国家旅游局和公安部授权，辽宁省中朝边境自费旅游业务由辽宁省旅游局统一管理。

第四条　辽宁省中朝边境自费旅游业务的日常管理工作，由丹东市旅游局依照本办法施行。

第五条　指定中国国际旅行社丹东支社承办，经营中朝边境自费旅游的具体业务。每年组团的批次和人数不得突破省旅游局下达的计划指标。

第六条　省内其他各第二类旅行社可以根据国旅丹东支社的委托代办本地区的中朝边境自费旅游的组团业务，交由丹东支社统一组织出游。

党政机关、人民团体、非第二类旅行社不得经营此项业务。

第三章　出游人员和出游范围

第七条　凡辽宁省境内居民均可申请参加中朝边境自费旅游。

第八条　出游范围仅限于与辽宁省接壤的朝鲜平安北道地区，按照与朝方商定并经国家和省旅游局批准的旅游路线旅游。

第四章　审 批

第九条　报名参加旅游者，须提交旅游部门和公安部门统一制发的政审表、居民身份证，经审查合格后方可进行旅游。

第十条　旅游者政审由所在单位人事或公安、保卫部门审查批准。其中，县级以上领导干部，须经其上级主管部门审查批准。

第十一条 旅游团出境前，组团社必须对旅游者进行国际主义、爱国主义、涉外纪律、保密纪律和旅游安全等方面的教育。出游人员应严格遵守上述有关方面的规定，违者移交有关部门按规定处理。

第五章 出境入境及证件管理

第十二条 出境入境证件由辽宁省公安厅授权丹东市公安局签发。

第十三条 指定丹东口岸为辽宁省中朝边境旅游出境入境口岸。

第十四条 旅游者所持证件为《中华人民共和国入出境通行证》，旅游一次有效。“通行证”由国旅丹东支社统一向丹东市公安局申请办理，经审查批准后发给旅游者。

旅游者出境入境时，要向丹东边防检查站出示证件，并接受查验。

第六章 价格及费用结算

第十五条 承办和经营辽宁省中朝边境自费旅游的旅行社对旅游者实行综合服务收费办法；省内其他第二类旅行社如被委托代办组团业务，可收取一定的服务费。上述收费标准均须严格按照辽宁旅游局和物价局规定的标准执行。

第十六条 旅行社收取综合服务费只能收取现金，不得采用收取支票和付款委托书等结算方式，并在收据上加盖“不予报销”印章。

第十七条 我付朝方的旅游费用，按经贸部门规定，由辽宁省边贸公司用国家计划外的地方自产的轻、纺工业品及其他小商品偿付，不以货币方式结算。

第七章 附 则

第十八条 本办法由辽宁省旅游局负责解释。

第十九条 本办法自一九九一年五月十五日起施行。

附录七　广西壮族自治区关于开展中越边境旅游业务的暂行管理办法

（1992年9月16日 广西壮族自治区公安厅、旅游局发布）

第一章　总 则

第一条　为了深入贯彻党中央对外开放的方针，增进中越两国人民的传统友谊，促进我区旅游事业的发展，根据《中华人民共和国公民出境入境管理办法》及其他实施细则和国务院、国家旅游局、外交部、公安部的有关规定，特制定本办法。

第二条　中国公民赴中越边境旅游包括“一日游”和“多日游”。“一日游”系指中国公民在越南接壤省份边境地区的旅游。“多日游”系指向越南内地延伸的旅游。此外，要大力开展组织海外游客经我国往返越南的跨国旅游业务。

第三条　中国公民赴中越边境旅游的原则是：费用自理，严禁公费旅游；有去有回，杜绝滞留不归；控制人数，防止外汇外流。

第二章　管理机关和经营单位

第四条　根据国家旅游局授权，开展中越边境旅游业务，以广西旅游局为主管部门，统一领导和管理。

第五条　广西旅游局指定广西旅游总公司、桂林市海外旅游总公司和桂林中国国际旅行社、广西中国旅行社、广西中国青年旅行社为指定承办中越边境旅游业务的单位。中国国旅凭祥支社、防城县旅游公司为中越边境“一日游”的承办单位。凡未经广西旅游局批准，各单位不得擅自开办边境旅游业务。

第六条　区内第二类旅行社可根据承办社的委托代办本地区赴越南旅游的组团业务，交由承办社统一组织出游。

第七条　凡承办“一日游”和“多日游”的单位，应与越方资信可靠的国营旅游公司合作经营此项业务，并以签订经营合同的形式明确规定双方的责、权、利；相互提供旅游意外保险；承担送回对方的滞留人员的义务。

第三章　参游人员的范围和条件

第八条　凡具有户籍(身份) 证明，有生活自理能力、身体健康的广西居民可申请参加中越边境旅游，居住在广西境内的越南侨民也可申请参加。

第九条　有《中华人民共和国公民出境入境管理法》第八条规定情形之一的人，不准出境

第四章　组团办法

第十条　参加赴越旅游者，需要持本单位介绍信和本人居民身份证到承办社报名并如实填写《中国公民自费出境旅游申请表》，一式两份，由参游者所在单位{含城市街道办事处和乡(镇)政府}进行政审，并由负责人签字和加盖公章。如无固定职业的居民，由当地公安派出所出具证明并政审。县级以上干部须经其上一级主管部门审批。

第十一条　承办社要对赴越旅游申请者进行初审，由主管总经理签字并盖公章，然后将申请表及团员名单一并报区旅游局审批。区旅游局审批后，由承办社具函将材料报送申请人户口所在的地、市及防城港区公安处、局审批，办理护照(或通行证)。证明照办妥后，由有关地、市及防城港区公安处、局径发承办社。"一日游"的审批，由凭祥市旅游办公室、防城县旅游局负责。

第十二条　承办社负责办理越南签证，办妥签证，始可启程出境。

第五章　出入境证件和出入境口岸

第十三条　出入境证件由公安部门签发；一日游持中华人民共和国入出境通行证；多日游持中华人民共和国护照。

第十四条　旅游团从凭祥、东兴口岸出入境。

第六章　收费及结算办法

第十五条　经营赴越旅游业务的旅行社，对旅游者实行综合服务收费的办法。收费标准需经由广西旅游局和区物价局核定，各承办社要严格执行，不得随意加价或减价。违反者，将视情况给予处罚，直至取消组团资格。

第七章　出游旅行团的管理

第十六条　赴越旅游团每批人数不得超过三十人。每团派出一名领队，具体负责旅行社出境前的学习，负责向海关联系办理出入境手续、旅游活动的管理及与越南方面交涉等事宜。

第十七条　每团出游前，承办社应安排旅游者集中学习半天，对他们进行爱国主义、国际主义、外事纪律、文明礼貌、旅游安全等方面的学习和教育。

第十八条　旅游者要严格遵守我国的外事纪律和边防、海关等方面的有关规定，服从领队的领导，遵守和尊重越南的法规及风俗习惯。防止滞留不归和涉外事故的发生。

第十九条　每团出游结束后，由领队填写赴越旅游情况简报，记录在越南旅游期间的主要活动、越方的接待情况、发生的重大事件及处理经过等。

第二十条　承办社要注意了解组团过程中出现的新情况、新问题，及时总结经验，定期向区旅游局(抄送区公安厅)报告赴越南旅游业务开展情况，年终要报送书面总结。

第八章　附 则

第二十一条　各承办中越旅游业务的旅行社、旅游公司要根据本办法分别制定切实可行的"实施细则"，报区旅游局批准后实施。

第二十二条　本办法从 1992 年 10 月 1 日起实行。

附录：《中华人民共和国出境入境管理法》

第八条　有下列情形之一的，不准出境：

（一）刑事案件的被告人和公安机关或者人民检察院或者人民法院认定的犯罪嫌疑人；

（二）人民法院通知有未了民事案件不能离境的；

（三）被判处刑罚正服刑的；

（四）正在被劳动教养的；

（五）国务院有关主管机关认为出境后将对国家安全造成危害或者对国家利益造成重大损失的。

附录八　吉林省边境旅游暂行管理办法

（1992年9月5日吉林省旅游局制定）

第一章　总　则

第一条　边境旅游旨在满足人民文化生活的需要，增进毗邻国家人民之间的了解和友谊，发展边境地区的旅游事业，促进边境地区的经济繁荣与发展。

第二条　根据国务院批准的《关于中苏边境地区开展自费旅游业务的暂行管理办法》、《中华人民共和国公民出境入境管理法》及“实施细则”的规定，结合我省的实际情况，制定本办法。

第三条　边境旅游本着“国内付款、不动外汇、对等服务，出现差额用贸易补偿”的原则开展。

第四条　边境旅游一律自费。

第二章　管理机关及经营单位

第五条　吉林省旅游局为边境旅游的主管部门，边境地区旅游行政管理部门应对省旅游局负责，认真贯彻国家和吉林省有关规定，具体负责管理好本地区边境旅游工作。

第六条　由省旅游局指定旅行社承办边境旅游业务。非承办边境旅游业务的旅行社，可以根据承办业务的旅行社的委托，为其组织客源，交由承办旅行社统一组织。

第三章　对参游者的审批

第七条　参加边境旅游人员必须持本人身份证、工作证、本人所在单位（街道办事处、乡政府）证明信到承办旅行社报名，填写《吉林省边境旅游审批表》一式两份，由所在单位或所在派出所政审。县以上干部（包括县级干部）须按干部管理范围由主管部门政审。

第八条　由承办旅行社将《吉林省边境旅游审批表》统一报送出境地公安部门审批并办理旅游出境证件。

第四章　出入境及对旅游者的管理

第九条　开展边境旅游业务必须是我省对外开放口岸的边境城市和地区。

第十条　开展边境旅游业务要事先做好可行性研究，向省政府提出报告，经批准后方可实施。

第十一条　经营边境旅游业务的单位，必须制定组团细则，报边境旅游的主管部门备案。

第十二条　旅行团必须按照批准的口岸出入境，按照规定的旅游路线和旅游时间进行活动，按时返回，不准随意延长在境外活动时间。

第十三条 国外旅游者来我方旅游，其通行证件必须事先经我公安部门认可。

第十四条 旅游者必须以团组形式在指定口岸入出境，并接受口岸联检单位的检查。

第十五条 组团旅行社要为旅游者人身安全投保，热情地为旅游者服务，维护好旅游参观点和边境往来秩序，保护好旅游者的生命财产安全。

第十六条 旅行社必须在出境前将旅游者组成团组，每团有一名团长负责领队，旅行社派一名导游员，统一出境。在境外统一组织活动，无特殊情况不准离团活动。

第十七条 旅行社必须制定《出游人员注意事项》，发给每个旅游者，在出境前设专人对旅游者进行外事纪律、文明礼貌、保守国家机密教育，并介绍对方风俗习惯和旅游常识等。

第十八条 旅游者不得将文件、工作记录本等涉密物品携带出境，不准携带国家禁止进出口物品出入境，携带国家限制进出口物品，要按有关规定办理手续。

第五章 入出境证件管理

第十九条 旅游者所持证件为《中华人民共和国入出境通行证》或因私普通护照，一次入出境有效。

第二十条 省公安厅是入出境证件管理和签发的主管部门。

第二十一条 回国后，由旅行社负责收回旅游者的通行证件，交给发证机关保存。

第二十二条 《吉林省边境旅游审批表》由省旅游局、省公安厅统一制发。

第六章 价格及费用结算

第二十三条 旅行社对旅游者实行收取综合服务费的办法。收费标准由经营边境旅游业务的旅行社根据客源市情况自行制定。付给对方的费用标准需经省旅游局、物价局批准。

第二十四条 综合服务费必须收取现金，并在付款收据上加盖“报销无效”字样。

第二十五条 原则上与邻国对等交换旅游团和人数，如出现差额，通过有边境贸易权的边贸部门，以货物来补偿。我方以不实行出口限制商品偿付，多用地产滞销商品，可在半年或一年结算一次，一般一年最低结算一次。

第七章 附 则

第二十六条 承办边境旅游业务的旅行社，要严肃认真地贯彻执行本办法，如有违反，视情节轻重给予通报批评、停业整顿、停止经营制裁，并追究领导责任。

第二十七条 承办边境旅游业务的旅行社，应按时向省旅游局上报《边境旅游人数统计月报表》、年终要报送书面总结。

第二十八条 本办法由省旅游局负责解释。

第二十九条 本办法自文到之日起实行。原《吉林省中朝边境自费旅游业务暂行管理办法》、《集安市与朝鲜满浦开展边境对等三日旅游业务管理暂行办法》同时废除。

附录九 云南省中缅边境地区中方人员出入境管理暂行规定

（1992年8月13日 云南省人民政府158号文发布）

第一章 总 则

第一条 为保障中缅边境地区中方人员出入境的正当权利和利益，方便边境地区人员的生活和往来，促进边疆经济建设和社会发展，根据《中华人民共和国公民出境入境管理法》及其《实施细则》等有关法律法规，特制定本规定。

第二条 中缅边境地区中方人员凭主管机关签发的有效证件，从指定的口岸、通道出境、入境，并接受边防检查机关的检查。

第三条 中方人员出境后，不得有危害我国安全、荣誉和利益的行为。

第二章 出入境

第四条 中缅边境地区中方人员因私事出境，凭本人居民身份证向户口所在地县、市公安机关或者其授权的派出所申请办理《中华人民共和国云南省中缅边境地区出入境通行证》。

第五条 中缅边境地区中方人员因公务出境，由其所在单位备函，报县以上人民政府外事部门审批办理《中缅边境中方通行证》。

第六条 中缅边境地区中方人员参加旅游部门组织的中缅边境出境旅游，由旅游部门审核组团，向边境地区县以上公安机关出入境管理部门申请办理《中华人民共和国入出境通行证》。

第七条 中方内地人员因私事出境，向户口所在地县以上公安机关申请办理出国护照或者出入境证件。

中方内地人员因公务出境，向县以上人民政府外事部门申请办理出国护照或者出入境证件。

前两款的持护照人员，凭有效护照和缅甸的入境签证（指允许从陆路口岸入境的）可从规定的口岸出入境。

中方内地持护照或者出入境证件人员从中缅边境口岸出境，可以免办《中华人民共和国边境管理区通行证》。

第八条 中方上述各类人员出入境，必须在其所持证件有效期内从指定的口岸和通道出入境；边防检查机关验证并加盖验讫章后方可放行。

第九条 中方人员有《中华人民共和国公民出境入境管理法》第八条规定的情形之一的，不批准出境。

第十条 有下列情形之一的，边防检查机关有权阻止出入境，并依法处理。

（一）持用无效出入境证件的；

（二）持用他人出入境证件的；

（三）持用伪造或者涂改的出入境证件的；

（四）未持有或者拒绝交验出入境证件的。

第三章　处 罚

第十一条　违反本规定，非法出境、入境的，公安机关可以处以警告或者十元以上一百元以下罚款或者十日以下的拘留；情节严重，构成犯罪的，依法追究刑事责任。

第十二条　违反本规定，伪造、涂改、冒用、转让出入境证件的，公安机关可处以一百元以上一千元以下的罚款或者十日以下的拘留；情节严重，构成犯罪的，依法追究刑事责任。

第十三条　受公安机关罚款、拘留处罚的中方人员对处罚不服的，在接到通知之日起十五日内，可以向上一级公安机关提出申诉，由上一级公安机关作出最后的裁决，也可以直接向当地人民法院提起诉讼。

第十四条　本规定执行机关的工作人员，有利用职权索取、收受贿赂或者其他违法失职行为的，依照《中华人民共和国公民出境入境管理法》第十六条和《实施细则》的第二十六条规定予以处罚。

第四章　附 则

第十五条　中方人员所持出入境证件，如有遗失、损毁，在境内应当立即向就近公安机关、边防检查机关或者原发证机关报告；在境外应当立即向缅方主管机关报告。

第十六条　上述出入境人员向公安机关申领证件时，应当按照规定交纳费用，收费项目和标准由云南省公安厅商有关部门制定。

第十七条　中缅边境地区允许中方人员通行的口岸、通道由云南省公安厅公布。

第十八条　本规定由云南省公安厅负责解释。

第十九条　本规定自一九九二年十月一日起施行。过去我省的有关规定，凡与本规定相抵触的以本规定为准。

附录十　云南省中越、中老边境地区人员出入境管理规定

（1992年8月31日 云南省人民政府179号文发布）

第一章　总 则

第一条　为维护中华人民共和国的主权、安全和中越、中老边境地区的社会秩序，方便边境地区人民的生活和往来，促进边境地区经济建设和社会发展，根据《中华人民共和国公民出境入境管理法》、《中华人民共和国外国人入境出境管理法》等有关法律法规和我国政府同越南、老挝两国政府关于处理边境事务的临时协定，结合我省实际情况，制定本规定。

第二条　凡从我省中越、中老边境地区入境、出境并在我省境内停留、居留、旅行的人员适用本规定。

第三条　从我省中越、中老边境地区入出境的人员，必须随身携带本规定涉及的各种有效证件，以备查验。

第四条　中国政府依法保护从我省中越、中老边境地区入境人员的合法权益。

从我省中越、中老边境地区入出境的人员，在中国境内必须遵守中国的法律，不得危害中国国家安全、损害社会公共利益、破坏社会公共秩序。

第二章　中方人员出入境

第五条　中越、中老边境地区的中方人员因私事出境，凭本人居民身份证向户口所在地区公安机关或者其授权的派出所申请办理《边境地区出入境通行证》。

中方内地人员因私事出境，向户口所在地县以上公安机关申请办理出国护照。持因私普通护照的人员，凭有效护照和越南、老挝的入境签证从规定的口岸出入境。

第六条　中越、中老边境地区的中方人员因公务出境，赴越南的，由其所在单位备函，报县以上人民政府外事部门审批办理出入境证件；赴老挝的，按现行有关规定办理出入境证件。

中方内地人员因公务出境，向县以上人民政府外事部门申请办理出国护照。持外交、公务、因公普通护照的人员，凭其有效护照从规定的口岸出入境。

第七条　中方人员参加旅游部门组织的中越、中老边境出境旅游，由旅游部门审核组团，向边境地区县以上公安机关申请办理《中华人民共和国入出境通行证》。

中方内地持护照或者出境证件的人员从中越、中老边境口岸出境，可以免办《中华人民共和国前往边境管理区通行证》。

第八条　中方人员有《中华人民共和国公民出境入境管理法》第八条规定的情形之一的，不批准出境。

第九条　中方出境人员必须在其所持证件有效期内，从双方规定的口岸或者通道出入境，并接受双方口岸或者通道检查机关的检查。有《中华人民共和国公民出境入境管理法》第九条规定的情形之一的，边防检查机关有权阻止出境，并依法进行处理。

第三章　越方、老方及第三国人员入出境

第十条　越方、老方持外交、公务、因公普通护照的人员，凭其有效护照从双方规定的口岸入出境。需在我境内停留三十日以上的，必须自入境之日起十日内到居住地县以上公安机关申请办理《外国人居留证》或者《外国人临时居留证》。

第十一条　越方、老方持因私普通护照的人员及第三国持护照的人员，凭有效护照和我国的入境签证从双方规定的口岸入出境(同中国政府订有互免签证协议国家的人员除外）。

第十二条　越方、老方及第三国持护照从我省边境地区入出境的人员在我境内旅行、停留、居留的，按《中华人民共和国外国人入境出境管理法》的有关规定办理。

第十三条　越方、老方边境地区人员凭本区主管机关签发的《边境地区出入境通行证》，从双方规定的口岸或者通道入出境。

持《边境地区出入境通行证》的越方、老方人员，入境后只限在我省边境县(市）范围内活动，停留期限不超过一个月；需停留一个月以上、三个月以内的，凭其有效入境证件向边境县(市）公安机关或者其授权的派出所申请办理《入境停留许可证》；需停留三个月以上、一年以内的，凭其有效证件向居留地县(市）公安机关申请办理《云南省边境地区境外边民临时居留证》。

第十四条　上述入境人员必须在其所持证件有效期内，从双方规定的口岸或者通道入出境，并接受双方口岸或者通道检查机关的检查。有《中华人民共和国外国人入境出境管理法》第十二条和第二十四条规定的情形之一的，边防检查机关有权阻止入出境，并依法处理。

第十五条　越方、老方持《边境地区出入境通行证》入境的人员需进入我省内地的，必须持有关函件或者证明向入境地县以上公安机关申请办理前往内地的证件。

对获准进入我省内地的越方、老方人员，发给《中华人民共和国外国人出入境证》；从边境地区到我省内地不对外国人开放地区，或者途中必须在不对外国人开放地区停留过夜的，必须同时签发《外国人旅行证》；径直从边境地区到我省内对外国人开放地区的，可以免办《外国人旅行证》。

对获准进入我省内地的越方、老方中国籍人员，发给《中华人民共和国入出境通行证》。

第十六条　沿途交通客运部门凭上述证件，验证售票，准予乘车。沿途公安、边防检查机关凭上述证件查验放行。

第十七条　越方、老方人员以及第三国人员在我境内住宿的，必须履行住宿登记手续。

在旅店住宿的，必须交验本规定所涉及的有效证件，并填写住宿登记表；留宿上述境外人员的旅店必须在二十四小时(地处农村的七十二小时）以内填写好的住宿登记表，送达指定的公安机关。

未经公安机关批准，旅店不得擅自留宿上述境外人员。

在居民家中住宿的，必须于抵达后二十四小时(在农村的七十二小时）以内，由留宿人或者本人持住宿人的有效证件和留宿人的户口簿，到当地公安机关或者受公安机关委托的乡(镇）人民政府或者村公所、办事处办理住宿登记手续。

在帐篷、摊点、施工棚等临时或者移动性住宿工具内住宿的，住宿人或者为住宿人提供场地的单位和个人，必须事先向公安机关提出申请，经批准后方能住宿，并按前款规定办理住宿登记手续。

第十八条　越方、老方人员以及第三国人员有《中华人民共和国外国人入境出境管理法实施细则》第七条所列情形之一的或者有关部门通知不准入境的，不准入境。已经入境的，一经发现，立即遣送出境。

第四章　处 罚

第十九条　违反本规定，不办理《边境地区出入境通行证》等入出境证件，非法入、出我边境县(市）的，可处以警告或者五十元以上一百元以下罚款。

第二十条　违反本规定，不办理《入境停留许可证》、《云南省边境地区境外边民临时居留证》或者使用失效证件，非法停留或者居留的，可处警告或者五十元以上三百元以下罚款，或者处一日以上三日以下拘留；情节严重的，并处限期出境。

第二十一条　违反本规定，不办理住宿登记或者留宿未持有效证件的境外人员；不按时申报住宿登记的，可处警告或者十元以上五十元以下罚款。

第二十二条　违反本规定，未经公安机关批准擅自留住境外人员或者提供移动性住宿工具或场地的责任人，可处警告或者三十元以上一百元以下罚款。

第二十三条　违反本规定，不随身携带有效证件，不按要求缴验证件或者拒绝查验证件的，可处警告或者二十元以上五十元以下罚款。

第二十四条　违反本规定，未办理有关证件非法进入内地的，可处以五百元以上两千元以下罚款，或者三日以上十日以下拘留。

未办理《外国人旅行证》进入不对外国人开放地区的，可处警告或者三十元以上一百元以下罚款。

违反本规定，不履行交通客运部门验证售票职责的，比照前两款规定处罚。

第二十五条　伪造、涂改、冒用、转让各种出入境证件的，除吊销或者没收证件外，可处三百元以上两千元以下罚款，或者三日以上十日以下拘留。情节严重，构成犯罪的，依法追究刑事责任。

第二十六条　违反本规定的越方、老方及第三国人员，除给予前述各种处罚外，还可根据情节轻重采取缩短停留期限、取消居留资格、遣送出境、拘留审查等强制措施。

第二十七条　本规定中的各种处罚，也适用于造成他人违反本规定的有关责任者。

第二十八条　本规定中的处罚和强制措施，由公安机关执行。

第二十九条　本规定执行机关的工作人员有违法失职行为的，依照有关规定处理。

第五章　附 则

第三十条　上述出入境人员所持我方证件，如有遗失、损毁，在我境内的，应当立即向就近公安机关、边防检查机关或者原发证机关报告并申请补发；在境外的，应当立即向对方主管机关报告。

第三十一条　上述出入境人员向公安机关申领证件时，应当按照规定交纳费用，收费项目和标准由云南省公安厅商有关部门制定。

第三十二条　中越、中老边境县(市)名单、允许越方、老方人员通行的口岸和通道名称由云南省人民政府依据同毗邻国家签订的协定确定并公布。

第三十三条　本规定所称的“以上”“以下”“以内”均含本数。

第三十四条　本规定由云南省公安厅负责解释。

第三十五条　本规定自一九九二年十一月一日起施行。过去我省的有关规定，凡与本规定相抵触的，以本规定为准。

附录十一　关于云南省中越、中老、中缅边境旅游管理有关问题的通知

（1993年2月25日 云南省旅游局 公安厅发布）

云南省人民政府云政发(1992) 158号、179号颁发了《云南省中缅边境地区中方人员出入境管理暂行规定》、《云南省中越、中老、中缅边境地区人员出入境管理规定》，并以云政发(1992) 145号、203号《关于开展中越、中老边境旅游的请示》、《关于开展中

缅边境旅游的报告》同意上报国家旅游局在我省河口县、勐腊县、畹町市、瑞丽市开展中越、中老、中缅边境旅游。省政府的上述决定，对我省进一步改革开放，发挥区位优势，发展旅游事业，实现变末端为前沿，促进边疆经济发展和社会繁荣具有重要意义。为贯彻落实省政府的决定，结合我省实际，对中越、中老、中缅边境旅游管理有关问题通知如下：

一、边境旅游证件及证件办理。

1. 中方人员出境参加中越、中老、中缅边境旅游，统一持《中华人民共和国入出境通行证》。

2. 中方人员参加旅游部门组织的出境边境旅游，按云政发(1992) 158号、179号文件规定办理，即由旅游部门审核组团，向边境地区县以上公安机关出入境管理部门申请办理《中华人民共和国入出境通行证》。

3. 为广辟客源，方便游客，昆明地区旅游部门组团参加出境边境旅游的人员，可在省公安厅出入境管理处申请办理《中华人民共和国入出境通行证》。凭该证通过一、二线公安边防检查站出境旅游。

二、出境边境旅游代办和承办单位。

1. 凡经批准的省内三类以上旅行社(含三类旅行社)，都可代办云南省中越、中老、中缅边境旅游。

2. 为加强出境边境旅游管理，代办出境边境旅游旅行社所组出境边境旅游团队，到边境地区后必须将团队交给边境旅游承办单位，由边境旅游承办单位组织安排团队从国家口岸或者地方口岸出境旅游。代办边境旅游旅行社不得擅自将旅游团队直接带出境外。

3. 承办边境旅游旅行社，除省政府同意上报的河口国际旅行社、勐腊旅行社、畹町海外旅游公司、瑞丽海外旅游公司分别为中越、中老、中缅边境旅游承办单位外，各地、州旅游局还可从当地实际出发，向省旅游局申报边境旅游承办单位。

4. 边境旅游承办单位要与境外有关旅行社签订开展边境旅游的合同。合同中应明确双方保证参游人员安全和按时返回本国境内，并承担将对方滞留人员送回其本国的

义务。

5. 承办单位提出边境旅游业务的收费标准方案，报行署或州旅游局，由行署或州旅游局汇同物价部门核定，报省旅游局和省物价局备案。承办单位不得自行定价。

6. 承办单位要在地、州、市（县）旅游局的领导下，坚持优质服务，突出自身特点，完善旅游设施，提高服务档次，树立边境旅游的良好声誉。

三、验证和出入境。

1. 旅游团队出境旅游，由承办旅行社向参游人员发放统一标记，由承办旅行社导游统一向边防检查机关办理出境手续。

2. 承办旅行社带团导游，必须考试合格，经县、市旅游局审核批准后，将其有关材料送边防检查机关备案。导游带团出境旅游必须佩戴统一的导游证，经边防检查机关验证后才予办理出境手续。

3. 未经审核批准或未向边防检查机关备案的导游人员带团出境旅游，边防检查机关有权制止，不予出境。

4. 出境旅行团队入境由承办旅行社导游向边防检查机关统一办理入境手续。

5. 出境旅游人员出入境时应遵守海关有关管理规定。出入境行李物品，由海关按《中华人民共和国海关对中国籍居民出入境行李物品管理规定》办理。

四、此通知下发之前省内各级政府部门制定的有关边境旅游的规定如与本通知不符，以此通知为准。

五、此通知由省旅游局、省公安厅、昆明海关共同负责解释。

附录十二　内蒙古自治区中俄边境旅游暂行管理办法

（1994年1月25日 内蒙古自治区旅游局制定）

前言

中俄边境旅游是我区国际旅游业的重要组成部分。为了贯彻中央“沿边发展战略”，繁荣边疆经济，使中俄边境旅游健康发展，依据《中华人民共和国出入境管理法》、《中华人民共和国政府和俄罗斯联邦政府关于互免团体旅游签证的协定》及有关规定，结合我区边境旅游的实际情况，特制定本办法，在全区试行。

第一章　总 则

第一条　中俄边境旅游主要包括对等互换团组旅游、中俄现汇旅游、易货补偿旅游等几种形式。

一、中俄对等旅游是指中俄双方根据有关旅游协议，对等互换旅游团组的旅游（人数对等，提供服务对等，只计算人天数，不动用外汇结算）。

二、易货补偿旅游是指中俄双方旅游者在对方国内消费之后，以货物支付的一种旅游形式。

三、现汇旅游是指以国际流通货币结算的旅游形式。

第二条　内蒙古自治区旅游事业管理局为全区中俄边境旅游的主管部门。

自治区旅游局委托呼伦贝尔盟旅游事业管理局、满洲里市旅游事业管理局、额尔古纳右旗旅游事业管理局分级管理本地区的中俄边境旅游。

第三条　中俄边境旅游主管部门的职责

一、审批承办中俄边境旅游业务的旅行社（公司）。

二、审批中俄边境旅游线路，审核价格构成。

三、协调相关部门解决中俄边境旅游中存在的问题。

四、监督检查承办中俄边境旅游业务的旅行社（公司），依法经营、照章纳税、履行合同。

五、受理旅游者投诉，处罚违章经营的单位和当事人。

六、制发“中俄边境旅游团计划名单”和对外“邀请函”。

七、制定和修改中俄边境旅游管理办法。

八、会商海关、商检、物价等相关部门指定赴俄旅游购物定点商店。

第四条　出入境口岸

中国公民出境旅游团和俄罗斯人入境来中国的旅游团，必须从双方对外国人开放的或者指定的口岸通行，接受边防检查机关的检验。

第五条　证件

一、中国公民参加中俄边境旅游须持公安部门统一签发的“中华人民共和国因私普通护照或者能够代替护照的有效证件。

二、俄罗斯旅游者必须持“俄罗斯联邦”有效护照或者能够代替护照的有效证件。

三、双方旅游团过境时均应出示加盖组团社印鉴的有效组团(旅游团计划）名单。

第六条　严格执行各项规章制度，杜绝异地办照和为非指定的旅游部门组织的参游人员办照，防止滞留不归事件的发生。

第七条　严禁使用公款参加中俄边境旅游。各旅行社(公司）均应在收费发票上加盖“自费旅游不作报销凭证”戳记(印章）。

第八条　中俄边境旅游价格构成，由各地组团旅行社(公司）根据旅游路线、活动日程制定。要公布其收费项目明细价目表。价目表应包括收费项目名称、等级或规格、服务内容、计价单位、收费标准等主要内容。

第二章　中国公民参加出境旅游

第九条　中国公民参加中俄边境旅游需履行下列手续：

一、填写“边境旅游申请表”。

二、交验本人身份证(或复印件）。

三、提交“本单位党组织同意参加出境旅游”的政审材料。

四、提交卫检部门提供的“体检证”。

五、接受组团社(公司）组织的出国前教育。

第十条　中国公民参加边境旅游守则和注意事项：

一、保守国家机密，遵守外事纪律。

二、遵守俄罗斯的法律法规。

三、自觉接受口岸部门的检查。

四、境外必须随团活动。

五、自觉服从团长和导游人员的管理。

六、不得将机密文件、内部报刊(含本单位打印材料）、工作证等带出境外。

七、尊重俄国风俗习惯，不酗酒闹事。

八、衣冠端正，举止大方。注意礼节礼貌。

九、不做任何有损国格、人格的事。

十、严禁假冒伪劣商品出境，参游人员必须到旅游、商检、物价等部门指定的商店购物，凭商店一次性包装贴封方可出境。

第三章　承办旅行社(公司)

第十一条　承办中俄边境对等旅游的旅行社(公司)

一、呼盟地区经自治区旅游局批准的旅行社(公司)

二、自治区其他旅行社(公司）承办中俄边境对等旅游业务，必须到自治区旅游局办理有关手续。

第十二条　承办中俄现汇旅游，易货补偿旅游的旅行社(公司)

一、全区二类以上旅行社(公司)

二、全区委托二类社业务的三类旅行社(公司)

第十三条　未经自治区旅游局批准，任何旅游经营单位和个人不得承办中俄边境对等旅游业务。地方旅游行政主管部门及已取得中俄边境对等旅游业务承办资格的旅行社(公司)不得委托任何单位和个人代理承办中俄边境旅游业务。(不准以“挂靠”或“戴帽”方式，参与或经营边境旅游业务)。

当地旅游行政管理部门对于违法经营单位应按有关法规严肃查处。

第十四条　组织中俄边境旅游的旅行社(公司)办理出国护照必须履行下列手续：

一、向公安部门提供俄方旅游部门发来的邀请函。

二、填报由旅游部门统一印制的组团(旅游团计划)名单。

三、旅游者本人的身份证和政审材料。

第十五条　组织中国公民出境旅游必须向口岸部门履行下列手续：

一、由中方指定的旅游部门统一印制并加盖组团社有效印鉴的组团(旅游团计划)名单。

二、俄罗斯旅游部门印制的邀请函。

三、出示有效护照。

四、出示健康证。

五、协助海关、边检、商检、动植物检疫和卫生检疫部门进行查验。

第十六条　旅游团在境外必须按计划集体活动，任何人不得离团自行活动。如因不可抗拒原因需离团者，可凭各自驻对方使领馆的公函和对方接待部门出具的证明，在当地主管机关办理签证。所需费用由本人自付。

第十七条　组团社(公司)在旅游团出境前应进行出国前教育，确定旅游团团长；选派导游；按组团名单核查护照。

第十八条　如发生滞留不归、外逃或因违反俄罗斯法律被扣留等涉外事件必须及时向旅游主管部门报告，并尽量协调各方妥善解决。

第十九条　接待社(公司)的责任

一、必须按协议计划安排俄方旅游团的交通、食宿、购物，参观游览等旅游活动。

二、保护俄罗斯旅游者的人身和财物安全。

三、派出地方导游，全权负责俄罗斯旅游者活动安排。

第四章　陪同导游

第二十条　陪同导游必须具备的条件

一、必须具有“中华人民共和国国家旅游局颁发的导游资格证”或自治区旅游局颁发的“临时导游证”。

二、热爱社会主义祖国，拥护社会主义制度，遵纪守法、遵守旅游道德规范。热心为旅游者服务。

三、具有相当大专以上俄语专业的会话水平。

四、熟悉旅游业务，有组织接待能力。

五、身体健康，能适应工作需要。

第二十一条　陪同导游的职责

一、接受旅行社（公司）分配的导游任务。按计划安排和组织旅游者参观、游览。

二、解答旅游者问询，协助解决处理旅行中遇到的问题。

三、全权负责旅游团的境外管理。

四、配合并督促俄罗斯接待单位按计划安排旅游者的交通、食宿，保护旅游者的人身和财物安全。

五、反映旅游者的意见和要求，协助安排会见、座谈等活动。

第二十二条　陪同导游的纪律

一、遵守外事纪律，保守国家秘密。

二、遵守旅游道德规范，不收任何形式的回扣，谢绝小费。

三、不参与旅游者的购物活动。

四、境外不得离团单独活动。

五、密切配合俄方工作人员，认真履行导游职责。

第五章　其 他

第二十三条　此办法从公布之日起生效。此前有关办法，凡与本办法冲突的均以本办法为准。

第二十四条　本办法由自治区旅游局负责解释。

第二十五条　中蒙边境旅游参照执行。